城镇与人口的发展及布局

马清裕 著

中国财政经济出版社

图书在版编目（CIP）数据

城镇与人口的发展及布局/马清裕著．—北京：中国财政经济出版社，2011.7
ISBN 978－7－5095－2874－7

Ⅰ.①城…　Ⅱ.①马…　Ⅲ.①城镇人口－发展－研究－中国②城镇人口－人口分布－研究－中国　Ⅳ.①C924.24

中国版本图书馆CIP数据核字（2011）第081124号

责任编辑：刘五书　　责任校对：王　英
封面设计：孙俪铭　　版式设计：兰　波

中国财政经济出版社出版

URL：http：//www.cfeph.cn
E－mail：cfeph@cfeph.cn

社址：北京市海淀区阜成路甲28号　邮政编码：100142
发行处电话：88190406　财经书店电话：64033436
北京财经印刷厂印刷　　各地新华书店经销
787×960毫米　16开　25印张　416 000字
2011年9月第1版　2011年9月北京第1次印刷
定价：49.00元
ISBN 978－7－5095－2874－7/F·2437
（图书出现印装问题，本社负责调换）
本社质量投诉电话：010－88190744

序

本书作者马清裕研究员是一位曾与我合作共事多年的学者。他是1961年由广州中山大学地理系经济地理专业毕业分配来中国科学院地理研究所工作的。当时适逢经济地理研究室新组建人口与居民点地理学科组，使他成为该学科组首批成员，而且从此就注定他的一生从事人口地理与城市地理方面的研究专业。1963—1964年，在当时的学科组长孙盘寿带领下，先后到冀中南地区和晋东南地区进行中小城镇的调研，同时还参加人口分布图的编制试验。其后由于参加农村“四清”和经历“文革”动乱，使研究工作长期陷于停顿，直到“文革”后期经济地理室逐渐恢复业务工作后，他从研究城镇合理布局的角度，参加了由我主持的多项有关工业基地的区域综合研究：1974年山东淄博及其以东地区工业布局研究；1975年山东胜利油田地区资源利用和工业布局研究；1976年冀东工业基地调查研究和唐山市震后重建规划研究。1977—1978年，他参加了李文彦主持的安徽两淮地区资源开发与工业布局研究。

改革开放后，国家十分重视国土规划、区域开发和城市发展研究，研究任务较多。1979—1981年在由我主持的《城镇与工业布局的区域研究》课题（国家建设委员会委托项目）中，他侧重承担资源性工矿城市的研究。在此期间他深入到我国许多大型工矿区和工矿城市实地考察调研，收集大量第一手资料，较好完成了研究任务。同时，他还参与了中国科学院地理研究所组织翻译出版的《工业区区域规划原理》（前苏联）一书中有关城市方面某些章节的翻译。1982—1985年，他参加由我主持的《京津唐地区国土开发整治的综合研究》（原国家计划委员会委托项目）等项研究工作。

从20世纪80年代中期开始，他主要侧重于人口的城镇化研究。1981—1986年，他在"西南地区国土资源综合考察与发展战略研究"中独自承担广西城镇化研究。1987年中国科学院地理所和中国人民大学等全国8个单位联合开展中国东部沿海地区小城镇发展与人口迁移研究（加拿大国际发展中心资助项目），由叶舜赞与他共同负责山东省小城镇发展与人口迁移研究。同年国家组织12个重要领域的技术政策研究，他代表中国科学院地理所从城镇化角度参加由城乡建设部负责的《城市建设领域技术政策研究》。此项重大研究项目曾获1988年国家科技进步一等奖，他本人在其中获重要贡献奖表彰。同年，他还参加城乡建设部组织的《省域城镇体系规划的理论与方法研究》，完成其重要专题"省域城镇化预测方法研究"。1989—1995年，他与我共同主持民政部委托的《设市预测与规划》课题研究。行政区划中的市镇设置与城镇化密切相关。我国在城镇化过程中曾出现过全国性设市过热倾向，为提高设市工作的科学性，并使其规范化，故开展此项研究。主要由他执笔撰写的"设市规划的理论与方法"一文，对全国各省区 开展设市预测与规划具有指导意义。最终完成的研究成果获1996年民政部科技进步一等奖，国家科技进步三等奖。1992年，他被香港浸会大学聘为客座教授，讲授中国人口地理课程，讲课内容翔实，获学生好评，期末受到该校地理系的表彰。1993—1996年，他参加国家自然科学基金重点项目《中国沿海城镇密集地区空间集聚与扩散研究》的同时，还与我共同完成与香港中文大学和福建师范大学地理研究所的合作项目《闽东南地区经济和人口空间集聚与扩散研究》。他在1996年退休后仍力所能及地参加一些科研工作，先后参加国家自然科学基金2项，中国科学院资助项目1项以及多项研究咨询工作。

马清裕是一位淡泊名利、谦虚谨慎、专心致志献身于科研事业的实干家。在他担任人口地理学科组长、城市与人文地理研究室副主任、主任期间，能以身作则，顾全大局，团结周围同志，齐心协力去完成各项科研任务。他很重视人才的合理使用和培养，为留住外来的拔尖人才，能主动让贤。他的朴实学风和高尚品格受众人赞誉。

在本书即将出版之际，我欣然应允为其作序，主要是回顾作者的科研经历和主要业绩，纵观他几十年来的科研工作，与我国的经济建设和社会发展实践紧密结合。本书所载各篇文章都是在深入调研基础上完成的，其中有部分属研究课题的专题报告，大部分则是在课题研究基础上，针对某些问题作系统阐述和理论概括的论文，其中有不少真知灼见至今仍有积极意义。书中反映当时现实的翔实丰富的资料和文献也具有一定历史价值。

胡序威

2011年春于北京

前　言

城镇与人口的发展及布局问题，是人文地理学重要的研究领域。本书主要研究四方面内容：城镇化发展；城市类型；区域城镇布局及大城市内部空间组织；人口的发展、结构及布局。

城镇化发展研究，入选文章共 6 篇。城镇化问题是多门学科共同的研究领域，人文地理学、人口学、社会学、经济学和城市规划等学科都根据学科自身特点对它进行研究。人文地理学研究城镇化总是与区域相联系，研究不同区域自然、社会经济因素及条件下城镇化发展的区域差异性、发展趋势与调控对策。城镇化的研究内容有广义与狭义之分。狭义城镇化是指乡村人口转变为城镇人口的过程，一般称为人口城镇化。广义的城镇化既包括人口城镇化，也包括城镇人口规模的变动、城市人口地域变动等内容。作者以往城镇化研究大多为后者。1980 年代我承担国土规划和区域规划中有关城镇化的研究时，既预测全区城镇人口的发展，也研究城镇人口集聚趋向，提出城镇人口合理分布的建议。

城市类型研究，主要研究资源性工矿城市和港口城市的发展与布局，入选文章共 8 篇。区域资源开发和经济发展与布局是我所经济地理部长期重要的研究领域之一。在该项研究中我主要承担资源性工矿城市的发展与布局研究，从 1970 年中期到 1980 年代中期的 10 多年里，我承担多项有关课题，通过深入调研，对资源性工矿城市的基本特征、发展规律、发展条件、存在问题及发展对策进行探讨。21 世纪初，在《城镇化基础研究》（中科院资助项目）中，再次承担资源性工矿城市研究。我国许多工矿城市经过几十年对资源高强度开采，已面临资源枯竭问题。本专题研究不同类型工矿城市接替产业发展策略、途径和主要措施。

区域城镇布局及大城市内部空间组织研究，入选文章 7 篇。

城市存在于区域之中，而城市本身又是一个区域，这两方面均是城市地理学重要研究领域，但多年来我国城市地理界对前者研究较多，区域性城镇布局主要结合区域规划或国土规划开展研究。大城市内部空间组织问题以往研究较少，21 世纪初，在中国自然科学基金的资助下，我们开展了城市内部空间组织的研究。由于我国城市内部经济统计不按区域归属统计，本级行政区经济统计均不含上一级行政区的统计，这给研究工作带来极大困难，这也许是城市地理界对此研究较少的客观原因，研究工作克服了种种困难。由于大城市内部的复杂性，我们仅从城市内部空间结构与城市交通之间的关系开展研究。

人口的发展、结构及布局研究，入选文章 5 篇。20 世纪 80 年代以来人口研究主要结合城镇与工业布局或国土规划研究，研究区域人口发展、人口结构及区域布局，研究人口与社会经济发展相协调问题。

本书共选入文章 26 篇，均由本人独自完成或是第一作者。选编时，少数文章作了部分内容删改或个别文字修改，少数文章的题目也有所改动，大部分文章均保留原貌。随着时间的推移，书中写作较早的少数文章，数据资料比较陈旧，某些观点也显得过时，但作为一定历史时期发展状况的反映仍有保留的意义。大多数文章对某些规律性或特点的探讨，对发展条件的评价和存在问题的分析及发展对策等，仍具有一定的参考价值。书中错误之处，敬请读者批评指正。

在此书即将出版之际，我衷心感谢多年来对我关爱、指导和多方面帮助的胡序威先生为此书作序，感谢李文彦先生和陆大道院士及本所经济地理部的同志们多年来真诚的帮助，感谢中国财政经济出版社刘五书主任的编辑工作，感谢家人对我工作的支持。

马清裕

2011 年 1 月

目　录

城镇化发展研究

工矿城市及港口城市研究

区域城镇布局及大城市内部空间组织

人口的发展、结构及布局

城镇化发展研究

现代城镇化基本特征及发展趋势*

什么是城镇化？简而言之，是乡村人口转变为城镇人口的复杂过程，伴随着这个过程，人们居住地点由分散的乡村转向城镇，人们的职业由农业转向非农业、由乡村生活方式转向城镇生活方式，并逐步改变人们的思想观念。城镇化是生产力发展的必然结果，是人类社会发展的必然趋势。

一、现代城镇化基本特征

（一）20世纪50年代以来世界城镇化快速推进

自20世纪中叶以来，西方发达国家爆发了以微电子、电子通信和计算机等技术为核心的新技术革命，对产业结构、城镇化和城市空间结构产生着越来越重要而深刻的影响。另一方面，广大发展中国家在第二次世界大战后政治上纷纷取得独立，从而促进了经济和城镇的发展。因此，从20世纪中叶以来，世界城镇化仍继续呈现蓬勃发展的趋势。1950—2003年的53年间，世界城镇

* 本文载于张文尝、马清裕等著：《城市交通与城市发展》，商务印书馆2010年版，第1－23页。

化水平由29.0%上升到48.7%[①]，城镇化水平增加18.7个百分点，比20世纪上半叶要快些。但发达国家与发展中国家城镇化具有不同特点。

1. 发达国家城镇化相对趋缓

发达国家自工业革命以来经历了近一个世纪的城镇化历程，到20世纪50年代已达到很高水平。如1950年英国城镇化比重已达到84.2%，德国71.9%、美国64.2%、加拿大60.8%、法国56.2%。因此，从20世纪50年代以来，发达国家城镇化增长速度比20世纪前半叶趋于缓慢，1950—2000年城镇化水平增加20.5个百分点。尤其自20世纪80年代以来，发达国家城镇化已接近饱和，如到1980年，英国、澳大利亚、德国等国家已超过80%，日本、加拿大、美国、法国等国家也均超过70.0%，因此20世纪80年代以来发达国家城镇化进程进一步放缓（表1、表2）

表1　　1950—2000年发达国家的城市人口比重　　单位:%

地区	1950年	1960年	1970年	1980年	1990年	2000年*
大洋洲	74.6	79.7	84.4	85.3	85.0	89.9
北美洲	63.9	69.9	73.8	73.9	75.4	77.4
欧洲	52.4	58.0	64.6	69.4	72.1	73.4
发达国家	54.9	61.4	67.7	71.5	73.7	75.4

*2000年为预测数。

资料来源：高佩义：《中外城市化比较研究》，南开大学出版社1992年版，第54—56页。

表2　　1950—2000年主要工业国家的城市人口比重　　单位:%

地区	1950年	1960年	1970年	1980年	1990年	2000年
美国	64.2	70.0	73.6	73.7	75.2	77.2
加拿大	60.8	68.9	75.7	75.7	76.6	78.7
英国	84.2	85.7	88.5	88.8	89.1	89.5
法国	56.2	62.4	71.0	73.3	74.0	75.4
德国	71.9	76.1	79.6	82.6	85.3	87.5
意大利	54.3	59.4	64.3	66.6	66.7	66.9
澳大利亚	75.1	80.6	85.2	85.8	85.1	90.7
日本	50.3	62.5	71.2	76.2	77.4	78.8

资料来源：同表1。

① 世界银行数据库。

2. 发展中国家城镇化速度加快

第二次世界大战后，发展中国家的城市人口增长迅速，城市人口比重的提高快于发达国家（表3）。1950年发展中国家的城市人口占总人口的比重只有17.8%，比发达国家同期的城市人口比重低37.1个百分点，只相当于发达国家19世纪70年代的水平。到2000年，发展中国家的城市人口比重已经达到40.4%，比重增加了22.64个百分点。同期发达国家城市人口只增加20.5个百分点。虽然从20世纪90年代以后，发展中国家城市人口的增长速度有所放缓，但仍然高于发达国家在20世纪50年代的发展速度。

表3　　1950—2000年发展中国家的城市人口比重　　单位:%

地区	1950年	1960年	1970年	1980年	1990年	2000年
亚洲	17.4	20.8	23.4	26.9	32.3	37.5
非洲	14.7	18.5	23.1	27.4	31.8	37.2
拉美与加勒比海	41.9	49.5	57.6	65.1	71.1	75.4
发展中国家	17.8	21.6	25.1	29.3	35.0	40.4

资料来源：United Nations. *World Urbanization Prospects*：*the* 2001 *Revision*. New York：United Nations Publication，2002. p. 104.

从表3看出，发展中国家中城市人口比重最高的地区是拉丁美洲与加勒比海地区，1950—2000年该地区的城市人口比重从41.9%上升到75.4%，与发达国家基本持平。1950—2000年虽然亚洲和非洲的城市人口比重保持了较高的增长速度，但到2000年，亚洲和非洲两个地区的城市人口比重仍然较低，分别为37.5%和37.2%，只相当于发达国家在20世纪初的水平，比发达国家落后了将近100年。

3. 中国城镇化经历了曲折过程，20世纪80年代以来城镇化加速推进

新中国成立以来的半个世纪里，城市有了很大的发展，城镇人口有了很大的增加，城镇化进程快于历史上任何时期。1953—2004年的51年时间里，全国城镇数量由132座增加到661座，增加近4倍，城镇人口由5765万人增加到54283万人，增加9倍多，年均增长4.5%，这种增长速度在中外城镇化的历史上都是相当快的。但回顾我国半个世纪的城镇化历史，其复杂曲折的历程也是相当突出的，其发展大致可分为五个阶段，即1949—1957年的发展时期；1958—1965年的波动时期；1966—1978年的停滞时期；1978—1990年的恢复与发展时期和1990年以来的快速发展时期。

（二）城镇化区域差异悬殊

1. 世界各国（地区）城镇化差异

表 4　　2003 年世界主要国家（地区）城市人口比重　　单位：%

城市人口比重	国家（地区）名称
<30	泰国 20.4；斯里兰卡 23.8；越南 25.4；孟加拉 26.8；印度 28.3；缅甸 29.2
>30 至≤50	巴基斯坦 34.1；中国内地 40.5；埃及 42.9；印度尼西亚 44.1；尼日利亚 46.6
>50 至≤70	罗马尼亚 55.7；哈萨克斯坦 55.9；蒙古 56.8；南非 59.2；马来西亚 59.4；菲律宾 61.0；朝鲜 61.1；波兰 63.0；伊朗 66.1；土耳其 67.0；意大利 67.4；保加利亚 67.5；乌克兰 68.2；白俄罗斯 69.9
>70 至≤80	俄罗斯 72.9；捷克共和国 74.7；墨西哥 75.0；法国 75.9；美国 77.9；西班牙 78.3；日本 79.2；加拿大 79.3
>80 至<100	巴西 82.8；韩国 83.5；新西兰 86.1；委内瑞拉 87.6；德国 88.1；阿根廷 88.6；英国 89.2；荷兰 89.8；澳大利亚 91.9；以色列 92.1；中国澳门 98.8
100	中国香港 100；新加坡 100

资料来源：《国际统计年鉴 2004 年》整理。

世界各国自然环境、历史发展、社会经济基础千差万别，城市化水平区域差异悬殊。根据世界银行 2003 年世界 46 个主要国家（地区）城市人口比重资料，城镇化水平高的国家达到 70%—80%，如法国 75.9%、美国 77.9%、西班牙 78.3%、日本 79.2%、加拿大 79.3%。少数国家达到 80% 以上，如韩国 83.5%、新西兰 86.1%、德国 88.1%、英国 89.2%、荷兰 89.8%。个别国家达到 90% 以上，如澳大利亚 91.9%、以色列 92.1%。另有极个别国家（地区）甚至达到或接近 100%，如新加坡、中国香港、中国澳门等这些国家（地区），从行政区类型上是城市型行政区，属特殊情况。城镇化水平低的国家，如泰国 20.4%、斯里兰卡 23.8%、越南 25.4%、孟加拉 26.8%、印度 28.3%、缅甸 29.2% 等。实际上，世界上还有不少国家城镇化水平比上述国家还低，如布隆迪、卢旺达、乌干达、不丹、尼泊尔等，目前虽然缺乏这些国家城镇化现状数据，但从其社会经济和城镇发展水平看，这些国家现状城镇化水平也是比较低的。

城镇化水平的高低与社会经济发展水平密切相关，社会经济发展水平高的国家，城镇化水平也相应较高，社会经济发展水平低的国家，一般城镇化水平也相应较低。但也有少数国家例外，主要是拉丁美洲的一些国家，如墨西哥城镇化水平达到 75.0%、巴西 82.8%、阿根廷 88.6%。但这些国家经济发展水平并不是很高。例如，巴西2003年人均国内生产总值为2660美元，而美国为37648.6美元，巴西人均国内生产总值只及美国的7.06%，而城镇化水平，巴西比美国高出4.9个百分点。形成该国城镇化与经济发展不协调问题的原因是多方面的，其中土地制度是重要原因，巴西土地集中程度很高，其耕地面积3.71亿公顷，其中1%农户占有50%的耕地，而53%的农户只占全国3%的耕地，此外，全国还有1200万个无地或基本无地的农民，这些少地或无地的农民便拥入城市谋生，造成城市大量失业或半失业人群和大量的贫民窟，出现了过度城镇化现象①。

2. 中国城镇化区域差异

中国是一个幅员辽阔、自然社会经济条件千差万别的国家，城镇化水平区域差异很大。历史上，计算城镇化水平采用城镇非农业人口的统计口径。自改革开放以来，由于大量农民进城务工经商，而城镇郊区的农业人口也有不少从事非农业劳动，按原来的统计口径已不能反映客观实际情况，因此，近几次全国人口普查采用了新的市镇人口统计口径。我们采用五普市镇人口统计口径，对2004年城镇非农业人口作了调整。调整系数用下式求得：

调整系数C＝2000年各省区五普市镇人口比重/2000年各省区城镇非农业人口比重

根据各省区的调整系数，求出2004年各省区市镇人口比重（未包括4个直辖市），根据计算结果，各省区城镇化水平可分以下4个等级（表5）。

表5　　2004年中国各省区市镇人口比重　　单位：%

市镇人口比重	省区名称
<30	西藏21.6；贵州25.1；云南25.4；河南27.6；四川29.5；江西29.5；安徽29.9
≥30至<40	广西30.1；湖南30.1；河北36.3；宁夏36.3；陕西36.9；青海39.0；海南39.5
≥40至<50	山西40.1；内蒙古44.4；新疆46.7；湖北49.5
≥50	福建50.7；吉林51.4；黑龙江53.6；辽宁55.8；山东58.2；浙江58.3；江苏59.7；广东62.9

资料来源：根据公安部2004年城镇非农业人口统计，用“五普”市镇人口统计口径进行调整。

① 段敏芳等：“人口迁移流动对城市化进程的影响”，载于《转型期的中国人口》，国务院人口普查办，国家统计局编，2005年。

（1）城镇化<30%的省区。西藏21.6%、贵州25.1%、云南25.4%、河南27.6%、四川29.5%、江西29.5%、安徽29.9%。这些省区城镇化特点有所不同，其中西藏、贵州、云南等省区地处祖国西南边陲，自然条件复杂、交通不便，历史基础较差，这些不利条件对社会经济发展影响较大。河南、四川、江西、安徽等省历史上向来是我国重要的农业省份，改革开放以来，第二、第三产业有了很大发展，但农业仍是这些省份重要的经济支柱，另外比重较高的农村人口所带来的高于城镇的人口出生率，对城镇化比重的提高也产生明显的影响。

（2）城镇化≥30%至<40%的省区。湖南30.1%、广西30.1%、宁夏36.3%、河北36.3%、陕西36.9%、青海39.0%、海南39.5%。在这些省区中，宁夏和青海两省区历史上国营农垦和矿产开发较多，城镇化较高，与历史基础有一定关系。其余各省区与上述豫、蜀、赣、皖等省特点差不多，原有农业比重较高，农村人口出生率较高，均对城镇化产生一定的影响。

表6　1990—2004年中国各省区市镇人口比重增长指数　单位:%

增长指数	省区名称
<10	辽宁4.9；甘肃5.7；贵州6.2；黑龙江6.4；内蒙古8.3；吉林8.7；西藏9.0；江西9.1；四川9.2
≥10至<15	宁夏10.6；云南10.7；山西11.4；青海11.6；湖南11.9；安徽12.0；河南12.1；海南13.8；新疆14.8
≥15至<30	广西15.0；陕西15.4；河北17.2；湖北20.6；浙江25.5；福建29.4
≥30	山东30.9；江苏32.0；广东36.1

资料来源：（1）1990年全国第四次人口普查数据；

（2）2004年数据采用2000年第五次人口普查市镇人口统计口径进行调整。

（3）城镇化≥40%至<50%的省区。山西40.1%、内蒙古44.4%、新疆46.7%、湖北49.5%，在这些省区中，山西和湖北两省是工业化程度比较高的省份，山西是我国主要的煤炭工业基地，煤炭的开采带动了电力、煤焦化工、建材工业及交通运输的发展。湖北省是我国重要的钢铁、机械等工业的省份之一。内蒙古和新疆维吾尔自治区是我国重要的国家林区（内蒙古）和农垦（新疆）省区，工矿业也有一定的基础。

（4）城镇化>50%的省份。福建50.7%、吉林51.4%、黑龙江53.6%、辽宁55.8%、山东58.2%、浙江58.3%、江苏59.7%、广东62.9%。在这些省份中，辽宁、吉林、黑龙江均是我国老工业基地，原有城镇化水平已达到较高水平。其余各省均是改革开放以来迅速发展起来的省份，这些省份位于我国东部沿海地区，改革开放以来，充分发挥其地理位置优势，大力发展外向型经济，第二、第三产业得到大发展，城镇化水平也大幅度提高。

（三）大城市快速增长——城市数量和人口比重不断上升

1. 世界大城市的发展

在世界城镇化的早期，社会生产力低下，城市功能单一，城市规模不大。例如诞生在美索不达米亚平原的最早城市，大约只有 0.5 万—2.5 万人。到公元前 5 世纪，巴比伦、波斯、希腊、印度、中国等开始出现 10 万人口以上的城市。但在漫长的历史长河中，由于朝代的更替、战争频繁，城市发展极不稳定，兴衰更替，城市规模变化不定。但总的来说，大城市很少，大多数城市属中小城市。在经历了数千年的发展之后，直到 1800 年才出现世界上第一个 100 万人的特大城市（中国北京）。此后，世界进入了工业化社会，随着社会生产力的迅速发展，大城市也相应得到加速发展。1900 年世界 10 万人以上的城市已增加到 301 个，100 万人以上的特大城市增加到 6 个，并出现了 500 万人口以上的巨大城市（伦敦）[①]。1925 年 100 万人以上的城市为 31 个，200 万人以上城市 10 个，500 万人口以上城市 3 个。

自 20 世纪 50 年代以来，全世界大城市增长更为迅速，由于人口连续不断向城市集中，城市人口和规模不断扩大，大城市数量也不断增加。1900 年，世界人口规模最大的 10 个城市中没有一个来自发展中国家，而人口规模最大的城市——伦敦的人口也只有 650 万人。到 1950 年，纽约的人口已经突破了 1200 万人。到 2000 年，世界人口规模最大的城市——东京的人口已经超过了 2600 万人，再如 1950 年世界 800 万人口以上城市只有纽约和伦敦两市，此后，特大城市数量迅速增加，1970 年达到 10 个，1990 年为 20 个，2000 年达 28 个，其中以发展中国家增长更快，1950 年还没有出现 800 万人以上城市，到 1970 年达 4 个，2000 年发展到 23 个（表 7）。

2. 中国大城市增长迅速，小城市比重下降

中国的城市化既具有自身的本质特点，也具有世界城市化的共同特征，大城市数量和人口数量的增长也十分突出。多年来尽管国家对城市规模的发展方针是："控制大城市，合理发展中等城市，积极发展小城市"，但实际上，大城

① 周一星：《城市地理学》，商务印书馆 1995 年版，第 79 页。

表7　世界800万人口以上特大城市增长变化

年份	个数	按人口规模排序的城市名单
1950	2	纽约、伦敦
1960	3	纽约、伦敦、东京
1970	10	纽约、东京、上海、墨西哥城、伦敦、洛杉矶、布宜诺斯艾利斯、巴黎、北京、圣保罗
1980	15	东京、纽约、墨西哥城、圣保罗、上海、布宜诺斯艾利斯、洛杉矶、北京、加尔各答、里约热内卢、巴黎、大阪、汉城、莫斯科、孟买
1990	20	墨西哥城、东京、圣保罗、纽约、上海、洛杉矶、加尔各答、布宜诺斯艾利斯、孟买、汉城、北京、里约热内卢、天津、雅加达、开罗、莫斯科、德里、巴黎、大阪、大马尼拉
2000	28	墨西哥城、圣保罗、东京、上海、纽约、加尔各答、孟买、北京、洛杉矶、雅加达、德里、拉各斯、布宜诺斯艾利斯、汉城、天津、里约热内卢、达卡、开罗、大马尼拉、卡拉奇、曼谷、伊斯坦布尔、莫斯科、大阪、德黑兰、巴黎、利马、班加罗尔

资料来源：顾朝林等：《经济全球化与中国城市发展》，商务印书馆1999年版，第64页，2000年为预测数。

市控制不住，大城市数量和人口比重不断增加，而小城市发展十分缓慢，其城市数量和人口的比重呈下降的趋势。根据相关资料显示，1990—2004年的14年间，城市非农业人口在100万人以上的特大城市数量由30座增加到50座，在全国城市总数中的比重由6.2%上升到13.5%，其人口数量由41.3%上升到44.5%。大中城市的数量和人口比重也呈增加的趋势，50万—100万人的大城市数量大幅度增加，由29座增加到85座，其比重由6.2%上升到13.5%，人口数量比重由13.4%上升到15.2%。20万—50万人中等城市数量由119座增至229座，比重由25.5%上升至34.6%，增长幅度也很大，但人口数量的比重则略有下降，由24.6%下降为24.3%。小城市数量略有增加，由289座增至297座，但小城市数量比重下降幅度较大，由61.9%下降为44.9%，小城市人口比重由20.7%下降为12.4%。在各类规模城市中，小城市无论城市数或人口数的比重均呈大幅下降的态势。

小城市发展缓慢的原因是多方面的，其主要原因：其一是自20世纪90年代中期以来的10多年时间里冻结了新城市设置的审批，这种长期冻结审批在新中国成立以来是前所未有的；其二是位于大城市郊区的小城市改为市辖区，随着大城市社会经济的快速发展，城市区域不断扩大，在大城市郊区的小城市不断被大城市吞并，1991—2004 年的 13 年间我国市辖区新增长 200 个，其中不少是小城市撤市改市辖区；其三，小城市基础设施、服务设施差，经济效益低，就业岗位少，这些条件难以与大城市相比，竞争力差，这是小城市地位日益下降的重要原因；最后，也是最重要的一点，即国家对小城市（包括建制镇）的政策，虽然国家的城市发展方针是积极发展小城市，但缺乏相应的扶持政策，小城市难以发展。小城市由于各方面条件差，缺乏自我发展能力，国家应在基础设施、服务设施、产业发展政策、税收政策、就业政策等方面给予大力扶持、实施优惠政策，为小城市创造良好的发展条件，同时小城市自身也应奋发图强，不断增强发展能力。

表 8　　1994—2004 年中国城市等级规模变化

城市规模	城市数量（个）				城市非农业人口（万人）			
	1994 年城市数	比重%	2004 年城市数	比重%	1994 年城市非农业数	比重%	2004 年城市非农业数	比重%
全国城市	622	100.00	661	100.00	19131.8	100.00	27880.8	100.00
特大城市（>100 万人）	32	5.14	50	7.6	6820.6	35.65	12420.5	44.5
大城市（50 万—100 万人）	41	6.59	85	12.9	2786.6	14.57	5239.9	18.8
中等城市（20 万—50 万人）	177	28.46	229	34.6	5352.4	27.98	6778.8	24.3
小城市（<20 万人）	372	59.81	297	44.9	4172.2	21.81	3441.6	12.4

资料来源：（1）《中国设市预测与规划》，知识出版社 1997 年版，第 45 页。

（2）《公安部人口统计年报 2004 年》。

（四）城市郊区化

城市郊区是指中心城外围城乡混杂、与中心城经济社会联系十分密切的区域。

郊区化（suburbanization），即中心城产业及人口等要素向郊区扩展的过程，在这个过程中，中心城产业结构由第三产业逐渐取代第二产业，人口数量及其在全市的比重逐步下降，郊区人口数量及比重逐步上升。

1. 世界城市郊区化

郊区化是城市发展到一定阶段的产物。随着城市工业和人口在城市高度集中，导致中心城一系列的城市问题的产生，如交通拥堵、环境恶化、地价高昂等，这些问题严重地阻碍了城市的可持续发展，于是从 20 世纪初叶以来，西方某些发达国家如伦敦、巴黎等大城市开始出现郊区化现象，向郊区寻找新的发展空间。到20世纪60年代，随着小汽车和电信业的迅速发展，北欧、西欧、北美和大洋洲等地区的发达国家开始进入普遍郊区化时代。在郊区化过程中，首先出现的是人口（居住）郊区化，依次是制造业、商业服务和办公业。

随着人口从中心区向郊区的迁移，经济活动也开始向郊区迁移，郊区逐渐变成了就业人口的聚集地。20世纪70年代，美国最大的15个城市中有72%的从业人员在郊区工作和生活，而只有28%的人仍然到市中心通勤。1970—1980年，美国的中心区减少了5%的蓝领就业岗位，而郊区却增加了20%；中心区增加了18%的服务业，而郊区却相应地增加了53%。

在欧洲，英国、法国、德国、意大利、西班牙、丹麦以及北欧诸国也普遍出现郊区化，在亚洲则主要是日本。以英国伦敦的郊区化最早，但大规模人口郊迁是在第二次世界大战以后，内伦敦的人口以东区人口减少幅度最大，1901—1971年人口减幅为25.96%，西区以伊斯林顿居住人口减幅最大。1961—1971年人口减少25.4%。而伦敦郊区人口迅速增长。第二次世界大战以来，法国的郊区化进程也很快，如1962年至1968年间，法国大城市人口增长11%，而中心城区仅增4.6%，郊区地带则增长17.8%。其中尤以巴黎最为突出，巴黎1800—1970年的170年间，人口从200万人增至800万人，其中城区人口从180万人增至320万人，增加了77.8%，而郊区由40万人增到560万人，增加14倍，1948年以前有80%的居民住在巴黎市区，到20世纪末市区居民只占全市的30%①。

2. 中国城市郊区化

我国郊区化的出现大约比西方发达国家要晚半个世纪，直至20世纪80年代初，随着我国城市社会经济的迅速发展，特别是城市交通和电信业的发展，在我国东部经济发达地区的大城市如北京、上海、广州等开始出现了郊区化。直至20世纪90年代后期以来，随着经济体制改革的深入发展，城市土地有偿使用制度的实施、住房制度由实物分配转为货币制度的改革，住宅建设投资的多元化以及郊区交通条件的逐步改善，郊区化逐渐成为普遍现象，并且速度大大加快。我国的郊区化以人口和第二产业的郊区化为基本特征，第三产业的郊区化近年来也开始出现。

（1）人口郊区化。人口郊区化是我国郊区化的最主要内容之一。自20世

① 黄亚平：《城市空间理论与空间分析》，东南大学出版社2002年版，第125—126页。

表 9　20 世纪 80 年代以来北京市人口的区域变化

区域	1982 年总人口（万人）	1990 年总人口（万人）	2000 年总人口（万人）	1990 年与 1982 年比较			2000 年与 1990 年比较		
				增加人口数（万人）	人口增长率（%）	人口年均增长率（%）	增加人口数（万人）	人口增长率（%）	人口年均增长率（%）
全市总人口	923.05	1081.94	1356.9	158.89	17.21	2.00	274.96	25.41	2.29
中心城区	241.82	233.65	211.5	-8.17	-3.38	-0.43	-22.15	-10.47	-1.00
东城区	65.15	60.62	53.6	-4.5	-6.96	-0.90	-7.02	-13.1	-1.24
西城区	76.42	75.58	70.7	-0.84	-1.10	-0.14	-4.88	-6.9	-0.67
崇文区	44.03	41.77	34.6	-2.27	-5.14	-0.66	-7.17	-20.72	-1.90
宣武区	56.22	55.69	52.6	-0.53	-0.94	-0.12	-3.09	-5.87	-0.57
中心外缘区	284.00	398.92	638.89	114.92	40.46	4.34	239.97	60.15	4.82
朝阳区	102.23	144.84	229.00	42.61	41.68	4.45	84.16	58.11	4.69
丰台区	58.50	78.92	136.95	20.42	34.89	3.81	58.03	73.53	5.67
石景山区	23.50	30.88	48.94	7.38	31.39	3.47	18.06	58.48	4.71
海淀区	99.77	144.28	224.00	44.51	44.62	4.72	79.72	55.25	4.50
近郊区	276.64	314.51	367.94	37.87	13.69	1.62	53.43	16.99	1.58
门头沟区	25.94	27.03	26.74	1.1	4.22	0.52	-0.29	-1.08	0.11
房山区	69.12	76.64	81.4	7.52	10.88	1.30	4.76	6.21	0.60
通州区	53.48	60.26	67.4	6.78	12.68	1.50	7.14	11.85	1.13
顺义区	47.22	54.83	63.7	7.61	16.12	1.89	8.87	16.18	1.51
昌平区	38.00	43.39	61.5	5.39	14.18	1.67	18.11	41.74	3.55
大兴区	42.88	52.36	67.2	9.47	22.09	2.53	14.84	28.34	2.53
远郊区县	120.59	134.85	138.8	14.26	11.83	1.41	3.95	2.93	0.29
平谷区	33.35	38.62	39.7	5.27	15.81	1.85	1.08	2.80	0.28
怀柔区	23.43	26.14	29.6	2.71	11.57	1.38	3.46	13.24	1.25
密云县	39.00	42.65	42.0	3.64	9.34	1.12	-0.65	-1.55	-0.15
延庆县	24.81	27.44	27.5	2.63	10.59	1.27	0.06	0.22	0.02

资料来源：根据 1982 年、1990 年和 2000 年多次人口普查资料加以整理计算。

纪 80 年代以来，随着广大人民群众生活水平的不断提高，人们普遍要求改善居住条件，由于城区人口密集，可用地紧缺，新建住宅只好向郊区发展，由近及远逐步向外推开，人口外迁的规模也不断扩大。以下根据我国 1982 年以来三次人口普查的数据，以北京市为例，分析市区、近郊、远郊区三个区域层次人口变化特征。

①20 世纪 80 年代在经济发达的大城市开始出现郊区化。衡量郊区化的基本指标是，一个城市中心城区连续多年人口迁往郊区、中心城区出现人口下降现象，而郊区人口增长较快，即表明该城市出现了郊区化。根据 1982 年以来三次人口普查数据的分析，在我国东部经济发达的大城市，20 世纪 80 年代已经开始出现了郊区化现象。例如在 1982 年至 1990 年间，北京市中心区人口年均递减 -0.43%，与此同时，郊区人口增长速度加快，北京市中心边缘区年均人口增长 4.34%，远远高于全市平均增长速度。

②郊区化规模越来越大。20 世纪 90 年代以来，随着城市社会经济进一步加速发展和各项改革的深入开展，特别是郊区交通条件的改善，旧城改造、外迁力度加大，以及居民经济收入的增长，所有这些变化有力地推动了城市郊区化。20 世纪 90 年代以来，郊区化的规模比 80 年代大，如 1990—2000 年，北京市中心区人口减少 22 万人，年均递减 -1.0%，比 80 年代递减幅度要大。

③人口外迁区域由近及远向外扩展。我国郊区化不同于西方国家的显著特点是：发达国家郊迁者大多为富有阶层，我国外迁的主体则是广大工薪阶层，上下班的交通工具主要靠公共交通，受城市交通条件的限制，外迁距离不可能远离中心区，人口外迁距离与城郊交通线网外延基本一致。因此现阶段人口外迁的主要区域在中心城边缘区或近郊区，这些区域人口增长很快而远郊区人口增长相比要慢得多，远郊区人口增长基本属于自然增长。

（2）工业及第三产业郊区化。在西方国家，工业郊区化一般在人口郊区化之后，我国工业与人口郊区化基本上是同时出现。工业郊区化是经济和城市发展的必然要求。历史上我国许多大城市市区往往居住与工业混杂、环境恶劣，发展空间狭小，为了改善城市环境和寻求工业自身发展空间，许多大城市在 20 世纪 80 年代着手将污染扰民的工业企业迁出市区。自 20 世纪 90 年代以来，随着国家实施城市建设用地有偿使用政策，市区工业外迁规模日益加大。以北京为例，1985—1997 年北京市区工业企业迁出 91 个，腾出用地 59.23 公顷，其中中心区 41.78 公顷。从 20 世纪 90 年代后期以来，工业企业外迁力度进一步加大，1995—1999 年，市区迁出企业达 60 个，腾出用地 171.8 公顷，腾出的土地主要用于发展第三产业。由于工业企业外迁，市区工业比重在逐步下降，1987—1995年，市区工业产值和工业用地占全市比重分别下降7.4个和3.7个百分点①。

近年来，第三产业也开始在郊区发展起来。例如近年来北京在五环路周边已发展了一些大型超市，随着郊区人口的迅速增长，郊区服务业也将得到发展，但医疗、教育等服务设施的配套建设尚需一定过程。

（五）城市密集区的形成与迅速发展

城市密集区（城市群）的形成与迅速发展，是当代城市化的重要特征之一，是城市化过程中出现的一种新的城市地域空间组织形式，是城市化进入高级阶段的一个重要标志。目前国内外关于城市集聚区还没有形成统一的概念和划分的标准，本书所指的城市密集区与城市群、大都市圈、大都市区等概念同义。城市连绵区或城市带则是城市密集区进一步发展的高级阶段。

城市密集区社会经济发展水平较高，人口众多，城镇密集，城镇间社会经济联系密切。城市密集区一般以一个或几个大城市为核心，与其周围若干规模不等、距离较近、联系密切的城市在地域上连成一片。如果说，郊区化是城市内部的空间扩散过程的话，城市密集区则是一定区域内城市的集中过程。

1. 世界城市密集区及连绵区

从20世纪上半叶以来，随着世界性城市化进程加快，城市地域空间组织也逐渐发生显著变化，催生着城市密集区的形成与发展，它首先出现在经济发达、城市化发展较早的国家，其中以美国城市密集区及连绵区最为发达，众多的城市密集区已发展成为规模不等的城市连绵区。主要城市连绵区有以下5个（表10）：①以纽约为核心的沿大西洋中部沿海城市连绵区，该连绵区北起波士顿、南至华盛顿，绵延600多千米，宽100多千米，成为世界上独一无二的世界城市连绵区。连绵区土地面积6万平方千米、城市人口4600多万人，共有大小城市200多个，核心城市除了纽约外，还有费城、巴尔的摩、华盛顿等。②以芝加哥为核心、沿五大湖南岸的城市连绵区，城市人口4500万人，有百万以上人口城市11个，核心城市除芝加哥外，还有匹兹堡、克利夫兰、底特律等。③以洛杉矶、旧金山为核心沿太平洋西岸加利福尼亚州城市连绵区。有城市人口3200万人，百万以上城市8个，50万—100万人口城市4个。④以达

---

① 冯健：《转型期中国城市内部空间重构》，科学出版社2004年版，第137—140页。

拉斯、休斯敦为核心的南部墨西哥湾沿岸城市连绵区，城市人口 1700 万人，有百万人口以上的城市 4 个。⑤以迈阿密、奥兰多为核心的佛罗里达州城市连绵区，有城市人口 1400 万人，百万人口以上城市 4 个。

表 10　　世界大都市连绵区基本特征

国家	城市连绵区名称	核心城市	城市数	城市总人口（人）	土地面积
美国	大西洋中部沿海城市连绵区	纽约、费城、巴尔的摩、华盛顿	>100 万人：12 个，50 万人—100 万人：8 个	4600 万	6 万 km^2
	五大湖南岸城市连绵区	芝加哥、匹兹堡、底特律、克利夫兰	>100 万人：11 个，50 万人—100 万人：6 个	4500 万	
	沿太平洋西岸城市连绵区	洛杉矶、旧金山	>100 万人：8 个，50 万人—100 万人：4 个	3200 万	
	南部墨西哥湾沿岸城市连绵区	达拉斯、休斯敦	>100 万人：4 个	1700 万	
	佛罗里达城市连绵区	迈阿密、奥兰多	>100 万人：4 个	1400 万	
日本	首都大都市圈	东京、横滨	8 个都县 >100 万人：3 个，30 万人—100 万人：16 个，10 万人—30 万人：58 个	4131.6 万	3.69 万 km^2
	近畿大都市圈	大阪	8 个府县	2354.2 万	3.73 万 km^2
	中部大都市圈	名古屋	9 个县	2146.4 万	5.95 万 km^2

资料来源：张善余："世界大都市圈的人口发展与特征分析"，《城市规划》，2003 年第 3 期。

在日本，城市密集区称为大都市圈，全国主要的大都市圈有 3 个：①首都大都市圈，由东京都及其邻边的 7 个县组成，土地面积 36884 平方千米，总人口 4131.6 万人。②大阪大都市圈，由 8 个府县组成，土地面积 37286 平方千米，总人口 2354.2 万人。③名古屋大都市圈，由 9 个县组成，土地面积 59523 平方千米，总人口 2146.4 万人。

在西欧，大型的城市密集区及连绵区有，英国的伦敦—伯明翰—利物浦—曼彻斯特城市连绵区。法国的巴黎—里昂—勒哈佛地区的城市密集区。

发展中国家城市密集区起步较晚，但发展较快，如墨西哥城及其周围地区，巴西圣保罗城市地区也已形成了城市密集区。

2. 中国城市密集区

中国城市密集区伴随着城镇化发展而形成发展，如前所述，中国自20世纪80年代以来，在城市化加速发展的同时，在经济和城镇发达地区，城市密集区正在加速形成和发展。在东部沿海地区，现已初步形成珠江三角洲地区、长江三角洲地区、京津冀地区和辽中南地区4个大型城市密集区，此外，还有不少地区不同规模的城市密集区正在形成。

我国关于城市密集区的划分目前尚未形成统一的标准，但对于沿海已基本形成的4大城市密集区（即珠江三角洲地区、长江三角洲地区、京津冀地区、辽中南地区）所包含的地区范围的划分基本一致，也大致符合城市密集区的基本定义。4大城市密集区都具有高度发达的社会经济水平，人口密度高，发达的交通网；均具有2—3个的核心城市，城市之间社会经济联系十分密切，各城市密集区内城市间已连成一片，只有京津冀城市密集区内唐山市的玉田县及天津市的宁河、蓟县尚未相连，但京津唐区域之间社会经济联系十分密切，目前一般将唐山市划入京津冀城市密集区内（表11）。

表11　　中国4大城市密集区基本情况

区域	2004年总人口（万）	人口密度（人/km^2）	2004年GDP（亿元）	经济密度（万元/km^2）	土地面积（km^2）	人均GDP元/人	密集区内城市数		
							总计	其中地级以上城市	县级市
珠江三角洲城市密集区	2356.35	649.9	13211.51	3643.9	36257	56067.7	18	10	8
长江三角洲城市密集区	6617.26	909.0	25670.84	3526.5	72794	38793.8	38	15	23
其中：苏沪境内	4850.87	1084.1	19288.53	4310.7	44746	39763			
浙江省内	1766.39	629.8	6382.31	2275.5	28048	36131.9			
京津冀城市密集区	2404.3	937.0	8448.5	3292.7	25658	35139	7	4	3
辽中南城市密集区	1840.48	568.9	5903.1	1824.8	32349	32073.7	15	7	8

资料来源：（1）《中国城市统计年鉴2005》；

（2）有关省区统计年鉴2005；

（3）地级以上城市只统计其市辖区地域范围。

（1）珠江三角洲城市密集区（未包括香港及澳门）。该区以广州和深圳两市为核心城市，土地面积36257平方千米，2004年总人口2356.35万人（户籍人口，下同），2004年国内生产总值13211.51亿元，区域内包括2个副省级市（广州、深圳）、8个地级市（珠海、佛山、江门、惠州、肇庆、清远、中山、东莞)、8 个县级市（增城、从化、恩平、台山、开平、鹤山、高要、四会）。应该指出，从经济区划上，一般把清远市划入粤北经济区，但从城市密集区看，清远市区已与广州市相连，故将清远市区划入。

珠江三角洲城市密集区在全国 4 大密集区中，土地面积、人口规模、GDP 总量和城市数量均居第二，仅次于长江三角洲城市密集区，而人均 GDP 则居首位，达到 56067.7 元/人，这说明珠江三角洲城市密集区是沿海 4 大城市密集区中经济水平最高的区域。

（2）长江三角洲城市密集区。该区以上海、南京及杭州 3 市为核心城市，土地面积 72794 平方千米，总人口 6617.26 万人，2004 年 GDP 为 25670.84 亿元。区域内包括 1 个省级市（上海）、2 个副省级城市（南京、杭州）、12 个地级市（镇江、扬州、泰州、苏州、无锡、常州、南通、嘉兴、湖州、宁波、绍兴、舟山)、35 个县级市（扬中、丹阳、句容、仪征、江都、高邮、靖江、泰兴、姜堰、兴化、吴江、昆山、太仓、常熟、张家港、江阴、宜兴、金坛、溧阳、海门、启东、通州、如皋、临安、富阳、建德、平湖、海宁、桐乡、慈溪、余姚、奉化、诸暨、上虞、嵊州）。

长江三角洲城市密集区是沿海 4 大城市密集区中土地面积、人口规模和经济总量最大、城市数量最多的城市密集区，但人均 GDP 只有珠江三角洲城市密集区的 69.2%，说明经济发展水平低于珠江三角洲城市密集区。

（3）京津冀城市密集区。该区以北京及天津两市为核心城市，土地面积 25658 平方千米，2004 年总人口 2404.3 万人，GDP 总量 8448.5 亿元。区域内包括 2 个省级市（北京、天津)、2 个地级市（唐山及廊坊)、3 个县级市（三河、涿州、高碑店）。

京津冀城市密集区在沿海 4 大城市密集区中，土地面积最小，人口规模仅次于长三角，居第二，GDP 总量及人均 GDP 均居第三，次于长江三角洲和珠江三角洲。京津冀城市密集区内虽然拥有 2 个省级城市，其中北京是我国的首都，而天津是我国北方经济中心和重要港口城市，社会经济实力十分雄厚，但这两大核心城市所处区域经济发展水平和城市化水平并不高，城市密集区地域规模小，城市数量少，经济总量也不很高。因此，如何发挥京、津两大中心城市对区域社会经济的带动作用，是十分重要的问题。

（4）辽中南城市密集区。该区以沈阳和大连两市为核心城市，土地面积 32349 平方千米，2004 年总人口 1840.48 万人，GDP 总量为 5903.1 亿元。区域内包括 2 个副省级市（沈阳、大连)、5 个地级市（鞍山、辽阳、抚顺、本溪、营口）和8个县级市（新民、海城、灯塔、大石桥、盖州、瓦房店、普兰店、庄河）。

辽中南城市密集区在沿海4大城市密集区中，土地面积小于长江三角洲和珠江三角洲城市密集区，居第三。人口规模、GDP总量及人均GDP均居末位，说明经济发展水平在上述4大城市密集区中，相对较低，其主要原因与京津冀城市密集区相类似，即中心城市经济发展水平很高，而周围区域经济发展水平较低，乡村地区第二、第三产业及小城镇发展相对薄弱。今后发展同样面临着中心城市如何带动地区社会经济发展的问题。

二、未来城镇化发展趋势

随着全球经济的进一步增长，今后30年内，无论发达国家还是发展中国家，城市人口仍将继续增长，城镇化水平也将继续提高，特大城市数量及人口比重将继续较快增加；郊区化将加快向外扩展；与此同时，城市密集区迅速发展也将是未来城镇化发展的一个重要趋势。

（一）世界未来城镇化发展趋势

1. 发达国家与发展中国家城镇化发展趋势的差异

从总体上来看，未来世界城市人口仍将继续快速增长，城镇化水平也将继续提高，但发达国家与发展中国家城镇化发展将存在很大差异。发达国家城镇化水平已达到很高水平，城镇化已走向成熟，因此，未来城镇化发展速度将趋于缓慢。而发展中国家的城镇化方兴未艾，城镇化仍将保持较快的发展速度，但发展速度将存在很大差异。如拉丁美洲和加勒比海地区的城镇化已达到很高水平，2000年其城镇化水平已达75.4%，高于欧洲的73.4%，因此，未来城镇化发展将放慢。而亚洲和非洲的城镇化水平较低，2000年其比重分别只有37.5%和37.2%，据预测，未来亚洲和非洲的城镇化将保持较高的发展速度，但仍将大大低于拉丁美洲和加勒比海地区的城镇化水平。

2. 中国城镇化将继续发展，并着力与社会经济发展相协调

中国自20世纪80年代以来，城镇化走上了发展轨道，尤其自20世纪90年代以来，随着我国社会经济的快速发展和各项改革的深入展开，城镇化进程明显加快，1990—2004年的14年间，城镇化率年均增加1.01个百分点，而“十五”期间前4年（2000—2004年）城镇化率年均增加1.4个百分点，同期

世界城镇化率年均只增加 0.38 个百分点，我国城镇化进程大大快于世界的城镇化进程。根据世界城镇化发展的历史经验，当一国经济增长达到人均 GDP 1000 美元时，城镇化率达到 30% 以上时，城镇化进程将走上快速增长的轨道。

2005 年我国 GDP 人均为 14040 元，城镇化率为 42.99%，我国未来城镇化将是继续发展的趋势。但从我国的国情出发，城镇化不可能是直线上升的发展。我国是一个发展中国家，二元经济结构矛盾比较突出，如何处理好城乡协调发展，是关系到国家整体发展的重大问题。其次，我国原有城镇基础比较薄弱，而近 10 年来城镇发展十分迅速，导致城市中出现的各种问题日益突出，如城市生态环境压力逐渐加大，大城市交通拥堵，城市就业问题日益加大等，说明我国当前城镇化水平与城市社会经济发展及城市基础设施等方面尚存在不相适应问题。因此，一方面要加大城市基础设施建设和环境整治，另一方面近期要适当调整城镇化的速度。

根据上述我国城镇化发展的指导思想，综合有关部门对未来城镇化发展水平的预测，在今后 5—10 年内，我国城镇化增长速度应低于“十五”期间前 4 年的发展速度。我国“十一五”规划提出 2006—2010 年间乡村劳动力转移总数为 4500 万人，平均每年转移 400 万个乡村劳动力，规划至 2010 年全国城镇化率为 47.0%，年均增长城镇化率为 0.8 个百分点。在科学发展观的指导下，经过“十一五”的发展，我国经济实力将进一步增强，经济、社会、环境之间将得到更加协调的发展，城市可持续发展的能力进一步提高，这些将对我国未来城镇化进程起着积极的推动作用。因此，在 2010 年至 2020 年间，全国城镇化率将平均每年以 1.0 个百分点的速度推进，至 2020 年我国城镇化率将提高至 57%—60%。

未来区域城镇化发展将仍存在显著的地区差异。我国三大地带区域经济发展不平衡，导致城镇化存在区域差异。东部沿海地带地理区位优越、城镇水平发达，在未来全国社会经济发展中将起着龙头带动作用，城镇化速度也将快于全国进程。

中部地带位于我国腹地，交通比较方便，矿产资源及土地资源比较丰富，农业基础较好。近年来国家对中部地带实施“中部崛起战略”，经济和城镇发展较快，其增长速度处于东西两个地带之间，未来城镇化增长速度将与全国同步增长。

西部地带在中央关于“西部大开发”的方针下，近年来发展较快，但受自然环境的制约和历史因素的影响，社会经济基础较薄弱，社会经济发展速度相对较慢。具有较强经济实力的大城市较少，中小城市发育水平也较低，未来城镇化速度仍将低于东、中部地带。

（二）不同城市规模的变化趋势

1. 世界特大城市的增长

如上所述，世界城市化的一个显著特点是特大城市的迅速增长，这在世界范围内或我国均如此。特大城市之所以得到快速增长有其主客观因素在起作用。首先是自20世纪下半叶以来在全球经济一体化迅速发展的国际大背景下，世界范围内各国之间、各城市之间（尤其是特大城市）经济交往日益密切，从而为特大城市发展提供了有利的机遇，竞争也更加剧烈，成为特大城市发展的激发因素；其次，特大城市通常都具有其自身有利的发展条件，除了资源性城市外，大多地理区位优越，对外交通方便，是一定区域的中心城市；第三，特大城市具有雄厚的经济实力和城市基础设施条件，有较强的自我发展能力和竞争力，规模、集聚效益显著，这是中小城市无法相比的。因此，虽然多年来人们对特大城市的发展存在对环境、交通等诸多忧虑，但特大城市的迅速发展，在一定程度上反映了城市化发展的客观规律，它不以人们的意志为转移，但特大城市发展区域差异仍将很大。

如按世界人口规模10个最大城市排序的变动分析，以发展中国家的城市人口增长最快，如1950年，世界人口规模排在前10位的城市中发达国家有7个，发展中国家只有3个，即上海、布宜诺斯艾利斯、加尔各答（表12），而且在排序上排在后面，而据预测，到2015年世界最大城市将发生重大变化，在前10位城市中，发达国家只有东京和纽约2个城市，其余8个城市均属发展中国家。从排序上，东京将上升为第1位，而纽约由原来的第1位下降为第7位，这种现象说明，在未来的城市化进程中，城市规模的增长，发展中国家将起到先锋的作用。

2. 中国将大力促进大中小城市协调发展

如前所述，中国城市规模的发展变化是特大城市增长快速，而中小城市发展相对缓慢。从影响城市规模发展变化的各种因素分析，未来我国从政策措施上将努力促使大中小城市协调发展。首先，今后随着国力的不断增强，国家有可能拿出更多的投资，用于改善中小城市的发展环境，增强中小城市的发展能力；其次，在城市发展政策上有可能制定更多有利于中小城市的政策及措施，以落实城市化的方针，包括企业发展优惠政策、职工工资、福利政策、税收政

表 12　　1950—2015 年世界人口规模最大的 10 个城市

序号	1950 年		2000 年		2015 年	
	城市	人口（百万）	城市	人口（百万）	城市	人口（百万）
1	纽约	12.3	东京	26.4	东京	27.2
2	伦敦	8.7	墨西哥城	18.1	达卡	22.8
3	东京	6.9	圣保罗	18.0	孟买	22.6
4	巴黎	5.4	纽约	16.7	圣保罗	21.2
5	莫斯科	5.4	孟买	16.1	德里	20.9
6	上海	5.3	洛杉矶	13.2	墨西哥城	20.4
7	莱茵—鲁尔	5.3	加尔各答	13.1	纽约	17.9
8	布宜诺斯艾利斯	5.0	上海	12.9	雅加达	17.3
9	芝加哥	5.0	达卡	12.5	加尔各答	16.7
10	加尔各答	4.5	德里	12.4	卡拉奇	16.2

注：2000 年及 2015 年为预测数。

资料来源：同表 7。

策、城镇建设政策等；第三，我国自 20 世纪 90 年代中期以来，冻结了新城市设置，这是小城市数量和人口增长缓慢的重要原因之一。实际上长期以来已有许多达到设市条件的城镇未被审批，这种行政手段和措施，限制了小城市的发展，不符合城市发展的客观规律。这种状况不可能长期延续下去，一朝国家解冻新市设置禁令，将有一大批建制镇上升为小城市，这将显著地改变目前小城市比重偏低的状况。即便如此，特大城市仍将沿着自身的发展规律快速发展。

目前我们尚难以全面预测我国未来城市规模的发展，但从某些城市人口增长状况可大致看出，至 2020 年，我国将有一批大城市先后进入特大城市的行列。例如大庆市，2004 年市辖区人口已达 95.3 万人（城市非农业人口，下同），今后即便没有人口迁入，只是人口自然增长，至 2020 年也肯定进入特大城市。还有如厦门、新乡、淮南等城市，城市发展条件比较优越，2004 年城市人口已分别达到 91 万人、91.6 万人和 92.5 万人，这些城市至 2020 年也将成为特大城市，此外还有些城市发展条件较好，目前人口也已达到 80 多万人，如南通市 84.34 万、商丘 84.47 万人、柳州 85.92 万人、珠海市 86.17 万人，这些城市也可能进入特大城市。

（三）大城市郊区化将呈继续发展态势

世界郊区化至今已有半个多世纪的历史，直至 20 世纪中叶，大多数发达国家已普遍出现郊区化。发展中国家郊区化较晚，直至20世纪末在某些国家才始出现，并且以较快的速度向外扩展。由于各国郊区化的历史进程不同，未来郊区化将呈现不同的特点。

1. 世界城市郊区化趋势

郊区化主要出现在发达国家，发展中国家的郊区化差别较大，少数国家发展较快，大多数国家郊区化尚未出现。未来，随着发展中国家大城市的发展，将加速郊区化的进程。郊区化在改善中心城过度集中所带来的环境、交通等问题的同时，也出现了诸多问题：如中心城衰落以及郊区过于分散问题。因此自20世纪后半叶以来，发达国家郊区化普遍出现以下两种趋势。

（1）中心城衰落与再城市化。西方国家如美、英、法等国在大城市郊区化迅速发展的过程中，由于中心城区工业及人口外迁，随之第三产业也迁往郊区，因而中心城出现投资萎缩、经济发展缓慢、人口数量减少、就业岗位不足的景象。

中心城区的衰退给社会经济带来了诸多的消极后果，表现为中心城区的高失业率及人均收入大幅下降，犯罪率偏高，税收锐减，固定资产投资下降，市区资产贬值，物质性设施老化，生活质量及环境质量下降等。

为了扭转中心城区衰败趋势，各个国家先后制定了相关的政策，开展市区的重建工作，这就是所谓“再城市化”。其中美国开展此项工作较早，美国联邦政府以拯救中心城为目标，颁布许多政策，主要是加大政府对市区重建的资金支持，或直接贷款给政府，由其自主解决各类城市问题。英国自1980年起，重新检讨了过去向地方分散的政策，并从土地利用政策方面采取措施，土地搞活开始从地方转向中心城区，促进中心城区复苏，1970年开始设立中心城区补助金，从20世纪80年代起，政府增加了中心城区投资。从一些国家实施中心城复苏政策以来，对振兴中心城区起到一定成效，但郊区化是城市发展的必然趋势。在郊区化的同时，如何保持中心城与郊区的协调发展，这是今后城市发展的重要问题①。

（2）城市蔓延与新城市主义运动。城市蔓延，即郊区分散化是郊区化过程中出现的普遍现象。城市蔓延是以城市功能高度分散化为基本特征，人口密度极低，城市设施无限扩展。较为典型的美国式的城市蔓延多以高速公路为依托，形成“点”与“线”构成的城市外部空间结构。在“点”“线”组成的区

① 黄亚平：《城市空间理论与空间分析》，东南大学出版社2002年版，第145—148页。

域内，存在着建筑服务设施和相互分离的次级开发，相邻的每一片段都是相对完整的，它们的连接和整体性都很弱。

城市蔓延造成土地资源、能源严重浪费和环境污染，如何控制蔓延成为各国政府部门、城市规划界和学术界共同关注的问题。各国有关部门主要通过制定土地政策、开展区域空间规划和都市区规划等来控制城市蔓延。有关研究就集中型城市与分散型城市的利弊进行比较，研究控制蔓延对策。

2. 中国城市郊区化规模将日益加大

随着我国城市社会经济的加速发展与城市经济结构的调整及市场经济体制改革的深入展开，城市化的进程将进一步加快发展，未来郊区化的规模也将更大、更加广泛，郊区化的布局也将更加合理。

（1）郊区化的规模将更大，并由沿海城市向内陆城市发展。我国城市郊区化的历史不长，但发展很快，并且郊区化的规模日益加大。从未来发展趋势看，许多大城市的郊区化将是继续加快的态势，这除了城市社会经济发展的需求外，从城市建设的要求出发，城市必须向郊区寻找出路。我国许多大城市经过长期的历史发展，中心城区经济结构老化，人口密集，环境不佳，发展空间不足，不能适应未来发展的客观需要。目前不仅沿海地区的特大城市，而且在内陆地区的许多特大城市也已开始出现了郊区化，如哈尔滨、郑州、武汉、重庆、成都、西安等城市。

（2）新城将成为郊区化的主要发展方向。我国自 20 世纪 80 年代初开始出现郊区化以来的 20 多年里，对城市的发展起到积极的作用，在一定程度上缓解了中心城区发展空间过度拥挤的状况，但也出现了摊大饼和郊区过于分散的状况。所谓摊大饼，即郊区新建居住区距中心城区太近，再加之中心城区与郊区的绿化隔离控制不严，随着中心城区及郊区居住区的发展而连成一片，使郊区化不能起到分流中心城区的产业和人口的作用，如北京市历史上规划建设的郊区 10 大边缘集团，因距中心城区过近，现已与中心城区连成一片，形成更大的大饼。另外，北京市自 20 世纪 80 年代以来郊区新建的居住区，除了少数规模较大以外，大多规模较小，这不利于城市服务设施的配套建设。上述问题在我国许多大城市的郊区化过程中均不同程度地存在。为了克服上述问题，未来许多城市将十分重视远郊新城建设，在距中心城较远的远郊建设若干规模较大、城市设施较齐全、创造较多就业岗位、相对独立性较强的新城，这样，才能有效地起到分流中心城区的作用。

（四）城市密集区及城市连绵区将继续发展

随着经济全球化与信息化的加速发展，城市与区域之间、城市与城市之间的联系将更加密切，城市与区域之间整体化、区域化的趋势将更加显著，各城市间资源互补，优势共享，从而促进了一定区域内众多城市的共同发展，显示了城市密集区发展的强大生命力，因此，未来城市密集区及城市连绵区将是继续快速发展的态势。但是由于世界各地城市密集区（城市连绵区）发展历史、发展水平不同，发展条件千差万别，因此未来的发展态势也具有不同特点。对于某些发展历史较早，人口规模和地域范围很大、发展较成熟的城市密集区（城市连绵区），其人口规模的增长将放慢，而主要是区内人口结构、产业结构的调整和区域性基础设施进一步建设的问题。而对正处于发展中的城市密集区则将较快发展。

1. 世界城市密集区及城市连绵区的发展趋势

发达国家大多数的城市密集区及城市连绵区经历了长期的发展，目前已经达到成熟的阶段，未来发展将进入相对平衡的低速发展期，人口变动、结构和分布将会出现新的特点，如法国学者丹梅特（Damete）在所著的《巴黎大都市圈》一书中做了如下的概括：①人口发展进一步趋缓；②“后工业化”；③更多地向高层次第三产业倾斜；④居住、产业的低密集化，促使城市化地域进一步扩展；⑤每家每户要求自建住宅的势头更趋强劲，大城市周边地区越来越多地卷入城市化进程；⑥中心地域人口趋于减少；⑦老朽的建筑物迫切需要整修改建，对老城市再开发事业有所推动；⑧在大都市圈内，一批次级中心地逐渐成长，包括新镇、县城所在地、大型购物中心和大学所在地等；⑨上述新发展对高速公路等大型基础设施的建设也将提出新的要求①。

2. 中国城市密集区及城市连绵区的发展方兴未艾

城市密集区（城市连绵区）是城市化发展到高级阶段的区域表现形式，我国在“十一五”规划中已将城市群（城市密集区）作为城市发展的主要形态。中国的城市化虽然起步较晚，但改革开放以来发展迅速，并相应催生着一批城市密集区的形成和发展。如前面已述及，我国现阶段在东部沿海地区已初步形成珠江三角洲、长江三角洲、京津冀、辽中南 4 大城市密集区，还有一批城市密集区正在形成和发展中。

---

① 张善余：“世界大都市圈的人口发展及特征分析”，《城市规划》，2003 年第 3 期。

(1) 沿海4大城市密集区基本成型，今后将以区内外协调发展为主要方向。沿海4大城市密集区，即珠江三角洲、长江三角洲、京津冀、辽中南城市密集区，是我国规模最大一级的城市密集区，实际上已形成为城市连绵区。目前这些城市密集区就其地域规模、人口规模、城市数量等方面而言，已基本定型，今后将主要在密集区内进行协调发展。

为了充分发挥上述4大城市密集区在我国社会经济发展中的作用，今后需要大力协调好各密集区内各方面的关系，包括产业之间、城市之间，区域性城市基础设施、区域生态环境等方面的关系，改变重复生产、无序竞争、基础设施在城市之间、区内外之间互不衔接、区内外之间相互污染的状况，以促进城市密集区走上良性循环的轨道。

(2) 新城市密集区将加快形成和发展。随着一些区域社会经济和城市的发展，将形成一批新的城市密集区，目前这些区域某些指标与已形成的上述4大城市密集区相近，有的区某些指标已经超过，但总体水平尚不如上述4区，属正形成中的城市密集区，且各区发展水平差异很大。根据某些区域社会经济和城市发展水平，用划分城市密集区的主要指标，以下区域将发展为城市密集区（表13）。

表13　　　　中国未来城市密集区的发展

地　区	2004年总人口（万人）	人口密度（人/km^2）	2004年GDP（亿元）	经济密度（万元/km^2）	土地面积（km^2）	人均GDP（元/人）	密集区内城市数		
							总计	地级以上城市	县级市
山东胶济—兰烟—京沪线城市地带	3559.42	606.6	9042.05	1541.1	58674	25403.2	32	8	24
闽东南地区	1219.37	962.7	2812.49	2220.5	12666	23065.1	11	5	6
江汉城市地区	2031.31	626.2	3256.98	1004.1	32438	16033.9	15	7	8
湘中城市地区	883.93	823.0	1374.96	1280.2	10740	15555.1	7	3	4
中原城市地区	833.32	1094.2	1871.36	2457.1	7616	22456.7	8	2	6
成都城市地区	962.96	240.9	2819.18	705.1	39980	29276.2	8	2	6
重庆城市地区	612.04	404.9	1426.56	943.7	15117	23308.3	4	1	3
哈尔滨城市地区	1194.53	918.5	1983.18	1524.9	13005	16602.2	10	3	7
长春—吉林地区	1484.49	570.4	1763.18	677.5	26025	11877.3	5	1	4
关中城市地区	671.54	1441.1	1185.23	2543.4	4660	17649.4	3	2	1

资料来源：①《中国城市统计年鉴2005》；

②有关城区统计年鉴2005年。

①山东胶济、兰烟、京沪线城市带。该地带以青岛、济南为核心，土地面积58674平方千米，总人口3559.42万人，GDP总量为9042.05亿元，共有城市32个，其中副省级城1个（青岛），地级市7个（济南、淄博、潍坊、烟台、威海、泰安、莱芜），县级市24个（章丘、胶州、即墨、平度、胶南、莱西、安丘、昌邑、高密、青州、诸城、寿光、栖霞、海阳、龙口、莱阳、莱州、蓬莱、招远、荣成、乳山、文登、新泰、肥城）。这是一个发展水平较高的区域，其区域面积和人口数仅次于长江三角洲地区，城市数量也较多，但人均GDP则低于上述已形成的4个区域。从发展趋势看，该区交通方便、自然资源、劳动力资源丰沛，对外开放水平较高，发展潜力较大，将会较快形成城市密集区。

②闽东南地区。该区域以福州、厦门为核心城市，土地面积12666平方千米，总人口1219.37万人，GDP总量为2812.49亿元，共有城市11座，其中副省级城市1个（厦门），地级市4个（福州、泉州、莆田、漳州），县级市6个（福清、长乐、石狮、晋江、南安、龙海）。该区域虽然核心城市人口规模和经济实力不算高，但民营经济发达、港口条件优越，陆上交通条件近年来有很大改善，凭借对中国台湾有利的地理区位和人文优势，发展对台经济前景广阔，自20世纪90年代以来，该区域社会经济和城镇发展迅速，未来将会较快地形成为城市密集区。

③江汉城市地区。该区以武汉为核心城市，土地面积32438平方千米，总人口2031.3万人，GDP总量为3256.98亿元，区域内有城市15个，其中副省级城市1个（武汉市），地级市6个（鄂州、黄石、黄冈、孝感、咸宁、荆州），县级市8个（仙桃、潜江、大冶、麻城、应城、赤壁、洪湖、汉川）。该地区地处我国中心腹地，长江黄金水道与东西部地带相连，南北有京广、京九等多条铁路干线相通，水陆交通十分方便，素有“九省通衢”之称。江汉平原自然资源丰富，工农业基础好，城镇发达。近年在“中部崛起”的发展战略下，发展较快，未来该区域将会较快地形成为城市密集区。

④中原城市地区。该区域以郑州为核心城市，土地面积7616平方千米，总人口833.32万人，GDP总量2457.1亿元，区内有城市8个，其中地级市2个（郑州、洛阳），县级市6个（新郑、登封、新密、巩义、荥阳、偃师）。该区域地处中部地带偏北，是我国北部重要的交通枢纽，交通四通八达。中原地区是中华民族的发祥地，历史悠久，改革开放以来，特别是近年来社会经济发展很快，目前郑州与开封及新乡等市之间还隔着乡村，城市间未能连成一片，

但随着区域社会经济的发展，将会较快地连成片，成为包括开封、新乡在内具有较大规模的城市密集区。

⑤湘中城市地区。该区以长沙为核心城市，土地面积10740平方千米，总人口883.93万人，GDP总量1374.96亿元，区内有城市7个，其中地级市3个（长沙、湘潭、株洲），县级市4个（济阳、湘乡、韶山、醴陵）。该区域地处中部地带偏南、通过长江水道及多条贯通南北和东西的铁路干线，与全国各地联系十分方便，虽然经济和城市发展水平尚不高，但发展前景广阔，未来将发展成为城市密集区。

除此以外，在成都城市地区、重庆城市地区、哈尔滨城市地区、长春—吉林地区，以及关中（西安）城市地区均处于经济比较发达、交通方便的地区，未来发展前景广阔。目前虽然核心城市经济实力较强、城市规模也较大，但其周围城镇发展薄弱，今后随着核心城市周围城镇的发展，上述这些地区也将形成城市密集区。

我国城镇化现状剖析及发展趋势*

近半个多世纪以来，世界城镇化的加速发展，已日益引起人们的关注。现代城镇化的主要特征表现为以下几点：(1) 城乡人口再分配在急剧进行，城镇人口迅速增长，在总人口中的比重日益提高；(2) 城镇数目日益增多，尤其是大城市数量在迅速增加；(3) 城市地域的扩张，使许多地区的城市连绵成片，形成了许多城市密集区或城市地带；(4) 城市居民生活方式的变化，第三产业的发展。在上述诸特征中，城乡人口的变动乃是城镇化最基本的特征，通常所说的城镇化即指农村人口转化为城镇人口的过程。各国城镇化的进程不同，城镇化不同阶段其表现的特征也不同。对于发达国家来说，城镇人口已达到饱和状态，城乡人口的转化问题已不突出，城市地域的扩张和第三产业的发展已成为城镇化的主要问题。发展中国家城镇化起步较晚，城镇人口正在迅速增长之中，城镇化的突出特征是城乡人口转化问题。我国属于发展中国家，研究我国城乡人口转化问题，对于我国城镇的合理发展具有重要意义。

一、我国城镇人口增长的基本特点

城镇是社会经济发展的必然产物，它随着生产力的发展、社会分工的分化而出现，随着社会经济的发展而发展，这是一切社会的共同规律。但是由于各国政治、经济、历史等条件的不同，城镇的发展过程又是各具特点的。我国是社会主义国家，城镇是在社会主义基本经济规律指导下有计划地发展的；我国又是发展中国家，经济实力不强，人口众多，城镇化具有如下特点：

---

* 本文发表于《经济地理》1983 年第 2 期。1984 年被国务院体制改革委员会收入由福建人民出版社出版的《城市和经济区》一书。

（一）城镇人口增长较慢

新中国成立以来，随着我国经济的发展，城镇人口在逐步增长，1949—1980年城镇人口共增长了1.33倍（指城镇非农业人口），年均增长2.76%，同期全国非农业人口共增长73%，年均增长1.78%，在这期间全国总人口共增长81%，年均增长1.94%，表明了城镇人口的增长快于全国总人口和非农业人口的增长。但从国际上看，我国城镇人口的增长则比较缓慢，从1920—1980年的60年间，世界城镇人口增长4倍多，近年来城镇人口正以2.9%的速度继续增长①，其中发展中国家城镇人口增长尤其迅速，在发达国家中苏联、日本等国城市人口的增长速度也比我国快。

我国城镇人口占总人口中的比重不高。1950—1980年其比重由11.2%提高到13.65%，而同期世界城镇人口的比重由29.8%提高到39%。我国城镇人口统计口径与世界上不同，城镇划分标准偏高，农村人口自然增长高于城市以及严格控制城市人口的政策等原因均对城镇人口比重有重要影响。但总的说来，这还是我国经济发展水平不高的反映。根据1982年我国人口普查资料，包括郊区农业人口在内的市镇总人口比重也只有20.6%，根据世界160多个国家（地区）的资料，城镇人口比重低于此数的国家仅39个。

（二）通过计划和行政措施，不断调整城镇人口比例

世界上许多国家城市人口的增长是无计划的，而我国则是根据工农业的发展，采取计划、行政等措施，不断地调整城乡人口的比例，使城镇人口增长与经济发展相协调。

新中国成立以来，我国主要采取如下控制城镇人口的措施：

第一，我国国民经济各部门所需要的职工，是由计划、劳动部门根据国家经济发展的需要，实行有计划的招工，严格禁止各单位私自招工；同时，各地区、各城市之间还实行劳动力调配，从劳动力富余、技术力量强的地方如上海、天津、沈阳等调出劳动力和技术人员支援新开发地区，从而有助于解决了旧中国遗留下来的400万失业人员和20世纪60年代以来城市新成长劳动力的就业问题，也减少了新工矿区从农村调入劳动力。

其次，从20世纪60年代初开始实行严格控制城市人口的政策。一方面严

① 申维丞：非洲城市化的一些特点和问题，中国科学院地理研究所编打印稿。

格限制农村人口转入城市，另方面根据国民经济发展状况，采取行政措施压缩城镇人口。例如，三年调整时期对城镇人口实行精简压缩，把1958年后流入城市的农村人口精简回乡，使城镇人口发展恢复到较正常的状况。

第三，从20世纪60年代中期以来实行计划生育政策，城镇人口自然增长明显下降。这对控制城镇人口增长起了重要的作用。

（三）广大农村地区“亦工亦农”的人口大量增长

近年来，随着广大农村地区社队企业的迅速发展，“亦工亦农”的人口大量增加，这是我国城镇化重要的特点之一。农村社队企业主要从事工业生产，1980年其从业人员占64.7%、建筑业11.4%、运输业3.8%。社队企业有固定资产，独立核算和固定场所，从业人员也基本是固定的，与非农业生产没有什么差别，但务工社员居住农村，人口统计仍属农业人口，不吃商品粮，具有城乡结合的特点。

我国广大农村地区人多地少，据估计，目前我国农村有1/3的劳力富余，今后农村还将新成长大量的劳动力。另一方面，随着农业机械化水平的提高，劳动力需要量将逐步减少，因此，解决农村劳动力的出路是一个极大的问题。由于我国实行控制城市人口政策，大量过剩的农村人口只能就地寻找出路。基于这种客观需要，近年来，社队企业得到蓬勃地发展。1975—1980年全国社队企业总产值年均增长24%，而同期全国工业总产值年均增长9.2%。1980年全国社队企业经济收入占农村总收入34%，社队企业人员占农村劳动力的9.4%，占全国总人口近3%。

目前各地区社队企业发展不平衡，大体是交通方便、人多地少、资源丰富或技术水平高的地区高于经济水平较低的地区，大城市郊区高于一般农村地区。在全国各省、区中，江苏、辽宁、福建、山东等省比较发达，据1980年资料，江苏省社队企业人员占农业总劳力的18.6%。在大城市郊区中，上海、天津、北京社队企业人员分别占农业劳力的25.9%、20%、20.6%。全国社队企业中社办的企业数和人员分别占社队企业总数的23.6%和46%，这些企业基本上都集中在公社所在地。过去许多地区的公社集镇没有什么工业企业，固定人口很少，社队企业的发展促进了交通运输、商业、服务业等方面的发展，促进了公社集镇人口的增长。今后随着社队企业的发展，将对城镇的发展起着越来越大的作用。

二、城镇化的因素分析

(一) 农业现代化与城镇化

马克思指出:“从事加工工业等等而完全脱离农业的工人的数目，取决于农业劳动者所生产的超过自己消费的农产品的数量”[①]。只有农业的发展，才有可能向城镇提供富余的劳动力、粮食和工业原料，城镇才能得到发展。

从历史发展看，由于农业与手工业的分离而出现了城镇。此后，随着农业劳动生产率日益提高，过剩的农村劳动力向城镇转移，不断地改变了城乡人口比例。世界城镇化的过程就是一个变农村人口为城镇人口的过程。我国城镇化也经历了一个变农村人口为城镇人口的过程。新中国成立以来，据估算，从农村转入城镇的人口约占城镇人口增长总数的30%，自然增长占70%[②]，说明我国从农村迁入人口较少，因此城镇人口增长较慢。

农村人口转入城镇的数量，一方面要看城镇容纳劳动力的可能性，另一方面要与农业所能提供的农产品相适应。在资本主义工业化时期，某些国家曾忽视了农业的发展，出现了先进的工业，落后的农业，粮食靠进口。但实践使这些国家认识到发展农业的重要性，第二次世界大战以来农业有了很大的发展，先后实现了农业现代化，不少国家解决了粮食问题，有的而且成为粮食出口国。但许多发展中国家农业基础薄弱，由于农村劳动力盲目流入城市，农业劳动力不足，粮食不能自给，粮食问题成了这些国家沉重的经济负担。

我国城镇的发展坚持以农业为基础，城镇人口的增长取决于农业的发展，尤其是粮食生产的发展。我国人口多，粮食需要量大，我们不能仰赖进口粮食，主要靠自力更生，因此粮食生产状况与城镇人口增长密切相关。新中国成立以来，我国粮食生产有了较大的发展，但人多地少，1980年人均拥有粮食只有324千克，低于世界人均粮食水平，加上我国食物构成以粮食为主，粮食供给偏紧。在这种情况下，农业的丰歉对工业、城镇的发展影响较大。在粮食丰收的年份，城镇人口增长较快，如在三年恢复时期和“一五”时期，粮食增长幅度较大，这期间工业发展和城镇人口增长都比较快。从1957—1977年由于

---

① 《马克思恩格斯全集》第26卷，人民出版社1972年版，第22页。

② 吴友仁:“关于我国社会主义城市化问题”,《城市规划》,1979年第5期。

多方面的原因，我国粮食年均增长只有1.9%，工业和城镇人口增长也较慢。这些事实说明了城镇人口增长与粮食生产的密切关系。

（二）工业发展与城镇化

城镇的主要部门有工业、交通运输业、商业贸易、文化教育、科研、行政管理等，其中工业劳动力需要量多，对城镇的发展影响较大，尤其在国家工业化时期，工业发展对城镇发展起了决定性的作用。当代在发达国家中由于工业高度机械化、自动化，随着劳动生产率的不断提高，工业劳动力日益减少，工业对城镇发展的作用在下降。但从这些国家的就业构成看，第二产业的比重仍达到35%—45%，对城镇发展的影响仍较大。从今后的发展趋势看，许多发达国家由于国际市场竞争的需要和新兴工业部门的发展（电子工业、原子工业和宇航工业等），第二产业将维持在一定比例，在一定时期内将不可能大幅度下降。

发展中国家工业基础普遍比较薄弱，城镇化的根基不稳，大量农村人口盲目流入城市，造成城市严重失业，这说明超越工业基础的城镇化所带来的恶果。

我国正处于工业化时期，工业对城镇的发展起了重要的作用。在我国城镇的职工构成中，工业职工占总职工的52%，其中有一半的城市其工业职工在60%以上，工业的发展直接影响城镇人口的增长。从新中国成立以来城镇发展的历史表明，工业发展快的时期，城镇人口增长也快；工业发展缓慢的时期，城镇人口增长也慢。如在三年恢复时期和“一五”期间，工业发展快，工业总产值平均增长22.4%，城镇人口增长也快。1958年后工业发展波动大，从1958年到1978年平均只增长8.7%，城镇人口增长也较慢。全国各大区工业发展与城镇人口的对比也反映了这两者的密切关系，凡工业产值在工农业总产值中比重高的地区，城镇人口的比重也高（如东北区），工业产值比重低的，城镇人口比重也低（如西南区）见表1。

（三）国民收入的增长与城镇化

随着一国工农业的发展，国民收入也相应增长，国家经济实力日益加强，这就为扩大生产性和非生产性的建设投资提供了雄厚的资金。另外，随着人民生活水平的提高，人们对日常生活消费的要求越来越高，消费的内容也越来越广泛，因而促进了服务业的发展。服务业机械化、自动化的水平不能与工业部

表1 各大区工业发展与城镇人口增长关系（1978年）

	工业产值占工农业总产值（%）	城镇人口比重（%）	每亿元工业产值城镇人口（万人/亿元）
全国	74	12.5	2.8
西南	62	8.4	4.2
西北	72	8.9	3.7
中南	65	9.2	3.3
华东	76	10.7	2.0
华北	80	10.7	2.5
东北	83	29.6	3.7

门相比，在许多方面需要大量劳动力。因此，第三产业从业人员的比例越来越高，如美国其从业人员由1820年的15.3%上升到1979年的64.1%，目前不少发达国家第三产业的从业人员超过50%以上，使城镇的服务职能越来越突出，这是现代城镇人口迅速增长的重要因素之一。

新中国成立以来，我国工农业生产虽然经历了数次大的反复仍有较大的发展，1950—1980年工农业总产值年均增长9.4%，同期国民收入年均增长7.3%。但目前按人口平均的国民收入只有200多美元，在世界上属于低水平。人民生活水平不高，服务业不发达，如按三类产业的划分，1979年我国第三产业人员只占社会总劳力的11.52%①。随着我国国民经济的发展，人民生活水平的提高，今后服务业将有较大的发展。近三年来城乡人民生活水平有了显著的提高，1981年比1978年购买力提高了43%，其中农村的购买力提高90.2%。消费结构也发生了变化，人们不仅需要吃、穿等物品，对许多日用高级耐用商品的要求也越来越多，因而促进了商业的发展。此外，文化、教育、科技、旅游业都有明显的增长。这几年在经济比较发达的一些公社所在地，在发展社队企业的同时，各种文化、服务设施发展较快，新建了商店、中小学、影剧院、医院，新修道路、自来水，成为全公社经济、文化、服务的中心。

（四）人口自然增长与城镇化

我国农村人口占总人口86%，农村人口自然增长的高低，对城镇化有重要影响。我国在三年恢复时期和“一五”时期，由于城乡之间在生活水平、医疗

① 胡焕庸：“中国人口地理概要”，《人口》，1981年第1期。

卫生条件上的差别，城镇自然增长率比农村高。但自20世纪60年代以来城镇计划生育比农村搞得好，农村自然增长率比城镇高，这是我国城镇人口比重提高得较慢的原因之一。

城镇人口自然增长对城镇化有直接影响，我国20世纪50年代机械增长对城镇人口增长起主要作用，自60年代以来则自然增长起主要作用。直至1990年前后自然增长仍将较高，对城镇人口增长仍有较大影响，但至2000年的整个时期内，由于贯彻“一胎化”的计划生育政策，自然增长的作用在下降，机械增长将对城镇人口增长起主要作用。

三、今后城镇人口的增长问题

党的十二大提出，至2000年我国工农业总产值翻两番的奋斗目标，实现这个宏伟目标，我国工农业将有很大的发展，城乡人民的生活将成倍地提高。根据我国社会经济的发展，以下对今后我国城镇化水平作出初步预测。根据我国的特点，城镇人口的预测必须包括城镇总人口和城镇非农业人口两部分。城镇的城区与郊区之间是有机联系的整体，从城镇规划建设看，需要对城镇总人口数（包括郊区农业人口）进行预测。另方面从城镇粮食供给和劳动力就业规划的要求考虑，需要预测城镇非今农业人口数。今后随着国民经济有计划地发展，城镇人口也将是有计划地增长，这就为人口预测提供了客观可能性。根据新中国成立以来城镇人口的增长状况及对今后国民经济发展的分析，在此基础上拟定今后我国城镇人口增长速度，以此推算城镇人口数。

新中国成立以来，我国城镇人口（指城镇非农业人口）增长最快的时期是1949－1960年，年递增率为7.7%。这个时期城镇人口增长快主要是由于工矿业生产迅速恢复和大规模建设的结果，也与以下几方面因素有关：①在旧中国外流的人员解放后陆续回城；②生育无计划，人口自然增长率高；③在城镇人口未加控制情况下，农村人口流入城市的数量较大。今后由于实行一胎化的计划生育政策，自然增长率将比较低，城镇人口的增长主要是机械增长，但在控制城市人口政策的作用下，农村人口迁入城市仍将是有计划、稳步地进行，城镇人口的增长将不可能像20世纪50年代那样快。但自60年代以来城镇人口波动大、增长缓慢，显然，今后城镇人口增长将比这一时期快。我们设想以略高于新中国成立以来的平均增长速度，即以3%作为至2000年的城镇人口增长速度是合适的。采用以下公式计算：

$P_n = P_0 \ (1 + K)^n$

P_n——2000 年城镇人口数

P_0——1980 年城镇人口数

K——增长速度

n——规划年限

据此求得 2000 年全国城镇非农业人口 2.4 亿人，占那时全国总人口 12 亿人的 20%。考虑到今后农村社队企业的发展，城镇中亦工亦农人口增长迅速，城镇总人口的增长将快于城镇非农业人口的增长，如以 3.5% 的增长速度计，则 2000 年全国城镇总人口 3.7 亿人，占全国总人口的 31%。

实现以上预测的可能性如何呢？

首先，至 2000 年实现我国经济建设的奋斗目标，按人口平均工农业总产值将达到 2300 多元，折合 1000 余美元，在世界上属小康水平。国际上以人均国民生产总值（以下简称人均总值）作为衡量一国经济发展水平的综合指标。实际资料表明，人均总值与城镇化有着相关关系。世界上人均总值达到 1000 美元的水平时，相应的城镇人口比重是多少？法国在 1953 年人均总值为 1018 美元时，城镇人口比重为 56.6%（1954 年），日本 1965 年人均总值 1035 美元，城镇人口比重为 68%，苏联 1958 年人均总值为 1049 美元，城镇人口比重为 48%（1959 年）。可见发达国家达到这一经济水平时，城镇人口比重都比较高。当前世界上人均总值在 1000—1200 美元的国家（地区）有 10 多个，其相应的城镇人口比重最低者为 36%（危地马拉），最高者为 60%（哥伦比亚），大多数在 40%—50%（表 2）。与这些国家相比我国 2000 年城镇总人口比重的上述预测，比其下限略低。

表 2　　人均总值与城镇化关系*

国家（地区）名称	人均总值（美元）	城镇人口比重（%）
突尼斯	1120	52
象牙海岸	1060	38
毛里求斯	1040	44
约旦	1180	42
危地马拉	1020	36
哥伦比亚	1010	60
厄瓜多尔	1050	43
巴拉圭	1060	40

* 根据美国人口资料局 1981 年的预测。

其次，随着我国国民经济的发展，国民收入也将大幅度的增长。过去由于不够注意经济效益，这两者的增长速度存在一定差距，今后在讲求经济效益的情况下，这两者的增长速度应越来越接近。我国至2000年工农业总产值将平均增长7.2%，国民收入增长也按此速度计算，则2000年我国人均国民收入将达到600—700美元，参照国外研究参数，人均国民收入在350—1099美元时，城镇人口比重为25%—44%，我国至2000年城镇总人口比重则达到31%，城镇非农业人口比重则达到20.0%，与那时的国民收入基本上相适应①。

第三，今后我国城镇人口的增长主要是机械增长，按照上述对我国城镇化水平的预测，将有较多的农村人口转入城镇，城镇能否容纳得下？前几年由于大批知青回城和新成长的劳动力需要安置就业，而国民经济调整，基建战线缩短，就业门路较少，因此，城镇待业问题比较突出。近几年来由于国民经济的恢复和发展，并实行全民、集体、个体三方面的就业政策，城镇待业问题正逐步得到解决。今后城镇经济要大发展，光靠城镇本身的劳动力是不能胜任的，这从两方面来讲：

一方面，从城镇劳动力的需要量来看。虽然对今后城镇劳动力需要量及其供需平衡状况现在还很难作出预测，但从近年来的发展趋势看，城镇劳动力的供需正日趋平衡，并且在某些国民经济发展较快的城市，劳动力已出现短缺现象。如常州市由于近十多年来工业蓬勃发展，劳动力早已出现不足，前几年在全国城镇待业问题很突出的情况下，他们却采取从农村招收计划外用工及将产品扩散给农村的办法来解决城市劳动力的不足。这种情况在全国并不是个别的，我国目前工矿业、基建、运输等部门计划外用工不少，如1981年全国主要工业部门计划外用工就达400多万人，其中不少来自农村。今后随着城镇经济的发展，劳动力不足的问题将会越来越普遍。

另一方面，从城镇各部门对劳动力要求条件来看。我国由于机械化、自动化水平不高，在国民经济各个部门中，还存在着许多重体力劳动或工作环境相对较差的劳动，如采矿业、部分重工业、森林采伐、盐业、搬运、基本建设、地质勘探等，这些部门往往需要从农村招工。新中国成立以来，在严格控制农村劳动力流入城市的情况下，大约每年从农村招收60万人（1977年以前），主要就是为了解决上述各部门对劳动力的需要，但实际上还不能满足需要，因此在城镇各部门中出现了临时工、合同工和计划外用工等，其中不少是农民工。

① 傅文伟："南斯拉夫城市化进程"，《城市规划》，1982年第2期。

这在一定程度上反映了工矿业部门对劳动力的客观要求。

第四，粮食问题对今后我国城镇化仍是个重要问题。今后我国粮食的供销关系如何呢？粮食的消费量与食物构成有关，我国目前肉、油、奶、糖等食物少，所以粮食消费量很大，随着我国农业结构的改变，副食品产量的增长，粮食消费量将会降低。另方面，粮食生产的形势将越来越好。自党的三中全会以来由于实行了农业生产责任制以及其他政策，农业面貌发生了很大变化，粮食产量有了较大的增长，1978 年比 1977 年增长 7.8%，1979 年比 1978 年增长 9%，粮食总产量达到历史最高水平，1980 年因自然灾害，产量比上年略有减产，但仍达到历史上第二个大丰收年，1981 年粮食又继续稳步发展。今后随着农业现代化水平的提高，抵御自然灾害的能力将日益加强，农业生产将得到稳步发展，至2000 年人均粮食产量达到400 千克是完全有可能的，那时粮食问题将基本得到解决。

上述从工农业产值的增长、国民收入、城镇劳动就业以及粮食等诸方面分析今后我国城镇人口增长的趋势，其中工农业生产的发展是根本的因素，因为生产发展了，国民收入也相应地得到增长，劳动就业问题也好解决，而至本世纪末我国工农业产值翻两番的奋斗目标是一定能实现的，因此上述对城镇人口的预测具有可靠的客观基础。另一方面，与世界上相同经济水平国家相比，上述预测指标比较低，这是考虑到我国城镇化有计划、稳步发展的特点，留有余地，因此达到这一指标有很大的可能性。

我国省域人口城镇化及其相关因素的分析*

城镇化是现今社会的基本问题之一，随着我国社会经济的发展，城镇化进程在加速发展。但我国幅员辽阔，各地情况千差万别，城镇化存在明显的地区差异，对各省区城镇化特点及其相关因素的分析，可为制定社会经济发展规划、城镇化预测与城镇布局规划提供科学依据。

一、人口城镇化的几种学说

近半个世纪以来，随着世界城镇化过程加速发展，有关城镇化的理论与实践问题已日益引起人们的关注，国内外有关学者在进行大量实际研究的同时，对城镇化的动力机制等基本理论问题也开展了许多研究，其中主要有以下几种学说：

（一）“阶段发展”说

20 世纪 70 年代初美国地理学家札林斯基从历史发展的高度，根据社会经济发展水平和人口出生死亡的特征，将世界城镇化的历史划分为五个发展阶段。第一阶段是工业革命前，那时由于人口出生率和死亡率很高，人口增长速度低，农村不存在剩余劳动力问题，因此，人口城镇化十分缓慢；第二阶段发生在工业革命初期，人口死亡率开始下降，人口自然增长率上升，使农村出现越来越多的剩余劳动力，导致城镇化的速度加快，城镇化的规模也扩大了，目前不少发展中国家仍处于这一阶段；第三阶段是工业革命后期，这时人口出生率开始下降，农村大量劳动力已转移到城市，农村向城市的人口迁移活动已减少，而城市之间的迁

---

* 本文发表于《地理研究》，1990 年第 1 期。1992 年被英文版《中国地理》转载。
本文只分析中国内地 26 个省（区），未包括京、津、沪三直辖市和台湾省。

移活动开始增加；第四阶段，农村人口向城市迁移已基本结束，城市之间的迁移已成为主要形式，目前西方发达国家正处于这一阶段；第五阶段，在未来的后工业化社会。在那时的信息社会里，人们可通过完善的通讯设施和信息系统，进行联系，人类的迁移活动又将进入新的不活跃的时期。

（二）“推一拉”说

20世纪50—60年代西方最为流行的理论是“推—拉”理论，该理论建立在19世纪西方工业革命基础上。随着科学技术的进步，促进了城市以制造业为主的新兴工业和商业的兴起，从而吸收了大量农村人口到城市来，这就是所谓拉力或引力。另一方面，农业的手工劳动逐步被机器所代替，促使了农业生产体制的分化和兼并，农村劳动力日益过剩，加上耕地减少和城乡差别的不断扩大，导致大量农村剩余人口流入城市，这就是所谓“推力”。人口城镇化即是推—拉两种作用力相互作用的结果。

以上理论是以发达国家工业化时期为背景，在发展中国家则有所谓二元经济结构理论，即以城市为主的现代经济和广大农村的传统经济长期并存的特点。由于现代经济部门的劳动生产率、经济效益、生产所获得的利润都远远高于传统的经济部门，因此现代经济部门劳动者的收入也就大大高于传统经济部门。在传统经济部门存在着大量过剩劳动力的情况下，低收入的劳动者必然流向较高收入的部门，而农村人口向城镇迁移的现象，正是这种劳动力转移的具体表现形式[①]。

（三）城镇化与国民经济相关说

随着世界社会经济的发展和城镇化水平的不断提高，在20世纪60年代初国外地理学家和经济学家开始研究城市化与经济发展的关系问题。70年代末以来随着我国城镇化加速发展，有关城镇化的研究日多，城市化与经济发展关系的研究是其中一方面。周一星同志通过对1977年世界137个国家和地区城镇化水平与人均国民总产值的相关分析[②]，认为各国城镇化水平与人均国民总产值的对数值之间大致呈正比增长关系，但人均国民总产值随每增加一定数量，它能提高的城镇人口比重数，随该国经济发展水平的提高而逐渐降低。在经济与城镇化发展的初期阶段，人均总产值每增加一定数量时，需要增加的城镇人口

---

① 林友苏：“人口迁移理论简介”，《人口研究》1987年第2期。

② 周一星：“城市化与国民生产总值关系规律性探讨”，《人口与经济》，1982年第1期。

比重较多；进入中期阶段，人均总产值每增加一定数量，需要增加的城镇人口比重就较少；当经济和城镇化进入发达阶段，城镇人口比重已接近饱和状态，这时经济的发展已不再依靠劳动力的增加，而是依靠科学技术的进步，提高劳动生产率和依靠产业结构的改变，因此人均总产值每增加一定数量，需要增加的城镇人口比重就更少（图1）。

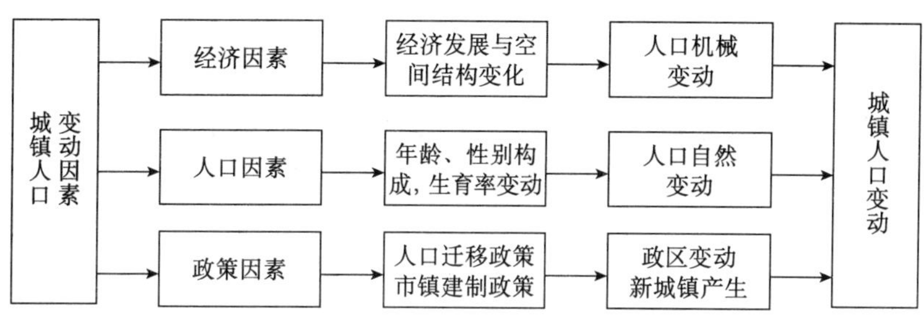

图1　城镇人口变化相关因素图示

（四）以经济为主因的多因素说

上述三种理论主要是从经济的观点来阐述经济发展与城镇化的关系，这毫无疑问是正确的。但经济因素不是城镇化的唯一因素，政治、人口、社会、科技等非经济因素对城镇化均产生重要的影响，人口自然增长的快慢，人文、行为因素和国家的有关政策，均是城镇化不可忽视的因素。尤其在我国，国家政策和行政干预对城镇人口变动的影响很大，只有充分考虑非经济因素的作用，才能正确认识我国城镇人口变化的历史和未来的发展趋势（图1）。

二、省域城镇人口变化的基本特点

（一）多数省区城镇人口增长较快，但省际差异较大

新中国成立以来，我国城镇人口有了很大的增长①，1953年全国城镇人口为7526万人，1986年达到18211.1万人，年均递增2.71%，接近世界城镇人口增长速度。但各省区城镇人口增长速度差别较大：

1. 城镇人口增长最快的省区有山东、湖北、新疆、青海、内蒙古5省区，

① 本文提及的城镇人口均指城镇非农业人口。

在1953年至1986年间城镇人口年均递增速度在4%以上，其中蒙、新、青三省区在5%以上，高于全国城镇人口增长速度，也高于第三世界国家①。导致这些省区城镇人口快速增长的主要原因是经济因素，山东和湖北均是新中国成立后发展起来的重要工业基地，经济发展十分迅速。对于蒙、新、青三省区来说，与原来城镇人口基数小，新中国成立后人口自然增长和机械增长较快有关。

2. 城镇人口增长较快的省区有黑龙江、吉林、辽宁、陕西、山西、江西、安徽、广东、贵州等省，这些省区城镇人口增长速度均快于全国平均增长速度，其中大多数省区年递增率在3%—4%之间。是我国重要的工业生产基地（黑、吉、辽、晋）或工商业、外贸出口基地（粤）。

3. 城镇人口增长较慢的省区有河北、江苏、浙江、福建、河南、湖南、广西、四川、云南、甘肃、西藏等11省区，人口增长慢于全国平均增长率，影响上述省区城镇人口增长的因素是多方面的，但多数省区与城镇化的政策密切相关，其中尤以河北、江苏、浙江、福建、河南、湖南等省份最为突出，这些省份经济虽有很大发展，但在20世纪60年代初至70年代末这一期间，大量建制镇被撤销，同时人口自然增长和机械增长控制较严，因此在长达20年的时间里，城镇人口增长十分缓慢，不少年份甚至下降了。直至20世纪70年代末以来城镇人口才得到迅速增长，但主要是乡镇企业的发展，从城镇非农业人口统计上反映不出来。

（二）多数省区城镇人口增长经历了曲折的过程

新中国成立以来我国城镇人口增长经历了两个高峰期和一个低谷期，即20世纪50年代的高峰期，60年代初至70年代后期的低谷期及70年代末以来的高峰期。各省区城镇人口增长也大致呈现这个总的特点，但各省区不同时期城镇人口增减幅度不同，主要表现如下特点：

1. 直线增长型

城镇人口增长比较平稳，具有这一特点的省区为数较少，主要有黑龙江、新疆、吉林等省区。以黑龙江省为较典型，该省自20世纪50年代以来城镇人口有了较大的增长，但波动较小，在60年代初全国对城镇人口进行压缩精简和市镇调整中对该省均影响较小，后在“文革”期间该省许多国营农场又成了

---

① 1950—1980年，世界城镇人口年均递增速度为2.9%，同期发展中国家为3.4%，西欧、北美等国家和地区为1.8%。

接纳城市知青的场所，因此，在此期间在大多数省区城镇人口下降的情况下，该省城镇人口仍呈稳步上升的状态。自70年代末以来，虽然本省乡镇企业有了很大的发展，但与东部沿海省份相比仍较薄弱，新建城镇相对较少，加上大部分知青返回原籍，因此，城镇人口增长的势头，不像其他许多省区那么大（图2）。

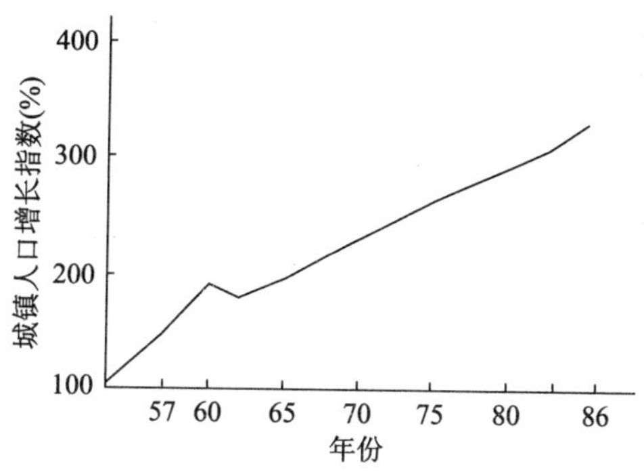

图2　直线增长型（黑龙江）

2. 凹字增长型

城镇人口增长曲线呈凹字型，具有这一特点的省份有河北、江苏、浙江、福建、河南等省。这些省份在20世纪50年代城镇人口增长较快，但在60年代初至70年代中期，受政策影响以致城镇人口长期呈现停滞及下降的状态，形成人口增长的低谷。以江苏省为例，该省新中国成立初城镇比较发达，1953年有城镇423个，后经市镇建制调整，到1965年只有城镇160个，到1980年全省城镇减少到126个，加上城镇人口精简压缩和知青下乡，自1960年以后城镇人口逐年下降，至1978年全省城镇人口才相当于1953年的99.6%。自20世纪70年代末以来，随着乡镇企业的发展，城镇才得到蓬勃发展（图3）。

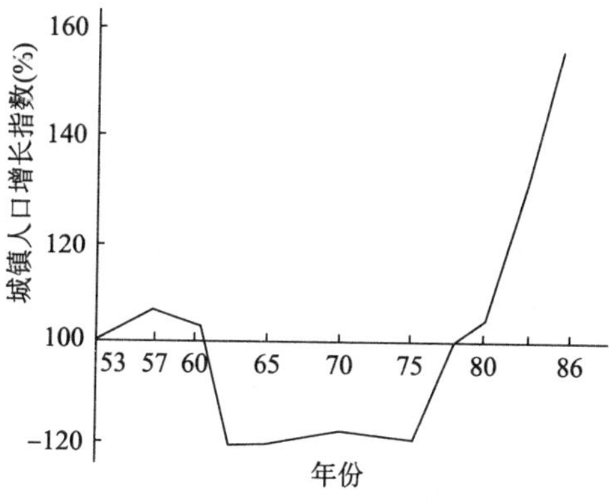

图3　凹字增长型（江苏）

3. 波动增长型

除了上述两种类型以外的省区均属这种类型。城镇人口增长与全国一样，新中国成立以来经历了两次大的高峰期和一个低谷期，而在各个峰谷中，又有小的起伏。例如在20世纪60—70年代中期的低谷中又有60年代中和70年代初的人口回升，在70年代末以来的增长高峰中又出现了1979年和1984年两个峰中之峰。城镇人口增长的过程呈现波动、曲折、反复的特点（图4）。

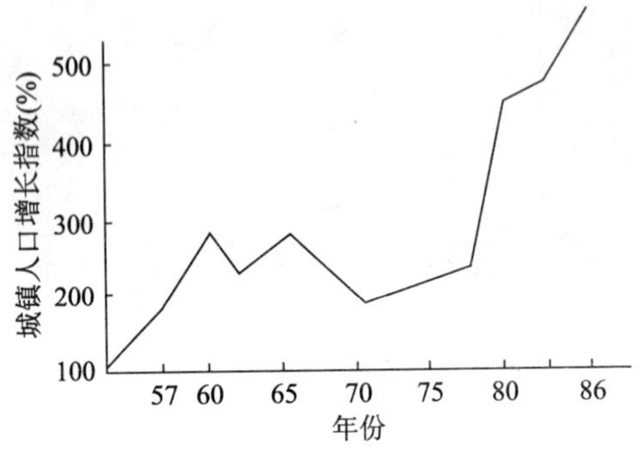

图4 波动增长型（内蒙古）

（三）20世纪80年代初以来城镇化进程加快，但多数省区城镇化水平不高

20世纪70年代末以前，我国城镇化进程十分缓慢，只有内蒙古、新疆和青海等少数省区有明显的提高，多数省区停滞不前甚至下降了。自70年代末以来，多数省区城镇化进程明显加快，其中江苏、浙江、广东、湖北、辽宁、吉林、山西、新疆、青海、宁夏等省区城镇化速度最快，城镇人口比重上升5个百分点以上，城镇化速度较快的省份有山东、陕西、河北、江西、甘肃等省，城镇人口比重上升在4个百分点以上。城镇化速度较慢的省区有贵州、云南、西藏等少数省区，城镇人口比重上升在2个百分点以下。

目前国外根据城镇人口占总人口的比重来区分城镇化的发展水平，城镇人口比重<30%属低水平城镇化；30%—70%为中等水平；>70%为高度城镇化水平。我国20世纪80年代以来，虽然大多数省区城镇人口增长较快，但目前多数省区城镇化水平仍不高。我国城镇人口统计与国外略不同，1986年城镇非农业人口比重超过30%的省份只有辽宁、吉林、黑龙江等省；20%—30%的省区有内蒙古、青海、新疆；15%—20%的省区有山西、湖北、广东、宁夏、陕西、江苏；10%—15%的省份有浙江、福建、江西、河北、甘肃、安徽、山东、湖南、广西、四川、贵州；10%以下的省区有河南、云南、西藏。可见大多数省区城镇化水平仍处于初级阶段。

三、人口城镇化相关因素分析

（一）经济因素与人口城镇化的关系

1. 不同经济发展水平的影响

如上所述，经济发展水平与城镇化水平有着密切的关系，如根据1982年世界人口资料，世界发达地区人均国民生产总值为8130美元，相应城镇化水平达到69%，发展中国家人均国民生产总值只有360美元，相应的城镇化水平只有26%。我国的情况也如此。如以人均社会总产值作为衡量各省区经济发展水平的基本指标，根据1985年统计资料，多数省区人均社会总产值与城镇化水平基本是一致的，如人均社会总产值低于1000元时，城镇化比重低于10%（桂、黔、滇），人均社会总产值在1000—1200元，城镇化比重为10%—15%（皖、赣、豫、湘、蜀）。人均社会总产值在1200—1500元、城镇化比重为15%—25%（闽、宁、青）。但部分省区社会总产值与城镇化水平不太一致，如人均社会总产值在1500—2000元时，晋、鄂、粤城镇化水平为15%—20%，其中山东省只有11.6%。再如人均社会总产值在2000元时，辽宁省城镇化水平已达到38.0%，而江苏、浙江两省分别只有15.6%和14.9%，显然与经济发展水平不一致。造成这种状况的原因，一是苏、浙、鲁三省乡镇企业比较发达，乡镇企业总产值在全省社会总产值中占较大的比例，但城镇非农业人口统计中却没有包括城镇中乡镇企业从业人员；另方面这三省总人口基数大，因而城镇人口比重较低。由此可见，造成这些省区社会总产值与城镇化比重不一致的现象，是由于城镇人口统计口径所造成的，从城镇化的实际水平看，这两者基本是一致的。

2. 经济结构变化的影响

城镇化的过程即是经济结构变化的过程，随着经济的发展，农业劳动生产率的提高，越来越多的农业剩余劳动力逐渐转向非农业生产领域，导致第一产业人员减少，第二、第三产业人员增加，从而城镇化水平不断提高。

（1）第一产业。农业是国民经济的基础，也是城镇化的基础。回顾我国城镇化的历史，农业丰歉对城镇化的影响极大。以广西壮族自治区为例，该区在80年代初连续数年由于严重自然灾害和农作物的结构调整的影响，粮食连年减产，不得不从区外调入大量粮食，花费了大量费用，仅1985年全区调入粮食达12亿千克，花费运输和管理费达2.7亿元，从而影响了国民经济的发展和城镇建设。在提供劳动力方面，随着农业劳动生产率的不断提高，日益增多的农业剩余劳动力必然要向非农业经济领域寻找出路，形成一种推力，农业剩余劳动力越多，推力越大，城镇化进程也可能越快。我国东部沿海省份苏、浙、鲁、闽等之所以乡镇企业比较发达，乡村城镇化进程较快，除了有利的地理位置和交通条件外，与农业发达、劳动力大量过剩有密切关系。

（2）第二、第三产业。第二、第三产业是城镇化最主要的因素，这些产业的发展直接影响城镇化的进程，其中尤以第二产业影响最大，我国正处于工业化的时期，第二产业在非农业经济领域中占有极大的比重。1985年第二产业总产值占非农业经济领域总产值的87.8%，第三产业（交通运输业和商业）总产值只占12.2%。但从发展趋势看，第三产业的比重将逐步上升，对城镇化的影响将越来越明显。

在非农业经济领域中，乡镇企业具有越来越重要的地位，对人口城镇化产生重要的影响。1986年全国乡镇企业从业人员已达到4391.5万人，占全国乡村劳动力的19.8%。在乡镇企业比较发达的东部沿海省市对城镇化的影响更为显著。例如江苏省乡镇企业从业人员已达到625.6万人，占乡村劳动力的37.6%，其中苏南地区不少县份从事乡镇企业的劳动力已超过了农业劳动力。广东省自80年代初以来随着乡镇企业的发展，也大大加速了城镇化的进程，乡镇企业从业人员占乡村劳动力达25.4%，其中珠江三角洲佛山市6县已达到38.6%。

（3）不同经济结构类型省区城镇化的差异。不同省区经济结构不同，对城镇人口增长的影响也不同，根据各省1986年工农业总产值构成情况，可分以下三类：

①农业比重较高的省区，主要有四川、贵州、云南、西藏、河南、湖南、广西、安徽、江西、内蒙古、新疆等11个省区。这些省区农业总产值占工农业总产值比重在35%以上，农业生产对国民经济影响较大，从而影响城镇化的进程。上述省区除了新疆、内蒙古外，城镇化水平均较低。以广西壮族自治区为例，该区是我国重要的热带和亚热带经济作物产区，工业发展与农业关系十分密切，70%的轻工业原料来自农副产品，由于农业受自然条件制约较大，经济发展相对较慢且不稳定，因而城镇化也较缓慢，城镇化水平较低，1986年城镇人口比重只有10.05%，在全国26个省区中居第23位。

②工业比重较高的省区，主要有辽宁、黑龙江、山西、江苏、浙江等省。这些省区除山西农业基础较薄弱外，其他省份农业均较发达，但工业在国民经济中已居绝对优势，各省工业总产值占工农业总产值在75%以上。其中辽、黑、晋是我国重要的老工业基地，工业基础雄厚，城镇化水平较高。苏、浙两省原有工业已有一定基础，70年代末以来随着乡镇工业的大发展，进一步增强了这两省的工业实力，促进了乡村小城镇的发展，城镇化水平有了大幅度的提高。

③工农业全面发展的省区，主要有山东、河北、广东、湖北、福建、吉林、陕西等省。这些省份原有工农业有一定基础，20世纪70年代末以来大多数省份乡镇工业发展较快，从而加速了城镇化的进程。以山东省为例，该省农业发达，经济作物花生、棉花、水果产量在全国居重要地位。矿藏资源和海洋资源丰富，为轻重工业发展提供丰富的原料。工农业均较发达，为城镇发展奠定坚实的基础。80年代以来城镇人口增长较快。

表1　　国民经济总产值与城镇人口变动相关系数*

省别	复相关 R	社会总产值 R_1	第一产业（总产值）R_2	第二产业（总产值）R_3	第三产业（总产值）R_4
全　国	0.9979	0.9918	0.9954	0.9912	0.9357
安　徽	0.9847	0.9747	0.9753	0.9661	0.9612
黑龙江	0.9778	0.9690	0.9001	0.9769	0.9577
山　东	0.9904	0.9862	0.9806	0.9872	—

* 根据1976、1986年城镇人口与社会总产值、三大产业总产值相关分析结果。

3. 经济因素对迁移行为的影响

人口迁移的机制可分两类，即自主型迁移和组织型迁移，所谓自主型迁移是指迁移者的迁移行为（迁移地点和职业）的选择是由迁移者或其亲友决定的。组织型迁移是指迁移者的迁移行为是由政府有关部门决定的。我国原在单一的计划经济体制下，人口迁移主要是组织型迁移，如工作调动、复员转业、分配工作等的迁移都属于组织型迁移。自主型迁移较少，一般是由于天灾所引起的。20世纪80年代以来上述状况发生了很大的变化，随着我国经济体制的改革以及乡镇企业的发展，商品经济相应要求改变人口分布的封闭状态。农民进镇务工经商，这些未迁移户口的移民一般都是由他们自己决定的，属于自主型迁移。在小城镇，这种迁移类型占有很大的比例，而组织型迁移日益减少。随着我国政治改革的开展，政府工作中强迫命令、官僚主义的作风逐步得到克服，决策民主化加强了，工作调动、学生毕业分配和复员转业工作一般都与迁移者协商决定，强制性的迁移越来越少。例如根据小城镇抽样调查资料，迁移行为由迁移者本人及亲友决定的占57.0%，由迁移者单位决定的占13.0%，由迁移者单位、迁移者本人及亲友共同协商的占28.8%。可见迁移者的迁移意愿对迁移行为起着越来越大的作用。

迁移者的意愿是什么呢？我们在抽样调查中列举了16项，但归结起来无非是经济原因和非经济原因两方面。经济原因包括就业、职业选择和经济收入等方面。迁移者有的是迁出地就业困难，或对原工作不满意、不能发挥个人特长或经济收入太低。非经济原因主要是婚迁及与家人团聚和落实政策回城等方面。这两方面原因有的难以截然分开，如工作调动，有些是经济原因，有些是为了与家庭团聚，我们在调查中，凡工作调动主要是为了与家人团聚的均列入经济原因栏。另外对于为了享受城镇生活条件想转为城市户口，或为了学习，因主要与经济和就业有关，均列入经济原因类，共有11项意愿。根据我们在东部沿海9个省市36个镇抽样调查，迁移原因与经济原因直接有关或有密切关系的样本数占总样本数59.3%，其中属工作调动占经济类的18.9%。为了就业或提高经济收入的分别占15.4%和17.2%。非经济原因占35.6%，其中比例最高的是与家人团聚，占非经济类的61.5%，其次是婚迁占29.9%。从人口迁移意愿的微观分析说明，经济因素对人口迁移起着主要的作用。这就是人口城镇化基本理论中关于城镇拉力的作用，正是由于城镇在就业、经济收入、生活条件等方面优于农村，才导致乡村人口源源流入城镇（表2）。

表2　　迁移原因分项表

迁移原因	样本量（个）	占总样本量的比例（%）	占经济或非经济原因样本量比例（%）
一、经济原因	4928	59.3	100.0
1. 迁出地缺乏就业机会	753		15.4
2. 本镇提供较多收入的工作	842		17.2
3. 对迁出地工作不满意	187		3.8
4. 本镇提供适合个人专业的工作	383		7.7
5. 已在本镇开业或工作	133		2.6
6. 工作调动	930		18.9
7. 复员转业	384		7.8
8. 大专学生分配工作	336		6.8

续表

迁移原因	样本量（个）	占总样本量的比例（%）	占经济或非经济原因样本量比例（%）
9. 本镇生活条件好	449		9.1
10. 想转为城市户口	364		7.4
11. 学习与培训	167		3.3
二、非经济原因	2955	35.6	100.0
1. 婚迁	883		29.9
2. 与家庭团聚	1818		61.5
3. 落实政策	227		7.7
4. 城镇政治待遇高	27		0.9
三、其他原因	427	5.1	
总　计	8310	100.0	

资料来源：根据刘铮等：《我国沿海地区小城镇经济发展和人口迁移》，中国展望出版社 1990 年版第 4—27 页中的资料整理。

（二）人口因素与人口城镇化关系

1. 省域总人口数量的影响

城镇化水平与总人口数量的多少密切相关。我国东部省区虽然城镇人口绝对数很大，城镇密度较高，但由于总人口数量大，故城镇人口比重不高，西部省区相反，城镇人口比重较高。

2. 城镇人口自然增长的影响

城镇人口自然增长是城镇人口增长的重要来源，但不同时期自然增长对城镇人口增长产生不同的影响。新中国成立以来，我国城镇人口自然变动出现了三次增长高峰，即新中国成立初期至 20 世纪 50 年代末的第一次高峰；60 年代中至 70 年代初的第二次高峰以及目前正出现的第三次高峰。这三次高峰均对各省区城镇人口增长产生较大的影响。

不同省区城镇人口自然增长差别较大。由于缺乏这方面的历史资料，未能全面系统地分析各省区城镇人口自然增长的差异，仅从数个年份的资料可看出，大多数边疆省区的市人口自然增长率，比全国市平均自然增长率高得多，这是边疆省区城镇人口增长较快的一个重要原因（表 3）。

表 3　　边远省区市人口自然增长率（‰）

省区名称	1965	1978	1980	1985
全国市	21.70	8.77	8.09	7.69
黑龙江	34.10	9.21	10.56	6.83
内蒙	30.20	10.12	10.42	9.66
宁夏	36.00	16.37	12.51	10.75
甘肃	32.90	10.59	9.16	9.04
新疆	36.50	8.19	9.21	9.10
青海	37.50	13.05	14.52	6.32
西藏	—	13.12	11.62	8.85
云南	22.40	13.09	5.06	7.11
贵州	20.20	9.14	13.67	8.91
广西	20.20	12.13	9.44	13.79

引自公安部有关年份统计资料

（三）政策因素与人口城镇化的关系

国家政策是影响城镇人口变动的重要因素，我国历次城镇人口的大变动均与政策变动有关，其中与城镇化直接相关的政策有二方面：

1. 市镇建制政策

如前所述，新中国成立后我国于 1955 年制定了市镇建制划分标准，后来又先后作了两次变动。一是 1964 年国务院对建镇标准和城镇郊区范围的调整，这次调整由于提高了建镇标准，以致有大批建制镇被撤销，改为乡建制，同时缩小了城郊范围，使城镇人口大减。二是 1984 年国务院新颁布的建镇标准，根据新的标准，自 1984 年以来各省区陆续恢复和新建了大批城镇，使城镇人口大增。今后随农村经济的发展，在广大的农村地区新的城镇还将会不断地涌现，对城镇化将产生重要的影响。

2. 城镇人口迁移政策

城镇人口迁移政策是影响城镇人口变动的另一重要因素。20 世纪 50 年代我国城镇人口未加控制，城乡之间人口自由流动，大量农村人口流入城镇，对城镇人口增长影响甚大；从 60 年代初以来，我国对城镇人口实行严格控制，其间在 60 年代初对城镇人口实行精简下放政策和“文革”中知青下乡和干部下放的政策，大批城镇人口流向乡村，导致这一期间城镇人口增长十分缓慢。

从70年代末以来，由于知青回城以及近年来采取允许农民进城务工经商的政策，乡村人口不断迁入城镇，这是80年代以来城镇人口迅速增长的重要原因。

综上所述，新中国成立以来，我国人口城镇化波动较大，影响因素错综复杂，其中国家政策和人口因素对我国城镇化的影响极大，在某些时期，国家政策甚至成为主要的因素。但从城镇化的全过程看，经济因素依然是城镇化最基本的因素，因为国家政策的制定，归根到底，是以经济基础为依据的，尤其在今后现代化建设中，更要求人们尊重科学，按客观规律办事，因而经济因素将成为人口城镇化长期的、稳定的基本因素。

广西城镇化分析与城镇布局构想*

城镇化是社会经济发展战略的重要问题。20 世纪 80 年代以来，随着广西壮族自治区社会经济的迅速发展，城镇化的进程明显加快，城镇化问题已日益引起人们的重视。探讨城镇化的发展趋势与城镇人口的合理布局，对城镇发展具有重要意义。

一、广西城镇化基本特点分析

（一）20 世纪 80 年代初以来城镇人口增长较快，但城镇化水平仍较低

衡量一国或一省、区城镇化水平的主要指标是城镇人口占总人口的比重。所谓镇城人口，应包括城镇非农业人口、城近郊农业人口和农民进城务工经商的自理口粮人口。因资料所限，本文所称城镇人口，系指城镇非农业人口。

新中国成立以来，广西与全国一样，在相当长的时间里，城镇化的进程是缓慢的。在20 世纪50 年代，广西虽然基本建设项目较多，上海、武汉、广州、山西等省市支援广西建设了一批工矿企业，职工增长较快，但由于旧社会遗留下来的城镇失业人员较多，在“一五”期间主要利用城镇内部劳动力，农村人口进城不多。在“二五”前期虽然农村人口进城较多，但随后在三年调整时期又压缩了城镇人口，因此从新中国成立初到20 世纪 60 年代中期，广西城镇人口增长比较缓慢，1953—1965 年年均递增 2.0%。从 20 世纪 60 年代中期以来，由于城镇人口自然增长较快以及 70 年代中小企业的发展，因而城镇人口增长较快，1965—1980 年城镇人口年均递增 3.12%。自 20 世纪 80 年代以来，随着

---

* 本文为国家计划委员会重要课题《西南地区资源开发与发展战略研究》的专题研究。发表于中国科学院地理研究所编：《生产力布局与国土规划》，1982 年第 2 辑，第 25—30 页。

广西经济的发展和由于建镇标准的调整，广西城镇人口增长十分迅速，“六五”期间年递增5.78%，略快于同期全国增长速度，与世界上城镇化速度最快的某些不发达国家差不多。新中国成立以来，广西城镇人口年递增速度为3.11%，与全国增长速度相当。

虽然近年来广西城镇人口增长较快，但城镇化水平仍比较低，1985年市镇非农业人口占总人口为9.95%，远远低于全国16.85%的水平，在全国29个省、市（区）中排列第26位。

（二）中、小型城镇占绝对优势

历史上广西的经济不发达，城镇规模小。新中国成立之初，全区最大的城市为柳州市，只有12.6万人，梧州10.1万人，南宁9.2万人，桂林9.5万人，全区没有一个大中城市。经新中国成立三十多年来的发展，至1985年按建成区人口计，南宁市为57.2万人，柳州市为52.3万人，刚进入大城市的行列。桂林市31.2万人，属中等城市，梧州19.5万人，即将进入中等城市。北海、钦州、百色、凭祥、河池、合山、玉林等均属小城市。总之，本区城市数目少，城市人口规模也较小。

建制镇的数量近年来有很大的发展。1985年共有266个，但大多数建制镇的规模都比较小。据1984年249个镇的人口统计，非农业人口在0.5万人以下的镇占63.1%，其中有80个镇人口在2000人以下，0.5万—1.0万人口占14.4%，1万—2万人口占12.5%，2万—3万人口占7.6%，3万人口以上只占2.4%。由上述可见，本区城镇规模多数较小，经济实力不强，对周围地区的吸引和辐射力较弱，未能很好地带动周围地区经济的发展。

（三）城镇化水平的地区差异较大

经济发展的地区不平衡性，决定城镇化水平的地区差异。本区如以湘桂铁路为界，铁路以东地区自然社会经济条件优于西部地区，经济发展水平东部高于西部，因此，东部城镇的发展水平高于西部。湘桂线以东土地面积占全区面积的56.8%，略大于西部。据1984年统计，全区11个城市和263个镇中，有8个市和177个镇分布在东部地区，东部地区市镇非农业人口共306万人，占全区市镇非农业人口84.13%。西部地区只有3个小城市和86个镇，市镇非农业人口共57.7万人，占全区市镇非农业人口15.9%，可见差异相当大。

二、广西城镇人口增长分析

（一）社会经济发展趋势分析

影响城镇人口增长的因素是多方面的，经济的发展是城镇人口增长的主要因素。根据广西的资源和社会经济条件，以下诸方面对城镇化将产生重大的影响：

1. 亚热带资源的开发利用

我国属南亚热带地区面积有限，本区42%的国土面积属南亚热带地区，高温多雨，适于发展各种亚热带经济作物、水果和林木。八角、桂皮、罗汉果产量居全国第一。甘蔗、松香、香蕉、菠萝居全国第二。荔枝、龙眼居全国第三。林木速生高产，森林资源较为丰富。本区宜林、宜果荒山约1亿亩，宜农荒地约800万亩。开发宝贵的亚热带土地资源，大力发展各种亚热带林果和经济作物，将为造纸、制糖、罐头等轻工、食品工业提供丰富的原料。

2. 水能资源和有色金属矿的开发利用

本区水能资源十分丰富，全区水能蕴藏量达到1751万千瓦，居全国各省区第八位，可装机1702万千瓦，居全国第六位。其中红水河可建10个梯级电站，总装机容量1120万千瓦，现有三个梯级电站已在施工（天生桥二级132万千瓦，大化60万千瓦。岩滩150万千瓦），将在20世纪90年代相继建成发电。有三个梯级电站正在设计（天生桥一级120万千瓦，龙滩500万千瓦，大藤峡120万千瓦）。这些电站建成后将为本区和华南地区提供充足的电能。

广西有色金属矿也很丰富，锡、锰储量居全国第一，锑、银、铝土矿的储量分别居全国第二、第三和第四位。其他多种有色金属和稀有金属储量在全国均占重要地位，上述主要有色金属矿均是我国国民经济和出口所需的重要矿物，今后将加速它的开发，并利用廉价的水电，发展有色金属冶炼工业。

3. 旅游资源的开发

桂林山水闻名中外，20世纪80年代以来，随着我国对外开放政策的实施，桂林旅游业发展很快，1985年接待国外游客33.6万人次，比1975年增加2倍，“七五”末预计达到60万—70万人次，2000年将达到150万人次。1985年国内游客400万人次，2000年将达到1000万—1200万人次。

广西旅游资源十分丰富，以桂林为中心的旅游资源还有许多尚未开发。大桂林旅游区范围达2000多平方千米，有观赏点达200多处，现只开发22处，发展潜力很大。今后随着旅游资源的开发，将促进城镇的发展。

4. 区域性基础设施的建设

南防铁路修通和防城、北海二港口的建设，以及南宁—北海、防城二级公路的建设和西江航道整治，将使本区的投资环境有所改善，将来南昆铁路的建设，将沟通了本区与大西南的联系，对广西城镇的发展将具有重要意义。

综上所述，本区未来经济发展的步伐将会加快。“七五”期间国家计划中已列广西基建大中型项目共18项，技改限额以上共52项。广西“六五”期间工农业总产值增长速度为7.7%，据有关部门分析，“七五”期间工农业总产值增长速度将达到8%，按此计算，全区工农业总产值将由1985年247.41亿元，至1990年为363.5亿元。在20世纪最后十年，随着经济体制改革的深入开展和投资环境的改善，加快了经济发展的步伐。在20世纪90年代，本区工农业增长速度设想以低、中、高三种方案，分别以9%、10%、11%三种速度发展，至2000年全区工农业总产值将相应达到860亿元、940亿元和1000亿元。按2000年本区总人口4540万人计，人均工农业总产值分别达到1900元、2100元和2300元。折合美元在450—650美元之间，参照国外有关国民生产总值与城市化关系指标，城市人口比重在15%至40%之间，如广西至2000年国民经济实现低方案的发展指标，即人均工农业总产值达到1900元水平，则城镇人口比重在15%至18%之间。

（二）城镇人口增长趋势分析

分析城镇人口增长的历史以及城镇劳动力供需关系，是分析城镇人口增长趋势的重要依据。以下从具体分析广西城镇化的特点出发，分析广西城镇人口增长趋势。

1. 按新中国成立以来广西城镇人口平均增长速

1953—1985年本区城镇人口增长速度为3.11%，按此增长速度，城镇人口将由1985年385.3万人增至2000年的600万人，城镇人口占总人口的比重将由9.95%增至13.2%。看来这个速度偏低，因为新中国成立以来广西经济发展比较缓慢，并且城镇发展受到严格的限制。今后从上述经济发展的趋势看，城镇人口增长将快于以往历史时期。

2. 按新中国成立以来广西城镇人口最快增长速度

“六五”时期是本区城镇人口增长最快的时期，年增长速度为5.78%，按此计算，2000年全区城镇人口将达到900万人，占总人口19.7%，比1985年增加510万人，平均每年增加34万人。这个增长速度有可能偏高，因为：

第一，“六五”期间城镇人口增长具有补偿性质。一方面由于长期以来城镇发展受到严格控制，许多达到设市镇标准的居民点都没有及时设立市镇建制。自1983年我国调整了建镇标准后，根据建镇新标准，近几年来陆续建立了一大批新城镇，新镇数量比原来增加了一倍多。这一时期还有5个镇上升为市。目前凡符合建立市镇标准的基本上都已建立了市镇。今后随着经济的发展，还会不断出现新的市镇，但新城镇增长的速度不可能像“六五”期间那么快。

另一方面是由于长期以来城镇“骨头”与“肉”比例失调，“六五”期间市政建设和住宅等生活服务设施建设规模较大，以及轻工业的迅速发展，城镇招工和基建征地农转非的人口数量较大。据邕、柳、桂、梧四市人口统计，农转非人口占迁入人口的63.7%。此外，落实政策回城的人数也不少。上述历史遗留下来的问题，“六五”期间已大部分得到解决，今后将走上正常的发展道路。

第二，城镇劳动就业问题。目前城镇劳动就业问题已不像20世纪70年代末80年代初那么尖锐，但沉重的就业压力依然存在。1985年全区城镇待业人数为18.61万人，待业率为2.9%，高于全国1.9%的比例，尤其是老、少、边、穷地区的城镇和矿业镇城，待业问题依然比较突出。在大中城市中待业率虽然比上述地区城镇为低，但企事业单位普遍存在人浮于事的现象，劳动生产率较低。另一方面，在就业安排中个体户和临时工占很大比例，1986年全区新安置就业人数中，个体户和临时工人数占45%，这部分人的职业实际上是不固定的。因此，目前以及今后较长时间内，城镇的劳动资源将比较丰富，劳动力的潜力很大。今后城镇招工，要考虑城镇本身劳动力的充分就业问题，除了需要调入一些技术人才外，一般的劳动力首先应从城镇内部解决，并努力提高劳动生产率，尽量减少从市外调入劳动力。

第三，人口自然增长对城镇人口增长的影响将逐渐减少。由于本区20世纪50年代出生高峰人群于70年代末80年代初陆续进入结婚生育期，“六五”期间无论农村或城镇，人口出生率都比较高，对城镇人口增长影响较大。本区人口第二个出生高峰人群（1963—1966年）将在近年陆续进入结婚生育期，“七五”期间人口出生率将仍然较高。但在进入20世纪90年代以后，城镇人口出生率将明显下降，人口自然增长对城镇人口增长的影响将逐步减弱，例如据南宁市计划生育委员会的计划，“七五”期间南宁市城区平均人口自然增长率为7.31‰，20世纪90年代下降为5.59‰。

综上所述，今后至20世纪末，本区城镇人口不可能像“六五”期间那样高速度地增长，但比新中国成立以来城镇人口增长速度为快。设想以年递增4.5%—5.0%的速度，按此计算，至2000年全区城镇人口将达到745万—800万人，比1985年新增360万—410万人，平均每年增加24万—27万人，至2000年城镇人口占总人口的比重大约在15%—18%。

三、广西城镇布局构想

（一）加强中心城市的建设

中心城市一般属综合性城市，本区属这类城市有南宁、柳州、梧州、玉林、百色、河池、钦州等市。桂林市是风景旅游城市，也是桂北地区的中心城市。在各级中心城市中，南宁、柳州是广西南北两大中心，其余各中心城市是地区内的政治、经济、文化的中心。中心城市担负着带动周围地区社会经济发展的重任，具有多功能、开放式的特点。所谓多功能既包括生产性功能，也包括科技文化、商业、金融、信息、咨询等服务性功能。从广西的实际情况出发，首先要加强城市的经济功能，只有雄厚的经济实力，才能带动周围地区经济的发展。目前柳州和南宁的经济实力相对较强，但与我国同类性质的城市相比，经济实力还需要加强。例如南宁市与合肥市均是同一规模的省会城市，但合肥市固定资产为13.5亿元，工业总产值为24.5亿元（1984年），南宁市相应为9.2亿元和15.5亿元，经济实力远不及合肥市。至于其他中心城市经济实力更弱。例如百色市1985年城市人口8.2万人，工业总产值只有1.53亿元，固定资产1.96亿元，而百色市所处的百色地区共12个县，土地面积3.6万平方千米，总人口360万人，百色市的经济实力很难带动该地区经济的发展，其他中心城市玉林、钦州、河池等市也类似。因此，如何加强经济实力是各级中心城市共同的问题。这一方面要根据各市资源、技术和市场等发展条件，发展某些优势产业，另一方面要走内涵发展道路，挖潜改造现有企业，大力提高企业经济效益。目前各市经济效益都比较低。据1984年统计，全国50万—100万人口大城市，平均每百元总产值提供的利税为24.6元，南宁只有17.6元，20万人以下的小城市，全国平均每百元总产值提供利税为19.8元，百色市为

18.1 元，钦州 16.7 元，梧州 14.9 元，玉林 13.8 元，河池 12.0 元。可见各市经济效益普遍较低，大力提高企业经济效益，壮大城市经济实力，应是城市经济发展的重要问题。此外，应发展对外交通运输事业，加强城镇与地区之间的联系。

（二）发展工矿城镇和交通枢纽（港口）城镇

工矿区城镇一般经济结构比较单一，城镇财政收入少，职工家属就业困难，城镇分布分散，基础设施差，环境污染比较严重，要加强这类城镇的建设。

广西矿产资源丰富，品种多，已发现的矿种有 96 种，其中已开发的有 38 种，共有采矿点 229 处。目前只有一个合山煤矿城市，今后随着采矿业的发展，在一些大中型矿区，要加强城镇建设。

大厂镇是锡矿城镇，大厂矿现年产精锡 2541 吨，工业产值 4000 多万元。目前锡矿开发二期工程正在建设中，规模为 8000 吨，最终形成 1.2 万吨规模。目前大厂镇人口 3 万多，随着采矿业的发展，大厂镇应上升为小城市。

铝土矿目前尚未大规模开采。开发前途最大的是平果铝矿，储量占广西 78%，埋藏浅，易开采，三氧化二铝占 59.14%，平果铝矿“八五”期间开始建设，一期铝氧 30 万吨，电解铝 10 万吨，最终将形成铝氧 100 万吨，电解铝 50 万吨规模，将相应形成一座小城市。

水力资源的开发也将相应形成许多水电站城镇，其中大化—岩滩电站将形成小城市。大化水电站现已建成投产，规模为 40 万千瓦，已形成 1.6 万多人的城镇。从发展看，在大化电站上游相距几十里的岩滩水电站已在建设中，规模为 150 万千瓦。大化与岩滩将形成大型水利枢纽，城镇建设宜统一考虑，设立大化—岩滩市，以便统一规划与管理。

本区随着铁路和港口建设以及西江航道的整治，将会出现许多交通枢纽和港口城镇。

防城港现已建成吞吐能力为 363 万—400 万吨规模的港口，远期将达到 900 万吨。现南防铁路已建成通车，将来南昆铁路建成后，港口腹地广阔，成为北部湾大型深水良港。为促进港口建设，防城港要及早设市。

贵县是铁路、公路和水运的交汇点，交通方便。贵县港口现能力为 100 万吨。为适应经济发展的需要，现正进行扩建，1990 年一期工程完成后，年吞吐量达 470 万吨，贵县镇的工业比较发达，有日榨 5000 吨的糖厂，还有钢铁厂和罐头厂，乡镇工业也较发达。现城镇人口7万多人，“七五”期间应设市建制。

（三）发展乡村集镇

小城镇是城乡联系的纽带，中心城市对周围地区的带动作用要通过小城镇的桥梁作用实现。广西资源分布普遍、分散，发展小城镇可就地利用分散的资源。发展小城镇还可以充分利用农村剩余劳动力和资金。

促进小城镇发展的动力是乡镇工业和集市贸易，这两方面近年来均有较大的发展。1985年全区乡镇企业比上年增长50.0%，1986年将比1985年增长27.0%。据发展规划，全区乡镇企业的总收入由1985年的29.64亿元，1990年将增至70亿元，增长1.36倍。随着乡镇工业和集市贸易的发展，将有一批发展条件较好的镇上升为小城市，据省国土办的设想，这些镇有防城、大化、桂平、平果、来宾、大厂、贵县、黎圹、八步、宜山、鹿寨、崇左、全州、融安等。对于非农业人口在2000人以上的尚未设镇的集镇，“七五”期间可考虑设镇，全区共有66座。到20世纪90年代，农村集镇将吸引更多的农村自理口粮人口，到集镇务工经商，因而目前非农业人口在1000—2000人的集镇，到20世纪90年代将达到建镇标准，这类集镇现共有148座，加上“七五”时期新建镇，至2000年本区新建镇在200座以上。

（四）重点发展三大城镇带

自20世纪80年代初以来，本区城镇人口分布发生了一定的变化，如以湘桂铁路为界，铁路以东地区城镇人口增长快于西部地区。东部地区城镇人口比重由1980年的79.6%，上升为1985年的83.9%，同期西部地区由20.4%下降为16.1%。

今后城镇布局的变化取决于全区经济战略布局。从资源分布看，西部地区矿产、水力资源和森林资源丰富，东部地区则亚热带农副产品资源和旅游资源丰富。从交通运输、工业基础、技术素养、信息、资金和城市基础设施等投资环境看，东部优于西部，东部地区土地面积占全区56.8%，1984年工业总产值占全区87.0%，全民固定资产原值占全区62.0%。今后矿产资源和水力资源的开发主要在西部地区，而加工工业、交通运输业和旅游业的发展主要在东部地区，东部地区城镇人口的增长将快于西部地区。

未来，本区城镇空间格局将沿着交通走廊（铁路、水运）形成三条主要城镇带：

1. 中部湘桂铁路沿线城镇带

这一地带处于广西东南丘陵、盆地与西北山地的接合处（或过渡带）。湘桂铁路为贯穿全区南北的交通运输大动脉，与东南部的黎湛铁路、西北部的黔桂、柳枝铁路相接，且西江水系横贯其中，与东西部联系方便。中部地带两侧资源也比较丰富，西侧距大新锰矿、平果铝土矿、合山、罗城煤矿、大化水电站等重要的矿产地和水电站不远。东侧为广西发达的农业区，亚热带农产品十分丰富。

上述有利因素为这一地带的城镇发展创造了较好的条件。本区主要城市南宁、柳州、桂林等市均分布于这一地带。邕、柳、桂三市工业产值占全区43.8%，地方财政收入占41.5%，形成了广西轻纺食品、基础工业和旅游业三大产业中心。要充分利用这些有利的条件，加速邕、柳、桂三市的发展，并以各市为中心，带动各城市周围卫星城镇的发展。如南宁市的邕宁、武鸣，柳州市的柳江、柳城、鹿寨和桂林市的临桂、灵川、阳朔等，并带动各市周围乡村集镇的发展。此外，分布于湘桂线的崇左、黎塘、来宾、全州等镇也应有较大的发展。

2. 西江城镇带

广西内河通航航道共有40条，总长4520.9千米，其中浔江、郁江、邕江、右江、柳江和黔江是重要的航道，新中国成立以来上述航道经多次整治，航运业有了很大发展。梧州至广州可通500—1000吨级船队，梧州往上至贵县和南宁可通120—250吨船队，南宁至百色可通120吨船队。黔江和柳江可通200吨船队。为了充分利用水运优势，西江航道将继续进行整治，第一期工程竣工后，贵县至广州可通1000吨×2顶推船队，年货运量可达1400万吨。第二期工程竣工后，南宁至广州可通1000吨×2顶推船队。南宁至百色航道整治后可通300吨船队。随着西江航运能力的提高，将促进沿江港口城镇的发展。本区内河85个大小港口中多数将形成不同规模的城镇，除了南宁、柳州、梧州、百色等城市外，沿江的横县、贵县、桂平、平南、藤县将有较大的发展。西江水系的红水河是水力资源的“富矿”，沿河可建10个梯级电站，大化、岩滩、天生桥、龙滩、大藤峡等水电站建成后也将形成小城镇。

3. 北部湾沿岸城镇带

北部湾是大西南唯一的出海口，大陆海岸线总长1595千米，海洋资源丰富，沿海滩涂面积19.2万公顷，水产养殖发展潜力很大。沿岸石英砂资源也很丰富，仅白头砂矿探明贮量达490万吨。北部湾海上石油资源开发前景广阔。防城港属深水良港，第一期工程完成后，年吞吐能力可达363万吨。北海港历史悠久，港口经新建改建后可进一步提高吞吐能力。防城港的后方疏运条件也有较大改善，南宁至防城的铁路已经建成，南宁至北海二级公路正在建设中。将来南昆铁路的建设，北部湾将成为大西南重要的出海口，有利的交通地理位置，将促进这一带水陆交通运输业、内外贸易、出口加工工业的发展，并利用附近石油资源、石英砂资源和海洋资源，发展炼油工业、玻璃工业和水产加工工业。未来防城、钦州、北海（包括廉州）等市将有较大的发展前途，形成北部湾沿岸城镇带。

我国城镇化的历史回顾、基本经验及存在问题*

一、我国城镇化的历史回顾

中国是一个具有近五千年悠久历史的文明古国，城镇化的历程源远流长。用历史的观点来考察我国城镇化的起源及其演变过程，对于阐明今日中国城镇化的特点，探索其今后发展道路，仍是十分必要的。然而有关城市人口的历史资料十分缺乏，给研究工作带来极大的困难，现只能根据历史时期社会经济发展水平、行政建制及城市规模等方面的情况，粗略推断当时的城镇化水平。

（一）中国是世界上城市起源最早的国家之一

我国城镇起源于何时，这是许多研究者很感兴趣的问题。从城市发展的动力机制原理来看，城市的起源与社会生产力的发展、社会劳动分工的出现是紧密相连的。马克思指出："某一民族内部的分工，首先引起工商业劳动和农业劳动的分离，从而也引起城乡的分离……"①。人类历史上工商业与农业的分离、城市与乡村的分离，是一个漫长的渐进过程。从乡村到城镇其间经历了一个由萌芽、雏形到成型，规模由小到大，城市职能和形态由简单到复杂，作用由弱到强的漫长过渡时期。随着生产力的发展，我国到氏族社会晚期，开始出现剩余劳动和私有财产，因而氏族之间的防卫就成为客观需要。据《艺文类聚》六十三卷记载："禹作城、强者攻、弱者守，敌者战、城郭自禹始也"。可见我国至少在公元前 21 世纪的夏禹时代就出现城堡了，当时的城堡是为了防卫。夏代，在黄河中下游农业发达的地区，手工业已从农业中分离出来，城堡

---

* 本文刊于叶舜赞主编：《城市化与城市体系》，科学出版社 1994 年版，收编时作了部分删改。

① 《马克思恩格斯全集》，第 3 卷，人民出版社 1965 年版，第 58 页。

规模日益扩大。如近年来山东省文物考古研究所的专家对龙山文化的发祥地山东章丘龙山镇城子崖遗址进行了普探、复探和试掘，新发掘出的大量文物和大面积的遗址充分证明，这里是我国第一座夏代城址，距今4000—4600年，面积20万平方米，比早先发现的河南登封县王城岗城址、河南淮阳县平粮台城址、山东寿光县边线王城址等古城遗址时间还要早，面积还要大。

到了商代，经济有了发展。从殷墟发掘出来的文物看，手工业已较发达，青铜器、玉器、陶器、骨器已相当精致。货币（贝壳）的使用，文字的出现（甲骨文），对城镇的发展起到了很大的作用。在河南北部、山西南部和山东等地陆续出现了一批城镇，并达到较大规模。据发掘商代中期隞都（今郑州）遗址，其周长为7200米，面积3.2平方千米。商代后期都城殷墟（今河南安阳附近），城址面积达5平方千米[①]。从这些史实看，商代已是我国城市的形成时期[②]。世界上最早出现的城市，如美索不达米亚平原上的乌尔城产生于公元前3500—3000年，古希腊城为公元前3000年，古埃及洪卡城为公元前2500年[③]。与之相比，我国城市的形成在世界上也是比较早的[④]。

但是，城市的形成与城镇化的出现有一定的差别。城镇化是人口向城市地区集中和农村地区转变为城市地区的过程，是一种比较普遍的社会现象。从商代生产力水平看，恐怕城镇化还不是很普遍。作为商代都城也只有数平方千米之规模，城市的职能也主要是政治和军事的职能。城市发展比较普遍是在西周以后[⑤]，尤其是春秋战国时代，各国争霸和兼并，客观上促进了某些政治的改革和生产力的发展。铁器的出现，铁犁和耕牛的使用，以及井田制的瓦解，推动了农业生产的发展。手工业的规模日益扩大，并突破了官府垄断，出现了独立的手工业者。商业方面已出现铸币。这些方面都大大地促进了城市的发展。从春秋时代的行政建制看，当时有诸侯国140多个，这些诸侯国的都城一般都发展成为城镇。在城市规模方面，齐国都城临淄城居民已达7万多户，从这些史实看，城市发展已较普遍了。

（二）中国在古代是世界上城市最发达的国家之一

中国是世界历史上经济文化最发达的文明古国之一。在我国古代社会中，

---

① 武斯作：《中原城市史略》，湖北人民出版社1980年版，第67—109页。

② 胡焕庸等：《中国人口地理》上册，华东师范大学出版社1984年版，第242—264页。

③ 许学强等：《现代城市地理学》，中国建筑工业出版社1988年版，第12—15页。

④ 《人文地理学》，中国大百科全书出版社1984年版，第191页。

⑤ 陈桥驿：《中国历史名城》，中国青年出版社1986年版，第4页。

西汉第一个出现了经济繁荣的鼎盛时期。西汉统治者在政治上实行改革，经济上实行休养生息的政策，推广先进生产技术，兴修水利。冶铁技术比西欧国家早出2000多年。丝织物畅销中亚和欧洲，通往西域的“丝绸之路”驰名于世。漆器也相当有名。在西汉经济基础上，东汉在工农业和商业方面继续得到发展。造纸技术、浑天仪和地动仪的发明，表明了汉代经济和科学技术已大大领先于世界先进水平。据统计，汉代城市约有670座，比秦代增加一倍多，其中西汉长安人口最多时达40万人。据考古发掘，长安城周长25.1千米，比当时西方的罗马大3倍以上。西汉除长安和洛阳外，还有51个郡治首邑和8个有名的商业城市。根据上述汉代经济和城镇发展状况，当时我国城市发展已达到世界最高水平，这是完全有可能的。

从汉代到唐代期间，世界各文明古国大都处于奴隶制向封建制的过渡时期，而中国不但在社会发展阶段上领先，就是物质文明和科学文化方面的某些成就，也是世界各文明古国所不能比拟的。到了唐代，世界各文明古国的封建制度相继确立，而我国则进入了封建社会的第二个鼎盛时期。唐代由于农具的进步和水利建设，粮食单产比汉代增加了一倍，总耕地面积也超过汉代。手工业的规模更大，纺织、陶瓷和金属制品品种多，质量也很高。商业贸易十分发达。与外国许多国家都有贸易来往。城市发展达到新的高度，唐代新设城市大约140个（县城），使城镇总数达到1000个以上。除东西两都外，还有12个道治，70个府州级城市，商都11个。还出现了一批大都市，长安人口不下百万，洛阳最高峰时人口达140万之多。据估计，唐代城市人口占全国总人口比重曾达到将近10%。

从唐代至明代期间，我国经济和科学技术水平在世界上继续处于领先地位。中国的瓷器和丝织物畅销世界各地，指南针，活字印刷的发明和火药在军事上的应用均居世界先进水平。明代是我国封建社会的第三个鼎盛时期。当时大兴水利和农具改造，农业生产有了很大的发展，尤其是经济作物的大发展。工业方面，纺织、制瓷、开矿、冶炼、造船以及其他手工业十分发达，商业繁荣，从而促进了城镇的发展。据估计，明代全国共有大、中型城市100座，小城镇2000多座，农村集镇4000—6000座，全国著名的城市有30多座[①]。城市职能特点明显，出现了各种专业性城市。城镇分布地域更加广泛，出现了一些边疆城市。从明代城镇数量和城市人口规模看，城市发达程度有可能超过唐

---

① 杨檀等：《中国古代史》，光明日报出版社1988年版，第54—72页。

代。

其实在长达数千年的中国奴隶社会和封建社会，城市是在很大的波动过程中发展的。历代的王朝更替，政治动乱，战争和灾荒等等天灾人祸往往几次使人口骤减，也几次使城市发展程度倒退几十年甚至上百年。

（三）近代城镇化的畸形发展

自18世纪中叶西方先进国家进入工业革命以来，城市发展进程大大加速。而我国自19世纪以来，一方面国内阶级矛盾激化，已处于封建社会后期；另一方面，国外列强不断入侵，使国家政治经济日趋衰落。自鸦片战争后，中国已演变为半封建半殖民地国家，在外国列强的侵略和掠夺下，中国的经济和城镇发展出现鲜明的半殖民地畸形特点。主要表现为东部地区城镇发展较快，内地和边远地区城镇日渐衰落。这一时期的城镇化状况，如把人口超过2000人以上的居民点列为城镇，据统计，1843年中国有大小城镇1653座（不包括台湾、新疆、青海和西藏），城镇人口为2351万人，占总人口40500万人的5.8%。到1949年我国城镇人口总数为5765万人，占总人口10.6%。这表明我国自鸦片战争以来，城镇化水平是缓慢上升的。

二、新中国城镇化的基本特征

1949年新中国的成立，标志着半封建半殖民地旧制度的灭亡，以生产资料公有制为基础的新政权的诞生。新中国的政治经济制度从根本上决定了城镇化的进程，而自然、历史、经济和社会因素对城镇化也产生了深刻的影响，从而形成了与过去的城市发展相比，既有性质差别，又有实体继承的新中国城镇化特征。

（一）城镇化鲜明地受国家计划控制影响

我国历史上的城市发展和世界上许多国家一样是自发的，因而不可避免地存在着盲目性。新中国成立以来，在社会主义基本经济规律的指导下，社会经济的发展和城镇建设是有计划地进行的。这表现在劳动力的需求方面，是由国家和各地区劳动管理部门，根据经济发展的需要，进行有计划的调配。新中国成立初，我国政府尽了最大的努力，安置了旧中国遗留下来的400万人的失业大军。自1951年起城镇复员转业军人及毕业生由国家统一安排就业。1955年后国家明文规定由劳动部门对城镇劳动力进行有计划的统一分配和调配。从此形成了城市劳动力就业的保障制度，这一制度对控制城市人口盲目增长起到了重要作用。在城乡人口迁移方面，我国在20世纪50年代后期实行了城市户籍的管理制度，1958年年初颁布了《中华人民共和国户口登记条例》，规定农村人口只有持有城市劳动部门的录用证明、学校的录取证明或户口管理机构准予迁入的证明，才能迁入城市。1964年国务院批转公安部《关于户口迁移政策的规定》，再次强调严格控制城市人口的政策，这些政策对控制乡村人口盲目进入城市起着决定性的作用。在市镇设置方面，我国1955年颁布了市镇设置标准，其后根据国家社会经济的发展，市镇设置标准先后作了修订，城镇设置基本上遵照标准，并经上级机关审批。此外，我国自20世纪60年代中期以来实行了计划生育政策，把人口自然增长纳入了社会经济发展计划的轨道，在城市收到了明显的成效，这也是避免城镇人口无计划增长的重要措施。

自20世纪70年代末改革开放以来，国家实行了以计划经济为主、市场调节为辅的经济体制，改变了长期以来经济体制过于单一和过分集中的倾向，在劳动政策方面改变了以往统分统配的政策，实行全民、集体和个人三方面的就业渠道，开放了劳务市场，促进了劳动力的合理流动。在人口迁移方面，1984年国务院颁布了允许农民进镇落户的政策，规定“除县城外的各类县镇、乡镇、集镇，包括建制镇和非建制镇，全部对农民开放”。由此可见，20世纪80年代以来劳动就业和人口迁移政策有了显著的变化，但以计划经济作为宏观调控的杠杆，依然在人口城镇化中起着决定性作用。

（二）城镇人口增长缓慢，城镇化水平较低

世界各国在第二次世界大战之后，城镇发展突飞猛进，城镇化的进程快于以往任何历史时期。我国也不例外，新中国成立以来，我国的城镇有了很大的发展，从1953年至1988年的35年间，城市数量由166座增加到432座，建制镇的数量由5402座增加到8614座，城镇人口由5726万人增加到20084万人，无论是城镇数或人口数，增长数量都相当可观。但与世界上相比，我国城镇化进程显得比较缓慢，城镇化水平也较低，在20世纪80年代以前尤其明显。1950—1980年，世界城市人口年均递增3.15%，其中发达国家为2.12%，发展中国家为4.39%①。我国差不多同期（1953—1980年）城镇人口年均递增2.16%，

① 中山大学人口理论研究室编：《人口研究译文集》第一集，1982年，第126页。

慢于全世界和发展中国家的增长速度，与发达国家差不多。我国城镇人口统计口径略与国外不同，又与发达国家处于不同的城市化发展阶段，存在一些不可比的因素，但从上述对比中仍可看出我国与国外城镇化进程上的差距。

从城镇化水平（城镇人口比重）的变化作比较，我国与国外的差别更加明显。1950—1980 年世界城镇人口比重由 28.8% 提高到 38.2%，增加 9.4 个百分点，同期发达国家由 53.7% 提高到 72.8%，增加 19.1 个百分点，发展中国家由 15.6% 提高到 27.3%，增加 11.7 个百分点。我国 1953—1980 年比重由 13.0% 增加到 13.6%，只增加 0.6 个百分点，可见我国城镇化水平的提高十分缓慢。20 世纪 80 年代以来我国城镇化水平提高较快，根据全国第四次人口普查结果，我国市镇总人口比重为 26.23%（按第四次人口普查口径），与世界各国的城镇化水平相比较，我国仍处于城镇化的初级阶段。

（三）在主观政策作用下，城镇化进程曾受很大波动

新中国成立以来，根据城镇人口变化特点，大致可分以下几个城镇化阶段

1. 恢复与发展时期（1949—1957 年）

新中国成立后经过三年的恢复时期，医治了战争的创伤，安排了旧社会遗留下来的大量失业人员。这一时期由于城市经济迅速恢复以及战乱期间外流人员返城，农村人口迁入城市较多，1951—1953 年平均每年净迁入率为 33.1%①。从 1953 年开始国家实行第一个五年计划，大规模的基本建设蓬勃开展起来，国家重点建设的项目达 156 项。为满足城镇劳动力的需要，“一五”期间从乡村调入城镇的人口有 1500 万人之多，加上城镇人口自然增长较快，至“一五”时期末城镇人口增加 2400 万人，年均增长 7.22%，是新中国成立以来城镇人口增长最快的时期。这一时期城镇化与经济发展的关系比较协调。

2. 波动时期（1958—1965 年）

这一时期是新中国成立以来经济发展波动起伏最大的时期。在城镇化方面，“二五”前期在国民经济“大跃进”失控的情况下，大量农村人口盲目流入城镇，新城市增长迅速。在此期间全国新设城市 22 座，1960 年全国城镇人口达到 13073 万人，占全国总人口 19.7%，超过了当时经济承受能力。加上自然灾害以及经济建设的失误，因而后来不得不将“二五”前期盲目进城的农村人口压缩回乡。1961—1963 年，全国共精简职工 1800 万人，压缩城市人口

① 任素华：“我国城市人口迁移浅析”，《人口研究》，1988 年第 3 期。

2600万人，城市人口大量迁出，1961至1965年间，平均每年净迁出率为17.6‰。同时全国撤销了22座城市和一批建制镇，1965年全国城市数比1957年减少8座，建制镇减少近一半，城镇人口年均增长速度为0.27%，而城镇人口比重却由1957年的15.4%下降为13.6%。

3. 停滞时期（1966—1978年）

"文革"期间政治动荡，经济濒临崩溃的边缘。在"文革"前期城镇大批知青和职工下乡，城市人口大量迁出。20世纪70年代以后城市人口略有迁入，城镇人口增长主要是自然增长，城镇化进程十分缓慢。1966—1978年城镇人口年均增长1.56%，其间1966—1970年年均只增长0.68%，而不少省市（如江苏、浙江、上海等）城镇人口都减少了。

4. 新增长时期（1979年以来）

20世纪70年代末以来，在以经济建设为中心的总方针指引下，实行改革开放，经济建设稳步发展。为适应社会经济发展的需要，国家十分重视城镇的发展，制定了一系列有利于城镇发展的方针政策，如前面提及的市镇建制标准的调整和允许农民进镇落户的政策等等，因此加速了城镇化进程。这一时期城镇化的主要特点是新城镇大量涌现，1988年全国有城市432座，建制镇8614座，分别比1980年增加2倍和3倍。另一特点是城镇机械增长人口大量增加，许多长期以自然增长为主的城市，20世纪80年代以来转为以机械增长为主，因此，城镇人口增长较快，1980—1988年年均递增4.9%。

（四）小城镇由衰落到迅速增长，特大城市人口比重居高不下

我国是一个以农业为基础发展起来的国家，与乡村经济发展紧密相连的小城镇向来比较发达。新中国成立初期，我国的小城镇还是相当繁荣的，1953年全国有建制镇5402座，镇人口占全部城镇人口39.11%。1958年人民公社化后，农村商品经济日益萎缩，小城镇日渐衰落。1965年全国建制镇减少为2902座，至1980年只有2874座，连许多县城都被撤销了镇建制，成为乡村居民点。县属镇就更不景气了。河北霸县胜芳镇的兴衰即是新中国成立后我国小城镇变化的一个缩影。该镇早在明清时期工商业已相当发达，有"南有苏杭，北有胜芳"之美称。新中国成立初期工商业仍十分繁荣，1950年全镇有工商户1002户，1954年发展到1749户，自1956年实行工商业改造后，个体经济日益衰落，1960年只有个体商店人员345人，一直到20世纪80年代初才恢复生机。

在全国范围内，小城镇蓬勃发展起来是1984年以后，其直接的原因是市

镇建制标准的调整和允许农民进镇落户政策的实施，乡镇企业的发展则是小城镇得以发展的经济基础。但大量新城镇的发展历史毕竟比较短暂，小城镇经济和市政设施基础比较薄弱，人口规模较小。因此，20世纪80年代以来小城镇（建制镇）数量虽有很大增加，但人口比重并没有上升，1988年建制镇人口在城镇总人口中的比重为30.4%，仍低于1953年的比重。

我国的大城市特别是特大城市，在全国城市体系中具有重要的地位。1953年百万人口以上的城市人口占全部城市人口为40.05%，20世纪60年代初由于全国撤销了一批小城市，大城市的地位相对更加突出，1965年特大城市人口的比重上升到44.5%。此后在“文化大革命”中，城市知青和职工下乡，首当其冲的是大城市。大城市人口有所减少，至1980年特大城市人口比重下降为39.02%。20世纪80年代以来特大城市人口增长较快，1990年其人口比重回升到41.66%（表1）。为什么特大城市在人口机械增长和自然增长控制较严格的情况下增长较快呢？究其原因，一方面是，20世纪80年代以来特大城市增加的落实政策回城人口、因劳动力结构性不足从农村招工及基建征地农转非人口等方面人数较多。另一方面，80年代以来，由于大城市人口增长自然上升为特大城市较多（16座），这是特大城市人口增长较快的主要原因。我国特大城市人口比重如此高，这在世界上是很突出的，日本1980年百万人口以上城市的人口比重为26.1%，美国为29.0%（1973年），苏联为26.2%（1975年）①。相比之下，我国特大城市人口比重显得过高。

表1　　我国城市人口规模结构的变化（%）

城市人口规模（人）	1953年	1965年	1980年	1988年	1990年
>100万	40.05	44.53	39.02	40.74	41.66
50—100万	21.50	19.12	24.80	14.81	12.64
20—50万	16.18	20.22	24.34	23.60	24.64
<20万	22.27	16.12	11.83	20.78	21.06

注：1953年为城市总人口，其余年份为城镇非农业人口。

（五）近年来城镇人口来源结构起变化

我国城镇人口增长来源中，自然增长的作用在减弱，机械增长和新城镇增

① 刘铮等：《我国沿海地区小城镇经济发展和人口迁移》，中国展望出版社1990年版，第4—27页。

长的作用在增强，城市流动人口大量涌现。

城镇人口增长来源不外乎三方面，即人口自然增长、人口机械增长和行政区划变动（包括新城镇增长）。由于我国人口迁移和行政区划变动而增加的城镇人口缺乏系统统计，目前研究城镇人口增长来源的资料依据，通常采用该年新增总人口减去该年自然增长数，来推算机械变动和因行政区划变动增加人数。这种方法虽然不太精确，但对分析城镇人口增长来源仍有一定意义。据统计资料分析，新中国成立以来，三年恢复时期和“一五”期间，城镇人口增长以机械增长为主（包括新城镇设置所增加的人口，下同），1950—1957 年机械增长占 60.8%，自然增长占 39.2%。“二五”到“三五”期间以自然增长为主，1963—1965 年自然增长占 71.9%，1971—1975 年自然增长占 56.5%。从“四五”时期以来，城镇人口增长以机械增长为主，如 1976—1980 年机械增长占 77.1%，自然增长占 22.9%，1981—1985 年机械增长占 87.2%，自然增长占 12.8%。20 世纪 70 年代中期以来城镇人口增长来源产生上述变化的原因主要有以下三方面：首先是城市人口自然增长速度下降。我国虽然在 20 世纪 60 年代中期开始宣传计划生育政策，但比较严格执行这一政策是在 70 年代中期以后，因此人口自然增长率自 70 年代中期以来明显下降。城镇人口自然增长从 1963 年 37.55‰，到 1988 年下降为 10.10‰；其次是人口政策的变化，如前所述，80 年代以来城镇人口迁移政策有所松动。最后，市镇建制标准放宽，新设置了一大批市和镇。上述这些因素导致自然增长人口比重下降，机械增长人口比重上升。

20 世纪 80 年代以来，城市流动人口大量涌现，是我国人口城镇化的另一重要特征。由于缺乏全面系统的流动人口统计，仅从一些城市的调查材料看，在特大城市流动人口问题十分突出。如广州市区流动人口 1980 年为 30.6 万人，1987 年为 111 万人，上海市 1984 年为 70 万人，1986 年为 134 万人，北京市 1978 年为 30 万人，1987 年为 115 万人①。20 世纪 80 年代以来城市流动人口除了规模大、增长速度快以外，季节性的波动也较小，由过去主要出现在春季和夏季而转为全年性。人口流动的性质也发生变化。就业性的流动人口显著增多。据北京市 1985 年的调查，就业性流动人口占 36.9%。

城市流动人口的增长，是城市经济发展、城市人民生活水平的提高以及农村剩余劳动力转移的需要。城市流动人口的涌现，与商品经济的发展密切相

① 梁自鸣：“论城市流动人口的作用和管理”，《羊城晚报》，1988 年 3 月 16 日。

关。随着城市经济的发展，许多城市特别是特大城市，出现了劳动力结构性短缺。一些苦、累、脏的劳动没人干，如建筑、搬运、环卫、饮食服务业、修理业等。在工业部门中，纺织、化工等行业招工也较困难，上述这些部门所需的劳动力，主要由劳动部门从农村招收部分劳力。流动人口进城也补充了某些行业劳力不足。

流动人口的涌现也给城市发展带来新的问题。由于流动人口的无计划性，增加了城市管理的复杂性，如户籍、计划生育工作、社会治安、市场管理和劳动力管理等。另外，大量流动人口涌入城市，给城市交通、环境卫生、市政基础设施、医疗、邮电通讯设施等增加了负担，使本来已经超负荷运行的大城市，矛盾更加突出。鉴于存在上述问题，对我国城镇化中出现的流动人口这一新特点，应因势利导，充分利用其有利的一面，克服其对城市不利的影响，以积极的态度，逐步解决目前存在的问题及困难。首先要加强城市规划和建设，要把流动人口纳入城市规划的轨道，加强对流动人口的定量分析和动态预测。城市规划定额指标应包括流动人口，以适应城市对外开放的需要。其次要从行政、经济和法律上加强对流动人口的管理，加强对个体户户籍、雇工管理和生育管理。加强经营方向的宏观调控，区别鼓励发展和限制发展行业，以充分发挥个体工商业对城市经济发展的积极作用。

（六）城镇人口分布重心由中、西部向东部地带转移

为了比较概括地阐述城镇人口分布的变化，以下按三大地带进行分析比较①。长期以来东部沿海是我国经济、城镇和人口集聚的地带，新中国成立以来这种分布格局虽未发生根本的改变，但城镇人口分布还是发生了一定的变化。在20世纪80年代以前，中、西部的城镇人口增长明显快于东部，如1953—1980年，中部和西部城镇人口年均增长分别为2.69%和2.89%，而东部只有1.59%。城镇人口比重变化的差别更为明显，1953—1980年，中、西部城镇人口比重分别提高2.06和1.4个百分点，而东部地带却下降了0.9个百分点。在新中国成立后的前30年，我国建设的重点在中、西部地带。从“一五”到“五五”期间，中、西部的基本建设投资占全国2/3左右，其中“三五”期间达到76.5%，明显地表现出国家宏观区域政策向内地倾斜，这是中、西部城

① 三大地带为：东部为辽、冀、津、京、鲁、苏、沪、浙、闽、粤、琼、桂；中部为黑、吉、晋、皖、赣、湘、鄂、豫、陕、川、蒙；西部为新、青、宁、甘、滇、黔、藏。

镇人口增长较快的主要原因。对于西部地带，城镇人口自然增长和机械增长控制较松以及原有城镇人口基数较小等方面原因，对城镇人口增长速度和比重均有一定的影响。

20世纪80年代以来是我国城镇蓬勃发展的时期，无论是东部或中、西部，城镇人口都有很大增长。但东部与中、西部城镇人口增长变化特点与80年代前不同，即东部增长最快，次为中部，西部较慢，呈现反向梯度增长。1980—1988年东部地带城镇人口年均增长5.46%，中、西部则分别增长5.07%和3.47%。同时城镇人口比重，东部提高5.71个百分点，而中、西部分别只提高4.6个和3.5个百分点，可见东部地带城镇人口增长比中西部要快得多。这与80年代以来在沿海地区实行对外开放政策有关。1981年以后我国在深圳、珠海、汕头、厦门和海南岛建立经济特区，1984年进一步开放沿海14个港口城市，开辟了13个经济技术开发区和珠江三角洲、长江三角洲、闽南三角地区、山东半岛、辽东半岛经济开放区。目前，几乎所有的沿海省市都进一步扩大了经济开发区。20世纪80年代以来国家对东部沿海地区基本建设投资实行倾斜政策，“六五”和“七五”期间东部固定资产和基本建设投资占全国45%以上，同时在对外开放方面实行了许多优惠政策，从而促进了东部地带经济的发展和人口集聚（表2、表3）。

表2　　我国三大地带城镇人口年均增长速度的变化（%）

年份	1953—1980	1980—1988	1953—1988
全国	2.16	5.17	2.84
东部	1.59	5.46	2.46
中部	2.69	5.07	3.20
西部	2.89	4.93	3.35

注：根据公安部城镇人口统计资料计算，城镇人口指城镇非农业人口。

表3　　我国三大地带城镇人口比重的变化（增加百分点）

年份	1953—1980	1980—1988	1953—1988
全国	5.52	4.53	0.69
东部	4.80	5.71	-0.91
中部	6.66	4.60	2.06
西部	4.87	3.47	1.40

注：根据公安部城镇人口统计资料计算。

三、我国城镇化基本经验及存在问题

（一）人口城镇化与社会经济协调发展

城镇化与社会经济协调发展是城镇化的一个基本问题。世界上不少国家农村人口盲目流入城市，导致城市失业、粮食紧缺、交通拥挤、住宅紧张、生态环境恶化等社会经济问题。我国处于向建设社会主义市场经济转轨的阶段，在处理城市发展与经济发展关系的问题上，从总体上看是有国家计划宏观调控的，但由于国家有关决策部门对城镇发展的客观规律还缺乏深刻的认识，以及受各时期国家政治经济形势的影响，因而在某些时期城市发展还存在一定的盲目性。如以上述及的“二五”前期城镇无计划发展，大量乡村人口进入城镇，超越了当时国力的承受能力，以致在20世纪60年代前期进行城镇调整，压缩了城镇人口。而在“文革”期间，由于人为的压抑以及国家经济的不景气，城镇发展长期处于停滞状态。80年代以来，我国城市发展走上了蓬勃发展的时期，为适应国家经济的发展，1984年国家颁布了允许农民进镇落户的政策，并于1984年和1986年先后调整了市、镇建制标准，国家通过这些政策自觉地调整了城镇发展与经济发展的关系。但从全国范围来说，国家对城市发展的宏观调控仍然不得力，缺乏对城市发展的战略研究和长远规划，因而在前几年曾出现了城镇发展“过热”的倾向。某些地方在执行“农民进镇落户”的政策时，对城镇接受能力考虑不足。以浙江省为例，该省在1984年和1986年接纳农民进镇时，对商品粮的供应能力有所忽视，在1984年粮食大丰收的情况下，一方面让所有的小城镇敞开大门，接纳农民落户，并由粮食部门供应议价粮油，使全省吃国家供应粮的非农业人口在1985年增加了36%。另一方面又将10%的粮田改种经济作物，以致粮食供销失去平衡，不得不于1986年取消了自理口粮凭卡买粮的规定，并动员了部分进镇农民返回农村。如该省南浔镇自理口粮人口3100人减至1300人。在小城市和建制镇的发展数量方面也多了一些，一些城镇坚持标准不够，在城镇经济实力较弱、人口规模较小、市政基础设施较差的情况下也设了市，以致城市的吸引和辐射功能较弱，难以发挥中心城市的作用。如1988年设置的山东省乐陵市，全县非农业人口4万人，工业总产值4.3亿元，城市驻地非农业人口只有2.8万人，工业总产值1亿元，这就难以带动全县经济的发展，失去了设市的主要意义。鉴于20世纪80年代以来城市发展存在的上述问题，从1989年以来，民政部停止了地改市和县级市升格的审核，对设市撤县坚持严格标准，控制发展数量。同时国家调整了城市发展方针，提出控制大城市，合理发展中、小城市的方针，从而使近年来城市的发展处于比较正常的状态。

回顾我国城镇发展的历史，在处理城镇化与社会经济发展的关系上，过冷或过热，滞后或超前的问题都出现过，而不论是非城镇化或超城镇化的倾向，都不利于社会经济和城市的发展。因此，协调好城镇化与社会经济发展的关系，是国家发展的一个重大问题。

（二）小城镇是乡村人口转化的主要载体

城镇化的过程是由以农业经济为主转向以非农业经济为主的过程，也是乡村人口大量转向城镇的过程。在我国的城镇化过程中，乡村人口如何转化，是主要转向大、中城市还是主要转向小城镇？这是人口城镇化的另一重大问题。从世界城镇化的历史进程看，在城镇化的初级阶段，大多数国家乡村人口主要转入大城市。我国现正处于城镇化的初级阶段，是否也走世界各国走过的城镇化道路呢？这个问题自20世纪80年代初以来一直存在争论，其实质是对我国城市发展方针的讨论，争论的主要焦点集中在经济问题上。大、中城市的集聚产生高的经济效益，但同时也需要高的投入，大、中城市的基础设施和就业技术装备费用也比较高。小城镇的经济效益不及大、中城市，但所需的基础设施和就业技术装备费用较低，并且主要靠地方及个人的投资。多年来的讨论，对探讨我国城市合理发展具有重要意义。1989年颁布的《中华人民共和国城市规划法》中关于我国城市发展方针的修订，是这场大讨论结果的反映，由“积极发展小城市”改为“合理发展中、小城市”。这一修改并不意味着降低小城市在我国城镇化中的作用，相反，正是为了充分发挥它的作用。我国人口众多而经济实力不强，广大农村人多地少，劳动力有大量剩余。据估测，我国农村劳动力剩余量约占总劳力的30%—50%，绝对量达1亿多人，今后每年还将新增劳动力900万—1000万人。依靠国家的财力，安排不了如此庞大的劳动力大军。据国家统计局资料，全民所有制单位近10年每年从农村吸收的劳动力约130万人，加上来自农村的大专学生毕业分配40万人，以及转业退伍军人及其家属，每年共吸收农村人口220万人①，加上大集体企事业招工总共不过500

① 顾文选：“我国城市化的发展和对策”，《城市问题》，1991年第3期。

万人。80 年代以来我国主要通过发展地方经济（乡镇企业和个体户），充分发挥小城镇集体和个体经济的作用来接纳农村剩余劳动力。1980 年至 1988 年间我国小城市增加 160 座，建制镇增加 5740 座，其中不少城镇无论是经济实力或市政设施均有一定基础，尤其是县城这一级，已具有较好的发展条件。首先发展这一级城镇就可吸收大量的农村劳动力。1988 年全国乡镇企业达到 159 万个，从业人员 4893.9 万人，如按 1/3 分布于城镇计，则小城镇共吸收农村劳动力 1631 万人，其中已在城镇落户的农村人口（自理口粮人口）达 460 万人。由此可见，小城镇在吸收农村劳动力方面起到了很大的作用。

小城镇接纳外来人口有三种形式，第一种是落户人口，即工作、户籍和居住都已迁到小城镇，属完全的迁移。这类人口的迁移直接由政府部门管理，如职工工作调动、学生毕业分配、复员转业、家属随迁及婚迁等，也包括自理口粮人口；第二种只迁工作和居住（暂住），未迁户籍，这类人口大多距家较远或身体较弱，每天通勤有困难，临时居住镇上；第三种只迁工作，未迁户籍和居住，这类人口距家较近，每天通勤上班。后两类人口属不完全的迁移，即离上不离乡人口，这是小城镇人口迁移的主要形式。据对东部沿海 9 省（市）36 个小城镇的抽样调查，离土不离乡人口占总迁移人口的 40%—60% 以上。从我国的实际情况出发，这种迁移今后将长期存在。这是因为，第一，在经济实力不强的情况下，这种迁移费用最为低廉，它不需要国家和企业在住宅、市政基础设施、服务设施、职工生活费补贴和社会保障等方面花费大量的资金；第二，小城镇量多面广，接纳农村剩余劳动力潜力大；第三，就近迁移，适应迁移者的生活习惯和恋土心理。当然这种迁移形式是在现阶段财力不足的情况下，解决大量乡村人口过剩的过渡性形式，这种形式对迁移者来说，仍存在许多实际困难，各地应根据实际情况，大力加强小城镇的建设，尽可能接纳多一些的农民落户。20 世纪 80 年代以来小城镇发展数量较多，而城镇设施配套建设不够，影响了小城镇人口的容纳量。在今后的一段时期内，在合理发展小城镇的同时，应努力提高小城镇的设施水平，加强小城镇的规划建设和管理。采用多渠道集资措施，增加小城镇建设资金，提高小城镇的现代化水平，使小城镇在我国的城镇化进程中发挥更大的作用。

（三）城镇化与农业发展相协调

城镇化与农业的发展是相互促进的关系。农业发展为城镇提供工业原料、食品、劳动力以及工业品消费市场；城镇则是广大乡村地区政治、经济、文化和科技信息的中心，城镇的发展直接影响农业的发展和农村的繁荣，正确处理好这两者的关系，是城镇化的一个重要问题。回顾世界城镇化的历程，许多国家是以牺牲农业为代价的，城镇化往往伴随着大量土地被兼并，耕地荒芜，农村破产，这在城镇化初级阶段尤其突出，某些发达国家一直到城镇化水平较高时才抓农业（如法国等）。

我国的农业在国民经济中占有重要地位，农业生产状况如何，对整个国家经济发展和人民生活的影响极大，因此我国政府向来十分重视农业的发展。但在某些时期，也出现过农业发展与城镇化不相协调的倾向，如上提及“二五”前期城镇化超越了经济（农业）的发展等。20 世纪 80 年代以来我国在城镇化与农业发展的关系上基本是协调的，但在城镇化进程较快的地区，也出现过农村强壮劳动力过多地转向乡镇企业或大量外流现象，造成农业劳力弱化。耕地问题也很突出，多占和乱占耕地比较普遍。如据四川省前几年的调查资料，该省在 1983—1986 年，全省占用的基建用地中，未经审批而占用的占 33.9%，无权审批而审批的占 7.6%，这两项合计占 41.5%。另据天津市前几年的调查，该市郊区 3670 个乡镇企业圈地 6 万多亩，而厂内建筑占地只有 7000 多亩，平均每个企业用地不过 2 亩①，可见浪费耕地的现象十分惊人。我国是世界上人均耕地最少的国家之一，节约耕地是我国的一项基本国策。城镇建设用地虽然只占总建设用地的一部分，但我国城镇多，占用耕地的绝对量也很大，且大多占用好地，因此，加强城镇基建用地的计划和管理十分重要。首先，国家要从宏观上加强管理，近年来我国已将基建用地问题纳入国家计划轨道，1987 年国家计划非农业建设用地为 307 万亩，其中国家建设占用 135 万亩，乡镇集体企业建设占用 79 万亩，农民建房占用 93 万亩。执行结果，全年建设用地比原计划只超过 15 万亩。1987 年基本建设规模与前两年差不多，但建设用地比 1985 年减少 164 万亩，比 1986 年减少 58 万亩，节省用地的成效比较显著②。其次，要尽快建立土地价格征收土地使用税，变土地无偿使用为有偿使用。再次，要加强小城镇的规划和管理，处理好小城镇建设与占用耕地的矛盾。最后，要大力宣传和贯彻土地管理法规，保护和合理使用土地资源。

（四）城镇化与城镇基础设施同步发展

城镇基础设施是城镇赖以生存和发展的物质基础，是制约城镇化进程的重

---

① 叶维钧等：《中国城市化道路初探》，中国展望出版社 1988 年版，第 254 页。

② 吕克白：《国土规划文稿》，中国计划出版社 1990 年版，第 218 页。

要因素。在世界城镇化过程中所出现的环境污染、交通拥挤等“城市病”，即是城镇基础设施与城镇化不相适应的表现。

新中国成立以来，我国城镇建设有了很大的发展，已形成一定规模的城镇基础设施能力。但从发展过程看，20 世纪 80 年代以前的 30 年时间里，除了“一五”期间城镇基础设施能力有了较大幅度的增长外，其余时间城镇基础设施发展相当缓慢。我国在相当长的时间里，对城镇基础设施的重要性认识不足，形而上学地对待生产性建设与非生产性建设的关系，在“先生产、后生活”的指导思想下，城镇基础设施的投资很少，以致城镇发展与基础设施能力严重失调。80 年代以来，随着城镇的迅速发展，城镇基础设施能力也有相应的提高，但由于原有欠账太多，积重难返，现阶段城镇基础设施建设仍存在不少问题。如城市供电不足，供水紧张，我国目前上万个小城镇有一半以上无供水设施，排水设施都很落后。城市道路短缺，交通拥挤。绿地少，绿化覆盖率不到20%，有些城市不到10%。由此可见，继续加强城镇基础设施的建设，是今后城镇发展的重要问题。要采取多渠道集资的途径，解决资金短缺的困难。从协调城镇与经济发展的关系出发，近期应放慢市镇设置的发展速度，着重加强现有城镇基础设施的建设，提高城镇的质量，以充分发挥城镇的功能作用。

（五）分清城乡界限，完善城镇人口统计口径

城镇人口数量是衡量城镇化水平的最基本的指标，城镇人口统计口径正确与否，直接关系到能否真正了解城镇化的实情问题。目前我国城镇人口统计采用两种统计指标，即市镇总人口和城镇非农业人口统计都存在一定的问题。

市镇总人口是1982 年第三次人口普查以来采用的统计指标，其统计范围包括市镇管辖区内的所有城乡常住人口，也包括管辖县的建制镇人口，即以行政管辖区统计城镇人口。众所周知，城镇是指人口规模较大、人口密度较高、其居民主要从事非农业经济活动、具有一定城镇基础设施的社会实体，这种社会实体有一定的区域范围，可称为城镇化区域。城镇化区域内的常住人口为城镇人口，城镇化区域以外的人口为乡村人口。现有市镇总人口则按行政区域统计，它既包括城镇化区域内的城镇人口，也包括城镇化区域以外的乡村人口，这就混淆了城乡人口的概念。自 1982 年实行市镇总人口统计指标以来，我国市镇总人口大幅度增长，市镇总人口在总人口中的比重，由 1982 年的 20.8%，到 1988 年达 49.7%，6 年间增加 28.9 个百分点，这固然与 80 年代以来新增城镇较多有关，但主要是采用新的统计指标的缘故。按此指标统计，1988 年全国

市镇总人口中农业人口占62.9%，超过了非农业人口，这显然不符合城镇人口的含义。鉴于上述存在问题，1990年全国第四次人口普查对现行市镇总人口的统计口径作了调整，市人口是指设区的市所辖的区人口和不设区的市所辖的街道人口，镇人口是指不设区的市所辖镇的居委会人口和县辖镇的居委会人口。这个规定比之现行市镇总人口统计有了很大的改进，但仍存在一些问题，主要是矿藏资源分布分散的设区矿业城市，按区统计城镇人口，农业人口比例仍过高。如据1989年公安部人口统计，东川市的总人口中，农业人口占76.93%，萍乡市占69.61%，枣庄市占77.1%，六盘水市占79.93%。因此，在这类城市中仍需要划出城镇化区域范围，并按此统计城镇人口。

城镇非农业人口统计指标是1963年开始采用的，至今仍为公安户籍部门和城市规划管理部门所使用。此项统计无论过去或现在都有其实际意义，但在实际统计中，只统计吃商品粮人口，因而不能反映实际的城镇化水平。根据上述城镇的含义，城镇人口应包括城镇化区域范围内全部常住人口，即包括吃商品粮人口、农业人口和居住一年以上的暂住人口。显然只统计吃商品粮人口是偏低的，如按此指标统计，1990年全国城镇非农业人口只占总人口18.96%。

从上述可知，目前我国采用的上述两种城镇人口统计口径，均不能反映实际的城镇化状况，其基本原因是没有划清城乡界限，因此解决上述问题的关键是划分出城镇化区域，但城镇化区域如何划分，目前尚无定论，我们建议建设部、民政部和国家统计局共同负责，尽早制定城镇化区域的划分办法，使我国城镇人口统计尽早走上科学化的轨道。

（六）完善市镇设置标准和人口城镇化政策

20世纪80年代以来，为适应经济体制改革和经济发展的需要，我国对原有某些城镇化政策作了修订，并颁布了一些新的政策，这些政策对促进我国城市的发展起到了重大的作用，同时通过实践的检验，也发现了一些不完善之处，需要加以调整。

1. 市镇建制政策

民政部于1984年和1986年相继颁发的市镇设置标准，较之1963年的老标准有了很大的改革和创新。新标准突出中心城镇的作用，提出了整县设市和整乡设镇的模式，从而减少了城乡机构重叠和体制上的矛盾，加强了城乡的联系，在具体标准上增加了经济指标。新标准经过近几年来的实践检验，证明实际效果基本上是好的，但也存在一些问题，主要是指标不够完善，指标数据统计困难，城乡界限不清和执行标准宽严不一等，需要进一步完善。

首先，健全市镇标准的指标体系。我国现行标准中对区域标准比较重视，而对城镇驻地的某些标准不够明确，如在人口方面没有明确规定聚居总人口规模及其中非农业人口的比例，而这两项指标是衡量市镇标准的重要指标，国外许多国家的设市标准均有此项指标的规定。此外城镇基础设施也应有所反映，它也是城镇的一项基本特征。

其次，现行标准中人口和经济指标采用新口径非农业人口和国民生产总值指标，虽然这两项指标比较科学，但统计起来困难很大。新口径非农业人口除了吃商品粮人口外，还包括从事非农业活动的农业人口，如乡镇企业从业人员、个体工商户、临时工、合同工等。目前除了吃商品粮人口和自理口粮人口公安部门有正式统计外，其他人口均未列入正式统计。这部分人大多比较分散和不稳定，统计起来比较困难，但如果不包括这些人口则不能反映城镇人口的集聚状况，在经济发达地区尤其如此。因此，统计部门应尽早将它列入正常的统计业务。但由于吃商品粮以外的其他非农业人口的不稳定性，应用此指标时还应参照吃商品粮人口指标。国民生产总值指标由于实际统计复杂，统计部门采用其他指标折算办法，缺乏实际统计，可考虑采用社会总产值指标。

再次，如前已指出，按照现行设市模式，县改市后，全县即变为城市，全县人口即成为城市人口，但实际上真正属于城市人口的只是驻地城镇化区域内的人口，使城乡界线变得十分模糊。乡改镇也存在同样的问题。因此，县改市和乡改镇后需要划出城镇化的区域范围，把城镇与乡村区别开来。

最后，在前几年的市镇设置实践中，各地对标准掌握宽严不一，存在一定的主观随意性。例如从各省区设市状况看，一些经济发展水平相当的省份，设市数量却差别很大，甚至某些经济发展速度相对较慢，经济基础相对较差的省份，设市数量反而比经济状况比它好的省份为多。建制镇的设置也存在同样的问题。这种状况显然与设市工作中缺乏全国统一规划，缺乏在省际间进行综合协调有关。鉴于存在上述问题，近年来民政部正着手开展全国及各省区设市规划工作，使市镇设置逐步走上科学化、规范化和法制化的目标。

2. 城镇人口迁移政策

20 世纪 80 年代以来，我国在城乡户籍方面允许农民进镇落户的政策，是一项历史性的改革，它改变了长期以来城乡封闭状态，促进了城乡人口合理的流动，对城乡经济发展具有重要意义。但目前此项改革仍属过渡性政策，并存在许多问题需要研究解决。自 1984 年颁布这一政策以来，各省区落实程度不一。据1988年公安部统计资料，部分省、区接纳自理口粮人口较多，如湖北、广东、安徽、四川和浙江等省。但也有不少省、区自理口粮人口很少，其中有些省、区如宁夏、青海、甘肃和西藏等主要是因为商品经济比较薄弱的缘故。多数省、区则没有很好地落实政策，因此首先要认真执行这一政策，同时逐步改变农民进镇落户只限于县镇以下集镇的规定，建议扩大到县城以至所有的城镇。

农民进镇后的经济收入等方面多数有了明显的改善，但也存在不少问题需要解决，其中最突出的问题是不同户籍间经济待遇的差别，吃商品粮人口享受国家粮、油、燃料、副食品的补贴和住房、医疗、退休以及子女上学就业等方面的社会保障；自理口粮人口享受议价粮油供应，其他待遇则各地有差别。有的城镇对进镇落户农民给予优惠待遇，有的城镇落户农民困难较多。对于未落户的农民则基本未享受城镇待遇。同在城镇工作而待遇不同，这无疑会影响到一部分人的生产积极性。但在目前经济水平下取消这种差别又难以办到。只有随着今后经济的发展，逐步地让更多的农民进镇落户，逐步缩小这种差别。

设市规划的理论与方法初探*

设市规划是对全国或省区一定时期内设市的发展目标、时序安排及空间分布所进行的战略部署，是设市管理工作的重要依据。随着我国城市化进程的加速，新城市设置也日益增多。为加强设市管理工作的计划性、科学性，减少盲目性，并通过政策调控，逐步实现城市的合理发展和布局，尽快开展设市规划已成为当务之急。为此，我们在民政部组织的山东省设市规划试点及典型调研、经验总结的基础上，对设市规划的理论与方法进行了初步探讨。

一、设市规划目的、意义

新中国成立以来，我国市的发展虽几经曲折，但总体来说有很大进步。1978—1989 年，地级市由 99 个发展到 185 个，县级市由 91 个发展到 262 个。这些城市的设置在一定程度上推动了城乡经济的发展，加快了城市化进程，促进了生产力的合理布局。由于缺乏总体规划，也存在着某些问题及薄弱环节，需通过设市规划逐步加以解决。

（一）加强宏观调控，协调城市发展与经济发展的关系

我国设市在处理城市发展与社会经济发展的关系上，城市发展过热或过冷、超前或滞后的问题都出现过。这说明对城市发展的客观规律认识不充分，造成设市工作长期缺乏明确的目标和计划性。例如“二五”前期城市盲目发展，超越了当时国力的承受能力；“文革”期间则长期处于停滞状态；80 年代发展较快，但亦有设市“过热”等倾向。

---

* 本文为《中国设市预测与规划》（胡序威主持）的一项重要成果。本文为该成果的摘要，刊于《经济地理》1991 年第 2 期，合作者陈田、田文祝，2000 年被中国地理学会等单位评为该刊物改革开放以来优秀论文一等奖。

（二）加强区际间综合协调，改善城镇布局

我国疆域辽阔，省际间自然条件、人口分布、社会经济基础及城镇发展水平存在巨大的差异。由于设市标准单一，不能适应多类型地区城市发展的客观需要，以致一些区域缺少可以依托的中心城市，影响区域经济发展；另一些区域因城市分布过密，带来小区域环境质量恶化，交通、能源、供水等矛盾日益突出。因此，在调整设市标准的同时，加强全国统筹规划和省际间的综合协调，将有利于城市的合理布局。

（三）加强基础研究，提高设市工作的科学水平

新中国成立最初的40年里，全国还没有从设市的要求对各类城镇的发展条件进行全面系统的调查研究。对各个城镇的基本概况、有利与不利条件、发展前景等缺乏全面了解，以致面对大量设市申请报告时，审批单位往往难以作出准确的判断。通过设市规划，对城镇发展的各种条件进行全面、系统、深入的调查研究，弄清城市发展的基础条件，既可满足设市工作的需要，也为今后城市发展研究积累了丰富资料。

二、设市规划的基本内容与方法

（一）设市条件评价

影响设市的因素是多方面的，对于不同类型的城镇，各种因素作用程度亦有差别。根据调查研究所取得的资料对各个城镇的发展条件和发展潜力进行科学的评价排序，可为设市规划提供重要依据。

按照城镇发展的主导因素不同，条件评价可分两类进行：即专业性城镇评价和综合性城镇评价。专业性城镇如工矿城镇、旅游城镇、交通港口城镇、边境口岸城镇等，其职能单一，影响条件比较简单，只要对影响城镇发展的主导部门及其相关条件进行分析评价，即可弄清城镇发展条件的优劣（评价指标见图1）；综合性城镇（大多是县城），职能构成复杂，影响因素多样，各城镇发展条件的优劣难以直观比较，需要通过综合评价才能进行优劣排序。

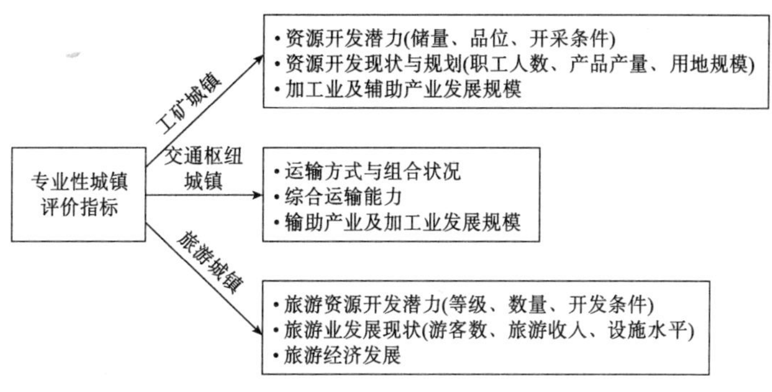

图 1　专业性城镇评价因素

影响综合城镇发展潜力的因素包括三方面：①城镇现状综合发展水平；②城镇发展建设条件；③城镇发展的区域基础（测度指标见图 2）。由于所选指标性质与特点不同，评价综合方法也不一样。对于完全用定量指标表示的条件和因素，可直接采用主成分评价方法（如城镇现状综合发展水平）；对定性的指标，则应采用专家评分量化，然后加权综合。根据计算框图 3 可分别计算出城镇综合发展水平指数、城镇发展建设条件指数与城镇发展区域基础指数；在此基础上，采取以下两种方法进一步评价各规划期城镇发展潜力：方法一：运用模型Ⅰ，将上述三个指数做原始数据，计算城市度指数，并以此作为各城镇设市条件的综合潜力评价指数；方法二：运用模型Ⅱ、模型Ⅲ，对上述三个指数进行加权综合，得到各城镇设市条件的综合潜力指数。

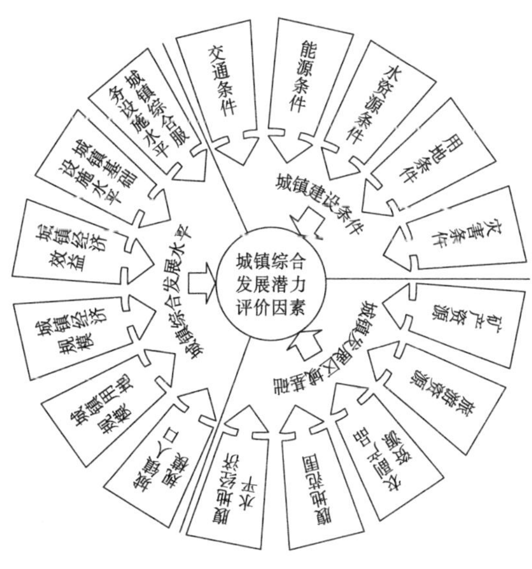

图 2　综合性城镇评价因素

评价模型Ⅰ

1. 原始数据标准化

$$Y_{ij} = (x_{ij} - x_j) / \sqrt{\sum_{i=1}^{n} (x_{ij} - x_j)^2 / n}$$

2. 相关系数

$$r_{ik} = \sum_{i=1}^{n} y_{ij} \cdot y_{ik} / n$$

3. 雅可比法求解特征根、特征向量

4. 主成分贡献率

$$P_j = \lambda_i / \sum_{i=1}^{n} \lambda_i$$

5. 各城镇在主成分上的得分值

$$Z_{ij} = I_{i1} Y_{i1} + I_{i2} Y_{i2} + \cdots + I_{iP} + Y_{iP}$$

6. 城市度指数

$$Q_i = \sum_{j=1}^{p} P_i \cdot Z_{ij}$$

评价模型Ⅱ

因素评价权重

Cji 第 i 专家对 j 因素评价权重

$$C_i = \sum_{i=1}^{n} C_{ij} - C_{imax} - C_{imin}$$

$$a_i = C_i / \sum_{j=1}^{m} C_j$$

评价模型Ⅲ

城镇多因素评价指数

$$u_i = \frac{(\sum_{j=1}^{m} a_i \cdot d_{ji} - D_{min})}{(D_{max} - D_{min})} \times 100\%$$

dij—i 城镇 j 因素的评价

图 3　综合评价计算框图

（二）设市规划预测

设市规划分近期、中期和远期三个规划年限。远期规划年限太长，社会经济发展依据不足，难以进行精确指标预测。因此，对远期设市规划预测，建议以远期城镇发展潜力评价指数作为规划依据，根据发展潜力指数排序先后，确定设市顺序。近中期社会经济发展脉络清晰，依据比较充足，可以在近中期城镇发展潜力指数评价的基础上，对设市标准中的主要指标进行预测，确定设市顺序。

在我国现行设市标准中，驻地非农业人口和驻地社会总产值是两个核心指标。统计规律表明，两者间存在相关程度比较高的线性回归关系。利用这种关系式，可以由预测的社会总产值推算同期非农业人口规模。预测步骤是：①分期驻地社会总产值增长速度确定；②根据不同规划期社会总产值增长速度推算每个城镇近期和中期可能达到的社会总产值指标；③利用近十年来非农业人口和社会总产值的历史统计数据，通过一元回归分析，建立二者间的拟合预测方程；④依据拟合预测方程，推算近、中期驻地非农业人口指标；⑤用设市标准衡量，从中筛选出近期和中期能够达到设市标准的城镇，并分别建立近期和中期达到设市标准的城镇预选库。

（三）设市规划的宏观调控

设市宏观调控是对预期能达到设市标准的新城市的设置，在时序安排和地域分布上进行区域社会经济的宏观论证。新城市设置不仅要对城市自身条件和腹地基础进行综合评价，还需要将其放到一定地域范围的城镇体系内进行考察；需要从有利于区域发展的角度进行系统调控。在设市过程中，如果只是机械地掌握设市标准，而不考虑区域社会经济发展、区域环境保护以及城镇合理分布等问题，就有可能影响设市的宏观效果。

设市宏观调控包括：

（1）在时序上，设市的数量、速度应与区域经济发展水平相适应。两者间的协调一般是通过区域城市化水平指数调控来实现的。首先根据区域经济发展水平，预测不同规划期内的区域城市化水平，然后，由不同时期城市化水平预测值，修正规模—位序幂函数分布系数，并以此模型测算新城市的合理发展数。

（2）在地域分布上，新城市的设置要结合地区经济发展方向和城市体系规划，充分考虑周围地区的环境容量，有利于新的经济中心的形成，带动地区经济发展。①围绕地区发展方向和专业化部门选择，明确新城市在各等级城市体系中所处地位和职能分工的合理性，这样才能使新城市的潜力与作用得到充分发挥；②从区域城市均衡布局、城市体系不断完善的角度对位于规划发展轴线上的城镇和区域增长极应予以优先设置，不仅能加速形成合理的区域城镇空间结构，也有利于改善落后地区的投资环境，促进地区经济发展；③与行政区调整和行政—经济综合管理区形成相协调；④新城市设置要考虑城市自身发展的环境容量及区域环境容量。

（四）设市模式选择

我国现行的城市设置主要采用整县改市、切块设市和设市辖区（撤县设区）等三种模式。不同的设市模式有不同的实用范围和要求，亦会产生不同的宏观设市效果。需要根据城市性质、城市与区域依存关系、分布特征及城市用地组合形态等恰当选用。

（1）整县改市，是1986年以来广泛采用的适用于县城设市的一种模式。由于长期的社会、经济和历史的影响，我国大多数县城都已成为全县的政治、经济、文化中心，与县城有密不可分的联系。如果人为地用行政界线割断这种联系，将不利于城市及区域的共同发展。因此，整县改市的方向是正确的，实行效果也是好的，但要注意解决设市后出现的城乡地域界线和城乡人口统计问题。

(2) 切块设市。一般适用于非县城专业性城镇设市的一种模式。如工矿城镇、旅游城镇、交通枢纽城镇、港口城镇、边境口岸城镇等。这些城镇专业化职能突出，对外经济联系大多具有远向特点。直接腹地范围较小或地跨几个县境，故宜于采用“切块设市”。

(3) 设市辖区。为适应中心城市向外发展的需要而采取的一种模式。目前，大多采用整县改区的方式。市辖区是中心城市直属的下级行政单位，在政治、经济体制及生产、生活等方面与中心城市联系更为密切。因此，在分析设区本身条件的同时，应考虑以下原则：①中心城市的经济实力和设区的客观需要；②中心城市与拟设区之间的社会、经济依存关系；③中心城市与辖区间的空间距离。对于经济实力强的城市，增设辖区的社会经济效果均十分显著，普遍受欢迎。对经济实力较弱的城市，设辖区过多，效果则很差，亦不受欢迎。其次要防止利用设区搞行政升级。

三、设市规划的程序

设市规划是一项浩大的系统工程，包括省区规划和全国规划两大部分。省区规划是全国规划的基础。其规划程序可分为几个步骤：

（一）省（区）情分析

这是城市发展的基础，为研究本省城市化水平、城市体系格局提供背景，同时亦为全国设市规划综合协调提供基本依据。研究内容包括：①省（区）域自然环境、开发历史、社会经济发展特征及其在全国的地位；②省（区）域社会经济发展优势与限制因素，区域经济发展前景分析。

（二）设市沿革与现状特征分析

通过对设市历史的回顾及现状特征分析，探索城市发展的规律，总结设市工作的经验与教训：①设市沿革；②设市现状水平（包括城市人口规模分布、空间分布、行政等级及职能类型）；③区域城市化水平；④经验与教训。

（三）设市主要因素与条件的分析评价

这是设市的基本依据，分单因素分析评价和多因素综合分析评价。前者重点是：①区域矿产资源开发利用前景分析；②区域交通干线及枢纽发展前景分析；③区域旅游资源评价及开发前景分析；④具有特殊地理位置、职能城市发展前景分析（如边境贸易城市）。后者着重从城镇发展综合水平、城市发展基础和区域基础等运用定量指标，构成城镇综合发展潜力指数。

（四）设市预测与规划

根据城镇人口及社会总产值指标的预测，确定各规划期达到设市标准的拟设市城镇预选库；依据城市发展与区域经济发展相协调的原理，确定各规划期设市数量及空间分布。

（五）实施措施与建议

包括市名选定、行政区界线调整方案及城市人口统计区范围等有关建议和为实施规划而对有关部门提出的希望与要求。

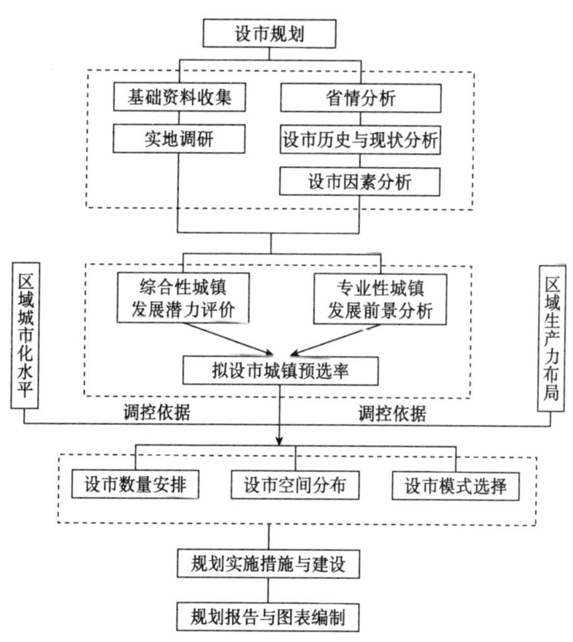

图4　设市规划编制程序框图

工矿城市及港口城市研究

资源型工矿城市的发展*

我国是世界上的资源大国，已探明的矿产资源总量按其潜在价值约占世界的12%，居世界第三位（仅次于美国和俄罗斯）。2005年我国煤炭和钢铁及10种重要有色金属总产量均居世界第一位，石油产量占世界重要地位。虽然我国人均拥有资源量较小，仅为世界人均水平的58%，居世界第53位，但资源总量大，对国民经济发展影响也大。我国90%的一次能源，80%的工业原材料和70%以上的农业生产资料依靠矿产资源，是关系到国家经济命脉的重要基础产业。

新中国成立以来，随着矿产资源大规模开发，相应形成了众多的工矿城市，我国是世界上工矿城市最多的国家之一。但自20世纪90年代中期以来，伴随着市场经济的深入发展，在长期计划经济下形成发展起来的工矿城市面临巨大的挑战。虽然，自21世纪初以来，在能源、原材料供不应求的刺激下，工矿业有了较大的发展，工矿城市原有的某些矛盾有所缓解，但长期以来存在的许多问题并未得到根本解决。当前最突出的问题是资源高强度的开采与后备资源不足的矛盾，城市建设严重滞后和生态环境保护的矛盾等。这些问题已严重制约着工矿城市的可持续发展和社会安定，引起国家和全社会的特别关注。

---

* 本文为中国科学院资助项目（KZCXZ－SW－318）（2000年）《中国城镇化基础研究》（胡序威、陈田主持）的部分成果。

研究工矿城市形成发展的客观规律，探索解决存在问题的对策，是我国社会经济发展中的一大问题。

一、工矿城市的分类与基本特征

（一）工矿城市分类

迄今为止，我国对工矿城市的含义及划分标准还没有统一的意见，以致在有关工矿城市的论著中工矿城市数量相差甚大。因此，拟定一个比较科学的分类标准，确定比较符合实际的工矿城市数量，便成为研究这类城市的首要问题。

顾名思义，工矿城市是指由矿产资源的开发利用而形成或发展起来，且工矿业在城市经济中占有较大比重的城市。我们根据获得资料的可能性，并参考有关工矿城市分类文献①，提出以下三项分类标准：

（1）采矿业是工矿城市形成发展的最基本因素和前提条件。只有具备一定规模采矿业的城市才能成为工矿城市。对于没有采矿业，只利用市外的矿产品进行冶炼和初加工的城市，不能划为工矿城市。

（2）工矿业在城市工业中的产值比重及从业人员比重。这是衡量工矿业在城市中的地位和作用的重要指标，是划分工矿城市最重要的依据。这里所指的工矿业系指采矿业及直接利用矿产品进行初加工的工业。如煤矿城市包括煤矿开采及洗选；钢铁及有色金属城市包括矿石开采及冶炼；石油城市包括原油开采及油田油气集输。因矿产品产值资料不完备，只好利用从业人员比重资料，此项资料地级市较完备，资料准确性也较高，可作为划分工矿城市最基本的指标（地级工矿城市占工矿城市72.0%）。拟定煤矿城市及石油城市工矿业占工业从业人员比重>20.0%，钢铁城市>30.0%。有色金属城市因资料不足，以定性确定。

（3）工矿业生产规模，一般应是大中型以上。煤炭产量（不含地方矿）及钢产量>300万吨，原油产量>400万吨。对地级市来说，主要以从业人员比重作为划分基本依据，生产规模只作为一项辅助指标，但对县级市，因缺从业人员比重资料，主要依据生产规模并结合矿业在城市中的作用等方面分析。在

① 李文彦：《地区开发与工业布局》，科学出版社1999年版，第166—178页。

南方某些缺煤省区，虽煤炭产量少些，但对当地经济和城市影响较大者，也可考虑划为工矿城市，如湖南省资兴市因煤炭资源逐渐枯竭，2005 年原煤产量只有 152.6 万吨，但对该市以至本省经济都产生较大影响，故将其划入煤矿城市，类似的城市还有广西的合山市。

根据上述指标，应用 2004—2005 年相关资料进行分类，分类结果，全国有工矿城市 79 座，占 2005 年全国城市 656 座的 12.1%，其中煤矿城市最多，共有 50 座占工矿城市的 63.3%，其次依次是钢铁城市、有色金属城市和石油城市。从城市规模看，中小型工矿城市共 42 座，占 53.2%，大城市和特大城市共 37 座，占 37%（表 1）。

从各分类表可看出，采掘业及其初加工的从业人员占工业从业人员的比重都比较高，属于比较典型的工矿城市，如在 54 座地级工矿城市中，就有 34 座城市采掘业从业人员超过 50%。而在县级工矿城市工矿业产量规模也大都比较大，说明工矿业在城市经济中居主导地位。另一方面，一些昔日有名的工矿城市则在工矿城市的行列中消失了，如原来的煤矿城市淄博市、北票市，石油城市玉门市，有色金属城市东川市。这些城市退出工矿城市主要是矿产资源萎缩或枯竭所致，淄博市虽然煤炭开采仍保持一定产量，2005 年在高强度的采掘下，原煤产量达 1257.4 万吨，但由于其他加工业的大发展，煤矿已处于非常次要的地位。2005 年煤矿采掘人员只占工业人员的 7.06%，因此没划入工矿城市中（表 2、表 3、表 4、表 5）。

表 1　　全国工矿城市分类表（2005 年）

工矿城市类别	城市数（个）	占城市总数（%）	特大城市		大城市		中等城市		小城市	
			城市数	占城市总数（%）	城市数	占城市总数（%）	城市数	占城市总数（%）	城市数	占城市总数（%）
煤矿城市	50	63.3	6	60.0	16	59.3	18	62.1	10	76.9
石油城市	7	8.9	1	10.0	4	14.8	2	6.9	0	0
钢铁城市	14	17.7	3	30.0	6	22.2	4	13.8	1	7.7
有色金属城市	8	10.1	0	0	1	3.7	5	17.2	2	154.0
工矿城市合计	79	100.0	10	100.0	27	100.0	29	100.0	13	100.0

表 2　　煤矿城市分类主要指标（2005 年）

城市名称	国有煤矿原煤产量（万吨）	采掘业从业人员（万人）	工业从业人员（万人）	采掘业占工业从业人员（%）	城市人口（万人）	备注
大同（晋）	5668.36	15.04	25.16	59.78	122.67	
朔州（晋）	4517.32	3.45	3.90	88.50	29.06	平朔矿区
邹城（鲁）	3697.26	—	—	—	63.80	兖州矿区主体在邹城内
阳泉（晋）	3245.14	8.14	12.50	65.12	54.17	硫铁矿
平顶山（豫）	3206.00	10.36	19.70	52.59	97.50	
淮南（皖）	3101.68	9.85	14.55	67.70	117.46	
晋城（晋）	3005.95	4.86	8.51	54.76	42.14	
唐山（冀）	2782.13	8.66	38.01	22.78	184.06	开滦矿区；钢产量 875.75 万吨
长治（晋）	2501.18	3.68	10.80	34.07	63.14	潞安矿区
石嘴山（宁）	2301.22	—	9.19	—	34.71	
淮北（皖）	2280.55	10.48	18.30	57.28	71.47	
调兵山（辽）	2189.08	—	—	—	21.04	铁法矿区
六盘水（黔）	1828.81	5.73	10.63	53.90	40.36	钢产量 201 万
枣庄（鲁）	1794.43	7.12	24.28	29.32	94.60	
霍林郭勒（蒙）	1747.61	—	—	—	7.83	霍林河矿区
鹤岗（黑）	1705.10	7.09	8.54	83.02	68.53	
义马（豫）	1670.14	—	—	—	14.61	
徐州（苏）	1428.65	9.74	20.79	46.85	196.67	铁产量 59.87 万吨
邯郸（冀）	1266.67	7.70	22.68	33.95	132.59	峰峰矿区；钢产量 584.0 万吨
七台河（黑）	1238.30	8.67	9.42	92.04	59.87	
赤峰（蒙）	1219.89	2.1	7.40	36.89	75.54	平庄矿区
双鸭山（黑）	1200.20	5.36	6.03	88.89	45.48	
鸡西（黑）	1150.00	6.66	9.13	72.95	80.71	
新泰（鲁）	1108.20	—	—	—	52.69	新汶矿区
乌海（蒙）	1106.20	2.9	5.30	54.70	51.30	
永城（豫）	1090.86	—	—	—	20.60	
宿州（皖）	1020.00	2.92	4.39	66.50	46.99	
古交（晋）	—				13.79	
阜新（辽）	868.01	4.89	6.20	78.60	67.10	
霍州（晋）	803.00*				15.26	
铜川（陕）	751.31	2.96	5.84	50.68	38.56	

续表

城市名称	国有煤矿原煤产量（万吨）	采掘业从业人员（万人）	工业从业人员（万人）	采掘业占工业从业人员（%）	城市人口（万人）	备注
邢台（冀）	740.22*	2.14	7.17	27.36	77.20	钢产量238.0万吨
辽源（吉）	696.20	2.76	4.56	61.00	46.15	
开远（滇）	671.00*				19.35	小龙潭矿区
鹤壁（豫）	685.41	4.43	7.05	62.80	44.06	
肥城（鲁）	620.41				27.80	
抚顺（辽）	594.32	3.60	14.04	25.6	137.85	
焦作（豫）	553.19	3.51	10.10	34.8	73.34	
介休（晋）	552.20*				21.67	
灵武（宁）	527.72*				8.27	
满洲里（蒙）	453.00				19.52	札赉诺尔矿区
哈密（新）	407.92				30.42	
韩城（陕）	404.00				15.43	
孝义（晋）	306.99*	—			27.78	
耒阳（湘）	276.72*	—			29.15	
丰城（赣）	269.27	—			30.36	
白山（吉）	237.00*	1.86	3.29	56.53	31.26	
萍乡（赣）	235.21	1.99	5.29	36.67	65.73	
资兴（湘）	152.20	—			14.04	
合山（桂）	148.00	—			7.46	

表3　石油工业城市分类主要指标（2005年）

城市名称	2005年原油产量（万吨）	采掘业从业人员（万人）	工业从业人员（万人）	采掘业占工业从业人员比重（%）	城市人口（万人）	备注
大庆（黑）	4495.00	9.31	20.28	45.91	126.91	
东营（鲁）	2694.54	14.88	15.76	94.42	79.18	
盘锦（辽）	1260.96	9.44	9.74	96.92	64.89	
克拉玛依（新）	1165.00	6.22	9.36	66.45	29.36	
任丘（冀）	562.45	—	—	—	47.93	
濮阳（豫）	532.41	7.30	9.78	74.64	57.63	
松原（吉）	342.73	5.01	9.46	52.96	53.63	

表 4　　钢铁工业城市分类主要指标（2005 年）

城市名称	年钢产量（万吨）	钢铁（含采掘业）从业人员（万人）	工业从业人员（万人）	钢铁业占工业从业人员比重（%）	城市人口（万人）	备注
鞍山（辽）	1103.77	14.32	18.34	78.08	139.64	
莱芜（鲁）	1033.60	4.54	11.04	41.12	61.33	
马鞍山（皖）	964.58	6.69	9.42	71.02	60.80	
包头（蒙）	704.50	6.92	19.37	35.00	149.33	原煤产量160.0 万吨
本溪（辽）	650.72	8.07	13.04	61.89	87.21	
攀枝花（川）	619.27	8.54	12.14	70.35	58.74	原煤产量 330 万吨
安阳（豫）	580.00	4.07	9.64	42.22	95.77	煤矿
嘉峪关（甘）	457.46	2.88	3.52	81.82	53.08	
涟源（湘）	402.50	1.86	—	—	15.93	煤矿
新余（赣）	401.62	4.17	5.38	77.51	34.00	
通化（吉）	401.00	3.06	4.11	74.76	42.52	原煤产量 240 万吨
韶关（粤）	353.47	2.78	6.09	45.65	105.22	
三明（闽）	300.37	1.72	3.86	44.56	32.51	
大冶（鄂）	—	—	—	—	34.71	铜矿

表 5　　有色金属矿城市分类主要指标（2005 年）

城市名称	金属矿矿种	城市人口（万人）	备注
葫芦岛（辽）	锌、铜、锰	58.14	南票煤矿、原煤产量 200 万吨
白银（甘）	铅、锌、铜	36.23	靖远煤矿、原煤产量 770 万吨
金昌（甘）	镍、铜	18.71	
冷水江（湘）	锑、锡	22.20	原煤产量 55.4 万吨
铜陵（皖）	铜	39.80	
德兴（赣）	铜	12.55	
个旧（滇）	锡	23.17	
招远（鲁）	黄金	32.98	

以上表 2、表 3、表 4、表 5 资料来源及说明：

资料来源：①2005 年中国煤炭工业统计年鉴；②2006 年中国钢铁工业年鉴；③2005 年中国城市统计年鉴；④2005 年公安部分县市人口统计资料；⑤有关省区统计年鉴 2006 年。

资料说明：①采掘业及工业从业人员数为 2004 年实况；②表 2 中原煤产量为 2004 年数据，* 为 2002 年数据；③城市人口数按五普人口统计口径调整。

（二）工矿城市基本特征

工矿城市是一种特殊的城市类型，从城市形成发展的动力、城市发展过程，城市产业结构及城市分布形态等均具有其鲜明的特征。

1. 矿产资源的开发利用是城市形成发展的基本动力

工矿城市形成发展的动力不同于一般综合性城市，后者是作为城市所在地区经济文化和政治中心发展起来的，工矿城市则是由矿产资源的开发利用而形成发展的，矿产的开发决定了城市的地理区位、规模和分布形态。根据工矿城市的形成过程，基本上可分为三类：

（1）先矿后城。城市平地起家。如煤矿城市唐山、抚顺、阜新、平顶山、淮南，石油城市大庆、东营、克拉玛依，钢铁城市鞍山、马鞍山、本溪、攀枝花，有色金属城市个旧等。这类城市是在矿区附近无城镇可依托的情况下形成的，矿区白手起家，生产和城市社会服务设施一起抓，矿区开发初期城市建设负担很重。

（2）先城后矿。矿区依托于附近的城镇，如煤矿城市大同、邯郸、徐州，石油城市松原、任丘，钢铁城市包头，有色金属城市铜陵等。这类城市在矿区开发之初可减轻城市社会服务设施的建设，有条件的矿区应尽可能采取这种形式。

（3）过渡类型。矿区开发之初依托附近城镇，随着矿区向外发展，再另建新城。如淮北市在矿区开发之初依托濉溪县城，但随矿区规模扩大，并向外围发展，原有城镇已不适应，后在相山另建新城。这种形式可减轻建矿初期社会服务设施建设的负担。

从工矿城市发展历史看，工矿业是城市发展的最主要动力，即便是“先城后矿”的城市，在矿区开发前，城镇很小，是工矿业的开发才促进了城镇的大发展。例如邯郸古城，虽有二千多年历史，但至1949年人口也只有3.4万人，自1956年峰峰矿区归属邯郸市后，城市便迅速发展起来。

2. 城市形成发展的突发性和阶段性

矿区在开发之初，百业待兴，矿业、基础设施和服务设施建设队伍从四面八方汇集于矿区，且往往从老矿区成建制迁入，使昔日荒野之地突然人烟云集，在短短数年之内便形成一座新城，这和一般城市经历了漫长发展历史形成鲜明的差别。例如攀枝花市在20世纪60年代中期开发之初，矿区调入矿山、冶炼、煤矿、电厂、铁路和生活服务设施等各路基建职工多达3万多人，使原来只有几十户人家的金沙江畔的小渡口，在很短时间之内便形成一座小城市，1965 年设市时城市人口达 4.2 万人。

矿产资源属不可再生资源，挖一点少一点，最终资源会枯竭。工矿城市受矿产资源生命周期的制约，具有明显的阶段性，一般经历了以下四个阶段。

（1）起始期。即矿区基本建设至矿业投产前阶段，这阶段时间的长短，取决于矿区资源开发条件、开发井型大小和基础设施及服务设施原有基础等。目前大型露天煤矿需 3—5 年，一般大型煤矿井建设需更长时间。起始阶段人口增长主要是机械增长，年龄结构轻，男性比例高。矿区一开始建设，就应有矿区区域规划、矿业规划和城市总体规划作指导，正确处理好近期建设与远期发展、矿业建设与城市建设的关系，避免边规划、边建设，先生产后生活的倾向，并尽快设置镇或市政府，全面管理市政建设，避免以矿代政或矿政合一的问题。

（2）成长期。从矿业投产到达设计规模阶段。这一阶段是生产上升期，大量劳动力从区外调入，城市人口增长极为迅速。如攀枝花市从 1965 年矿区开始建设，到 20 世纪 70 年代后期攀枝花钢铁联合企业完成一期建设项目，并达到设计能力，这是城市迅速发展的时期，1980 年攀枝花市城市人口达到 33.9 万人，1965—1980 年年均增长 14.9%，人口增长速度非常快。在城市成长期，城市生活服务设施基础十分薄弱与大量人口迁入形成尖锐矛盾；大量男性单身职工婚姻问题开始突现，规模宏大的探亲流和住矿农村家属并存，这往往造成社会的不稳定，因此这一阶段要正确处理生产和城市建设及职工生活的关系。

（3）稳定期。一个矿区资源开发应有合理的服务年限，如大型煤矿区，服务年限应在 80 年以上，中型矿区 50—80 年，小型矿区 30—50 年。根据服务年限要求确定矿区合理开采规模。当一个矿区生产达到合理开采规模时，城市便进入稳定期。这一阶段城市人口以自然增长为主，增长速度比较平稳。就业和经济效益两大问题开始显露。一方面城市新生劳动力大量成长和矿业生产淘汰下来的一、二线人员（煤矿井下工劳动年限 15 年、地勤工 20 年）构成庞大的待业大军；另一方面城市处于生产稳定期，劳力需求不足，加上劳动岗位单一，要求男工种多，而城市人大多不愿干，结构性失业突出。同时，由于经济结构单一，经济效益低下，在计划经济时期，大多数工矿城市要靠政府财政补贴。上述两大问题只有通过经济综合发展才能解决，在搞好矿业生产的同时，应根据城市发展条件，以市场为导向，尽早走经济综合发展之路。

(4) 转型（衰退）期。随着矿区的开发，资源逐渐枯竭，作为城市主业的采矿业日渐萎缩，处于这一发展阶段的城市，目前有三种情况：一是经济综合发展条件较好，非矿产业发展较早，现采矿业已退居次要地位，非矿产业已居城市主导地位，如抚顺、淄博及焦作等为数不多的城市。山东省淄博市是煤炭开采而起家的城市，随着煤矿的日渐枯竭，20 世纪 70 年代初开始利用近邻东营油田的原油发展石油加工，并在此基础上发展石油化工、电力及其他加工工业，现已成为以石化为主的综合性工业基地，煤矿在城市中的地位已很低，已实现产业转型的城市。甘肃省玉门市也属此类，由于城市人口规模小，2005 年城市非农业人口只有 10.5 万人，城市社会负担较轻，产业转型相对较易。第二类是非矿产业发展较晚，接替产业薄弱的城市，由于采矿业萎缩、大批职工下岗、失业率上升、城市经济困难重重，我国多数老煤矿城市目前正不同程度地面临此种困境。如何实行城市转型，是摆在这类城市面前的迫切任务。第三类是矿竭城亡，此类在国外较多见，但在我国现唯一的例子是云南省前东川市，以采铜矿起家。由于自然环境十分恶劣，发展加工业十分困难，连建设用地也难找，开采的矿砂运到昆明冶炼，城市只好建在远离矿区以外，过去城市财政一直靠政府补贴，但在市场经济条件下，由于体制改革，加上资源枯竭，城市难以为继，于 1999 年撤销地级市改为昆明市市辖区（县级）。

3. 城市职能较单一，以矿业型及工矿型城市为主要类型

根据工矿城市工业综合发展水平和工业部门结构特点，可将工矿城市划分为矿业型、工矿型和综合型三种城市职能类型。

(1) 比较单一的矿业型城市。这类城市的大多数矿产种类较单一，矿种不利于加工工业发展，水源不足，有的城市位置偏远，对外交通不便，所处地区经济基础较薄弱等诸多不利条件，制约了这些城市加工工业的发展。城市工业结构比较单一，主要是采矿业及其初加工工业（电力、金属冶炼业）或建材工业占很大比重，其他工业比较薄弱。煤矿城市如有一定水源，主要发展电力工业，鸡西、双鸭山、朔州、满州里、霍州、合山等城市属此类。如水源不足，则主要发展建材工业。如鸡西市，虽然煤种属焦煤，有利于发展加工工业，但其他适于发展加工业的矿产少，加上不利的地区经济条件，对外交通不便，所产焦煤直接外运，本市除了采煤外，主要是电力、建材、石墨开采及为当地服务的工业，工业结构比较简单。石油城市和有色金属城市只有采矿业和一些地方工业，前者如任丘，后者如德兴等。钢铁城市是矿产品初加工（钢铁冶炼），如嘉峪关等。

(2) 矿业与资源加工型城市。矿业与资源加工型城市大多开发历史较长，并且具备了工业发展的一定条件，矿区资源种类相对较多或矿种有利于加工工业的发展。多数矿区矿产开发规模较大，城市所处地区社会经济条件也较好，因此，关联工业均不同程度得到发展。如煤矿城市淮南市靠近淮河，水资源丰富，煤种有利于发展煤化工，有丰富的化工用石灰石资源，该市利用上述有利条件发展电力、水泥、煤焦化工等工业。长治、六盘水、萍乡等利用矿区炼焦煤、铁矿及水资源，发展钢铁工业；铜川等利用铝土矿资源发展炼铝工业，石嘴山则利用廉价电能，发展铁合金。石油、钢铁、有色金属等城市主要利用其主矿产发展矿产品加工。这类城市接替产业普遍较薄弱，主要是机械工业，少数城市如淮北、平顶山等市发展轻纺工业。

(3) 综合型城市。这类城市经济发展具有多方面的优势条件，大多资源丰富，开发规模大，资源种类除主矿产外，其他矿种也较多，水资源条件较好，对外交通方便，所处地区社会经济有一定基础。因此，城市经济综合发展水平较高，不仅关联工业较发达，接替工业也得到发展，具有多种主导工业部门，第三产业也较发达，已由工矿型城市向综合性区域中心城市发展。煤矿城市综合发展水平较高的城市有唐山、邯郸、抚顺、徐州、焦作等，这些城市关联性工业部门主要有电力、建材、煤化工、冶金等，接替工业各市除了发展机械工业外，各市根据不同条件，产业结构有一定差别，唐山和邯郸主要发展轻纺工业，抚顺主要发展炼油、冶金和机械工业。石油、钢铁、有色金属城市在主矿产品初加工基础上发展了一些深加工及接替工业，如大庆发展了三大合成材料，鞍山发展日用化工和日用机械，葫芦岛发展石油化工、造船等工业。

4. 城市分布形态的多样性与特殊性

工矿城市受多种因素影响，其分布形态具有多样性，资源赋存的集中程度及开发规模，加工工业布局以及城市用地条件等均对城市分布形态产生重要影响。根据城市人口分布状况，可划分为以下三种城市形态类型。

(1) 相对集中型。属这类城市有鹤岗、抚顺、本溪等。如抚顺市位于浑河河谷地带，城市发展受地形影响较大，而且，煤炭资源分布很集中，特大型的西露天煤矿及大型矿井老虎台和龙凤矿井由西向东分布，相距很近。早期城市中心在西露天矿、老虎台矿北侧与浑河之间，工人村则大多在煤矿周围，许多大型加工工业沿着铁路线及浑河边布置，形成煤矿、工厂、居住区交错分布状况，分布十分集中。由于城市布局过于集中，城市环境较差，生态环境整治压力较大。煤矿城市工矿业三废排污量较大，加工工业除了与采矿业生产上有紧密联系的电厂、选煤厂，机修厂等以外，原则上应与采矿业分开布局，组成加工工业区，城市商业区、居住区与采矿区及工业区之间应有绿化隔离带。

(2) 一城多镇型。多数工矿城市属此类型，如唐山、淮北、鸡西等。煤矿城市主城一般靠近一个矿井并布置加工工业，其余矿井建设工人镇。石油和钢铁城市主城一般布置炼油厂或冶炼厂，采油或采矿点设工人镇。例如唐山市，地震前城市形态已具一城多镇分布框架，但主城显得过分集中，除了唐山煤矿外，水泥、钢铁、机械、化工、纺织等加工工业均集中于主城。在震后重建规划中，从防震和城市环境等多方面考虑，对主城的加工工业作了适当分散，并在外围加强了卫星城的建设，现形成了一个市中心（路北、路南）和四个外围城镇（古冶、开平、丰润、丰南）的分布特点，其中市中心非农业人口 84.5 万人，占全市 51.0%，其余四片区人口 81.3 万人，占全市 49%。形成一城多镇的城镇分布格局。一城多镇的布局形式从理论上讲，把集中与分散结合起来，可避免由于资源分布过于分散所带来的问题，但实际中仍存在一些城市布局上的问题，一是有的城市主城位置不太适中，矿区开发初期，主城往往靠近最早开发的矿井，后来随着矿区向外发展，主城位置过偏。如淮北市主城相城靠近最早开发的相城矿，后来随着淮北矿区向宿东、宿西和宿南煤田发展，最远煤矿距主城 70—80 千米，联系不便。二是外围工人镇大多一矿一镇，规模太小，不利于城镇社会服务设施配套建设，城镇环境也较差。另外，有的城市外围城镇距中心城较近，随着城镇的发展，容易连成一片，如唐山市外围的丰南和开平镇，由于缺乏绿化隔离带，开平与中心城已基本联片。因此，在矿区开发之初，必须有矿区总体规划作指导，避免城镇布局盲目性，中心城与外围城镇必须设置绿化隔离带。

(3) 组团式类型。如淮南和大庆等城市。这类城市主城人口规模相对较小，整个城市分成若干功能各异的组团式布局。如大庆市在 1960 年设市时，在先生产后生活的方针下，城镇分布十分分散，全市有几十个规模很小的工人村，市中心萨尔图规模也不大，城市设施极为简陋。后来在城市发展过程中逐步改变过于分散的状况，有计划有步骤地建设若干功能不同的组团式城镇。以萨尔图为中心，通过建设主干交通环线，将让湖路、龙凤、卧里屯和乘风庄等组团连结起来。在主干环线外围，逐步把分散的工人村分别组建成 12 个城镇组团，通过快速交通线构成网络状的城镇体系，各组团之间既有方便的交通联系，又保持必要的绿化隔离带，2005 年市中心萨尔图人口达 28.5 万人占全市 29.2%，组团式布局已初步形成。目前此规划仍在实施中。

在矿产资源分布分散的矿区，一城多镇布局是一种较好的分布形式，但也要防止相距较近的组团连成一片，形成过分集中。如淮南市沿淮河由东向西分布，有大通、田家庵、望峰岗、蔡家岗、八公山和潘集等组团，中心区在田家庵，淮河以南各组团相距很近，谢家集和八公山已连成一片。因此，组团式城镇各组团之间应建设绿化隔离带、以防止组团间相连。另一方面，外围新区则应避免过于分散，如淮南市20世纪80年代发展起来的潘集新区则过于分散，组团尚未形成。

综上所述，工矿城市分布形态存在着过分集中和过分分散两种倾向，即主城布局过于集中，主城外围工人镇布局过于分散，但过分分散是主要倾向，在城市规划和建设过程中需要正确处理好集中与分散的关系。

二、资源型工矿城市发展特点及其存在的主要问题

（一）不同发展阶段在全国所处地位的变化

1. 20世纪50年代至60年代中期是工矿城市大发展的时期

新中国成立前我国工矿业不发达，至1949年年底全国煤炭产量只有3200万吨，石油12万吨，钢15万吨，工矿城市14座，占当年全国城市132座的10.6%。

新中国成立后至20世纪60年代中期是我国工矿业和工矿城市大发展的时期。这一时期，在“优先发展重工业”的基本方针下。能源、原材料作为国家工业化最重要的物质基础，成为工业发展的重中之重。特别是钢铁工业，在对鞍钢和本钢等老工业基地进行改、扩建的同时，还新建武汉、马鞍山和包头等大型钢铁工业基地。煤炭工业一方面对老矿进行大规模的改扩建，如抚顺、阜新、唐山、大同、潞安（长治）、峰峰（邯郸）、淄博、鸡西、枣庄等，同时开发新的大型煤炭基地，如平顶山、铜川、鹤壁等。

“二五”期间国家更加突出重工业的地位，除对老基地进行改、扩建外，还新建了嘉峪关钢铁企业。此外全国各地还新建一大批小钢铁厂，其中少数具有一定条件的钢铁厂如韶关、安阳等保留下来，并得到发展。煤炭工业新建了淮北、铁法、肥城、石炭井（石嘴山）、晋城、乌达（乌海）、平庄（赤峰）等煤炭基地。石油工业由于大庆和克拉玛依油田的开发得到迅速的发展。有色金属主要是对东川和个旧等老矿区进行改、扩建。

在1963—1965年全国经济调整期间，国家仍十分重视能源、原材料工业的发展，除了对“二五”期间发展的企业进行整顿改造外，在经济十分困难的情况下，集中了大批物力财力建设攀枝花大型钢铁基地和六盘水煤炭基地。

综上所述，新中国成立以来我国工矿城市有了很大的发展。在1953—1965年的12年间新设工矿城市22座，工矿城市比重大幅上升，占全国城市数比重由1953年12.7%，上升到1965年的25%。工矿城市人口（指“非农业人口”下同）年均递增6.53%，而全国城市人口年均只增4.9%，工矿城镇人口增长比全国城市快得多。

2. 20世纪60年代中至70年代末在社会动荡中工矿城市仍有所发展

这一时期能源和原材料工业仍是国家工业发展的重点，其中发展最快的是石油工业，除了原有大庆、克拉玛依等油田继续得到发展外，20世纪60年代中、后期松原（扶余）胜利（东营）油田开发投产，继而70年代初盘锦油田和大港油田、70年代中冀中油田（任丘）、70年代末中原油田濮阳相继建成投产。这些大中型油田的开发，先后形成了东营、盘锦、松原、任丘、濮阳等石油城市。钢铁和有色金属工业除了原有企业的发展外，新建了莱芜和舞阳等新钢铁基地。煤炭工业淮南和淮北等老矿区有了较大发展，并着手新建兖州、古交、韩城、大屯和大雁（内蒙古）等新的煤炭基地。

这一时期工矿业的发展主要靠原有老矿的扩展，新矿建设较少，1966—1980年全国新设市56座，其中工矿城市只有5座，工矿城市数量占全国城市21%，比1965年比重下降4个百分点。工矿城市人口年递增长2.98%，比全国城市人口年递增0.73%要快得多。这与一般城市学生上山下乡和企业备战内迁有关，而工矿城市这种人口外迁较少，且每年还要招收一定数量的农民工，充实替换采矿业第一线劳力。工矿城市人口自然增长率较高也是一个原因。

3. 20世纪80年代工矿城市虽有较大的发展，但在全国的地位开始下降

从20世纪80年代以来，随着经济的高速发展，能源、原材料和交通运输成为严重制约国民经济发展的三大瓶颈，优先发展这些部门又成为80年代国家经济发展的重要方针。煤矿建设重点在资源丰富、开发条件较好的中、东部地区，如山西、两淮、鲁西南、豫西及内蒙古东部露天矿等，并在煤矿区大力建设坑口电站。石油工业主要是扩大胜利油田和中原油田的建设，并在大庆、松原、盘锦、濮阳、克拉玛依等油田发展炼油和石油化工。

20世纪80年代中期，国家颁布了一系列城市化政策，如80年代初国家允

许长期分居两地的老矿工到矿区安家落户，1984 年允许农村人口进小城镇务工经商，1986 年调整设市标准、实行整县设市的政策，这些政策加速了工矿城市的发展。20 世纪 80 年代工矿城市年均设市 3 个，年均人口增长达到 4.84%，是新中国成立以来工矿城市发展较快的时期之一。与此同时，在上述城市化政策的作用下，全国城市化进程比工矿城市更快，1980—1990 年 10 年间新设城市 237 座，城市人口年均增长 5.76%，快于工矿城市人口增长速度，工矿城市数占全国为 16.57%，比 1980 年下降 4.5 个百分点①。

4. 20 世纪 90 年代工矿城市地位继续下降，部分资源萎缩、经济单一的城市处境艰难

20 世纪 90 年代是我国能源、原材料工业在发展过程中发生重大转折的时期。首先，进入 90 年代以来，由于经济发展相对缓慢，对能源、原材料社会需求减少以及地方煤矿盲目生产的冲击，90 年代初煤炭生产开始出现过剩，产量大量积压，继而在 90 年代后期，受国际市场影响，钢铁和原油产品也开始出现积压。

其次，由于新中国成立以来对矿产资源的超强度开采，许多老矿区后备资源萎缩，开采难度加大，成本上升，经济效益显著下降，失业率上升。

再次，从 20 世纪 90 年代中期开始，国家对传统经济最后堡垒的能源、原材料工业部门的改革力度加大。从 1993 年起放开国有重点煤矿指令性煤价，同时逐步取消亏损补贴，将能源、原材料生产逐步推向市场。1995 年开始建立现代企业制度试点，与此同时企业实行减员增效。1999 年开始对资源枯竭、扭亏无望的煤矿实施破产关闭政策。

众所周知，能源、原材料生产部门曾是我国最典型的计划经济的产物，对上述改革措施一下子难以适应，导致多数工矿城市面临前所未有的困境，生产严重亏损，财政困难，大批职工下岗失业，城市环境治理和城市社会服务设施建设欠账越来越多。因此，从 20 世纪 90 年代以来，除了 90 年代初新设少数工矿城市外，再没有新增城市，2000 年工矿城市数占全国城市比重下降至 11.9%，比 1990 年又下降 3.4 个百分点。1990—2000 年工矿城市人口年均递增 2.94%，比全国城市人口年均递增 4.54% 低 1.6 个百分点。

5. 21 世纪以来工矿业高速发展与工矿城市发展滞后的矛盾更加突出

21 世纪初以来，我国国民经济持续、快速增长，对钢铁、燃料的需求大幅

① 李文彦等：《中国工业地理》，科学出版社 1990 年版，第 57—88 页。

增长，煤炭出口量大增；另一方面，随着国家经济改革的深入发展，对地方小矿的整顿，对资源枯竭、扭亏无望的矿山实行关闭等政策实施取得成效，这些因素使全国工矿业和工矿城市出现了可喜的发展势头。至2001年年底煤炭行业各项技术经济指标已呈上升状态，扭转了多年来煤炭大量积压和财政严重亏损的局面，2005年全国煤炭产量达到21.9亿吨，占世界产量的1/3。钢产量达到3.5亿吨，占世界产量的30.9%，产量分别比2000年增长1.2倍和1.74倍，石油和10种有色金属，产量也有较大增长，基本满足了国民经济发展对燃料和原材料的需要。但也应清醒地看到，在盲目扩大产量的状况下，煤炭、钢铁已开始出现产能过剩的苗头，工矿业和工矿城市历史上遗留下的问题并未得到根本的解决，如目前我国尚有相当数量的资源枯竭、长期亏损、符合关闭的矿山和企业，受政府财力和社会保障制度不健全等因素的制约，不能及时实施关闭破产。矿山后备资源问题、无序开采、破坏和浪费资源问题、矿区生态环境、生产安全问题、城市经济结构调整、城市建设以及体制改革等问题十分突出。要从根本上为工矿城市创造可持续发展的环境，任重道远。

综上所述，新中国成立以来我国工矿城市在全国城市中的地位发生了显著的变化，这种变化与全国社会经济发展密不可分。在改革开放前，我国在自力更生和优先发展重工业的方针下，能源和原材料工业成为国家经济发展的重中之重，因而工矿城市地位不断提高，至1965年达到最高峰，工矿城市占全国城市1/4。自改革开放以来，随着国家经济结构的调整和经济体制改革的深入发展，我国工矿业出现20世纪90年代的萎缩和21世纪以来新发展势头。当前最突出的问题是高速发展的采矿业与工矿城市发展严重滞后的矛盾，应大力加强工矿城市的发展和建设，与工矿业的发展相协调（图1、表6、表7）。

表6　　工矿城市数量比重变化

年份	全国城市（个）	工矿城市（个）	工矿城市数占全国城市数（%）
1953	166	21	12.7
1965	168	42	25.0
1980	224	47	21.0
1990	461	71	15.4
2000	663	79	11.9
2005	656	79	12.1

资料来源：各年份公安部分县市人口统计资料。

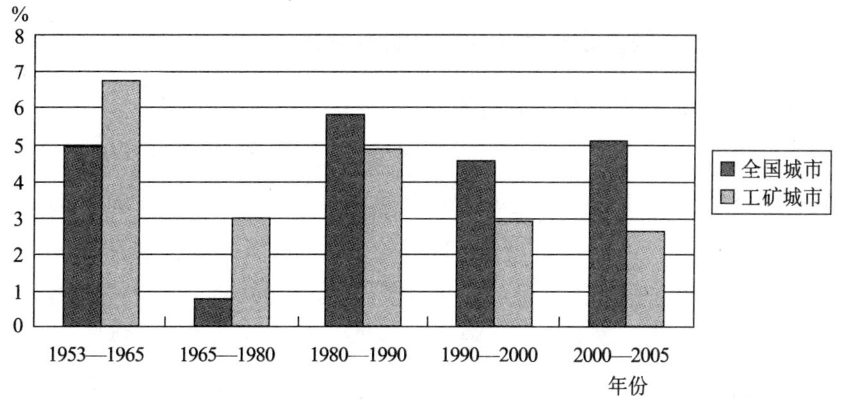

图 1　不同时期工矿城市人口增长速度与全国城市比较

资料来源：根据公安部分县市人口统计资料编制。

表 7　　各时期工矿城市设市年代（截至 2005 年）

设市年代	东部地带	中部地带	西部地带
1949 年以前	鞍山 1937、抚顺 1937、唐山 1938、徐州 1938、阜新 1940、淄博 1948	满洲里 1934、包头 1938、通化 1941、长治 1945、鹤岗 1945、阳泉 1947、辽源 1948	
1949—1965	本溪 1949、赤峰 1949、韶关 1949、邯郸 1952、枣庄 1960、邢台 1961	大同 1949、安阳 1949、淮南 1951、鸡西 1956、双鸭山 1956、铜陵 1956、马鞍山 1956、焦作 1956、平顶山 1957、鹤壁 1957、淮北 1959、大庆 1960、白山 1960、萍乡 1960、乌海 1961	个旧 1951、玉门 1955、东川 1958、克拉玛依 1958、铜川 1958、石嘴山 1960、嘉峪关 1965、攀枝花 1965
1966—1980		冷水江 1969、七台河 1970、宿州 1979	哈密 1977、六盘水 1978
1981—1990	合山 1981、铁法 1981、新泰 1982、东营 1983、莱芜 1983、盘锦 1984、北票 1985、葫芦岛 1985、任丘 1986	义马 1981、晋城 1983、濮阳 1983、资兴 1984、霍林格勒 1985、耒阳 1986、松原 1987、古交 1988、朔州 1988、丰城 1988、霍州 1989	开远 1981、金昌 1981、韩城 1983、白银 1985
1991 年以来	邹城 1992、肥城 1992、招远 1996	介休 1992、原平 1993、大冶 1994、永城 1996	灵武 1996

资料来源：①浦善新等：《中国城市小百科》，星球地图出版社 1997 年版；②民政部编：《行政区划简册》，1998—2005 年计算资料汇集整理。

（二）工矿城市经济社会发展存在的主要问题

1. 矿产资源开发利用存在的主要问题

（1）资源勘查投入减少，矿产后备储量不足。在计划经济时代，资源勘查属于国家投资的公益性事业。改革开放以来，资源勘查及开发管理体制改革明显滞后，没有改变探矿和采矿分离的体制，资源勘探实际上仍主要由国家投资，而采矿由企业进行，这在市场经济条件下就很难协调。由于受国家财力的限制，资源勘查投资日益下降，从业人员减少。据国土资源部资料，我国用于能源勘探的钻探工作量已由1985年的374.61万米下降到2002年的175.88万米，工作量减少一半多。煤、石油查明储量大幅下降。已查明储量仅占资源总量的18%；在尚未利用的资源量中，可供建井利用的精查资源量仅占16%，精查储量缺口较大[①]。另据有关部门估计，到2010年，我国45种主要矿产资源保有储量仅有23种可满足需求，到2020年仅有6种。因此，应从根本上改革探、采分离的体制，增加资源勘查投资，才能解决矿产后备储量不足的问题。

（2）超强度开采，加速资源过早枯竭。长期以来，资源型企业的基本任务是完成上级下达的采矿任务，超产越多，成绩越大。改革开放以来，随着国有企业自主权的扩大和承包制的实施，在短期经济利益的驱动下，开采越多得利越大，许多矿区不顾资源合理开发年限，开发规模一扩再扩，导致许多矿区或矿井资源过早枯竭。例如阜新海州露天煤矿，1953年投产时设计能力为300万吨，1980年核定能力为420万吨，但实际开采量最高时达到613万吨（1998年），超过设计能力2倍，比核定能力也超过1.5倍。导致阜新矿区煤炭资源过早枯竭。尤其是近些年来，在能源供应紧缺的形势下，煤矿超强度开采更加有增无减，许多矿区不仅大幅度超过设计能力，也超过了核定能力，特别是地方煤矿及一些大型露天矿（表8）。这种不顾设计能力超强开采的恶果，一方面是加速矿区资源枯竭，给城市产业转型困难，另方面也给矿区安全生产增加隐患。

（3）矿产资源掠夺式开采，浪费、破坏资源严重。我国资源开采浪费十分严重，全国煤矿平均资源回收率为40%，比世界平均水平低10—20个百分点，每采一吨煤要耗费2.5吨的煤炭储量，在资源富集地区的小矿回收率只有

① 国土资源部：《中国国土资源报告》，地质出版社2000年版，第25页。

15%[①]。共伴生矿的回收率只有1/3，其中煤矿共伴生矿的回收率为30%，有色金属矿为15%[②]。

表8　　2005年煤矿区超能力开采状况

煤矿区名称	核定能力（万吨）	设计能力（万吨）	原煤产量（万吨）	实际产量超核定能力（%）	实际产量超设计能力（%）
铜川地方煤矿	7—71	7—72	154.3	117.2	117.2
陕西县营煤矿	60—741	61—883	1181.78	59.5	74.7
宁夏矿业集团	27—2187	27—1332	2293.91	4.9	72.2
阳泉矿业集团	12—3030	12—2405	3245.14	7.1	74.1
七台河矿务局	10—1030	10－717	1238.3	20.2	72.7
郑煤集团	9—983	9—666	1063.9	8.2	59.7
枣庄矿务局	10—1632	10—951	1794.4	10.0	53.0
潞安矿业集团公司	14—2301	14—1441	2501.2	8.7	57.6
丰城矿务局	4—224	4—224	269.3	20.1	20.1
平朔煤炭工业公司	3—3550	3—3000	4517.2	27.2	66.4
神东煤炭分公司	9—7750	9—7750	10240.9	32.1	32.1

资料来源：《中国煤炭统计年鉴》，2005年。

我国对资源开发的监督管理机制很不完善，无序竞争，管理十分混乱。在全国15万个矿山企业中，仅有2万个矿山企业通过市场机制取得矿业开发权，未经审批或越权审批、跑马圈地、抢占资源的问题十分突出。那些无偿或低价取得采矿权的企业，在追逐高额利润的支配下，进行掠夺性的开采，采易弃难，采厚弃薄，造成资源回收率过低。另一方面，无序竞争，对资源和环境破坏十分严重，一些可供建设大型煤炭基地的整装煤田被肢解分割，这是许多大型煤矿基地后备资源不足的重要原因。

（4）煤矿安全隐患多，事故频发。我国煤矿安全事故频发，为全国人民所严重关注。尽管我国煤矿百万吨死亡率在逐年下降，但与世界主要产煤国相比仍差距较大。2004年全国百万吨煤炭死亡率为3.08，而美国为0.03，波兰为0.09。

① 马凯："加快构建新型煤炭工业体系"，《中国煤炭工业年鉴》，2006年。

② 朱训："中国矿业转型与可持续发展研究"，《中国矿业年鉴》，2006年。

影响我国煤矿生产安全问题存在诸多复杂因素。第一，我国煤矿开采95%的生产能力为井工开采，属于高瓦斯和双突矿井占全国矿井总数的1/3，90%的矿井存在煤尘爆炸的潜在危险，且随着开采深度的增加，安全隐患愈来愈多，开采条件也越来越复杂。第二，煤矿生产体制问题，小煤矿多，生产设备简陋，安全意识差，管理混乱，小煤矿的死亡率约占煤矿死亡数2/3以上①。第三，超强度开采，产量超越生产能力。第四，技术装备落后，安全资金投入不足。上述诸因素均是煤矿安全事故频发的重要原因。

2. 经济发展存在的主要问题

（1）经济发展总体水平较低。矿产品和原材料属于初级产品，其效益体现在后续加工工业和对国民经济的支撑作用。我国工矿城市经济结构普遍比较单一，矿产品加工工业发展比较薄弱，多数城市以矿产品或初加工产品为主要输出产品，而矿产品及原材料价格偏低，价格背离其价值，是工矿城市经济总体水平偏低的重要原因。根据2004年资料显示，全国77.0%的地级工矿城市人均GDP低于全国地级市水平（以下所称全国城市及工矿城市均为地级市）如以全国城市为100，有70%的工矿城市人均GDP在全国城市人均GDP的80%以下。在工矿城市中，石油城市人均GDP较高，在全国7个石油城市中有5个人均GDP超过全国城市（大庆、东营、克拉玛依、盘锦、濮阳），钢铁城市包头、鞍山、马鞍山等市以及有色金属城市铜陵、金昌等市人均GDP也高于全国城市，其余城市均低于全国城市，以煤矿城市为最低。

（2）外向型经济薄弱。自20世纪80年代以来，在改革开放的方针下，大力引进资金、技术和人才，极大地促进了城市经济的发展。我国大多数工矿城市地理区位偏远，对外交通不便，区域社会经济基础较薄弱，城市基础设施、服务设施、生态环境均较差，投资环境不佳，这些不利条件影响了外商的投资。因此绝大多数工矿城市外商（包括港、澳、台）投资均很小。2004年，全国地级市工业总产值中外商占38.6%，工矿城市均低于此比例。其中外商产值在10%—20%只有7个城市，占工矿城市14%，5%—10%有10个城市，占20%，其余66%的工矿城市外商产值占工业总产值在5%以下。说明工矿城市外向型经济十分薄弱，这是工矿城市经济发展较缓慢的重要原因。

（3）第三产业发展滞后。工矿城市以输出矿产品及原材料产品为其基本职能，与周围地区较少经济联系，经济辐射能力差，第三产业向来较薄弱。改革

① 李铁映：在十届全国人大常委会上的讲话，《中国煤炭工业年鉴》，2006年。

开放以来，工矿城市第三产业虽有一定的发展，但与全国城市相比仍较缓慢。2004 年，全国地级市第三产业比重为 42.54%，全国工矿城市除个别城市外，绝大多数城市均低于全国水平。以社会商品零售总额为例，其人均水平超过全国城市的只有 5 个城市（邢台、晋城、包头、抚顺、东营）占地级工矿城市的 9.6%，其余均低于全国城市，其中有 55.8% 的工矿城市人均水平在全国城市水平的 60% 以下，这说明工矿城市购买力较低，也说明工矿城市第三产业较滞后。

（4）经济效益差，城市财政收入少。工矿城市受多种因素影响，多数城市财政比较困难。矿产品及原材料价格偏低；矿产资源萎缩，开采成本上升；第三产业发展滞后等方面均影响城市的财政收入。在工矿城市中只有大部分石油城市（大庆、东营、盘锦、克拉玛依）和部分钢铁城市（包头、鞍山、马鞍山、三明、嘉峪关）人均财政收入高于全国城市，其余工矿城市均低于全国城市，尤其是经济较单一的煤矿城市，问题更为突出。如以全国地级市人均财政收入为 100，2004 年，全国有 50% 的工矿城市人均财政收入在全国城市的 60% 以下，说明工矿城市财政收入明显偏少。在过去的计划经济时期，不少工矿城市靠国家财政补贴过日子，在当今市场经济条件下，国家已减少或取消各种财政补贴，不少工矿城市缺乏自我发展能力，经济和城市建设投入不足，影响了城市的继续发展。

表 9　　2004 年地级工矿城市主要经济社会指标与全国城市比较

（以全国地级市为 100）

主要指标	全国地级工矿城市		>100		<100—≥80		<80—≥60		<60—≥40		<40	
	城市数	%	城市数	%	城市数	%	城市数	%	城市数	%	城市数	%
人均 GDP	52	100	12	23.1	4	7.8	15	28.8	15	28.8	6	11.5
人均社会商品零售总额	52	100	9	17.3	2	3.9	15	28.8	8	15.4	18	34.6
人均财政收入	52	100	9	17.3	9	17.3	27	51.9	7	15.5	0	0
人均工资	52	100	5	9.6	6	11.5	12	23.1	17	32.7	12	23.1
万人教育机构从业人员	50	100	6	12.0	18	36.0	17	34.0	7	14.0	2	4.0

资料来源：根据《中国城市统计年鉴 2005》（中国统计出版社 2005 年版）资料整理计算。

3. 人口与社会发展存在的主要问题

(1) 人口自然增长居高不下

我国工矿城市受社会经济和传统观念等诸多因素的影响，人口自然增长向来较高。矿工大多来自农村，文化程度较低，受传统的生育观念影响较深。城市社会保障制度不健全，养儿防老、防伤（工伤事故多）观念根深蒂固，这些对人口自然增长均产生重要影响。根据1992—2001年全国地级市人口自然增长统计，以各地级工矿城市与全国地级市平均自然增长率相比较，除了少数工矿城市外，历年来大多数工矿城市自然增长均高于全国平均值。持续高涨的人口自然增长，给城市医疗、教育、就业等方面带来巨大的压力，加重了城市社会经济的负担。

(2) 文化教育水平低、科技人才匮乏

受城市历史基础和社会经济发展水平的制约，工矿城市文化教育水平普遍偏低，即便是城市规模较大、经济发展水平较高的工矿城市教育水平与全国城市相比，也仍存在很大的差距。至于许多边远地区的工矿城市与全国地级市的差距就更大。如六盘水市2000年每万城市人口拥有的高等学校在校生人数为16人/万人（全国地级市199人/万人），有些已接近或达到大城市规模的工矿城市如鹤岗、松原、莱芜、鹤壁、铜川、石嘴山、白银等市还没有大专学校设置。中小学的教育也较薄弱，如六盘水在校中学生206人/万人（全国地级市669人/万人），在校小学生571人/万人（全国地级市978人/万人）。根据2004年资料，如以全国地级市每万人拥有的教育部门从业人数为100，在全国地级工矿城市中只有6个城市超过全国城市水平，只占工矿城市12.0%，其余工矿城市均低于全国城市水平。

与教育水平较低相关，城市科技人才严重不足，尤以煤矿城市为最突出。科技人才不足是工矿城市经济增长缓慢、产品科技含量低，市场竞争力差的重要原因。

(3) 就业岗位少，失业问题突出

工矿城市经济发展水平低，经济结构单一，就业岗位少。同时由于工矿业劳动环境差，劳动强度大，城里人大多不愿干，结构性失业问题突出。因此，工矿城市失业率向来比一般城市突出，在当前经济转型和结构调整时期，失业问题尤其严重。如2000年全国城市失业率为3.3%，而工矿城市为4.3%。应该指出该指标不包括下岗待业人员。由于工矿业对劳动力的要求，许多大龄下岗人员难以再就业，如果包括待业人员，实际失业率要高得多。

如淮北市2000年登记失业为2.6万人，失业率为7.3%[①]，如包括下岗待业4万人[②]，则失业率为18.4%。由于缺乏各城市下岗待业的统计，不能全面反映工矿城市失业的实际情况，淮北市失业情况对这一类型的城市具有一定代表性。

（4）职工工资收入少，城市贫困人口比重高

工矿城市由于经济效益低，职工工资收入少。根据2004年资料，如以全国地级市人均工资为100，全国地级工矿城市只有9个超过全国城市，占工矿城市17.3%，其余工矿城市均低于全国城市平均水平。

工矿城市由于就业面窄，不少家庭一家老少几代人都在一个厂矿工作，一朝厂矿生产不景气，便波及全家经济生活。近几年在经济结构调整中，往往出现全家下岗，生活靠国家救济。因此，工矿城市贫困人口比一般城市高。如阜新市全市属于最低生活保障线的居民达17.8万人，占市区人口26.5%。这些人口的生活主要靠最低生活保障金。

4. 城市基础设施和服务设施不足，城市生态环境整治欠账多

工矿城市财力不足，用于城市建设和维护的资金十分有限，再加上城市布局分散及采矿业对地表的破坏，给城市建设带来很大的困难，不少工矿城市从外部景观到各项城市设施，给人以破旧、衰落，似城非城的印象。

工矿城市“三废”排放量很大，煤矿开采过程中排出的煤矸石约占煤炭产量的8%—10%，以2005年的原煤产量21.9亿吨计，当年排出的煤矸石约2亿吨，现全国堆积煤矸石已达30多亿吨，占地超过15万亩，且污染环境[③]。采煤还造成地面塌陷。如阜新因采煤破坏土地23251公顷，13个采煤塌陷区面积达10138公顷，电厂粉煤灰排放占地达6000亩。

工矿城市大气污染也很严重，电厂、炼焦厂、钢铁厂、有色金属冶炼厂在生产过程均排出大量废气，其中以二氧化硫危害最为严重。目前许多工矿城市对二氧化硫的去除率均较低。据2004年资料，二氧化硫去除率在40%以上的城市只有9个，占地级工矿城市的19.6%，其余地级工矿城市二氧化硫的去除率均低于40%，因此，不少工矿城市空气质量均较差。

---

① 根据《中国城市统计年鉴2001》（中国统计出版社2001年版）资料整理计算而得。

② 郑吉：“加快矿业城市转型，实现可持续发展”，《经济参考报》，2002年3月15日。

③ 范维唐：“中国煤炭工业发展现状及展望”，《中国煤炭工业年鉴》，2006年。

三、资源型工矿城市可持续发展的对策

（一）矿产资源的合理开发、利用

如前所述，我国矿产资源虽然在总量上较大，但人均占有量少，并且某些重要矿种储量不足，如铁、铜、铬、铂、金刚石等。而我国目前正处于工业化时期，对矿产品需要量很大，因此，合理开发矿产资源，是国家社会经济可持续发展的重要问题。国家对矿产资源开发的基本对策是统一规划，合理开采，综合利用，严加管理。

1. 综合运用规划、政策等手段，加强对资源开发利用的宏观调控力度

要从全国范围内协调矿产资源可采储量与开发总量的关系。首先要加强矿产资源勘探力度，增加资金和人力投入，不断增加矿产资源后备储量。同时根据社会经济发展对矿产资源的总需求和国内外两种资源可利用情况，确定全国资源开发总量，防止不顾资源的后备储量状况，盲目开发，导致资源后备储量日渐减少，保持资源可采储量与开发总量合理比例。

对一个矿区来说，也要根据资源可采总储量与相应的服务年限，确定矿区合理开发规模，每个矿区都要严格按照矿区设计开发规模，进行适度开发。在没有新增资源情况下，决不能任意突破设计规模，避免矿区资源过早枯竭，以延长矿区寿命，从而为工矿城市经济综合发展赢得时间。我国大庆和克拉玛依这两个石油城市在资源持续开发方面为全国采矿业树立了榜样。一般说油田保持稳产高产时间较短，在国外最长也只有10来年，短的只3—5年。大庆油田于1959年开始出油，经过17年的努力，于1976年石油产量突破5000万吨，此后该油田根据石油储量，并在外围积极寻找新储量，至2002年，27年间一直保持5000多万吨高产稳产规模，为城市经济综合发展和社会稳定创造极为有利的条件（表10）。

表10　　主要矿种的矿山合理服务年限

矿山种类	大型	中型	小型
煤矿	>80	50—80	30—50
油田	>30	20—30	10—20
铁矿	>30	20—30	15—20
有色金属矿	>20	15—20	10—15

2. 加强对矿产资源开发利用的监督和管理

加强对矿产资源开发利用的监督和管理，是实现资源开发利用宏观调控的基本保证。要进一步完善各项有关矿山开发的法律、法规和政策，如矿产资源法，矿山开采许可证，资源补偿费征收条例等等，并认真贯彻执行。要严字当头，整顿资源开发的秩序，坚决禁止乱采乱挖和对资源严重浪费和破坏行为，对违反有关法律法规行为，要依情节轻重予以惩罚。如近年来辽宁省对矿产储量进行了动态监测，建立健全了合理利用和有效保护矿产资源的监督机制。鞍山市通过矿产储量动态监测，发现了各种违规违法的事件100余起，注销吊销采矿许可证45起，限期整改40家，处罚22家，使矿产开发秩序大大好转①。

3. 加强资源综合回收利用

我国矿产资源的特点之一，是共、伴生矿多，多数矿产品位不高，废弃的尾矿多，开展资源综合回收利用前景广阔。我国目前资源综合回收利用水平不高，资源浪费严重，其中重要的原因是资源回收利用经济效益较差，投资积极性不高，因此，国家应从资源合理利用、保护环境出发，在开发投资和税收上给予支持。其次在资源回收利用的工艺技术研究方面，需要政府有关部门给予鼓励和资金上支持，提高资源回收利用的水平。

（二）国有工矿企业改革和民营小矿的整顿

1. 国有工矿企业改革的紧迫性

在计划经济时期，一方面政府直接经营企业，从基建投资、经营管理，到产品销售都由政府承担，企业自身完全失去生产主动权和管理权；另一方面企业又承担了本该由地方政府承担的社会职能，如企业办学校、医院、公安及城镇服务设施水电、交通等，以致企业摊子大、人员多，社会负担重。在旧的体制下，企业缺乏活力，技术落后，经营粗放，导致生产成本高，经济效益差，财政严重困难，缺乏自我发展能力，尤其是煤炭和有色金属矿系统的问题更为突出。

我国工矿企业改革明显滞后于其他产业部门。如煤炭系统1993年才放开煤价，并逐步取消亏损补贴，基建投资由政府拨款改为银行贷款，通过这些改革，逐步将企业推向市场。但由于企业体制改革滞后，新旧体制未能很好衔接，以致在旧体制下隐含的各种矛盾和问题，一下子都暴露出来，使许多工矿企业陷于重重困境。因此，深入开展国有企业改革是国家经济改革的当务之急。

---

① 夏理：“辽宁推行矿产储量动态监测取得成效”，《人民日报》，2002年10月28日。

2. 国有工矿企业改革的基本任务

（1）建立现代企业制度。建立现代企业制度的目标是“产权明晰、权责明确、政企分开、管理科学”。工矿企业改革于1995年开始试点，1997年在全国实施。产权制度改革极为复杂，由于企业资源和经营状况不同，改革的方式也不同，目前大致有两种：①公司制改革。这主要是生产经营和资源条件较好的企业，通过规范上市、中外合资、互相参股等形式，把原有企业改为多元持股的有限责任公司或股份有限公司，建立法人制度。②国有中小工矿企业改革。这类企业数量多，资源条件和经济效益均比较差，缺乏市场竞争力，是改革的难点。这类企业可采取多种形式进行产权制度改革，如改组、联合、兼并、租赁、承包经营、股份合作制、出售等形式。目前工矿企业体制改革仍是初步的现代企业制度，仍不健全，法人制度还有待改善。

（2）剥离企业办社会设施。由于历史的原因，工矿企业办社会设施的现象十分普遍。在矿区开发初期，一般是先有工矿企业后有政府，企业既要管生产，又要管职工生活服务，如子女上学、医疗、水电供应，公共交通、社会治安等。这些原本由地方政府承担的社会服务职能，虽然后来矿区成立了政府，但由于工矿企业职工居住相对集中，企业办社会服务设施的职能也就延续下来，给企业造成沉重的负担。在当前的体改中，这也是改革的重要任务之一，但由于地方财力不足，此项改革进展较缓慢，需要进一步解决地方政府接受矿办社会设施在财政等方面的困难。

（3）实施大集团战略。我国矿业的企业规模普遍偏小，大型骨干企业少，集中化程度低，2005年全国小型煤矿约2.1万个，产量达10亿吨，分别占全国煤矿和煤产量的95%和45%。矿山规模小、生产技术和装备落后，生产安全性差，生产效率低，对资源浪费破坏及环境污染均十分严重，也不利于国家宏观管理。在企业体制改革中，通过兼并、联合、参股等形式，以优势企业为龙头，可按地域、矿种、运输通道或市场，组织产运销一条龙，组建成大型公司或企业集团，以发挥规模效益，提高国家宏观调控能力和企业竞争力。目前神华煤业集团和兖州矿业集团正实施此战略。如神华煤业集团凭借煤矿资源优势，将地域上相近的准格尔煤炭公司、东胜万利煤炭公司以及内蒙古的乌达、海勃湾、包头三个矿务局联合起来，组成神华大集团，统一组织产、运、销，取得了很好的成绩。

（4）对资源枯竭的工矿企业实行关闭政策。我国20世纪50～60年代开发的矿区，经过半个世纪的超强度开采，目前资源萎缩或枯竭的问题日渐显现，以煤矿区最为突出。1999 年我国开始实施矿山关闭政策，对资源枯竭或煤质差、无销售市场、长期亏损、扭亏无望的矿井或矿区实行关闭。如实施整体煤矿区破产的有本溪、北票、六枝等矿务局，矿井破产的有抚顺龙凤矿、鸡西矿区的 4 个矿井等。

在计划经济时期，对资源枯竭的矿区（矿井），一般是采用成建制地转移到新矿区。在现阶段，由于新建矿区少，且按现代企业要求进行建设，采用老办法已行不通。实施关闭破产是一项涉及面广的艰巨复杂的工作，如关闭后大量职工的安置、离退休人员的生活安排，企业重组、资产的变现、矿办社会设施的接替等，这些问题如处理不当就会引发社会不安定，而要解决这些问题，都涉及资金问题，靠企业和当地政府是无法解决的，主要应由国家负责解决。在国外矿区关闭所需资金，也主要由国家承担①。

3. 整顿小矿、淘汰落后生产力

1983 年，国务院颁布“关于加快发展小煤矿”的 8 项措施，鼓励乡镇及地方集体办矿，从而促进了全国小煤矿的发展。在此文件精神下，小铁矿和小有色金属矿也迅速发展起来。一时间，小矿产量成了国家矿产品的重要来源，乡镇和地方小矿的发展，对缓解当时能源紧缺状况起了较大的作用，但地方小矿乱采乱挖，严重浪费资源，危害生态环境，安全事故多。因此 1998 年国务院决定关闭非法和布局不合理的小矿，目前全国小煤矿尚有 2.1 万个还需继续整顿。整顿的主要内容：（1）严格加强采矿许可证管理，坚决关闭非法小矿；（2）加强矿井生产安全监督；（3）关闭资源回收率低、破坏生态环境的小矿；（4）重视被关闭的合法小矿的财政支持、企业赔偿和员工的安置问题。

对今后新建矿井国家经贸委将通过产业政策的实施，停止下列四类煤矿的建设：（1）单井井型低于以下规模的煤矿项目：山西、陕西和内蒙古地区年产 15 万吨，新疆、宁夏、青海、北京、河北、东北以及华东地区 9 万吨，西南和中南地区 6 万吨，井采薄煤层及不稳定煤层的矿区为 3 万吨；（2）采用手工开采和穿洞式巷采等落后开采方法的煤矿；（3）商品煤达不到国家环保法规要求的各类高硫煤矿；（4）矿井回采率低于 50% 的煤矿②。

（三）为及早调整城市产业结构积极创造条件

随着矿区矿产资源日渐枯竭，及早调整城市产业结构，是城市可持续发展

---

① “国外煤炭工业改革现状”，《中国煤炭工业年鉴》，1999 年。

② 国家经贸委：“煤炭工业十五规划”，《中国煤炭》，2001 年第 7 期。

的必然要求。从提高经济效益、增加城市就业岗位和改善城市生态环境出发，也需要及早进行经济结构调整。

1. 产业结构调整应以市场为导向，立足于城市自身的比较优势

在市场经济条件下，产品是否适销对路，竞争力和经济效益是决定企业生存和发展的决定性因素。产业结构调整要以市场需要为前提，并立足于自身优势，全面分析经济发展的有利条件和制约因素，扬长避短，经济发展才具有生命力。

首先要分析自然资源条件，对资源种类、质量、规模、资源组合进行全面评价，结合市场需要，制定产业发展方向。例如煤矿城市，工业发展首先要分析煤种适宜发展何种工业，如无烟煤适宜发展化工、电力；长焰、弱粘、贫、褐煤适宜发电；炼焦煤适于发展化工、钢铁、电力等。我国内蒙古、辽西和晋北等煤炭基地煤种较适于作动力用煤，其他大多数煤炭基地煤种不同程度有利于工业综合发展。其次要分析其他资源的组合，如唐山、邯郸等市，既有丰富的炼焦煤，又有铁矿、陶瓷土、石灰石、耐火粘土等资源，这就为工业综合发展提供极有利的物质基础。再次，水资源的供给，这是工矿城市工业发展的重要条件，电力、冶金、化工等资源加工工业均是大耗水工业，而我国矿产资源主要分布在缺水的北方地区，因此，水资源的供应程度往往成为工矿城市大耗水工业发展的前提条件。最后，城市地理区位及区域社会经济基础。不利的地理区位对外交通不便，所处区域社会经济基础较差，对城市经济发展产生不利的影响，这是我国许多边远工矿城市经济发展缓慢的重要原因。因此，在产业结构调整时，要分析上述诸多因素和条件及未来变化对城市经济发展的影响（表11）。

表11　　主要工矿城市矿产资源赋存状况

城市名称	主矿产	其他矿产	城市名称	主矿产	其他矿产
Ⅰ. 矿产资源较单一的城市					
阜新	长焰、褐煤		双鸭山	气煤、长焰煤	
霍林格勒	褐煤	腐植酸	灵武	动力、化工煤	
满洲里	褐煤		朔州	气煤	
调兵山	长焰煤		宿州	多煤种	
晋城	无烟煤	黄铁矿	开远	褐煤	有色金属
赤峰	褐煤		古交	焦、肥煤、为主	
肥城	气、肥煤		嘉峪关	铁矿	
霍州	瘦煤为主				

续表

城市名称	主矿产	其他矿产	城市名称	主矿产	其他矿产
Ⅱ. 矿产种类较多的城市					
大同	弱粘结煤	水泥灰岩、耐火粘土	七台河	焦煤为主	石墨、黄金
鸡西	焦煤	石墨、耐火粘土	鹤岗	焦、气煤	石墨、黄金
阳泉	无烟煤	黄铁矿、铝矿土	韩城	瘦贫煤	石灰石
兖州	气煤	耐火粘土	攀枝花	铁矿	煤矿、钒、钛、磁、铁矿
邹城	气煤	花岗岩、石灰石	莱芜	铁矿	煤、花岗岩
义马	长焰煤、焦煤	石灰石、铝土矿	大冶	铁矿	铜、黄金
鹤壁	贫瘦煤	水泥灰岩、化工灰岩	包头	铁矿	煤矿、稀土金属
淮南	气煤、焦煤	水泥灰岩、化工灰岩	韶关	铁矿	煤矿
六盘水	焦肥煤	铁矿、石灰石	个旧	锡矿	铜、铅、锌、霞石
铜川	瘦煤、长焰煤	水泥灰岩、陶瓷土	白银	铜矿	铅锌、煤矿
枣庄	肥、气煤为主	水泥灰岩、石膏	金昌	镍矿	原盐
乌海	焦、肥煤	陶瓷土	铜陵	铜矿	金、银、硫铁矿
石嘴山	多煤种	水泥灰岩、耐火粘土			
抚顺	气煤、长焰煤	油页岩			
Ⅲ. 多种矿产城市					
淮北	焦、肥、气、瘦煤	铁矿、粘土矿、石灰石	唐山	肥、气煤	水泥灰岩、陶瓷土、铁矿
平顶山	焦煤	岩盐、石膏、水泥灰岩	徐州	气、焦煤为主	石膏、岩盐、石灰石
焦作	无烟煤	硫铁矿、石灰石、耐火粘土	孝义	焦煤	铝土矿
长治	焦贫煤	铁矿、硫铁矿、铝土矿、石灰石			

资料来源：①《中国煤炭工业年鉴 2005 年》；②李文彦等：《中国工业地理》，科学出版社 1990 年版；③乌杰主编：《中国城市概览》，改革出版社 1996 年版。

2. 产业结构调整方向

（1）拓宽资源开发领域。我国大多数工矿城市都赋存有多种资源，拓宽资源开发领域，不但是城市可持续发展的需要，也是资源合理开发利用的要求。例如北票市高岭土、硼石、膨润土、钾长石等资源丰富，国内外市场销路也很好，该市将计划开采这些资源，接替已经枯竭的煤炭资源。但工矿城市财力普遍困难，开发其他资源，资金来源问题突出。如个旧市有丰富的霞石资源，利用霞石可生产氧化铝、钾、钠、水泥等产品，国外已有开发，并取得很好的效益，个旧市已着手准备开发，接替日渐萎缩的锡矿资源。但开发一次性投资较大，在城市自身财力极其困难的情况下，除了争取部分外资外，还需国家在资金上给予支持，投产后在税收上也应给予优惠。

（2）发展深加工工业。目前工矿城市加工工业大都是生产原材料和半成品，深加工工业很薄弱。如煤矿城市煤化工，除了生产化肥外，主要生产电石、煤焦油等基本有机化工原料。石油城市石油化工主要生产乙烯、合成纤维和合成橡胶等基本原料，上述两类城市精细化工都很薄弱。现代精细化工是一门技术密集、品种多、用途广、附加值高的部门，可生产几十类与国民经济关系密切的产品，在资源较集中、技术力量较强的工矿城市应大力发展，如大庆、抚顺、焦作等市。

在钢铁和有色金属城市，可利用钢铁和有色金属原材料发展深加工工业。鞍山钢铁公司“九五”以来进行了大规模的技术改造，建成了具有世界一流水平的1780热轧带钢生产线和1700连铸连轧生产线及冷轧酸洗—轧机联合机组，并对重轨生产线关键设备进行更新改造，使产品在国际市场上竞争力增强。过去鞍钢出口产品一多半是半成品（板坯、块坯），现全部是附加值和科技含量高的成品材。铜陵市过去主要产品为铜精砂和粗铜等铜原料，附加值低。近年来铜材深加工逐步壮大，铜加工产品有电解铜、铜杆、铜棒、管、线、泊、覆铜板、电线、电缆及铜工艺品和铜日用品等几十种、吨铜增值4倍以上，近两年铜企业无一亏损，走出了发展的低谷时期。

（3）因地制宜发展接替工业。随着矿区资源日渐枯竭，需要及早发展接替产业。以往许多工矿城市发展接替产业不从自身优势和市场需要出发，盲目发展，以致产品没有竞争力。如阜新市早在20世纪80年代初，随着煤炭资源日渐萎缩，就已着手发展接替产业，但对城市发展条件缺乏深入分析，产品发展方向具有很大的盲目性，先搞纺织城，接着搞电子城，最后耗资3亿多元搞化工城，都因发展条件太差，先后被市场所淘汰。淮北市则比较重视自身条件，他们利用当地资源，发展建材、制药、化工，发挥原有基础，发展印染、纺织、服装、酿酒及矿山机械加工等工业。目前已形成16个系列、400多个品种的非煤产品，自1998年以来安排16.2万人就业，其中有3.2万下岗职工再就业①。

---

① 张丹：“淮北市加快城市转型，发展替代产业”，《人民日报》，2002年9月23日。

（4）发展旅游业。随着国民经济的发展和人民生活质量的不断提高，近年来我国旅游业发展很快，已成为国民经济重要的支柱产业。旅游业与其他产业关联度较大，它可带动交通、食品、工艺品、餐饮业、游乐业、旅店等行业的发展，并创造较多就业岗位。

目前，工矿城市旅游业发展比较薄弱，只有大同、鞍山等少数城市知名度较高。实际上不少工矿城市具有比较丰富的旅游资源，只是开发和宣传不够。工矿城市旅游资源不仅是邯郸、霍州等历史古城，近代发展起来的工矿城市也具有丰富的尚待开发的旅游资源，如唐山、焦作、淮北、阜新等城市。还应指出，近年来工业、农业旅游已悄然兴起，工矿业观光将科普宣传寓于休闲活动中，也是一项很好的旅游内容。为了发展工矿城市旅游业，除了大力开发旅游资源外，还需大力整治环境，提高服务业的层次，为旅游业发展创造良好的外部环境。

（5）发展农工贸联营产业。工矿城市空旷土地较多，大量的塌陷地经改造也可用于发展种养业。发展此项产业可吸纳大量下岗职工再就业，尤其适合安置下岗矿工，他们大多来自农村，与农村有天然联系。

工矿城市发展种养业有广泛的内容，可根据市场需要和当地条件，种植蔬菜、花卉、中草药、饲养奶牛、养猪、鸡、鸭、鱼等。在此基础上发展产品加工和销售，提高产品附加值。近年来阜新、石嘴山、鹤岗等城市已实施此项产业发展，并已取得初步成效。如阜新市有丰富的土地资源，农民人均耕地6亩，居辽宁省之首，百里矿区还有不少适于发展农牧业的废弃地。当地气候、土壤和光照也适于发展农业。近年来，该市采取以下三种方式组织下岗职工从事此项产业：一是由农村出资包建棚舍，由下岗职工租赁；二是由民营大户出资建设，为下岗提供再就业岗位；三是下岗职工自建自营。与此同时，市政府还大抓农副产品加工，建成现代屠宰场，20万套种鸡场，20万吨饲料加工厂等项目，并引进北京、河南等厂商，建立肉类加工厂。通过近年来的实践，阜新市已探索出发展农工贸产业的成功之路，可作为其他工矿城市借鉴①。

3. 少部分发展条件极差的矿业城市，实行矿竭弃城

我国有少部分规模较小的矿业型城市，资源单一，地处边远地区，或地形复杂，对外交通不便，地区经济基础薄弱，这类城市经济发展条件极差，城市转型困难很大。如内蒙古霍林格勒市、准格尔矿区（未设市）、有色金属城市东川等市。像这类城市（镇）应大力提高采矿机械化水平，尽量减少人力投

① 郑有义："阜新如何复兴"，《人民日报》，2002年9月23日。

入，一心一意开矿，以矿产品外输为其基本职能，工业可搞为采矿和简单日用品的服务性工业，尽量缩小城市人口规模，在资源枯竭时，实施弃城。所谓弃城并非将城市夷为废墟，原有矿工可继续开发残留矿产或转移他矿，或与整治生态环境结合，发展农、牧业、旅游业，也可组织劳务输出。各级政府有责任安排好矿区报废后的生产和群众生活。如东川市已由原地级市降为昆明市辖区（县级），将来霍林格勒市也可采取弃城办法。该市地处内蒙古大草原腹地，远离经济发达地区，矿区资源为单一的褐煤，经济综合发展条件差。矿区投产已近20年，至今加工工业仍很薄弱，现城市非农业人口4万余人。将来资源枯竭后，可采取弃城措施。

在国外对某些衰老矿区也采取弃城，这主要是石油城市和规模较小的煤、铁采矿点，因为石油工业自动化程度很高，用人很少。在美国采矿机械化程度高，用人少，资源枯竭后有些中小型煤、铁矿区也采用弃城办法。

4. 国外对资源枯竭工矿城市的振兴措施

随着新能源新材料的应用及高新技术产业的发展，国外在1950—1970年采掘工业已出现衰退现象，最早出现于英国威尔士、纽卡斯尔煤矿区和德国鲁尔钢铁——煤矿区等。这些矿区经济增长乏力、经济效益下降，失业率上升，资金和人才外流，环境污染严重。20世纪70年代美国东北部老工业基地的一些传统工业部门也出现衰退现象。面对上述问题，各国根据各矿区不同情况，采取不同对策，归纳起来主要有以下几方面：

（1）制定老工矿基地改造规划、重新认识优势、确立新的主导产业部门。

（2）拓展产业领域，改变单一的产业结构。如鲁尔区在煤、钢生产基础上发展汽车、电子、纺织和食品等工业部门，使鲁尔区原来较单一的产业结构，转变为多部门相结合的综合性工矿基地。美国休斯顿是在开发得克萨斯油田发展起来的石油城市，该市在开发石油的同时，大力发展宇航、电子、食品、机械等产业，如今休斯顿不仅是石油城市，也是世界闻名的宇航中心。

（3）加强对传统工业部门的技术改造，实现传统工业的现代化。

（4）大幅度压缩已丧失优势的传统工业部门，如纺织、食品和普通机械等。

（5）逐步调整工业布局，严格控制老工业城市的发展规模。

（6）制定扶持政策，包括为产业技术改造、产业结构调整提供低息贷款，政府拨专款改造城市公共设施和整治环境，改善投资环境①。

① 李诚固："世界老工业基地衰退机制与改造途径研究"，《经济地理》，1996年第6期。

（四）加强城市基础设施及社会服务设施配套建设

工矿城市受资源分布特点的制约，许多城市位于偏远的中西部地区，其中不少城市位于山区或人烟稀少的荒漠及草原地区，同时居民点分布的分散性以及采煤区地面塌陷等，这些问题给城市建设带来很大困难，加上长期受先生产、后生活建设方针的影响，城市建设欠账太多。改革开放以来，虽然对城市建设比较重视，但由于财力困难，城市建设远远不能适应社会经济发展的需要。尤其是职能较单一的城市，问题更为突出，严重影响工矿城市可持续发展。

工矿城市加强城市建设应从多方面采取措施，除了多渠道筹集资金外，从城市规划布局考虑，应尽可能避免分散布局，适当集中，有利于各项城市服务设施配套建设。今后新建矿区，尽可能避免一矿一镇的布局，可在若干相邻矿井的适中位置，建设联合中心镇，中心镇到各矿井建设快速交通线，职工通勤上班。

（五）重视城市环境整治与生态恢复建设

矿产资源开发利用不可避免会带来一系列的生态环境问题，我国多数工矿区地处生态环境脆弱带，更加重了其问题的严重性。另一方面，长期以来，许多工矿城市对生态环境治理力度不够，甚至是只开发不治理，经济发展以牺牲环境为代价，这些问题制约着工矿城市可持续发展，需要引起高度重视，大力实施生态环境整治战略：

开发与保护并重。保护环境是我国的基本国策，要像对待控制人口一样、高度重视环境保护。要树立资源开发与保护并重的思想，既注重经济效益、也要重视环境效益。要增强对环境保护的责任感和紧迫性，加强领导，严加管理，采取切实的措施，逐步改善目前工矿城市生态环境恶化的状况。

治理与利用相结合。工矿城市生态环境整治应将治理与利用结合起来，如利用煤矸石、粉煤灰及钢铁厂的铁渣发展建材工业，变废为宝。煤矿塌陷地经改造可用于发展种养业。生态环境整治是一项公益性事业，有关部门应给予大力支持，鼓励发展“三废”利用的工业，在税收等方面给予优惠。

实施洁净能源战略。工矿城市大气污染与煤炭不合理利用有关，原煤大都直接燃烧，不仅热值低，污染也很严重。因此，大力使用洁净煤是改善环境的战略选择。要淘汰高硫煤的开发和利用。要淘汰技术落后、污染重的小焦炉、小铁厂和小水泥厂。对电厂、钢铁厂、焦化厂和水泥厂等大污染工业企业要安装除尘除硫设备。在此基础上加快洁净煤新技术的试验和推广应用，尽快改善工矿城市的环境。

合理规划、加强管理。工矿城市环境污染与城市布局不合理也有一定关系。我国多数工矿城市在建市之初，资源往往没有全面搞清，城市也缺乏长远总体规划，边开发边建设。一些矿区虽然在开发过程中做过规划，但大都没有付诸实施。因此，许多城市布局很不合理，工矿区与生活区犬牙交错，或生活区位于城市下风、下游。工矿业的布局则存在过分集中和过分分散两种倾向。如抚顺、唐山等城市工业布局过于集中，但多数城市工业布局过于分散。这两种倾向都不利于环境整治。因此，今后在旧城改造过程中要逐步改变这种不合理的布局，新建工矿城市在建设之前应有城市总体规划，并严加监督实施。

论工矿区城镇的发展与布局*

在矿产资源开发利用的基础上形成、发展起来的工矿区，是需要开展区域规划的重要类型区之一，关于工矿区城镇的发展和布局问题也是区域规划需要研究的一个重要课题。我国矿产资源丰富，开采矿种多，规模大，因而形成了为数众多的工矿城镇。据 1980 年统计，全国已设市的工矿区有 43 个①，占全国城市总数的 19.8%，城市人口 1447 万人，占全国城市人口的 16.0%，在我国城镇居民点中居显要地位。工矿区城镇受到工矿业发展的重大影响，在城镇经济结构、人口规模与城镇布局等方面都有其特殊的规律性。开展这方面问题的研究，对于促进我国工矿业的合理发展，改善工矿区居民的居住环境与生活条件，充实区域规划和城市规划的内容，无疑都是必要的。本文只是根据近几年来的调查考察和点滴体会，对工矿区的城镇发展与布局问题作一些初步的探讨。

一、工矿区城镇的基本特点和不同类型

城镇是社会经济发展的必然产物，随着社会劳动分工的深化，城镇类型也日益增多，除了具有综合性职能的城市外，还出现了矿业城市、商业城市、交通枢纽城市、科学城、大学城、旅游城等等。工矿城市便是采矿业发展起来的产物，尤其是近代，随着矿产资源的大规模开发，新的工矿城镇大量涌现，并成为城镇居民点的一种重要类型。工矿城镇一般具有以下基本特点：(1) 多数城镇的产生起源于自然资源的开发；(2) 城镇职能单一，工矿业职能十分突

---

* 本文为建设部重要研究项目《城镇与工业布局的区域研究》(胡序威主持) 的一项专题研究，载于胡序威主编：《城镇与工业布局的区域研究》，科学出版社 1986 年版。

① 由于我国目前尚未进行城镇分类研究，本文以采掘业职工占工矿业职工 15% 以上作为划分工矿城镇的主要依据。

出，其他职能薄弱；(3) 城镇人口结构男性多于女性，劳动人口比重大，未成年和老年人口比重小，尤其是新工矿城镇，表现十分突出；(4) 自然资源的分布决定了城镇的分布，绝大多数工矿区城镇分布分散；(5) 自然资源开采引起的地面塌陷，露天坑、矸石山、排土场的出现，大大地改变了矿区地表景观，恢复、改造矿区地表形态，防止生态系统恶化，是工矿区的重要任务；(6) 矿区地处农村，劳动力主要来自农村，与农村有天然联系，这就为建立工农结合、城乡结合的工矿城镇创造了条件。

我国矿产资源丰富多样，由于各种矿产资源分布特点，开采方式不同，资源加工利用水平不同，也就影响城镇的发展与布局，在各种资源开发地区，形成各种工矿城镇类型。我国主要的矿产资源有煤炭、金属矿、石油等，在这些资源开发地区相应形成了各种工矿城镇类型，它们既具有工矿城镇的共同点，又具有某些不同点。

(一) 煤矿区城镇

我国煤炭资源十分丰富，其储量居世界第三位。新中国成立以来，我国煤炭工业有了很大发展，我国大多数的煤矿城镇是新中国成立以后才发展起来的。至1980年已设市的煤矿区共有26个，占各类工矿区城市总数的60%，城市人口1008万人，占工矿区城市人口的70%，是工矿城镇中数量最多的一种类型。

我国煤炭生产以井下开采为主，机械化水平较低，劳动力需要量多。煤炭既是燃料，又是工业原料，这就为矿区加工工业的发展创造了条件，多数矿区都发展了一定的加工工业。这些特点是煤矿城镇出现较早，人口规模较大的重要原因。煤矿区重工业比重高，轻、重工业比重悬殊，以致财政收入少，劳动力利用不充分，妇女就业困难等问题十分突出。在矿区总体布局上，如何根据煤层分布状况，正确处理工业与城镇布局分散与集中的关系，地上与地下的关系，以及塌陷地的改造利用等均是很重要的问题。

(二) 金属矿区城镇

金属矿包括黑色金属和有色金属，我国金属矿种类多样，其中不少矿种储藏量在世界上占有重要地位。目前开采量较大，对地区城镇形成、发展影响较大的主要有铁矿、铜矿、锡矿、铝土矿、铅矿、镍矿等。已设市的矿区有11个，占工矿区城市总数25.5%，城市人口308.9万人，占工矿区城市人口

21.4%，其城市数量和人口数仅次于煤矿区。

金属矿多数是露天开采，机械化程度高，劳动力需要量较少。例如一个1000万吨的铁矿区，只需职工2万人，相当于同等规模煤矿区劳动力数量的三分之一，因此，金属矿区居民点规模不大。但金属冶炼对城镇发展影响较大，在采矿与冶炼相结合的工矿区，人口规模往往较大。金属矿大多数分布于山区，给交通运输和城镇布局等带来许多困难，尤其是金属冶炼业的发展，在城镇用地、三废排放等方面问题均较突出。

（三）油田区城镇

石油是重要的能源和化工原料。石油资源的开发利用比煤、铁资源要晚得多，我国石油工业是解放后才飞速发展起来的。全国油、气田已由1949年前只有玉门、延长等少数几处，发展到现在一百余处，原油产量从1949年的12万吨发展到20世纪80年代的1亿吨，已成为世界主要产油国之一。据1980年统计，我国已设市的油、气田区有5处，城市人口92.6万人，占工矿区城市人口6.4%。

石油工业生产的特点是生产高度机械化，生产人员较少，而维修、石油集输的人员较多，女工的比例也相对较高，石油职工中女职工占30%，而煤炭只占13.8%（1981年）。油田的生产设施十分分散，这个特点决定了居民点的布局适宜采取分散与集中相结合的布局形式。油田区一般采取如下的城镇居民点体系，即工人村—中心村—工业镇—中心镇。工人村是油田基层居民点，为周围的油井及集油站服务，因为这些设施很分散，工人村规模较小。中心村则是选择位置适中的工人村加以发展，生活服务设施较齐全，是周围工人村的服务中心，也是生产指挥部所在地，并发展了一些服务性工业。油田如果发展大、中型石油化工企业，则宜单独布置，相应形成工业镇。中心镇则是油田区行政、经济的领导中心。油田区城镇居民点应尽量避免建在油田上，以免妨碍油井及各种管网的合理布局，但在油层大面积连片分布情况下，与生产联系密切的工人村、中心村及中心镇，允许设在油田内，其他加工工业点、机修、勘探、安装、建筑单位、科研教育机构等，宜设在油田边缘，避免压油层。石油开采地表不受破坏，土地仍可耕种，有利于建立工农结合、城乡结合的矿区。

此外，还有化学矿（食盐、磷矿、硫铁矿、钾盐、石膏）和可供其他各种用途的非金属矿的矿产地，但这些矿藏的开采一般均未能形成较大的城镇。本文只着重对城镇数量较多的煤矿区和金属矿区城镇发展与布局问题作初步探讨

（表1）。

表1　我国设市的工矿区城市人口概况（1980年）

工矿区类别	工矿城市个数（个）	占工矿城市总数（%）	城市人口数（万人）	占工矿城市人口总数（%）	工矿区名称
煤矿区	26	60.6	1008.5	70.0	唐山、抚顺、大同等
铁矿区	6	13.9	255.7	17.8	鞍山、本溪、马鞍山、攀枝花、嘉峪关、黄石
有色金属矿区	5	11.6	53.2	3.6	铜陵、东川、个旧、冷水江、金昌
油、气田区	5	11.6	92.6	6.4	大庆、玉门、克拉玛依、茂名（油页岩）、泸州（气田）
盐矿	1	2.3	32.3	2.2	自贡
合计	43	100	1442.7	100.0	

资料来源：公安部分县市人口统计，1980年。

二、工矿区城镇职能与工业结构类型

（一）工矿区城镇的职能

城市职能是指一个城市在国家或地区政治，经济、文化、生活等方面所承担的任务和作用。工矿区城镇的主要职能比较单一，工矿业在城镇经济结构中占很大比重。根据22个工矿区城镇的资料，工矿业职工占总职工比重在70%以上的有11个矿区、其余均在60%以上，说明工矿业对城市的发展具有决定性作用。由于矿区发展历史和加工工业发展条件不同，各矿区工业综合发展程度差别较大，采矿业和加工工业这两方面在城市中的地位和作用不同，因而形成了各种职能类型。按采掘业职工占工矿业职工的不同比例，可划分以下三种基本职能类型：（1）采掘型矿区城镇，采掘业职工占工矿业职工数的70%以上，采掘业在城市中占极重要地位，开采的矿产绝大部分外运，加工工业十分薄弱，这主要是在新开发的矿区、边远矿区（如鸡西、鹤岗、双鸭山等）和地形复杂的矿区（如东川）；（2）采掘—加工型矿区城镇，采掘业职工占工矿业职工50%—70%，矿区以采掘业为主，加工工业也占一定比重，如淮南、六盘水等矿区城镇；(3) 加工—采掘型矿区城镇，采掘业职工在50%以下，矿区城镇工业结构中采矿业已下降为次要地位，加工工业上升为主要地位，这一般是在加工工业发展条件较好的老煤矿区，如淄博、抚顺、唐山、徐州等，以及某些建有冶金工业的金属矿区，如鞍山、本溪等。

基本建设部门在城镇经济结构中的比例仅次于工矿业，尤其在新矿区基本建设任务繁重，基建职工比例较大，如淮北市在建矿初期，基建职工占总职工数的37.0%（1965年），至1978年基建职工仍达到27.7%。多数的老矿区基建职工占总职工数的10%上下，比一般加工工业城市的比例大，这是因为矿区采掘业劳动对象需要不断更新，不断以新的井场代替报废的井场。但基本建设部门不是独立的城市职能部门，它主要为工矿业建设服务。交通运输部门也主要为工矿业服务，在城市基本统计中，其职工便归入工矿系统中，故其职工在总职工数中所占比例不大。工矿区其他职能十分薄弱，绝大多数工矿区的行政、商业，服务、文化教育等部门主要是为矿区服务，基本上属于服务性部门，只有少数工矿区的主城是地区行政中心和经济、文化中心，如邯郸、徐州、大同、唐山、个旧等具有多种职能，但工矿业仍然是这些城市的主要职能（表2）。作为一个城市，它应带动地区经济、文化事业的发展，逐步缩小工农之间、城乡之间的差别。工矿区的城镇工矿业无疑是其主要职能，但同时应加强城镇的文化教育、商业服务等方面的职能，把它建成为周围地区经济、文化、服务的中心，促进地区经济共同发展。

表2　工矿区城镇各部门职工占总职工数的比重（%）

工矿区城镇职能类型	工矿业		基本建设	农林、水利、气象	交通、运输、邮电	商业、饮食服务业	城市公用事业	文教科研	金融	国家机关	资料（年）
	工矿业职工占总职工数	采矿业职工占工矿业职工数									
采掘型											
双鸭山	62.6	83.4	12.7	9.6	0.7	7.1	0.6	4.3	0.3	2.1	1978
鸡　西	73.8	79.3	6.8	1.3	0.8	8.6	0.7	5.2	0.3	2.5	1978
鹤　岗	75.5	75.8	6.0	2.8	1.5	7.3	1.3	3.5	0.2	1.9	1978
东　川	69.3	87.5	5.4	0.8	5.0	8.4	0.7	6.4	1.0	3.0	1979

续表

工矿区城镇职能类型	工矿业		基本建设	农林、水利、气象	交通、运输、邮电	商业、饮食服务业	城市公用事业	文教科研	金融	国家机关	资料（年）
	工矿业职工占总职工数	采矿业职工占工矿业职工数									
采掘—加工型											
淮　南	63.8	66.1	20.3	1.4	0.9	6.3	0.9	3.8	0.3	2.3	1978
六盘水	58.3	68.5	18.5	1.9	2.9	7.5	0.2	5.7	0.7	4.3	1979
加工—采掘型											
抚　顺	63.3	33.8	5.6	5.3	2.1	9.2	2.2	8.8	0.4	3.1	1978
本　溪	62.8	22.8	9.4	3.3	1.7	10.4	1.9	6.7	0.4	3.4	1978
鞍　山	70.9	25.9	11.2	0.9	0.8	5.9	1.9	6.1	0.3	2.0	1977

资料来源：根据有关工矿区城市统计年鉴整理，各市统计局提供。

（二）不同发展阶段工矿区城镇的工业结构类型

在工矿区发展过程中城市的工业结构随资源开发和当地社会经济条件的变化而不断有所变化。其总的发展趋势：先是采矿业占绝对优势，其后采矿业的比重逐渐下降，加工工业的比重逐渐上升，对资源的利用向广度和深度发展；最终，逐渐摆脱对当地矿产资源的依赖性。现以煤矿区为例，说明在不同开发阶段的工业结构特点。

1. 开发早期

这个阶段包括矿区基本建设期和产量递增期。按目前我国情况，建设一个大型矿井需 7—8 年时间，建成一个大型矿区并达到设计能力需十几年到二十年左右时间。这一阶段工业结构比较简单，采掘业占很大比重，矿产品绝大部分外输，属于采掘型的工业结构。

矿区开发早期的加工工业，主要是发展一些与采掘业配套协作企业和为职工生活服务的工业，使矿区早日建成并尽快具有生产能力。例如建筑材料工业，它是一种生产笨重价廉物资的行业，一般矿区都具备生产建筑材料的资源条件，因此在矿区内特别是在矿区基本建设阶段，应尽可能就地生产自给。许多新矿区由于建材工业薄弱，从区外调入大量建材很不经济，且无可靠保证。安徽两淮矿区近年来十分重视发展建材工业，数年之内就满足了矿区需要，改变了过去由外地供应的局面，有力地促进了矿区基本建设的顺利发展。

采掘机械与运输车辆的修理厂在建矿之初就应建立，否则各种机械设备与车辆损坏不能及时修理，将影响矿区的开发和建设。如淮南新矿区建设初期主要靠汽车运输，由于未建汽车修理厂，损坏车辆不能及时修理，汽车完好率只有 50%，造成了运输上的困难。

与采矿生产直接配套的洗选厂、电厂、火药厂等企业，都应在这一阶段进行建设。但由于这些厂的建设周期比矿山建设短，不需要与采矿井场同时开始建设，而宜与井场投产规模相适应，分期同步建成。在现实情况中这些厂的建设大多落后于采矿生产。如煤矿区电厂建设多数过晚，煤矿投产而电厂未建成，形成煤电对流，供电无保证。洗煤厂也大多落后于煤炭生产，像生产炼焦煤的六盘水矿区虽然建矿十多年，洗煤能力仍很薄弱，加上交通不便，大量煤炭运不出去，不得不压低煤产量，影响矿区煤炭生产。但也有过早建厂的，如内蒙古自治区的元宝山电厂已建成而煤矿尚未建，电厂只能靠远地供应燃料，造成运输上的浪费。可见这些企业过早或过晚建设都会给矿区造成损失。

为矿区职工生活服务的食品工业以及其他服务性工业也应在这一阶段建设，这往往易被人们忽视。有的矿区如淮北、六盘水等建矿多年，形成十几万人的城市，服务性工业仍很薄弱，影响职工生活。

2. 开发中期（生产均衡期）

在煤矿区，800 万吨以上的大型矿区，均衡生产年限为 90 年，300 万—800 万吨矿区为 50—70 年，300 万吨以下的矿区为 30—40 年。这一阶段矿区原料、燃料丰富，动力、交通等条件较好，是矿区工业发展的主要时期，因而加工工业比重逐步上升，城市工业结构从采掘型向采掘—加工型以至向加工—采掘型发展。这一时期工业发展的特点是以利用当地资源为基础，并逐渐向资源利用的广度和深度发展。一方面资源的利用范围越来越广泛，即由开发单一资源到开发多种资源；另一方面加强了资源的深度加工。

在煤矿区的煤系地层中往往赋存有多种有用矿藏资源，在开发早期一般均无力顾及开发，只有矿区发展到一定阶段，才有可能全面开发矿区各种资源。例如淄博矿区，矿藏资源种类较多，除了煤炭外，还有铝矾土、粘土、陶瓷土、铁矿石等。淄博矿区从 1914 年开始工业化采煤，至解放前的三十多年中，煤炭工业发展缓慢，铁矿和粘土矿虽较早开发，但规模很小。解放后首先大力恢复和发展煤炭工业，从第一个五年计划（简称“一五”）开始，该矿区在大力开采煤炭的同时，也大力开采铝土矿、铁矿和粘土矿，且相应建立铝冶炼厂、炼铁厂、耐火砖厂等，并由此带动了建筑材料、化工、机械等部门的发展，使矿区工业结构发生较大的变化，煤炭工业产值由1952年的51.4%下降到1965年的12.9%，而同期冶金工业则由4.9%上升到20.0%，化工由2.2%上升到9.4%，建材由4.9%上升到8.0%，城市工业结构已由采掘工业占优势转为加工工业占优势。至20世纪中期，由于胜利油田的开发，淄博矿区开始开发丰富的地下水资源，发展石油化工，从而使本矿区的工业结构又发生了新的变化，煤炭工业进一步下降，至1979年其产值只占全市工业总产值的4.7%，石油化工则从无到有，1979年其产值占35.5%，成为城镇主要的工业部门（图1）。

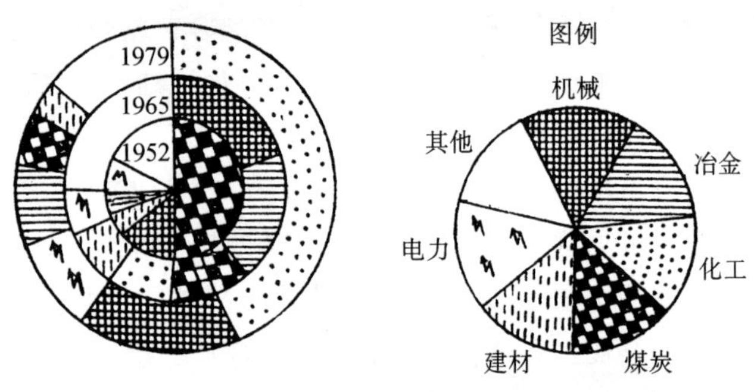

图1 淄博矿区工业结构演变图

3. 开发后期

（1）由于煤炭资源日渐枯竭，煤炭产量下降，原来依靠当地燃料的工业部门，开始依赖外地输入燃料。例如抚顺在1959年新建的辽宁电厂现已主要依靠外来的燃料。淄博矿区随着煤炭产量的下降，电力工业所需的燃料也将需要靠外来的燃料供给。在矿区后期这种状况是不可避免的，因此需及早规划接替煤源，并禁止新建大耗煤的工业。这一时期矿区有的企业则改变了生产的原料路线，原来以煤为原料的生产路线被其他资源所代替，如以井下瓦斯作为原料生产炭黑的抚顺化工厂，由于瓦斯供应不稳定，已改用煤焦油作原料，抚顺以油页岩炼油的炼油厂也大部分被天然油所取代①。

（2）与煤炭工业配套协作的工业，一方面由于其自身生产规模的不断扩大，另一方面受煤炭工业生产规模日渐萎缩的影响，以至逐渐改变了这些企业的服务方向，由为区内服务转向为区外服务，例如抚顺的电瓷厂、煤矿电机

---

① 参见胡序威等："辽宁中部地区资源开发与工业布局"，载于《城镇与工业布局的区域研究》，科学出版社1986年版。

厂、煤矿安全仪器厂、矿灯厂，这些原来为本矿区服务的企业均已转为主要对外服务[①]。

（3）为了解决矿区后期大量新成长起来的劳动力就业问题，还需要发展一些与矿区资源关系不大的劳动密集型行业。总之，在开发后期，矿区城镇工业已由依赖矿区而发展，日益走向摆脱矿区而发展。

（三）不同地理条件的工矿区工业结构类型

工矿区的工业结构，除在不同开发阶段各有特点外，还受各地不同地理条件的影响，形成各种结构类型[②]。影响工业结构的地理条件包括矿产资源、水源、地形等自然条件和交通运输、劳动力、工农业生产基础等社会经济条件。矿产资源的储量和开采规模决定加工工业发展的可能性，如在煤矿区或铁矿区，只有储量在几亿吨以上，开采量在几百万吨以上才有可能形成工矿城市，发展加工工业。矿产资源的不同品种结构也影响当地的工业发展方向，以煤矿区为例，无烟煤基地适宜发展化肥、电石生产，长焰煤，弱粘结煤、贫煤、褐煤宜作动力用煤，炼焦煤一般都在当地洗选，洗精煤需进行同煤种牌号的配煤才能供生产冶金焦或化工焦之用，洗后的中煤可利用来发电。如果矿区内不仅储量大，而且煤种较齐全，则有可能发展钢铁工业。金属矿，特别是有色金属矿，往往是多种元素共生矿，矿石的组分特点和矿区内各种矿物的组合特点，都对矿区资源的综合开发利用和工业发展方向有重大影响。电力、钢铁、化工等耗水工业的发展还决定于当地的水源条件，不少矿区水源不足，成为工业发展中的主要限制因素。地形条件影响建设用地，山区用地紧张，山坡地建筑造价高，复杂的地形还影响交通线路建设和运营费用，影响大气扩散，这些都不利于加工工业的发展。有些矿区的地理位置偏僻，交通不便，周围劳动力较少，工业技术基础薄弱，资源开发条件较差，加工工业更不易发展。

根据不同矿区的工业发展条件，其工业结构可分为以下主要类型：

1. 煤矿区

（1）煤炭基地。这类矿区主要受水源缺乏及其他若干不利条件的限制，采掘工业比重很大，加工工业却得不到发展，只有一些小型的地方工业。如黑龙江的鹤岗和双鸭山矿区，因水源不足，地理位置偏僻，虽然矿区已开发多年，

---

① 孙盘寿："辽宁省中部地区城市发展的主要因素和城市类型"，《经济地理》，1981 年第 2 期。

② 李文彦："矿产资源条件对形成地区工业体系与工业基地特点的作用"，《工业布局与城市规划》，科学出版社 1978 年版。

加工工业仍很薄弱，煤炭工业占很大比重，鹤岗煤炭职工占工矿业总职工数的75.8%，双鸭山占83.4%（1978年）。

（2）煤、电基地。这类矿区有一定水源条件，但大多数矿区地理位置较偏，地区经济基础薄弱，工业协作和技术等条件较差，发展加工工业不太有利，工业结构以煤、电为主，并发展某些小型地方工业。如阜新煤种单一（长焰煤），属于动力煤基地，根据当地水源条件，建有55万千瓦的电厂，由于这里缺乏其他资源，加以地理位置较偏，农业基础较差，因而加工工业发展有限，基本上是个煤电基地。

（3）煤、电与化工、机械或冶金相结合的工矿基地。此类矿区煤种利用方向较广，水源丰富，交通方便，农业发达，发展加工工业的条件较好，建立在煤炭资源基础上的加工工业比较发达，一般形成煤—电力—化工—机械等部门。淮南矿区煤种为高挥发分气煤，属于动力与配焦煤，靠近全国最大的工业基地上海，水源又十分丰富，淮河多年平均径流量达700立方米/秒，因此加工工业比较发达，现有电厂容量65万千瓦，今后还将有较大发展，已建有以煤焦为原料的大型化肥厂，机械工业也有一定基础，形成了以煤—电—化工—机械等工业部门为主的工矿基地。

（4）综合性工矿基地。此类矿区赋存有多种矿产资源，为工业发展创造了物质基础，矿区水源丰富，交通方便，地区社会经济条件均有利于工业发展，因此，骨干工业部门多，工业部门结构复杂，是煤矿区中工业发展水平最高的一种类型（图2）。由于各矿区不同的矿产资源组合特点，其工业结构也互有差异。唐山开滦矿区主要煤种为炼焦肥煤，附近并有丰富的铁矿石及石灰石、耐火粘土、陶瓷土等。钢铁工业的发展促进了煤焦化工、机械等工业的发展，形成了煤、钢、电、化、陶瓷、水泥和机械、轻纺等多种工业部门。抚顺工矿区自然资源组合特点与唐山不同，因而具有不同的工业结构。抚顺煤种为气煤，适于作为配焦煤和动力用煤，在丰富水源的基础上，发展了电力工业。又由于丰富的电力，发展了特种钢和炼铝工业。抚顺煤层顶板为油母页岩，煤层又富含瓦斯，为发展炼油和瓦斯化工提供了条件。抚顺早就成为以煤、油、电、钢、铝为主的综合性工矿基地。

2. 铁矿区

（1）铁矿石基地。我国铁矿区凡是规模较大，建厂条件较好的，一般都在矿区或矿区邻近建有钢铁厂，单纯采矿大都属中小矿点，少数大型矿区为供应外地钢铁企业的矿石原料基地，如海南岛石碌铁矿为供应国内若干重点钢铁企

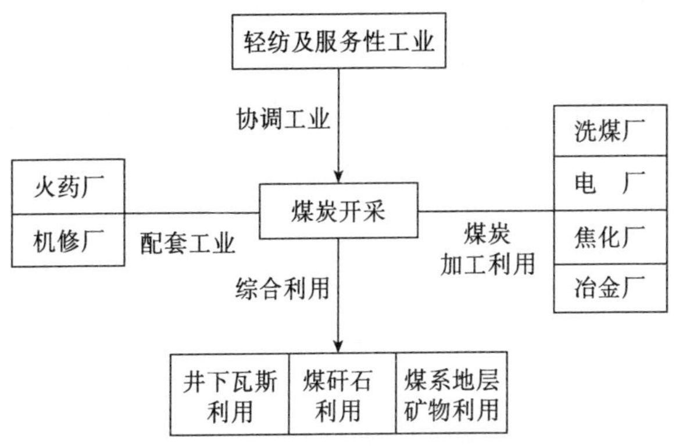

图 2　煤矿区综合性工矿基地工业结构示意图

业的富铁矿基地，河北迁安矿区则为供应首钢的矿石基地。矿石基地以采矿为中心，与其配套建有选矿厂、机修厂、火药厂以及为职工生活服务的某些食品工业企业，工业结构极其简单。

（2）生铁基地。属于这一类的为数不少，但多属中型矿区，只有少数铁厂规模较大，如江苏梅山铁厂、河北涉县铁厂等，他们或是外地炼钢厂生铁的供应基地或为机械工业提供铸造的生铁。矿区主要企业除采矿系统外，还有烧结、焦化、炼铁、机修等厂，工业结构仍较简单。由于单纯炼铁，热能不能得到充分利用，经济效益较差。加强对资源（焦炉气、高炉气和高炉渣等）的综合利用，提高经济效益，成为矿区的重要任务。

（3）钢铁基地。大型钢铁联合企业需要消耗大量的原料、燃料以及其他辅助原材料，耗水量多，运输量大，用地数量多，因此只有在铁矿资源丰富，开采规模大，水源丰富，用地条件好，交通方便的矿区才有可能发展钢铁冶炼工业。我国许多大型铁矿区如鞍山、本溪、马鞍山、渡口等都因基本上具备上述建厂条件，建立了不同规模的钢铁联合企业。

以钢铁联合企业为核心的工矿区工业门类相对较多，除了采矿与钢铁冶炼生产系统（炼焦、烧结、炼铁、炼钢、轧钢）外，一般还有以下协作配套和加工工业部门：为钢铁企业提供大量动力并利用其余热资源发电的电力工业，利用焦炉气、焦化副产品发展化工，利用高炉渣和其他废渣发展水泥及其他建筑材料工业，利用钢铁原材料发展机械工业；此外，从轻、重工业协调发展要求还需要发展某些轻工业（图 3）。按照这种结构，原材料、热能、各种副产品和废料都能得到较充分的利用，但这种合理的结构需要一个发展过程。在新基地，一般钢铁生产系统本身比较完善，其他工业部门较薄弱，在老钢铁基地，钢铁生产系统和协作配套企业都比较完善，并程度不同地利用钢铁原材料发展金属加工工业，但有些基地对煤焦副产品回收和“三废”综合利用的水平还不高，环境污染严重，轻、重工业发展也不够协调，需要通过工业结构的进一步调整加以解决。

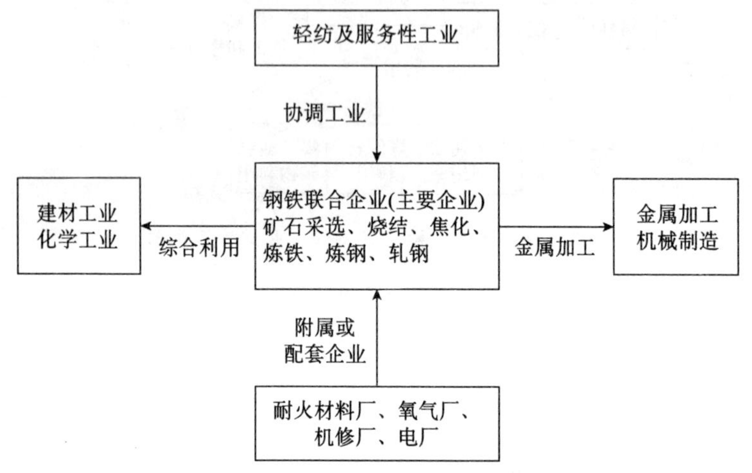

图 3　钢铁工业基地工业结构示意图

3. 有色金属矿区

（1）有色金属采选基地。大多数有色金属矿分布分散，开采规模小，并且多数分布于山区，地形复杂，交通不便，因此大多数有色金属矿只搞采选，采取分散开采，集中冶炼的布局形式。这类矿区工业结构十分简单，一般只有采场、选矿厂、机修厂、汽车修理厂。例如东川铜矿区，矿场分布分散，各矿相距在 30—65 千米之间，加上地形复杂，彼此联系不便，矿区只采选，经选矿后的铜精矿运至昆明铜冶炼厂冶炼。

（2）有色金属冶炼基地，这类矿区矿藏储量较大，分布相对集中，交通运输、能源、用地等建厂条件好，在采选的基础上发展金属冶炼，如个旧、铜陵等矿区。有色冶炼生产特点与钢铁冶炼不同，其生产环节和配套协作部门比较简单，对其他工业的带动作用也较小，故其工业结构不太复杂，一般拥有电力、采选、金属冶炼、副产品综合利用等生产部门，有的还包括有色金属的压延加工和制成各种材料的生产部门（图 4）。以我国锡都个旧为例，锡矿资源丰富，各矿点开采规模较大且相距不太分散，矿区有一定水源，小龙潭煤矿距此不远，燃料动力条件较好。矿区主要工业企业有锡冶炼厂，生产精锡和焊锡。以锡开采冶炼为核心进行协作配套生产的企业，主要指电厂及综合利用回收企业。锡矿中含有多种共生矿，已回收的有铜、铅等金属，并回收锡冶炼过程中产生的二氧化硫气体，生产硫酸和化肥，目前对各种共生矿和冶炼过程中各种废气综合回收利用还很薄弱，今后有必要进一步加强。此外，还发展了以锡为原料的某些加工工业，以及为工矿区生产、生活服务的一些地方工业。

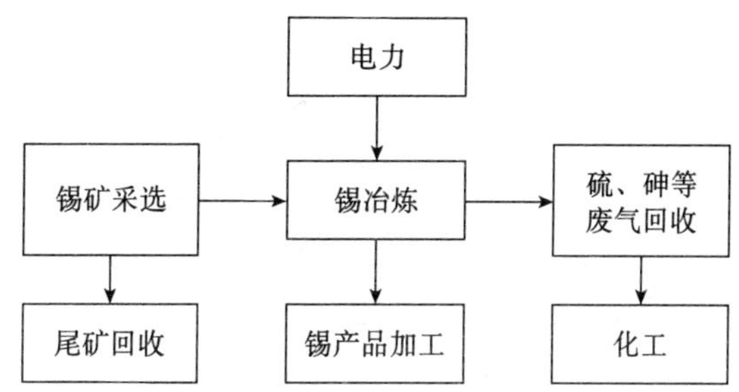

图4 锡矿区以锡冶炼为中心的工业结构图

三、工矿区城镇人口增长特点与城镇人口规模预测

（一）工矿区城镇人口增长特点

1. 人口增长速度快

全国城镇人口在1949年至1980年间里，平均年增长2.76%，工矿区增长速度比全国快得多，据16个主要工矿区资料，年增长速度8%以上的有4个工矿区，4%以上的有11个工矿区，只有唐山由于受地震灾害影响略低于全国城镇人口2.5%的平均增长速度（图5）。工矿区城镇人口增长快主要是工矿业迅速发展的结果。我国煤炭生产新中国成立以来增长18倍，煤炭产量从1949年居世界第十位上升到现在的第三位，其他如石油、铁矿、有色金属矿的开采与冶炼也都有很大发展。工矿业迅速发展，大量劳动力调入，使工矿区人口机械增长很快。工矿区城镇人口的自然增长率高也是重要原因，如抚顺1950—1960年平均达到40.8‰。自20世纪60年代中期开展计划生育以来，大多数工矿区人口自然增长率虽有所下降，但仍高于全国城镇平均水平。

2. 人口增长的阶段性

一般城市的人口增长多是经历了一个漫长的渐进的过程。工矿区城镇的发展则不同于一般城市，具有明显的阶段性，随着矿区工矿业的发展变化，城镇人口增长大致经历了急剧增长期、相对稳定期和下降期（或稳定期）这三个阶段。

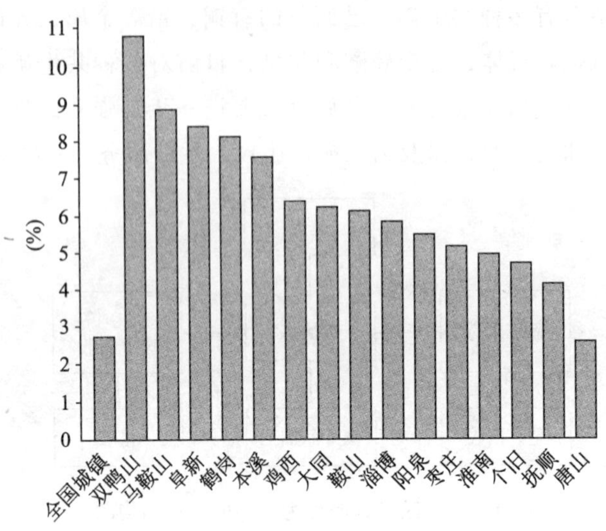

图 5 1949—1980 年主要工矿区城镇人口年平均增长速度

（马鞍山：1971—1980 年。双鸭山：1954—1980 年。）

在矿区开发早期，由于大量职工调入，城镇人口急剧增长，在短短数年间，便迅速形成崭新的工矿城市。例如 20 世纪 60 年代中期发展起来的渡口、六盘水等新矿区，原来都是人烟稀少的山区或经济较落后的农村地区，在短短的十几年间，形成了二三十万人口的城市。城镇人口的骤然猛增与原有城镇设施毫无基础，易形成尖锐的矛盾，在住宅、商业文化服务设施、市政设施等方面往往不能适应需要。另一方面，由于大量年轻力壮的男劳动力迁入，城市人口结构中劳动人口比重很高，男多女少，加上其他原因，职工两地分居问题十分突出，例如，渡口市两地分居职工在总职工中的比例，曾达到 70%。对于上述职工生活中存在的这些问题需逐步地加以解决。

矿区开发中期，如无别的因素推动和刺激，城镇人口增长将处于相对稳定期。这一阶段由于工矿业新增劳动力需要量较少及矿区新劳动力的增长，人口机械增长逐渐减少，城镇人口增长主要是自然增长。老年人口和未成年人口比重增加，需要加强医疗、保健、文化教育设施的建设以及劳动力的就业安排问题。

在矿区后期，采矿业日益下降，城镇人口的增长可能出现两种趋势。在加工业不发达的矿区，将随着矿场的报废，矿工外迁，城镇人口逐渐减少。但这类矿区目前在我国尚未出现。在加工工业发达的矿区，采矿业职工在城市总职工中的比重将逐步缩小，但对城镇总人口影响不大。抚顺矿区属于后一类。该矿区煤炭工业自20世纪70年代末即进入萎缩期，但加工工业发达，煤矿职工已只占工矿业总职工的33.8%，今后随着煤炭生产下降，采矿业职工的减少不至于对城市人口规模产生明显的影响。

（二）影响工矿区城镇人口规模的因素分析

影响工矿区城镇人口规模的因素是多方面的，最主要的因素是工矿业的发展，当地的劳动力资源条件以及矿区人口自然增长与人口构成等因素也起一定作用。

1. 工矿业的发展

（1）采矿业。采矿业是影响工矿区城镇人口规模最基本的因素。采矿业对城镇人口规模的影响，首先是指资源的开发规模。不言而喻，开发规模越大，职工人数越多，对城镇人口规模的影响也就越大。其次看劳动生产率的高低。生产规模相似的矿区，由于劳动生产率的不同，其所需职工数量却往往相差悬殊。例如在规模相当的煤矿区，鹤岗比枣庄煤炭职工多65.5%，阜新比徐州多49.2%。因此，只有具体分析矿区采掘业的劳动生产率，才能确定其对城镇人口规模的影响程度。

影响采掘业劳动生产率的因素比较复杂，主要包括矿藏的开发条件、机械化水平和劳动组织管理水平等等。

在煤矿区，影响煤矿开采劳动生产率的重要因素之一是煤田的开采条件、煤田地质和水文地质（煤层厚度、层数、埋深、倾角，以及断层、围岩、涌水量、瓦斯量等），如鸡西、淄博矿区属薄煤层，鹤岗煤层地质构造复杂；六盘水除了煤层构造复杂外，瓦斯含量较高；焦作、峰峰水文地质复杂，涌水量大。上述煤矿区劳动生产率都低于全国平均水平。煤层的埋深影响开拓方式，埋藏浅的煤层适宜露天开采，效率远比井下开采高。如抚顺西露天开采深度已达190米，其全员工效为3吨/工，而该矿区龙风矿系井下开采，全员工效只有1吨/工。

劳动生产率与机械化有直接关系。我国煤炭劳动生产率与国外工业发达国家相比较低，主要是由于机械化水平较低。世界主要产煤国家普通机械采煤机械化达到90%以上，综合机械采煤机械化达到60%—90%以上。我国1979年统配煤矿机械化开采只占36.8%，原煤全员效率只有0.964吨/工。因此进一步提高机械化水平是今后发展煤炭生产的主要出路。但在近期还不可能大幅度提高机械化水平，在制定煤矿发展规划时，对劳动生产率指标不能定得过高。

对于老矿区，可以设想以目前少数机械化水平较高的矿区如开滦、大同、阳泉作为近期目标，即把大多数矿区机械化水平提高到50%—60%，原煤全员效率达到1.3—1.5吨/工，这是有可能达到的。对今后新建矿井，机械化水平将可能更高些，劳动生产率也将比老矿高。根据煤矿设计规范，不同井型和机械化水平的矿井劳动生产率如表3所示。

表3　　煤矿原煤全员效率指标

类　型	设计生产能力（万吨/年）	原煤全员效率指标（吨/工）	
		主要以普通机械开采	综合机械开采占50%
大型井	240，300及以上		3.0—4.0
	150，180	2.0—2.4	2.5—3.5
	90，120	1.6—2.0	2.0—3.0
中型井	30，45，60	1.4—1.6	
小型井	9，15，21	1.0—1.2	

资料来源：煤炭部煤炭工业统计资料（1979年）。

铁矿大都露天开采，机械化程度高，所需职工比煤矿相对要少得多，在采矿与冶炼相结合的工矿区，采矿业对城镇人口规模的影响相对较小。如鞍山铁矿山职工只占该市工矿业职工的25.9%，本溪占22.8%，攀枝花占32.4%。根据这些矿山的劳动生产率，一个1000万吨矿石产量的矿山需职工1.5万—2.3万人。

有色金属矿区因为加工工业较少，矿山职工所占比重较大，对城镇人口影响也较大。如个旧锡矿山职工占工矿业职工36.5%。在采掘型的矿区如东川，矿山职工比重达到87.5%。有色金属开采的劳动生产率一般以精矿含金属量来计算，据个旧、东川两矿区劳动生产率来看，一万吨金属含量的锡矿或铜矿需职工1.5万—2万人左右。

（2）加工工业。矿区加工工业大都与当地资源的开发利用有较密切的关系，主要部门有冶金、电力、化工、建材、机械等。不同工业部门劳动力需要量不同，同一部门由于企业规模、生产设备状况、经营管理水平不同，职工人数也大不相同。

钢铁联合企业是劳动力需要量最多的一个部门，这是由其生产特点所决定的。我国大型钢铁联合企业中职工人数较少的武汉和本溪，每生产100万吨钢所需职工约为1.8万人，其他企业则远远超过此数，如鞍山为2.7万，攀枝花2.8万，马鞍山2.9万，其他许多中小型钢铁企业职工数量则更多。对于新建钢铁企业，按设计要求，一个年产100万吨钢的企业定员为1万—1.5万，500万吨的企业定员为3万人，在采用新的技术装备和改进劳动组织的前提下，实现这个指标是有可能的。

有色金属冶炼企业所需的职工比钢铁企业少得多，如我国最大的有色冶炼厂之一的沈阳冶炼厂，职工只有6000余人，一般大型冶炼厂职工在2000—3000人。

在工矿区其他加工工业部门中，机械工业是比较重要的部门。机械工业劳动力需要量多，女工占一定比例，根据矿区条件发展一定机械工业，对解决劳动就业问题起一定作用。在冶金矿区发展机械工业既接近原材料，又靠近消费区（矿山、冶炼机械），故在老矿区从事机械工业的职工人数较多。在煤矿区的机械工业也往往是主要的工业部门，工矿区化学工业主要是煤焦化工，在黑色冶金矿区和某些发展煤焦工业的煤矿区，化工的发展均较普遍。电力和建材工业也是矿区重要的部门，但职工人数较少。矿区轻工业较薄弱，应提倡大力发展（表4）。

表4　　工矿区城镇加工工业部门职工数的比重

工矿区名称	加工工业职工占工矿业总职工数（%）	工业部门职工占加工工业总职工数（%）							资料年代（年）
		电力	冶金	金属加工、机械制造	石油加工、化工	建材	缝纫皮革	食品	
鞍山	74.1	1.3	76.5	15.6	1.8	4.3	2.5	1.8	1978
本溪	77.2	10.7	42.4	9.0	4.5	4.2		1.6	1978
渡口	67.6	4.0	48.8	3.8	1.0	2.9		1.5	1979
个旧	63.5		73.1	6.9	4.2	3.5			1979
抚顺	66.2	4.9	25.4	19.3	14.5	5.4		1.9	1977
焦作	54.7	5.6	4.2	40.0	19.9	18.5	4.3	1.3	1978
大同	34.8	6.3	2.9	46.5	13.1	10.4	6.6	7.1	1979
淮南	33.9	9.7		23.9	24.0	8.3	10.2	6.8	1978
阳泉	32.8	9.3	17.7	19.7	15.2	12.2	5.5	3.0	1978
六盘水	31.5	5.2	51.7	12.7	3.2	7.6	3.4	5.9	1979
鸡西	21.0	12.8	10.0	34.8	8.8	14.4	4.4	9.2	1978

资料来源：有关城市统计年鉴，1977年、1978年、1979年各年，各市统计局提供。

2. 所在地区的劳动力资源

工矿区劳动力来源与城镇人口规模关系密切。工矿区所需劳动力如果有相当部分可由工矿区内原有的城乡人口中解决或来自矿区附近，则有可能相对压缩城镇人口规模；否则，劳动力大量从外地调入，必将大量增加城镇人口，不但会给城市建设增加压力，而且还会由于职工两地分居问题不易解决和职工对生活环境的不适应，影响职工队伍的稳定。

工矿区城镇本身的劳动力资源状况与城镇发展历史有关。在工矿区开发之初，平地起家，需要从区外调入劳动力。到了工矿区中、后期，由于人口的长期集聚和自然增长，城镇劳动力资源趋于丰富。但在当前由于采矿业劳动强度大，尤其是井下生产，劳动条件差，城里人大多不适应，生产部门也舍近求远，喜欢招收外地农村劳力。因此，许多矿区普遍出现如下问题：一方面城镇存在大量待业人员，另一方面生产部门又从外地农村调入劳动力。今后需要从加强政治思想工作和物质鼓励，提高机械化水平、改善劳动条件，重视安全生产等方面采取切实有效的措施，逐步增加城镇劳动力的比重。

工矿区劳动力来源的远近与所在地区劳动力资源条件密切相关。工矿区所在地区的劳动力资源条件可分如下几类：劳动力资源丰富的工矿区有抚顺、鞍山、唐山、邯郸、徐州、淄博、枣庄、兖州、淮南、淮北、马鞍山、平顶山、焦作、萍乡等；劳动力资源中等的工矿区有大同、晋城、本溪、阳泉、个旧等；工矿区附近劳动力较缺，但距劳动力丰富地区不远的工矿区有阜新、古交等；劳动力资源不足的工矿区有鸡西、鹤岗、双鸭山、七台河、霍林河、元宝山、乌海、贺兰山、东川、渡口等。

根据上述工矿区不同的劳动力资源状况，对工矿区劳动力的调配应分别采取不同措施。

（1）在人多地少的工矿区，应优先就近招工，这样职工在厂矿工作，家属在农村，职工回家近便，不存在两地分居问题，也有利于控制城镇人口规模，减少工矿区职工住宅及其他生活服务设施等方面的负担。例如淮北相城煤矿从郊区来的矿工约占20%，其中从十几里以内来的近郊农村矿工几乎每天都可回家，距离10—15千米的矿工休息日回家，这部分矿工虽然家属在农村，但并不存在两地分居问题。

工矿区就近招工也是解决郊区农村多余劳动力出路的重要途径。在人多地少的工矿区，由于工矿业建设用地较多，耕地越来越少，劳动力过剩，厂矿征用土地也越来越困难。如淮南矿区新中国成立以来据不完全统计，共征地7.7

万亩，现有近郊 14 个生产队人均耕地只有 0. 37 亩，其中有的生产队人均耕地只有 1—2 分地，劳动力多余问题很突出，在今后招工中应优先照顾这些社队。

（2）在人少地多的工矿区，远距离调入劳动力是不可避免的，与此相关，将出现大量职工两地分居问题。由于矿工家属大多是农村户口，在我国目前和今后较长时期内，大量地将农村人口转为城市人口是不可能的，在这种情况下，应允许矿工家属在矿区落户，但仍属农业人口，可利用矿区附近丰富的土地资源，组织职工家属搞农副业生产，这样不但可解决职工家属粮食和副食品的供给，在条件较好的矿区，还可供给职工副食品。目前煤矿区农副业生产搞得较好，1979 年煤矿系统农、工、副业总产值达到 2. 8 亿元，耕地 75 万亩，几年来靠自产粮安置职工家属 1. 3 万户，共 5. 3 万人，解决了部分职工两地分居问题，还安置知识青年 10. 7 万人。

（3）在人少地少的山地工矿区，应大力提高机械化水平，尽量减少劳动力调入。如渡口、东川等，这些矿区地形复杂，人口和耕地都很少，大量劳动力从区外调入，两地分居问题突出。如渡口地处高山峡谷，缺乏可垦荒地，农副业发展不起来，职工两地分居问题不易解决。这类工矿区主要应提高机械化水平，尽量减少劳动力的调入。目前这些矿区机械化水平较低，如六盘水矿区水城矿务局机械化采煤只占 10. 24%，盘江矿务局只有 11. 46%，如把机械化程度提高到现有全国平均水平，就可节省大量的劳动力。

3. 城镇人口自然增长

人口自然增长是影响城市人口规模的重要因素。工矿区城镇人口自然增长多数高于一般城市。如抚顺市 1954 年自然增长率为 41. 1‰，1956 年为 60. 0‰，均高于同年全国城镇平均数。在 20 世纪 60 年代，以 1965 年为例，在 21 个煤矿城市中，自然增长率在 20‰—30‰的有 4 个，30‰—40‰的有 8 个，40‰—50‰的有 4 个，60‰以上的有 2 个，该年全国城镇平均为 21. 7‰。直至 20 世纪 70 年代，多数煤矿城市自然增长率仍高于全国，在 1975 年和 1978 年的 24 个煤矿城市中，有 19 个工矿区的自然增长率高于全国城镇平均数。人口自然增长率高，这是工矿城镇人口增长快的重要原因之一。

工矿区城镇人口自然增长率与以下诸方面因素有关：人口机械增长对自然增长有重要影响。我国大多数工矿区是新中国成立后发展起来的，由于大量调入年轻力壮的劳动力，劳动人口比重很高，大量的育龄人口导致很高的自然增长率，这在 20 世纪 50 年代职工家属可以随意进城的情况下，表现十分明显。

在人烟稀少的矿区计划生育控制较松，也是自然增长率高的重要原因，这类矿区为数不少。此外，多数矿工来自农村，“多子多福”思想较浓厚，“养儿防病（职业病）、防伤亡”的思想也极普遍，这些都是造成工矿区人口自然增长较高的原因。

人口自然增长对工矿区人口增长所起的作用，需从人口的自然与机械增长这两方面的对比来加以说明。在工矿区发展的不同阶段，这两种因素所起的作用不同。在工矿区开发早期，大量劳动力调入，机械增长起主要作用。在工矿区发展中期与后期，机械增长减少，人口自然增长成为工矿区人口增长的主要因素（表5、表6）。

表5　工矿区前期人口机械增长及自然增长的比例（%）

矿区名称	机械增长	自然增长	年份
抚　顺	61.4	38.6	1950—1960
淮　北	69.8	30.2	1962—1978
淮　南	64.9	35.1	1949—1957
阳　泉	57.5	42.5	1949—1957
鞍　山	60.7	39.3	1950—1960
本　溪	61.3	39.7	1950—1960
马鞍山	78.0	22.0	1965—1978
攀枝花	81.6	18.4	1965—1978

表6　工矿区中、后期人口机械增长及自然增长的比例（%）

矿区名称	自然增长	机械增长	年份
鞍　山	75.7	24.3	1975—1978
个　旧	63.6	36.4	1976—1979
枣　庄	63.4	36.6	1976—1979
本　溪	64.0	36.0	1971—1978

表5、表6的资料来源：各市统计年鉴，由各市统计局提供。

（三）城镇人口规模的预测

影响城镇人口规模的因素是多方面的，一个矿区的人口规模是上述因素综合作用的结果。但在矿区不同发展阶段各因素对城镇人口规模影响的程度不同，不同矿区类型各因素的作用也不同。因此，人口预测需具体分析矿区处于哪个发展阶段，属于哪种类型，并进一步着重分析影响人口规模的主要因素，在此基础上采取相应的推算方法作人口预测。

1. 矿区不同发展阶段人口规模的预测

如前所述，矿区城镇人口的增长具有明显的阶段性。在开发早期，工矿业的发展对城镇人口的增长起了决定性的作用，因此人口预测需要着重分析矿区工矿业的发展规模和速度，并分析劳动力的需要量和来源，在此基础上预测规划期人口。例如以渡口的规划为例，首先需要着重分析以钢铁工业为核心的工矿业的发展。渡口是一个既有铁矿石，又有煤炭和冶金辅助材料的大型钢铁基地，开发这些资源需要大量的劳动力。另一方面由于矿区毫无工业基础，围绕钢铁工业的发展而建立的许多配套、协作和服务性的工业也需大量的劳动力。但矿区人烟稀少，大量劳动力必将从区外调入，这将导致城镇人口迅速增长。但渡口在 1965 年建矿前后的规划显然对这些特点分析不足，当初规划按一期工程钢铁综合生产能力，相应规划近期人口为 15 万，但至 1970 年生产能力尚未达到而城市人口已达 19. 2 万人，早已突破原规划人数。此后，渡口钢厂和攀枝花矿山相继投产，城镇人口继续猛增，至 1975 年城镇人口已达 29. 2 万人，自此以后人口增长才较缓慢。根据渡口矿区工矿业发展，在 1970 年的修改规划中，重新拟定一期工程相应的城市人口为 30 万—35 万人，后来的实践证明，这一规划较为符合客观实际。

在矿区中期，在工业发展条件较好的矿区，加工工业有可能继续发展，但总的说来，工矿业的发展将相对稳定，城镇人口的增长主要是自然增长。因此需要着重对影响自然增长的年龄构成、育龄妇女人数以及影响计划生育的社会经济因素等进行分析。

在矿区后期，自然增长仍将是影响城镇人口增长的重要因素，同时需要分析由于采矿业下降，职工外迁对城镇人口规模的影响。

2. 不同矿区类型人口规模的预测

如前所述，由于各矿区地理条件的差别，将形成各种矿区类型，从而将影响城镇人口规模。因此人口预测需要从分析矿区地理条件入手，明确矿区发展属于哪种类型，以此作为基础，预测人口规模。

在煤矿区，由于加工工业发展的水平不同，城镇人口规模相差很大。一般说来，采掘型矿区工业结构简单，城镇人口规模较小。例如淮北矿区经过二十多年的建设，虽然已属一千多万吨煤炭产量的大型矿区，但矿区原有工业基础差，且受水源、排污等条件限制，加工工业发展薄弱，城镇人口只有 20 多万人；而在1958年建矿时，曾规划城镇人口为50万人，显然是对该矿区工业发展条件缺乏合乎实际的分析的结果。加工—采掘型的工矿区，工业结构复杂，人口规模往往较大。抚顺即属于这一类。该矿区1956年进行城市规划时，大伙房水库（有效库容13亿立方米）已在兴建，但规划时对这一有利条件的变化将给城市发展带来的影响估计不足，规划近期人口57万人。该水库建成后，为工业发展提供了有利的条件，辽宁电厂、炼油厂等耗水工业相继发展起来，城市人口迅速增长，1962年城镇人口达83万人，原来规划的人口数很快被突破。该矿区1980年城市人口已近百万，煤炭产量与淮北差不多，人口规模却大4倍。从上述例子可以看出，不同工业发展类型的煤矿区，人口规模差别较大。城市人口规划应在分析采矿业发展规模的同时，着重分析矿区工业发展的条件，确定工业发展规模，在此基础上拟定人口发展规模。从煤炭产量与城镇人口数量对比看，每万吨煤炭产量的人口数，以加工—采掘型矿区为最多，如抚顺每万吨煤炭产量为1240人，淄博1228人，其次是采掘—加工型矿区，在500人至1000人之间，采掘型矿区较少，多数在500人以下（表7）。

表7　不同类型煤矿区煤炭产量与城镇人口之关系（1980年）

矿区类型	矿区名称	每万吨煤炭城镇人口（人）
加工—采掘型	抚顺	1240
	淄博	1224
采掘—加工型	萍乡	759
	焦作	664
	淮南	583
采掘型	阜新	442
	鹤岗	390
	乌海	379

在铁矿区，单纯的矿石基地和炼铁基地工业部门结构简单，城市人口规模小。如年产1000万吨矿石的迁安矿区，城镇人口只有2.2万人（1976年），梅山铁厂年产生铁130万吨，城镇人口不到4万人。在建有大中型钢铁联合企业的工矿区，工业结构较复杂，城市人口规模较大，一般都形成大、中城市。如鞍山和本溪均是超过50万人的大城市，马鞍山、渡口是新中国成立后发展起来的新城市，并已迅速发展成为中等城市。对于新建的钢铁联合企业，在采用

新的技术装备情况下，需要的劳动力可大大减少，但一个300万—600万吨的大型钢铁联合企业，也将相应形成十几万人的城市规模。

在有色金属矿区，属于单纯采矿基地的工业结构较简单，人口规模较小，如大型铜矿区东川，城镇人口只有6万余人。在有冶炼厂的矿区，工业结构并不复杂，城镇人口规模也不大，如甘肃金昌镍矿区只有5.8万人，个旧、铜陵等矿区均属于十几万人的小城市。

3. 工矿城镇人口规模的预测方法

城市人口规模的推算有各种方法，主要有劳动平衡法、劳动比例法、综合分析法、职工带眷系数法等。以采用何种方法为宜，应根据各类城镇的特点，有所选择，有时亦可几种方法并用，相互补充和验证。根据工矿区城镇的具体特点，可采用以下几种推算方法：

工矿区早期，在人口增长以机械增长为主，国民经济部门较单一的情况下，可采用劳动平衡法。采用此法需要掌握规划期基本人口数和矿区人口劳动构成数据。前者可根据工矿区国民经济发展规划拟定，而劳动构成比例则需要分析矿区具体特点而定。

工矿区城镇人口的劳动构成有以下特点：

基本人口比例高。根据10个工矿区资料，基本人口比例大致在40%—45%。新工矿区比例更高，如渡口达到57%（表8）。这些资料虽然年份不一，统计口径也不尽一致，但大体可反映工矿区特点。基本人口比例过高的原因一方面是由于工矿业专业化水平高，产品主要对外，另一方面是由于开发初期，服务行业薄弱，被抚养人口也较少。工矿区的进一步发展，基本人口的比例将会逐渐有所降低。

工矿区服务人口比例较低，大都在10%—14%。尤其是新工矿区，城镇基础差，其比例更低，如淮北市8.1%，马鞍山5.7%。工矿区居民点分散，矿工购买力强，许多设施还兼为附近农村服务。服务人口的比例不能低于一般城市。

被抚养人口的比例，在工矿区不同开发阶段比例不同。在新工矿区，劳动年龄组比例大，老年年龄和未成年年龄组比例小，被抚养人口比例小，如渡口市只有31.2%，平顶山33.5%，淮北为39.7%。在老工矿区，年龄构成与一般城市差别不大。在加工工业不发达的老矿区，城市待业人员和家庭妇女多，被抚养人口还高于一般城市，如鹤岗64.8%，鸡西63%，双鸭山62%，浑江60%，均高于全国城镇平均比例（1977年为44%）。

表 8　　工矿区城市人口劳动构成（%）

矿区名称	基本人口	服务人口	被抚养人口	年　份
鞍　山	39.3	14.5	46.2	1978
本　溪	40.4	14.4	45.2	1978
马鞍山	40.8	5.0	53.5	1973
渡　口	57.5	11.3	31.2	1979
抚　顺	39.2	14.5	46.3	1978
邯　郸	51.0	13.7	35.5	1973
淮　南	46.5	7.5	45.8	1979
淮　北	52.3	8.1	39.7	1979
阳　泉	49.9	10.5	39.6	1979
淄　博	50.9	13.0	36.1	1978

资料来源：由有关城市规划局提供城市规划资料。

表 9　　厂矿职工带眷比例（%）

厂矿名称	带眷职工	单身职工	年份
鸡西	88.0	12.0	1978
阜新	80.0	20.0	1978
鹤岗	80.0	20.0	1978
大同	50.7	49.3	1979
平顶山（五个矿）	27.7	72.3	1975
阳泉	22.8	77.2	1979
淮北	20.0	80.0	1979
晋城（三个矿）	14.8	85.2	1979
东川（矿区）	41.9	58.1	1980
攀枝花矿山	29.7	70.3	1980
渡口钢铁厂	34.8	65.2	1980
个旧锡矿山	63.3	36.7	1980

资料来源：由有关城市规划局提供城市规划资料。

矿区中、后期，在城镇人口增长以自然增长为主的情况下，可采用综合分析法，即分别预测矿区规划期人口机械增长与自然增长后，求其总人口。

上述劳动平衡法和综合分析法主要应用于工矿区全市和主城人口的推算。

对于独立的工矿点因经济部门单一，可采用带眷系数法。采用此法需掌握规划期职工人数，并确定职工带眷比例和带眷系数。现有职工带眷比例在老矿区为50%—80%，新矿区为20%—30%（表9）。新矿区规划职工带眷比例及带眷系数应按矿区具体特点而定。

四、工矿区城镇合理布局

（一）工矿区城镇形态类型

工矿区由于矿产资源的种类、储量、分布、开发规模与工业布局以及交通、地形等多种因素的影响，城镇分布具有多种形态，归结起来主要的有以下三种：

1. 集中组合型

工矿城镇的所谓集中是相对而言，它并不像一般城市那样集中连片，而是由若干相距很近的居住区所组成。这种分布形式主要是由于矿藏分布集中，采掘和加工工业布局集中所造成，根据其分布特点，又可分以下三种具体分布形式：

（1）单城。主要是在矿层厚、资源分布集中的矿区，井场布置密集，与资源开发利用有关的加工工业布局紧靠采矿区的情况下，形成这种布局形式。以抚顺为例，抚顺煤田是我国大型煤田之一，资源分布十分集中，在厚煤层之上还覆盖着油母页岩，矿区有大型的西露天矿和矿井3处及东露天矿（开采油母页岩），各井场相距很近。矿区内炼油厂、电厂、钢厂、铝厂、各种机械厂等主要企业的布局绝大部分都紧靠采掘区，形成了采掘和加工工业相结合，工矿业布局相当集中的状况，因而形成了居住区相对集中的城市布局。

（2）带形城市。煤藏储量集中，呈带状分布，如鹤岗矿区，煤田分布南北延伸长达二十多千米，宽数千米，8对大型矿井和3个露天矿相距甚近，地方工业也靠近矿区井场布局，城镇居民点相距甚近，由北向南延伸呈带状分布。

（3）双城。矿藏资源分布集中，但采矿区附近发展加工工业的条件差，采矿与加工工业分开布局，形成以采掘为主的城镇和以加工工业为主的城镇。例如阳泉矿区，煤藏储量大，分布集中，矿井相距很近，相应形成比较集中的矿井居民点群。由于矿区地处山区，地形狭窄，用地紧张，地方工业和市政机关摆在采矿区以东相距数公里的桃河河谷中。整个工矿区形成两大部分，全市25

万人，其中矿区10万人，城区11万人，人口规模相当。在矿区与城区之间，沿桃河河谷已被连续不断的建筑物连接，形成哑铃状的双城（图6）。

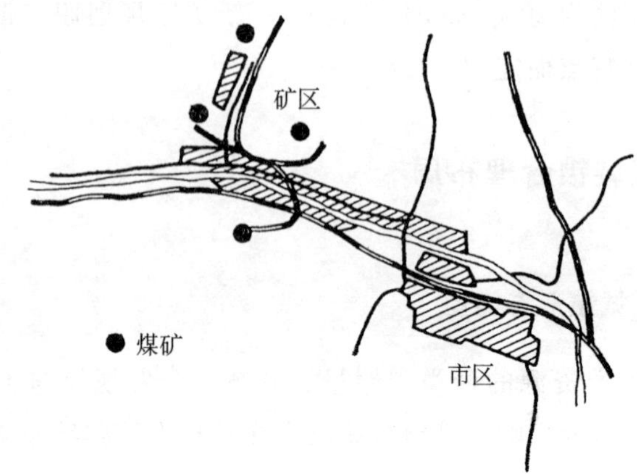

图6 集中组合型城镇（阳泉市）

集中组合型的工矿城市，便于组织和规划建设各种市政服务设施，但由于工矿业集中于较小地域范围，居住区易与工矿企业混杂，“三废”集中排放对环境威胁较大，交通运输与城市建设用地也较紧张。

2. 一城多镇

这主要是在矿藏资源分布不太集中的工矿区，我国大多数工矿区城镇属于这种分布形态，全区由一个主城和多个工人镇组成，主城是工矿区行政、经济、文化的中心，规模比较大，工人镇则职能单一，规模小，主城与工人镇间联系比较密切，形成了分散与集中相结合的分布形式。

一城多镇分布形式的形成与工矿业的布局或城镇发展历史密切相关：（1）主城配置大型冶金企业或其他加工企业，规模较大，而矿山的采选点却形成为规模较小的工人镇。如鞍山主城是我国规模最大的鞍山钢铁公司的所在地，人口规模达70万人，另有十余万城镇人口分布于鞍山市郊区的许多工矿点，主要有弓长岭、大孤山、齐大山、胡家庙、眼前山等，其人口规模多在0.5万—2.0万人。属于这种分布形式的还有本溪、马鞍山、个旧等工矿城市。（2）主城靠近某一矿，并发展某些与矿藏资源开发利用有关的加工工业，由于主城工矿业较集中，人口规模也较大，我国多数煤矿城市属于这种类型。例如唐山主城靠近开滦矿区的唐山矿，并在这里发展了钢铁、电力、建材、陶瓷、机械和轻纺等多种工业。1976年地震前人口达到40万，郊区有10多个工矿小城镇，其中规模较大的有林西、唐家庄、赵各庄等镇，人口各达5万—6万人，其他大都只万余人。属于这一类型的还有阜新、淮北、枣庄等煤矿城市。(3)主城是历史悠久的古城，城镇基础好，交通方便，在矿区资源开发以前，主城已是地区经济、文化、交通的中心，矿区开发后，在形成若干工人镇的同时，并促使主城加工工业的迅速发展和人口的大幅度增长，像大同、邯郸、徐州等工矿城市均是如此（图7）。

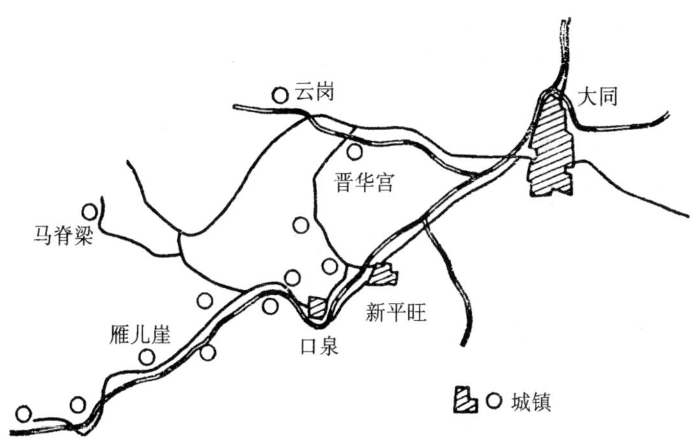

图7　一城多镇型（大同市）

一城多镇的工矿区，工业企业和人口主要集中于主城，如鞍山主城集中了全市人口83.7%，本溪主城人口占80.7%，阜新、大同、焦作等主城人口都占50%以上。小城镇则职能单一，人口规模小，职工家属子女就业困难，生活服务设施差。

3. 多中心城镇

这类工矿区城镇分布的主要特点是主城职能不突出，人口规模较小，在工矿区范围内形成了若干个与主城规模差不多的城镇，它们分别成为周围地域的区中心或片中心，因而使整个工矿区形成了多中心。

多中心城镇的形成与以下因素有关：(1)主城迁移，如淄博工矿区，历史上博山镇是工矿区行政经济中心，解放后随着工矿业的发展，工矿区范围扩大，1961年主城由博山迁至作为全区交通中心的张店。张店虽然成了矿区的行政中心，建有一些加工工业，但其经济、文化、服务等职能仍然影响不了整个工矿区。而市属各区所在地博山、周村、淄城等历史悠久，很早以前就已是各区的中心，现在仍然是各区行政、文化、服务的中心。(2)受矿藏、地形因素影响。在矿藏分布分散，地形复杂的矿区，居民点分散，交通联系不便，主城往往形成不了全矿区的中心。例如，六盘水矿区煤田分布于三大片，全区由水城、六枝、盘县三个特区组成，地域范围广，各特区所在地相距100—180千米。由于地形复杂，交通不便，各特区之间联系不多，矿区中心钟山—水城镇实际上只是全区行政中心，全区性的经济、文化、服务职能很薄弱，而在各特区形成三个特区中心，各具很强的独立性（图8）。（3）工业布局过于分散，造成居民点布局分散，也往往形成不了全区的中心。如淮南矿区洗煤厂、电厂、化肥厂等与矿井之间均彼此分隔，形成数目众多的工业片。全区城镇人口40多万人，分散在11个工业片和行政机构所在地，其中田家庵和蔡家岗—谢家集规模较大，分别成为工矿区东部和西部的区级中心，其余各片均在2万—3万人。市行政机关在洞山，人口只有2万余人，是工矿区行政中心。

多中心城镇主要问题是城镇分布过于分散，例如淄博矿区22个城镇中有11个城镇人口在1万人以下，六盘水矿区更为分散，全区城镇人口不足30万人，分布在50多个居民点中，平均每点只有6000人，这固然与地形复杂、资源分散有关，但工业和居民点布局不当是主要原因。

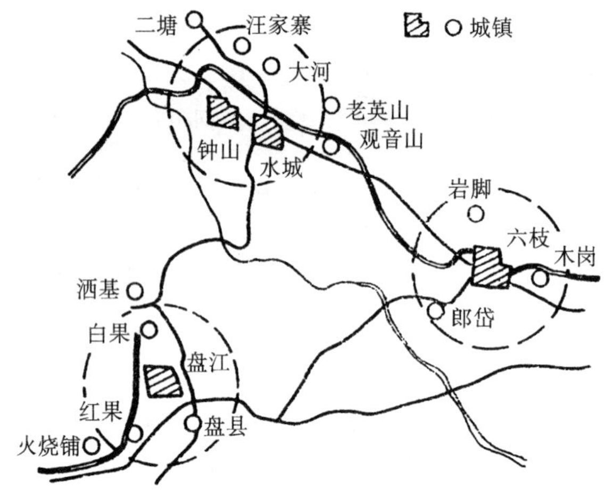

图8 多中心城镇（六盘水市）

（二）建立合理的城镇体系

综上所述，工矿区城镇分布主要问题是过于分散，以致城镇生活服务设施难于配套建设；同时某些工矿城市也存在过于集中的倾向，致使部分工矿区“三废”污染严重，城市用地紧张等。区域规划应针对这些问题，从工业合理布局，城镇合理布点，以及城市生活服务设施的合理安排等方面，逐步建立适合工矿区特点的城镇体系。

1. 城镇人口的集中与分散问题

我国工矿区城镇人口规模总的说来比较分散，据18个工矿区的资料，1万人以下的居民点占居民点总数的34.2%，1万—3万人占43.2%，3万—5万人占11.6%，5万—10万人占6.5%，可见工矿区大多数居民点规模较小。这种状况首先是与矿井规模小有关。例如在第一个五年计划期间全国新建煤矿井共115处，平均生产能力只有37.85万吨/年，第二个五年计划以来矿井规模虽有所增大，但1979年投产的37对矿井中，平均生产能力也只有43.7万吨/年。其次是与工业布局分散有关，长期以来，工业布局往往缺乏统一规划，各厂自行选厂定点，形成一厂一点状况。因为居民点规模小，多数工人村没有城镇建设管理机构，城镇设施只能由有关单位分管，例如百货、副食、蔬菜由商业部门管，文化教育设施由各厂矿管，一般都很简陋，往往是职工食堂兼作礼堂和电影院，至于公共设施和市政建设便无人过问。许多矿区没有公园、体育场、文化馆，居民物质文化生活条件很差。

为避免居民点分布过于分散，首先应从工业合理布局采取措施，对于某些专业化生产企业，应采取成组布局方式，避免一厂一点。例如，在煤矿区可以组成煤矿—洗煤厂—电厂—水泥厂，炼焦厂—煤焦化工等，并尽可能靠近矿井或露天采场布局。对于某些服务性工业如食品、服装工业以及某些适合于扩散的工业产品，则可分散到工人镇中去，通过上述措施，以改变工人镇生产单一、人口规模小的状况，并为矿工家属创造就业条件。

矿区居民点布局应适当集中，对现有过分分散的居民点需加以改造合并。我国一些老的矿区（尤其是山区），矿井规模小，布局混乱，20世纪70年代以来正逐步进行合并改造，因此矿井居民点也应加以改造合并。如鸡西矿区过去有矿井101对，平均每对井的生产能力为8.7万吨，经多次合并调整，至1977年只有38对井，每对井的生产能力达28万吨。原来的居民点很分散，需要根据调整后的矿井分布，相应调整现有居民点。

在进行新矿区居民点规划时，宜在相距较近的矿井之间建立联合工人村，以适当扩大居民点的规模。例如淮北矿区在相距较近的张庄矿和朱庄矿间建立矿山集工人镇，人口达2.5万人，另外在杨庄矿、烈山矿和烈山粘土矿间建立烈山工人镇，人口达2.3万人，因而避免居民过分分散。

工矿区城镇居民点布局在避免过分分散的同时，也应避免过分的集中。

在建立联合工人村时，应防止过分集中，以免造成职工上班过远。对于某些工业发展条件较好的主要工矿区的主城，应避免工业布局过分集中，因为采矿业以及在此基础上发展起来的加工工业，大都“三废”排放量大，占地多，工业布局过分集中，必将使主城在环境保护、用地等问题上更为突出，也造成人口过分集中，因此，如何处理采掘工业与加工工业在布局上的关系，是这类矿区在城镇规划方面的一个重要问题。一般说来，在煤矿区中的洗煤厂、机修厂应靠近采矿区布局，如矿区水源、用地等条件许可，发展与煤炭资源关系密切的工业如电力、建材等是合理的，并且从轻重工业协调发展看，根据条件尽可能配置些轻工业。但在大型矿区一般用地较紧张，污染也较严重的情况下，与矿区关系不大的工业最好不摆在矿区，可在矿区外围另建工业区。抚顺矿区早期发展的加工工业大多与矿区资源有密切关系，后来工业无限制的发展，许多工业与矿区关系并不密切，虽然在郊区开辟东洲石油化工区和章党电力工业区，但绝大部分工业仍集中于采矿区附近，以致污染问题、城市用地问题都比较大。

渡口工矿区工业布局解决得较好。该工矿区根据用地条件，工业布局采取集中与分散相结合的方式，把钢铁联合企业的主要部分如焦化、烧结、炼铁、炼钢、轧钢等都集中摆在弄弄坪，其他为钢铁工业配套的工业和地方工业分别在其外围建立若干个工业区，解决了工业、城市发展与用地的矛盾，人口也不过分集中。

震前的唐山工矿区主城除了唐山煤矿外，还集中了全区绝大部分的工业企业，以致全区 58.7% 的城市人口集中于主城，污染、用地、交通运输等问题都较大。针对这些问题，在震后的重建规划中对主城的工业作了适当的分散，在距主城 21 千米的丰润城东建立新区，疏散了老市区部分工业企业，把全区分为老市区、东矿区和新区三片，彼此距离大约在 20 千米，避免了工业、人口过分集中于老市区。

2. 建立城镇等级体系问题

在工矿区，城镇体系的等级与城镇分布形态密切相关，城镇分布集中的工矿区，城镇等级少，城镇分布分散的工矿区，城镇等级多。

在集中组合型工矿区，城镇等级体系不明显。在一城多镇的工矿区，城镇等级多在二级以上。以几级为宜，还要看主城影响范围和居民点的分布状况。主城影响范围与其人口规模、区内地形、交通条件等密切相关。在前苏联出版的《新城市的形成》一书中认为，采掘工业区主城在 10 万—30 万人口的“星座体系”，其影响半径在 15—25 千米范围内。在我国目前交通条件下，主城影响半径不可能太大，如以 15—25 千米的影响半径来衡量，从 9 个工矿区的实际情况看（表10），距主城25千米以内的城镇，占这些矿区城镇总数的66%，到主城乘车时间约需30—45分钟，联系较为方便。如果一个工矿区内的城镇与主城的距离都在这个范围内，这种工矿区可由两级城镇构成，如鞍山、本溪工矿区即属于这种布局形式，其郊区工矿城镇距主城绝大多数在25千米以内，区内城镇由主城和若干个郊区工人镇组成。

在大多数情况下，工矿区总有一部分工人镇距主城较远，联系不便，需建立三级城镇体系，即主城、区中心和工人镇。如1976年地震前唐山矿区主城在老市区，由于主城距各矿工人镇较远，因此在东矿区古冶设区级中心镇。焦作也采取这种布局，主城处于矿区中部，在矿区东、西两边各矿点适中位置，分别建立东部区中心（马村）和西部区中心（中站）。有的矿区往往有少数矿井远离主城和区中心，与主城和区中心联系不便，属于独立的工人镇，应建立较齐全的文化服务设施，以方便职工生活。如大同主城距矿区十多公里，区中心在矿区边缘（新平旺），由于矿区向外发展，最远矿井工人镇如王村距区中心几十公里，且地处山区，联系不便，这种独立的工人镇，其文化服务设施水平应高于一般工人镇。

在多中心城镇的工矿区，主城没有起到市中心作用，城市设施只相当于区中心，实际上是由区中心和工人镇两级构成。从城镇合理发展看，应适当加强主城的建设使其赋有市中心的职能，不过，不必像一城多镇型的主城那样突出，只略大于区中心即可。

一个矿区应有合理的地域范围，对于距主城过远，矿藏资源储量大、分布相对集中的宜建立新的矿区。例如淮北宿县煤田分布于宿州市东、西、南三处，地质储量达40多亿吨，规划建设矿井16对，该煤田距淮北矿区相城最近30多千米（海孜矿），最远的许町矿和宿南煤田的祁东矿在70—80千米。现芦岭矿已经投产，其他一些矿井正在建设中，领导矿区建设的淮北煤炭基建局设在宿州市，但体制归淮北市。淮北老矿区现有面积已不小（2915平方千米），如包括宿县煤田则范围更大，联系很不方便。从加强领导，有利于生产联系和城镇建设来看，宿县煤田宜另建新矿区为宜。主城可设在宿州市，该市城市人口近10万人，城市设施有一定基础，距大多数矿井不太远。

六盘水矿区也存在同样的问题，该矿区地域面积近1万平方千米，全矿区包括六枝、水城、盘县三个煤田，原来这三个煤田各自成立独立的特区，1978年将三特区合并为六盘水市，市政府所在地在水城钟山镇。因为彼此距离遥远（表10），加上地形复杂，联系很不方便，除了行政的联系外，其他经济、文化、商业等方面彼此联系很少，三个特区仍具有很强的独立性。

表 10　　工矿城镇主城与工人镇的距离*

城市名称	郊区城镇数	距主城 15 千米以内	15—25 千米	25—40 千米	40 千米以上
鞍　山	9	6	3		
本　溪	8	4	3	1	
个　旧	8	0	4	4	
唐　山	11	2	5	4	
大　同	13		7	4	2
阜　新	4	1	1	2	
鸡　西	14	6	2	4	2
双鸭山	6	2	2	1	1
淮　北	12	5	4	2	1
合　计	85	26	31	22	6

注：* 不包括带县的城镇。

3. 建立城镇文化与生活服务体系问题

与城镇等级体系相适应，必须建立文化与生活服务体系，按城镇等级，设置不同等级的文化与生活服务项目，使整个矿区文化与生活服务设施形成有机的整体，这对于地域辽阔、城镇分布分散的矿区来说尤其重要。

工矿区文化与生活服务设施的建设有其特殊性，城市人口的年龄构成和性别构成以及矿区农村人口对物质和文化生活的需要，对工矿区文化与生活服务设施项目与规模都有一定的影响，不能照搬一般城市的定额指标。工矿区城镇分布分散，城镇间联系不便，每个城镇都具有一定的独立性，文化与生活服务设施布局不能过分集中于主城，而应该重视区中心和工人镇的建设。

主城是全工矿区的行政、经济、文化和生活服务中心，主城文化生活服务方面除了设置为本城居民服务的日常生活服务设施外，为全矿区服务的主要是一些不经常或不普遍使用的比较高级的设施，包括文化教育、医疗、商业、服务业等等。主城服务设施的规模，需要分析流动人口和购买力水平等因素，而不能简单地只根据城市总人口来定，有的工矿区因缺乏具体分析，致使所确定的服务设施的规模不合适。不少矿区主城服务设施的规模偏大，如重庆南桐矿区主城万盛镇人口只占全矿区 18%，而商业服务业职工却占全市 60%，商店营业面积占全市 48%，其中百货、缝纫、旅馆等规模很大，营业额很低。淮北矿区的主城（相城）百货商店的规模也很大，但营业额比下面的工人镇低，每个营业员的营业额只有2.5万元/年，而矿山集达到6万元/年。对于多中心城镇的矿区，主城设施的规模更不能太大，像六盘水矿区，城镇分散，交通不便，远处城镇居民很少到主城来，各项设施不宜搞的太大。

区中心的文化与生活服务设施主要是为区中心所在的城镇及其周围工矿点服务。其服务设施应该比较齐全，使城镇及周围工矿点居民的一般文化生活与服务方面的需要都能得到满足。

工人镇，这是工矿区居民生产和生活的场所，凡与居民日常生活密切相关的项目，都应设置齐全，使居民一般日常生活和购买基本必需品均可在当地得到解决。

（三）主城与矿业工人镇的布点

主城与矿业工人镇是矿区中两类最基本的居民点，其布点是否合理，决定了整个矿区居民点布局的合理性。

1. 主城的布点

（1）主城布局形式。主城布局受资源分布、用地、交通等条件制约，形成多种布局形式，主要有以下几种：

①位于矿区中心。本溪市主城位于本溪盆地，靠近煤矿，地形较为开阔，水源丰富，距区内各矿点也不远，南距南芬铁矿25千米，北距歪头山铁矿30千米，距牛心台煤矿13千米，距大明山和南山石灰石矿只有2—3千米，钢铁工业所需的原燃料和辅助材料的运输都比较近便，主城与各工人镇的联系较密切，通勤人数较多（图9）。

焦作市主城也位于矿区中部，在主城西南有焦西、李封、王封、朱村等煤矿和粘土矿井以及一些工厂，东北有马村、中马、韩王、演马、大陆、冯营等煤矿和工厂，主城位置比较适中。中心式的布局是一种比较理想的布局形式，但是由于工矿区各种条件的限制，中心式的布局并不多见。

②位于矿体边缘。由于受矿产资源分布、用地、水源等条件限制，主城不能摆在矿区中部，可摆在矿区边缘。属于这种布局的有两种形式。一种是主城摆在矿体的一侧，如淮北矿区主城采用这种布局形式。因煤田地势低洼，易患涝灾，且人多地少，征地困难，建矿之初主城选址经多方案选择比较后定在相城。它处于煤田边缘，距各矿较近，联系方便，且地势较高，土地瘠薄，城市用地少占耕地，淮北矿区主城的布局定点比较成功（图10）。

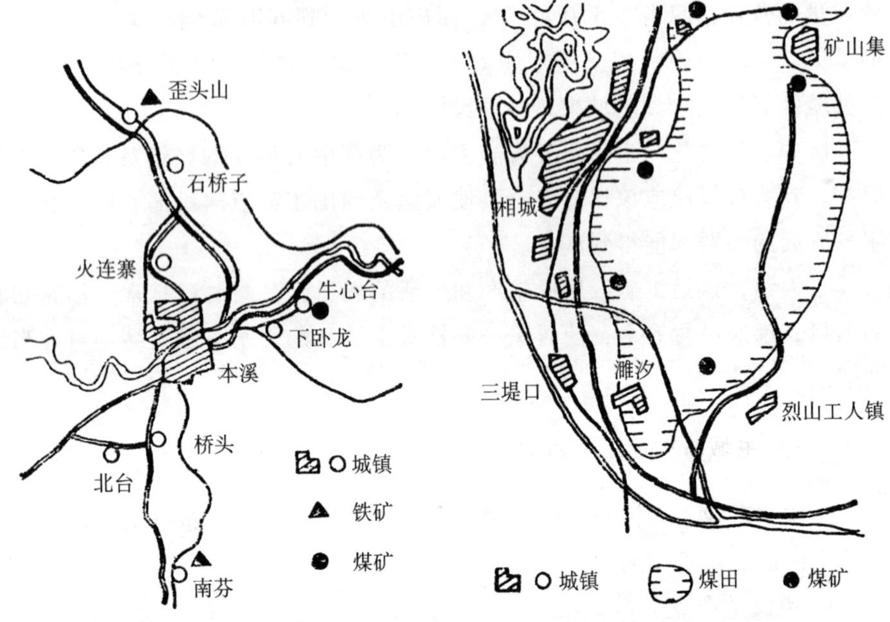

图9 主城位于矿区中部（本溪市）　　图10 主城位于工矿区一侧（淮北市）

③位于矿区一端。这种形式比较普遍，因主城位置过偏，与工人镇联系不太方便。这种布局形式大多是历史原因造成的，许多矿区在开发之前矿藏资源并没有全面摸清，矿区缺乏全面规划，随着资源逐步摸清，矿区逐步向外围发展使主城位置过偏。有的虽然资源已勘清，但矿区分期开发，主城往往在早期开发的矿井附近发展起来，也造成主城位置过偏。例如阜新矿区早期开发的是新丘和平安矿，新中国成立之初在这两矿之间又开发大型露天矿海州矿，主城靠海州矿，位置比较适中，后来矿区向西南发展，开发了东梁、艾友、清河门等矿，主城距清河门30多千米，联系不便。解决上述问题，可在边远矿井居民点设置比较齐全的服务设施，以方便当地居民。有的矿区规划搬迁主城。如枣庄矿区解放前只有枣庄、田屯、陶庄三矿，主城靠枣庄矿，解放后矿区向西和西北发展，主城位置显得过偏。为了便于领导煤炭生产，矿务局将迁至薛城。主城因为压煤也需搬迁。一种方案是随矿务局迁至薛城，另一种方案是在现主城南煤田边缘外，与十里泉工业区之间扩建新城。后一方案可利用老城部分文化与生活服务设施，且方便大多数职工上下班，看来此方案较为有利（图11）。

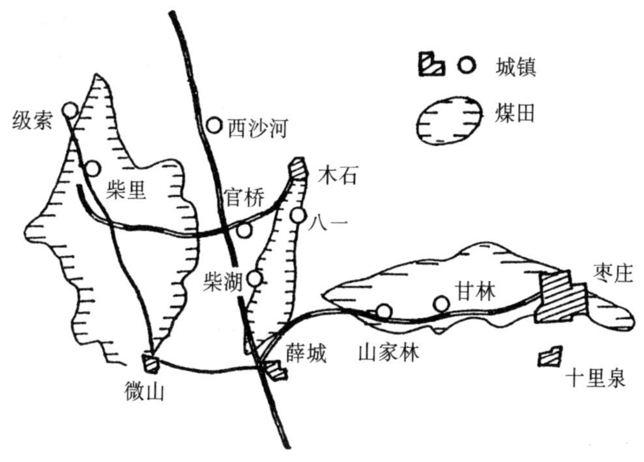

图 11 主城位于矿区一端（枣庄市）

在一般情况下矿务局与各矿联系密切，搬迁至矿区适中位置是必要的。市政机关则与市区各单位联系较多，不必随同矿务局。许多矿区矿务局和市政机关并不都在一起的，如大同、峰峰、淄博、七台河等。

④位于矿区之外。这主要是在地形复杂，缺乏城市建设用地的矿区。如东川矿区，各矿点都分布在海拔数千米的山头上，山势陡峻，连矿场工人镇的用地都很困难，主城只能选在矿区外的新村，距各矿 30—100 千米，加上地形复杂，联系很不方便。有的矿区如大同主城依托老城，距矿区也较远。这种矿区的主城与工人镇间联系不便，因而尽可能避免这种布局形式。

（2）尽量避免城市压矿。我国不少老矿区都存在城市压矿问题，尤其是煤矿区矛盾比较突出，造成此问题有以下原因：

一是地下资源不清，如抚顺矿区，在日伪时期认为抚顺煤田的北界为正断层，系单斜构造，在断层线以北不再有煤，经解放后向深部钻探弄清是逆断层，系向斜构造，在原境界线断层以北还发现有大量煤层，以致现在抚顺市建成区压煤面积达 27 平方千米。

二是缺乏全面规划和限制压矿的措施。有的矿区明知地下有矿，却没有及早作出全面规划，确定搬迁或保留地上建筑的方案，以致地面建筑继续发展，使压矿问题越来越严重。如本溪煤矿和枣庄矿区都有上述情况。

尽量避免城市压矿，是城市规划和建设的基本原则之一。在一般情况下，城市应建在无煤地段或不可采煤层之上，但同时又不能距矿区过远。鸡西矿区主城鸡冠区布局是比较好的例子，鸡西煤田大致呈东西走向的复向斜构造，中部由于平麻逆掩断层，造成背斜顶部缺失，成为无煤地段，主城即在此建设，既不压煤，又距多数矿井较近（图 12）。淮北矿区相城和鞍山市区位置则选在矿区边缘，既不压矿又接近矿场。在特殊情况下允许压不可采矿体（开采条件恶劣、矿层太薄、品位太低或深层矿体），如双鸭山矿区主城即位于深煤层之上。

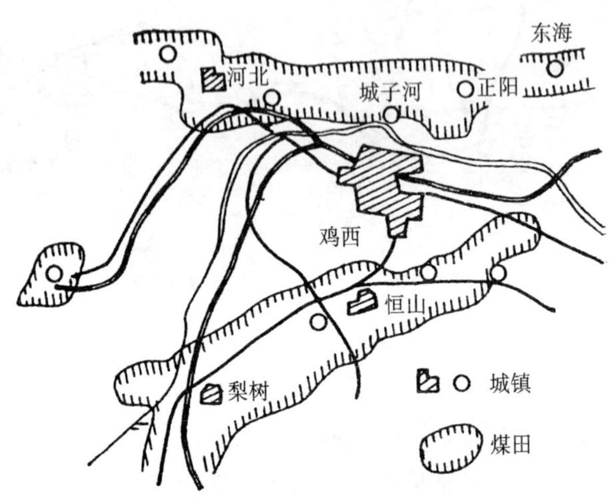

图 12　主城位于适中位置的无煤地段上（鸡西市）

（3）依托老城。新矿区开发，平地起家，如有老城镇作依托，对加速矿区开发具有重要意义。但矿藏分布往往在经济不发达地区，原有可依托的城镇较少。依托老城作为主城的大同、邯郸、徐州等市。其中大同、邯郸距矿区稍远，作为主城位置偏些。徐州的位置比较适中，徐州煤田分布于津浦路两侧，徐州市位于津浦与陇海路交汇处，交通方便，距东、西矿区也不太远。

2. 矿业工人镇的布点

矿业工人镇的布点受矿产资源分布的制约，工人镇具有其独特的分布形式，主要有以下几种：

网状分布，这主要是在平原地区的煤矿区，当煤田大面积分布时，居民点呈网状分布，通往各矿区的道路将各居民点连结成网。

点状分布，大都在山区金属矿区，交通不便，道路线少。居民点稀疏呈点状分布，如东川矿区居民点分布属这种形式。

联珠状分布，这主要是在山区煤矿区，矿井一般沿煤层埋藏浅的山谷布局，居民点也沿山谷成联珠状分布，如大同、六盘水等矿区矿井居民点均沿山沟分布。

弧形分布，有的金属矿藏呈弧形分布，如鞍山近郊各矿场由东北—东—西南呈断续弧形分布，矿场居民点分布也呈弧形。在大型露天煤矿，居民点沿露天矿边缘分布，如抚顺西露天矿，阜新的海州露天矿均属这种布局。在平原地区煤田连片的矿区为避免压煤，居民点沿煤田边缘分布，也往往呈弧形。

从上述例子可看出居民点的分布与资源的分布关系十分密切。

矿业工人镇布局的主要问题是确定与矿场的合理距离，在一般情况下，居民点距矿场不宜过近，如距离太近（少于500米），噪音、煤灰、粉尘等问题使居住环境恶化，也不安全。但也不宜过远，因为矿工到矿场后再到工作面还有一段距离，在井下开采的矿区，往往从井口到工作面距离十几千米甚至更远。其次交接班事项多，所需时间也长。因此居民点的布局尽可能接近矿场，尽量减少矿工路上消耗时间。即使在交通发达的国家，居民点布局也是尽量接近井场。如前苏联顿巴斯矿区16个工人镇中有11个与矿井距离在2千米以下，有5个距矿井5千米。库兹巴斯12个工人镇中有7个镇距矿井3千米以内，5个镇距矿井5千米，2个市距12千米。卡拉干达居民点与矿井距离较远，在15个工人镇中有8个在5千米以内，4个在7千米以内，3个在10千米以内，因为居民点距矿井过远，结果在矿井周围形成几十个临时性工人村。

我国煤矿区居民点设计要求距矿井在2.5千米以内，即步行不超过半小时为宜，要实现这一要求，在以下两类矿区中，需要解决以下两方面的矛盾：

在煤田大面积分布的情况下，解决居民点压矿的矛盾。部分居民点可做到既不压矿而距离又不过远。如把居民点建在煤田边缘的凹入部分或建在煤田断层带上，或建在煤田铁路专用线三角地带，或建在煤田背斜构造顶部被剥蚀为无煤的地段（图13）。有的矿区利用稳定的塌陷地，用煤矸石填坑造地作为建筑用地，如淮北张庄矿办公楼用地，鸡西城子河矿也规划用此办法解决居民点用地。淮南的潘集矿区和淮北宿县矿区的居民点规划主要布置在煤田边缘或不可采煤层上，这样，将有部分居民点距矿井的距离超过2.5千米。如宿县矿区规划13个矿井居民点，其中距矿井1.5千米的居民点3个，1.5—2.5千米的4个，2.5—5千米的有6个矿。距离2.5千米以上就需要解决矿工上班的交通工具。

在地形复杂的矿区，则需要解决用地的矛盾。如大同矿区的矿井都分布在口泉沟、云岗沟和鹅毛沟三条山沟里，可用地很少，加上过去建的居民点基本上都是平房，用地过多，造成现在居民点用地十分紧张，以致有的房子建在河滩上，既不利于行洪，也很不安全。为此矿区曾设想在口泉沟口的平地上建设大型工人镇，但这样势必带来大量矿工远距离通勤，在山区交通不便情况下是行不通的。较为可行的办法还是就近扩建，通过拆除某些简陋的平房，利用山坡地以及征用部分耕地来解决居民点的用地问题。

金属矿区矿藏大都分布在山头上，在建设用地很困难的情况下，居民点还是尽可能就近建设，如东川铜矿区和个旧锡矿区的各矿工人镇均就近建设。只是在用地极困难情况下才建在别处。如渡口攀枝花铁矿兰尖矿采场位于山顶上，由于场地的限制，在采场附近只建一个矿工休息室和停车场，其他设施如矿办公室、单身宿舍、职工食堂等都建在半山腰的山坳里，工人镇则建在山脚下，距矿7千米，职工上下班用汽车接送。

建立工农结合、城乡结合的新型工人镇。矿业居民点与周围的农村紧密相连，应处理好与农村的关系。在矿区建设初期，就应对矿所在地的工农业和城乡居民点建设进行全面考虑，统一规划。淮南潘集矿四十二工程处在建矿初期就十分重视这个问题，把矿区的排水和道路建设与周围农村的水利和道路建设统一规划，使农业基本建设成效显著，改变了历史上“无雨即旱，大雨受淹”的农业低产落后面貌，农业生产连年丰收。在矿区大量征用土地减少了耕地的情况下，却增加了农业总产量，提高了社员生活水平。同时矿区商业服务、邮电、文化教育等设施的建设也考虑为周围农村服务。矿区的建设促进了矿区农村的全面繁荣。

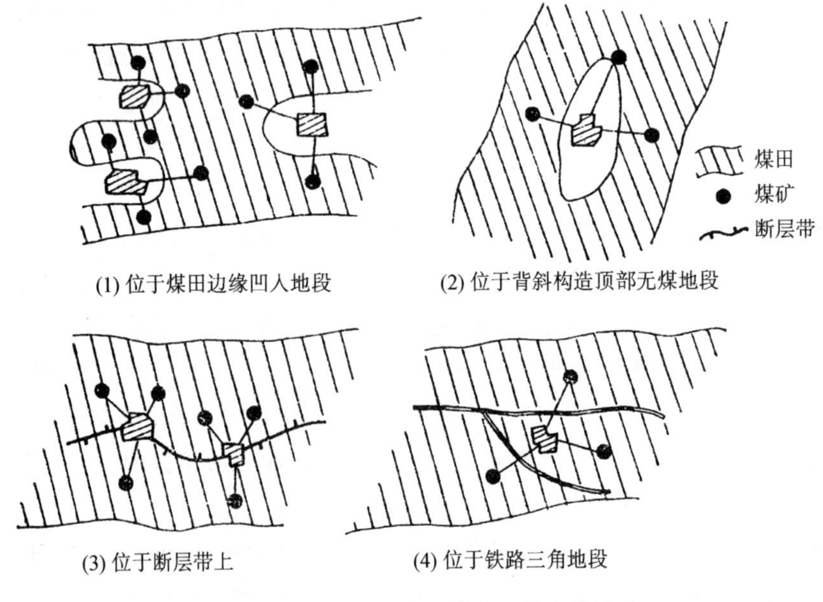

图13　矿区工人镇避免压煤的几种布局形式

贵州六盘水市工矿业发展与城镇布局*

一、城市基本概况

六盘水市位于贵州省西部，西与云南省宣威、富源县毗连，北、东、南三面分别与本省的毕节地区、安顺市和黔西南布依族苗族自治州接壤。1964 年矿区开发以后，规模不断扩大，至 1973 年年底成立六盘水市，直属省管辖，下分六枝、盘县、水城三个特区（县级政企合一单位），市政府位于水城钟山镇。全市总面积 9955 平方千米，东西最宽处约 110 千米，南北最长处约 170 千米，是我国地域面积最大的城市之一。1982 年全市总人口 210.2 万人，由汉、彝、苗、布依等 15 个民族组成。其中，城镇非农业人口 29.5 万人，占总人口 14.3%，农业人口 180.7 万人，占总人口 85.7%。本市城镇规模小，布点分散，是一个由众多的小城镇所组成的矿区城镇群，全市共有 12 个工矿镇，其中规模最大的是水城镇（包括钟山镇），总人口 10.2 万人，其中非农业人口 7.9 万人。

六盘水市地处云贵高原，境内地形复杂，地势由西南向东北倾斜，全市在海拔 1800 米以上的面积占总面积 60%，海拔最高达 2900 米（韭菜坪），为贵州高原之屋脊。由于地形复杂，交通闭塞，开发历史较晚。在矿区开发之前，几乎没有现代工业，只有一些地方性的小煤窑和手工业。自 20 世纪 60 年代中期开发矿区以来，工矿业和城市建设突飞猛进，迅速建成为我国重要的煤炭基地、新兴的煤矿城市。

六盘水市形成发展的历史既反映了矿业城市的共同特征，又有其独特之处。分析本市城镇形成发展的条件，探讨城市经济、人口结构和布局特点，在

* 本文载于许学强等主编：《中国小市镇的发展》，中山大学出版社 1987 年版。

此基础上分析城市发展存在的问题及解决的途径，对于搞好煤矿城市规划具有重要意义。

二、城市形成发展的条件与因素

六盘水市在地形复杂、交通不便、经济基础薄弱的不利条件下，经济发展和城市建设速度如此之快，主要与丰富的资源及工矿业的发展分不开。

（一）丰富的煤炭资源是城市发展的前提条件

贵州省是我国重要的煤炭储藏地之一，主要集中在黔西。六盘水煤田就是人们称之为“黔西煤海”中的一大煤田，不仅储量大，而且还储藏着丰富的炼焦煤。全市煤炭保有储量144亿吨，约占本省三分之一，含煤面积达到5500平方千米。我国煤种主要属低变质煤、不粘结和弱粘结煤，炼焦煤较少，而由于六盘水煤田是我国重要的炼焦煤基地，所以对我国南方的冶金、化学工业的发展具有重要的作用。六盘水煤田的开采条件也较好，煤层埋藏较浅，开采容易。在河谷处往往可见煤层露头，矿井沿山谷露头布置，采用斜井或平峒开采，容易建井，投资省且时间短。从经济地理位置来看，我国主要煤田分布于北方，南方燃料不足，六盘水煤田是江南最大的煤田，生产的煤炭除就近供应本省外，一部分运往云南、广西和广东等省、区：对解决南方燃煤不足的困难起了重要作用。从资源的组合看，除了具有多品种的煤炭资源外，还赋存有铁矿资源，石灰石矿则到处皆有，这就为电力、钢铁、建材等工业的发展创造了有利的条件。

（二）工矿业的发展是城市发展的直接动力

根据上述煤田开发的有利条件，为了加速西南地区经济的发展，1964 年国家决定开发六盘水煤田，有关部门从四面八方调集了 4 万多基建职工，进行了大规模的矿井和铁路建设，建设速度异常迅速。1966 年贵昆铁路通车至水城，有力地推动煤矿的基本建设。在 20 世纪 70 年代初就陆续建成一批矿井投入生产，至 1982 年已建成投产的矿井共 21 对，原煤生产能力 728 万吨，洗煤厂 5 座，设计能力 500 万吨，煤炭系统职工（包括采、选和机修等）达到 7.7 万人，成为我国大型煤炭基地之一。

煤炭的开发为加工工业的发展提供了充足的燃料和原料。根据本市发展钢铁工业的有利条件，1966 年动工建设水城钢铁厂，现已形成采矿、烧结、炼铁、炼钢、轧钢等完整的钢铁生产体系。1982 年开采铁矿石 38 万吨，生产生铁 41.3 万吨，焦炭 43 万吨，钢 931 吨，钢铁工业系统职工 1.5 万人，是本省唯一的中型钢铁联合企业，对本省经济发展起了重要的作用。本市现有电厂 6 个，装机容量 12.5 万千瓦，水泥厂 5 个，总生产能力 60 万吨，1982 年全市生产水泥 49.5 万吨。此外，化工和轻工也有一定的发展。总之，经过近二十年的建设，本市已由单一采矿业向工矿业综合发展迈进。1982 年工矿业总产值 4.6 亿元①，工业职工达到 11.5 万人，工业发展对城市发展起了决定性的作用。

三、城市发展与布局的基本特点

（一）城市职能单一，以工矿业为主

这里以城市国民经济部门职工构成和工业部门职工构成作为分析城市职能的基本依据。根据 1982 年人口普查资料，在六盘水市国民经济十大部门职工（缺农、林、水、气部门职工）构成中，以工矿业比重最大，占全市总职工的 62.7%，远远高于全国城市和城镇的平均数（分别为 56.46% 和 47.3%），可见工矿业在城市社会经济各部门中具有十分突出的地位，工矿业的发展决定了城市的发展，是城市最基本的职能。其余各部门职工占全市总职工的比重都在 8% 以下（表 1）。第三产业（表 1 中除工矿业、建筑业）的职工比重，六盘水是 31.6%，全国城市平均为 35%，全国城镇平均为 46.7%，这说明六盘水市的第三产业不发达，其中最明显的是商业、饮食、服务、供销、仓储业不发达，其职工比重仅为 7.9%，而全国城市平均为 9.6%，城镇平均为15.5%。

煤矿城市工业结构具有多种类型，有的矿区由于煤种、水源、经济基础等不利于工业发展，所以加工工业发展薄弱，其工业结构属于采掘型矿业。但多数矿区都具有发展工业的某些条件，因而程度不同地都发展了某些工业门类。六盘水市虽然地形复杂，交通不便，但矿藏资源条件和水源均有利于工业发展。矿区开发以来，工业结构已由单一采掘型向综合发展方向迈进，但目前综合发展水平仍较低，1982 年煤炭工业职工占工矿总职工的比重达到 66.5%，说明本市是以采掘业为主的城镇。在加工工业各部门中，冶金工业职工占工矿

① 1984 年工业总产值 5.88 亿元。

表 1　六盘水市国民经济部门职工构成①

部门名称	职工人数	占总职工%
工矿业	115471	62.7
建筑业	10383	5.6
交通运输、邮电	13297	7.2
商、饮、服、供销、仓储业	14569	7.9
住宅、公用事业、居民服务业	1011	0.5
文教、卫生	14672	8
科研	177	0.1
金融	1601	0.9
国家机关	12788	6.9
其他	206	0.1
合　计	184175	100

① 本表所列数字引自 1982 年人口普查资料。

业职工比重为 12.6%，仅次于煤炭工业，其次是机械工业（5.4%），依次是化学工业、电力工业、建材工业，而食品工业和其他轻纺工业十分薄弱（表 2）。1982 年全市工业产值 4.6 亿元，其中轻工业产值只有 0.35 亿元，占 0.77%。

表 2　1982 年六盘水市工业部门职工构成①

工业部门	工业总职工	煤炭	电力	冶金	化工	机械	建筑材料	木材加工	纺织、缝纫、皮革	食品	造纸、文教用品	其他
职工人数（人）	115471	76837	3583	14478	4772	6218	2858	307	1518	2481	2088	331
占工业总职工%	100	66.5	3.1	12.6	4.1	5.4	2.5	0.3	1.3	2.1	1.8	0.3

① 本表资料由六盘水市计划委员会、统计局提供。

城市经济结构与工业结构过于单一，给经济发展与职工就业等带来不少问题。

首先，不利于资源综合利用和半成品的深度加工，因而，影响财政收入。一般来说，煤炭生产投资大而产值低、利润少。这里虽然也有管理问题，但主要原因是煤炭生产特点和价格政策，因而，一个城市煤炭生产比重越大，往往问题越突出。据1982年资料，全国中等城市每百元固定资产原值所创造的总产值平均为230元，而六盘水市只有23元，相差10倍。工业总产值的利润率全国中等城市平均为7.4%，而本市为-5.4%，煤炭生产规模越大，亏损便越多，因而影响了市政设施和服务设施的建设。

其次，城市职能过于单一，第三产业不发达，城市基础设施落后，会给居民生活带来不便，影响生产，降低劳动生产率。

最后，妇女就业困难。由于采掘工业的要求，职工性别构成差别悬殊，全市平均男职工占80%，女职工只占20%，妇女就业困难。1982年全市7万多待业人员中大部分是女青年。由此可见，改变城市单一的经济状况，加强经济综合发展十分重要。

（二）城镇人口增长具有明显的阶段性，人口结构不平衡

在工矿城市的发展过程中，城镇人口的增长大致经历如下阶段：在矿区开发初期，工矿业迅速发展，城镇人口处于迅速增长时期；在矿区发展中期，工矿业发展相对稳定，人口增长速度较为缓慢；在矿区后期，根据加工工业的发展水平，城镇人口可能继续保持相对稳定或下降。六盘水市从矿区开始建设的1964年起至1970年，随着煤矿、钢铁、电力、建材等部门的建设，人口增长迅速，城镇人口1963年为7.8万人，至1970年达到25.1万人，在短短的7年中增长3.2倍，平均年递增18.2%。自20世纪70年代以来，随着工矿业相继建成投产，大批基建职工陆续撤离本市，人口增长缓慢，1970—1982年平均只递增1.3%，已由上升期进入相对稳定时期。

煤矿城市人口结构具有其特殊性。在矿区大规模基本建设时期，大量调入的是男性劳动力，城市人口男多女少，少年儿童和老年人比重低，劳动人口比重很高。当矿区进入稳定时期，人口结构不平衡的问题有所缓和，但对于采掘业比重较大的城市，采掘业大量需要的矿工主要来自农村，而我国人口政策规定不许农村的矿工家属随意进城，因此，人口结构不平衡的特点仍相当突出。六盘水市此时虽已经历了二十年的历史，人口性别结构和年龄结构仍很不平衡。据水城特区七个城镇的人口资料，性别比例高达174（以女性为100），尤其是煤矿工人镇更高，如汪家寨镇为302，大湾镇303，大河镇321。不仅远远高于全国城市平均水平（107.66），也大大高于全国城镇人口平均水平（115.58）。由于矿工家属多在农村，两地分居问题十分突出，至今全市仍有60%的矿工与其家属分居两地。与此相关，矿区少年儿童和老年人少，劳动人

口比重很高，如大河镇19—59岁人口占总人口73.9%，汪家寨镇占76.3%，大湾镇占77.9%。0—18岁人口比重，与全国城市人口平均数比较，相差不大，但却低于全国城镇人口平均水平（37.79%）。60岁以上人口组的比重，无论是与全国城市人口（7.35%），还是城镇人口（6.49%）相比，都是明显偏低（表3）。

表3　　1980年水城特区城镇人口性别与年龄构成

城镇名称	性别比例（以女性为100）	年龄构成（%）		
		0—18岁	19—59岁	60岁以上
合　计	174	34.4	63.7	1.9
钟　山	146	36.9	61.3	1.8
水　城[①]	138	39.4	57.8	2.8
老鹰山	179	36.1	62.3	1.6
红卫山	164	38.6	59.9	1.5
汪家寨	202	22.5	76.8	0.7
大　河	321	25.4	73.9	0.7
大　湾[②]	303	21.1	77.9	1.0
全国城市人口平均	107.61	34.85	57.80	7.35
全国城镇人口平均	115.58	37.79	58.66	6.49

① 水城包括老城关和水城钢铁厂居住区，水城与钟山镇相距7千米。

② 大湾镇在威宁县内，是水城特区的一块飞地。

资料来源：六盘水市公安局人口统计。

（三）城镇规模小，分布分散

六盘水市城镇居民点的规模较小，全市城镇人口不足30万，分散分布在50多个居民点上，平均每点只有6000人，人口规模最大的城镇是水城特区的水城—钟山镇，人口只有7.9万人，最小的居民点只有千余人。居民点的这种分布特点，首先与煤炭资源的分布与开发布局有关。本市矿区煤层呈条带状展布，多数煤层地质构造复杂，断层多，地形起伏，交通不便，因此，煤矿井型较小，全矿区21对矿井，总设计能力728万吨，平均每对矿井34.7万吨，其中60万吨以下的矿井共14对，占矿井总数的67.0%。居民点大多数依附矿井建设，这是居民点规模较小的重要原因。其次，与城镇的职能有关，一般来说，城镇职能部门越多，城市规模越大，城镇职能部门少，相应的人口规模也小。本市属综合性职能的城镇只有水城、平寨和盘县的城关镇，其余均属矿业或工业居民点，大都是一矿一点或一厂一点，职能十分单一，工业布局过于分散也是造成城镇居民点规模小的重要原因。而工业布局分散则主要是缺乏统一规划造成的。如将水城电厂摆在距矿井较远的山沟里，形成只有千余人的工人村，而附近汪家寨的人口也只有万余人，生活服务设施很难配套建设。如果电厂与附近的汪家寨煤矿和选煤厂结合起来，尽量靠近煤矿坑口，既有利于生产联系，缩短电厂燃料运输距离，也有利于城镇集中建设。

四、城镇发展与布局的调整

（一）调整城市经济结构

如上所述，本市经济发展过于单一给城市发展带来许多问题，随着今后煤炭工业的发展，调整城市经济结构，对实现国民经济各部门的协调发展是十分重要的。

1. 加强工业综合发展

本市发展加工工业具有矿产资源的优势。钢铁工业发展如能解决赫章山鲕状褐铁矿的选矿问题，则可自给部分矿石。本地还有十分丰富的燃料和石灰石等辅助材料。从西南地区经济发展的需要看，有可能与西南大型钢铁基地渡口市建立钟摆运输，即以本市炼焦煤换取渡口市铁矿石，因而本市有可能建设成西南第二个大型钢铁基地。

煤矿区建立电厂，以电能输出，可大量节省煤炭运输，缓和交通压力。本市有大量洗中煤和部分高硫原煤宜于就地发电。现正在建设规模为40万千瓦的盘县电厂，并正在积极规划选址建设新电厂，未来本市将成为西南重要的电力工业基地，向四川、云南等省区送电。

六盘水市具有丰富的原料和燃料条件，发展建筑材料生产。目前水泥生产供不应求，砖、瓦生产更为薄弱。1982年砖产量只有2056万块，只能满足需要量的一半，大量砖瓦从四川、湖南、广西等地远距离调入，运费高且无保证。建筑材料（尤其是砖瓦）是一种需要量大、笨重而价廉的产品，原则上应就近生产，就近销售。因此，本市的建筑材料工业需要大量发展，并应与资源综合利用相结合。采煤、冶金、电厂都是废渣排放量大的生产部门，全市煤矸石、冶金废渣和电厂粉煤灰年排放量达到500万吨，除铁渣（水渣）被利用作水泥原料外，煤矸石、粉煤灰均未能充分利用，不但污染环境，而且浪费资源。因此，为了尽快做到砖瓦自给，加强综合利用，必须大力发展煤矸石、粉煤灰砖。

本市轻工业十分薄弱，其产值仅占工业总产值7.7%。为适应广大人民生活水平日益提高的要求，需要大力发展食品工业和服装工业，同时需要根据资源技术条件和消费要求，因地制宜地发展各种日用轻工和手工业品。例如从原、燃料条件和需要来看，本市发展陶瓷工业很有前途，但现在陶瓷厂因技术等问题，只生产土陶，而本市大量需要的日用瓷器和建筑陶瓷还得从外地运来。只要提高技术水平，陶瓷生产就可以得到发展。本市山多地少，山区林果资源丰富，但外运困难，各小城镇可就近开展果品加工和编织业。对于某些生产技术简单，需要量大，适于当地生产的各种日用品，都应尽可能就地生产，如各种日用品、家具、各种劳保用品等，只要提高技术水平，增加样式品种，就会有销路。

2. 加强第三产业的发展

煤炭开采的劳动环境恶劣，劳动强度大，城市需要为矿工创造良好的休息、娱乐和生活条件；矿区居民点分散，各项服务设施和人员定额应略高于一般城市；第三产业的发展还可为妇女提供更多的就业机会。如前所述，本市第三产业的发展十分薄弱，城市各项服务设施如与西南地区同类型城市渡口市相比，多数城市服务设施水平较低，如与我国中等规模城市相比则更低，尤其是在文化娱乐、医疗设施和饮食服务业方面差距更大（表4），因此，需要大力加强第三产业的发展。从远期考虑，矿区城镇第三产业的发展应赶上一般加工工业城市的水平，才能与广大矿工高消费的特点相适应。由于六盘水市是由若干个城镇组成，分布在近万平方千米范围内的城镇群，除30多万城镇人口外，还有170多万农业人口，城乡相间。因此，城市第三产业的发展还必须考虑广大农村的需要。

（二）调整矿区人口结构

如上所述，本市城镇人口性别结构不平衡，矿工与其家属两地分居问题十分突出，矿区每年花费大量的探亲交通费，大量职工探亲影响生产，职工生活也不安定。因此，寻求解决上述问题的途径，协调矿区人口性别结构，是工矿城镇发展的重要问题。

表 4 1984 年六盘水市每万城市人口服务水平与同类城市之比较[①]

城市名称	零售商业		饮食业		服务业		影剧院	卫生技术人员（人）	公共汽（电）车（辆）
	网点（个）	人员（人）	网点（个）	人员（人）	网点（个）	人员（人）			
六盘水市	53.4	102.4	6.2	13.1	5.7	15.7	0.07	28.74	0.26
渡口市[②]	43.5	239.4	25.0	55.6	5.8	24.2	0.06	116.79	4.92
全国小城市	69.3	198	15.9	48.5	13.9	39.0	0.23	52.64	0.65

① 本表资料根据《中国城市统计年鉴》，1985 年。

② 渡口市位于四川省西南部，是 20 世纪 60 年代兴起的以钢铁工业为主体的工矿城市。虽然其 1984 年市区非农业人口达到 35.59 万，但与六盘水市类似，分散在若干个城镇内，每个城镇人口规模一般只有几万人。

当然，改变经济结构是调整城市人口结构的基础。如果能按上述建议，改变城市经济结构，人口结构不合理的状况将会得到缓和。此外，还建议采取下列措施：

1. 提高煤炭生产的机械化水平，减少矿工数量

我国煤炭生产机械化水平较低，1981 年全国重点煤矿机械化采煤只占总产煤量的 39.8%，六盘水矿区机械化水平更低，水城矿务局只有 10.24%，盘江矿务局 11.46%（1980 年）。因为本市煤炭生产机械化水平低，因而劳动力需要量大，按生产能力计，平均每万吨煤炭需职工 107 人，而我国最大的煤炭产区大同矿区只需 46 人，阳泉矿区 54 人，多数大型矿区为 60—70 人，可见六盘水矿区劳动生产率比较低。这固然与煤炭开采条件有关，然而机械化水平低也是重要原因。煤炭生产男工比例高，1981 年全国煤炭工业职工中，男性占 86.2%。因此，就一个城市来说，煤炭工业职工数量越多，一般来说，城市职工性别比例越悬殊。如尽可能提高煤炭生产机械化水平，节省煤炭生产劳动力，就可降低男性职工的比例。同时，随着机械化水平的提高，改善了劳动条件，就有可能逐步地吸收更多的城镇劳动力从事煤炭生产，减少从农村调入劳动力，从而减少职工两地分居的情况。

2. 就近招收矿区附近农村劳动力

由于煤炭生产的需要，在今后较长的时期内，矿区不可避免地要从农村调入一定数量的劳动力。以往有的矿区本来可以就近招收部分劳动力，却舍近求

远，到远处农村招工，以致矿工两地分居问题很突出[①]。如果在劳动资源比较丰富的矿区就近招工，矿工离家近，两地分居的问题便不突出了，同时还可解决工矿业基建征地后劳动力的出路问题。六盘水市人口密度每平方千米218人，在全国来说不算高，但由于山多地少，山地开发利用程度又较低，尤其是矿区附近，工矿业基建用地量大，人多地少，矿区从附近农村招收部分劳动力是完全有可能的。

3. 组织矿工家属从事农业和工副业生产，解决矿工两地分居问题

在我国执行现行人口政策的条件下，属农村户口的矿工家属不可能都转为城镇人口。为解决老矿工两地分居问题，在有条件开展农副业生产的矿区，可以接纳部分农村户口的矿工家属到矿区落户。六盘水矿区耕地虽然不多，但有许多荒山和山地草场可用于发展林果和畜牧业。矿区发展工副业也大有可为，大量的煤矸石、粉煤灰可用于生产建筑材料，还可组织职工家属从事各种服务业，为矿区居民提供各种方便条件。

（三）建立城镇居民点体系

我国煤矿区城镇体系基本上可分三类：（1）集中组合型，即由若干相距很近的建成区所组成的集中型煤矿城市，常见于矿藏资源分布集中的矿区，如抚顺等；（2）一城多镇型，即全矿区由一个规模较大的主城和许多规模较小的居民点所组成，我国大多数煤矿区城镇分布属这种类型；（3）多中心型，即全市性中心城镇的作用不突出，而由若干具有地方中心意义的城镇和许多一般小城镇所组成。根据六盘水城镇分布特点，似宜建立多中心型的城镇体系。

六盘水市城镇基本上分布在水城、六枝和盘县三大片，每一片以特区所在地的城镇为中心，在其外围有若干工矿小城镇（图1）。例如水城特区以钟山镇（包水城镇）为中心，它既是全市行政机关所在地，也是水城特区行政、经济、文化的中心，在其周围40千米范围内分布有老鹰山、大河、汪家寨、大湾四个煤矿城镇和观音山铁矿城镇；六枝特区以平寨镇（特区政府所在地）为中心，在其周围有木岗镇（煤矿）和郎岱、岩脚工业镇；盘县特区以盘县城关镇为中心，在其外围有火烧铺、盘关、洒基等煤矿城镇和柏果、红果工业镇（表5）。由于地形复杂，交通不便，三大片相距又较远（水城镇至平寨镇100千米，水城至盘县城关180千米），彼此联系不多，而各特区中心镇与其周围

① 矿区乐意到生活较贫困、劳动力较多的地区招工，因为那里的人比较能吃苦耐劳。

城镇间的联系比较密切，这样，全市形成了三个相对独立的城镇群，构成了多中心型的城镇分布格局。针对城镇分布特点和存在问题，通过区域规划和城市规划，并相应采取有力的措施，逐步建立合理的城镇体系。今后要抓好下面几方面的工作：

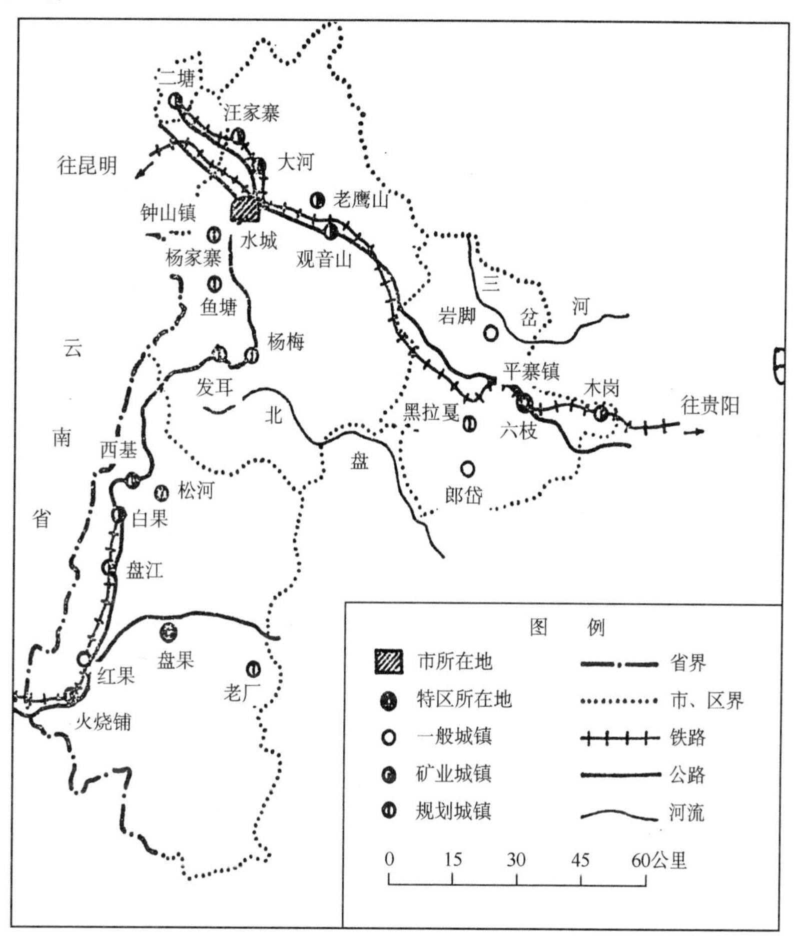

图1 六盘水市城镇分布

1. 加强各特区中心城镇的建设

六盘水市钟山镇虽是全市中心，但实际上主要是担负行政职能，而科技、文化、服务等方面的职能影响范围不大。因相距遥远，六枝、盘县等地居民很少到钟山镇来购买物品或参加各种文化娱乐活动。因此，钟山镇的各项设施的规模不宜搞得过大，只略大于其他两个特区中心即可，否则各种服务设施的利用率将会不高。城市建设应把各特区中心镇作为重点，在进行水城特区中心镇建设的同时，大力加强六枝和盘县两特区中心镇的建设，把它们建成为具有较高水平，设施齐全的经济、文化、服务中心，为其周围地区服务。

表 5 六盘水市城镇基本概况与发展规划

城镇名称	城镇主要职能	1982 年人口（万人）		2000 年规划人口（万人）	
		城镇总人口	其中：非农业人口	城镇总人口	其中：非农业人口
已有城镇：					
水　城[①]	市政府所在地，煤、电、钢、建材工业	10.2	7.9	24.0	21.0
平　寨	特区政府所在地、综合性城镇	7.4	5.6	9.5	7.0
盘县城关	特区政府所在地、综合性城镇	3.1	2.3	3.9	2.8
老鹰山	采煤、铅锌矿开采、炼铁	2.8	1.9	3.8	2.8
观音山	铅锌矿开采	0.8	0.7	1.3	1.0
大　河	煤炭开采	1.3	0.8	3.3	2.5
汪家寨	煤炭开采	2.4	1.6	4.5	3.4
大　湾	煤炭开采	1.3	0.8	5.0	3.8
火烧铺	煤炭开采	2.3	1.7	4.3	3.3
洒　茎	煤炭开采	1.7	0.7	3.1	2.0
盘　江	煤炭开采	2.8	2.1	3.1	2.5
木　岗	煤炭开采	1.7	1.4	2.0	1.5
规划新镇：					
红　果	盘县特区所在地新址、采煤、交通枢纽	—	—	8.0	6.0
柏　果	采煤、电力	—	—	2.2	1.6
松　河	煤炭开采	—	—	2.7	2.0
盘　东	煤炭开采	—	—	3.7	2.8
杨家寨	煤炭开采	—	—	7.3	5.5
鱼　塘	煤炭开采	—	—	2.7	2.0
苏　田	煤炭开采	—	—	1.7	1.3

①包括钟山镇在内。

资料来源：六盘水市城市规划，由六盘水市规划设计院提供。

为了便于与周围地区联系，特区中心镇的位置要适中。六枝平寨镇的位置较好，盘县城关镇的位置则偏离矿区中心，联系不便。从城镇的建设条件看，红果镇位于盘江矿区腹地，接近煤田而又不压煤，地形平坦、开阔，有较多的荒地可作为城镇建设用地，交通方便，有滇黔公路通过，盘南铁路支线与贵昆铁路相连，因此，如将红果镇代替目前的盘县城关镇作为该特区中心，对矿区社会经济的发展和城镇体系的形成均较有利。

2. 逐步改变城镇居民点过于分散状况

对于现有过于分散而又相距较近的居民点，应通过规划布局，逐步将它们连结起来，形成较大的城镇规模，以利于城镇文化服务设施的配套建设。例如钟山镇和水城镇，虽然城镇人口共有 7 万多人，实际上由三大片组成，相距 1—7 千米，其中市行政机关所在地钟山镇人口不足 3 万人，水城镇由水城钢铁厂居住区（3 万人）和水城城关（1 万余人）所组成。为改变目前分散状况，据市有关部门规划，今后所建企业事业单位和城镇住宅将摆在钟山与水城镇之间，逐步缩短这两个城镇间的距离。根据这一规划思想，对于分散而相距较近的居民点，均可通过规划布局，将其联结成较大的居民点。今后新建的居民点应尽量避免规模过小，过于分散。根据可能，矿井居民点发展某些加工工业，避免职能过于单一，以有利于矿工家属就业。

（四）大力发展交通运输业：加强城镇间和城乡之间的联系

矿区开发以来，本市交通运输有了很大发展，在很大程度上改变了历史上交通闭塞、肩挑背驮的状况，但与客观要求相比，还很不相适应。目前比较突出的问题，是在对外交通方面贵昆铁路通货能力不能满足物资运输的需要，而在市内交通方面则是道路少，未形成道路网，交通工具不足。全国中等城市平均每万人拥有铺装道路长度为 3.2 千米，本市只有 1.7 千米。全国中等城市公共汽车每万人 2.8 辆，本市只有 1.9 辆。道路的标准也较低，通过能力小，如水城至盘县城关镇道路总长 205 千米，其中属四级道路 160 千米，等外公路 38 千米，全程行车时间在 5 个小时以上，联系很不方便。针对本市交通现状，今后应着重解决以下三方面的问题：

1. 对外交通方面

要对贵昆线进行改造，扩大通过能力，并修建红果至南宁铁路，以解决六盘水铁路运输紧张的矛盾。开发北盘江，经过渠化整治，将六枝矿区部分煤炭经北盘江、红水河、西江运到两广，以减轻铁路线的压力。

2. 加强路网建设，逐步形成交通道路体系

目前全市仍有 24 个区（相当原公社）不通公路，有 40% 的乡（大队）交通比较闭塞。因此，首先要疏通上下之间的道路系统，尽快实现区区通公路，

沟通城乡联系，本市城镇间的横向联系更为薄弱，城镇道路多以各特区中心镇为中心向外辐射，同级城镇间的联系往往需要通过中心镇绕行。如采取放射道路与环形道路相结合，便可解决城镇间的横向联系。本市规划部门提出以水城为中心，建设二条环形道路，这对加强各城镇的联系将起重要作用。

3. 明确道路功能

现有多数城镇过境公路往往兼城镇道路，因而普遍出现车辆堵塞、交通事故多、噪音大等问题。近年来随着集市贸易的迅速发展，上述问题尤其突出。因此，这类城镇都应尽可能另辟过境公路，避免过境车辆穿街而行。

根据有关部门规划，到 2000 年，六盘水市年生产能力原煤可达 2400 多万吨、焦炭 180 万吨、生铁 200 万吨、钢 170 万吨、钢材 150 万吨、电力装机容量达 365 万千瓦、水泥达到 120 万吨，六盘水市将成为我国西南以煤炭为主，拥有钢铁、电力、建材等工业的新兴工业城市，其城镇人口规模可能达到 50 万人左右。今后，六盘水市应加强调整配套，开展综合利用，改变工业结构，发展第三产业，积极完善城市经济结构，进而使人口结构进入合理的、稳定的状态。从六盘水市地理、资源条件，发展历史和现有基础出发，应发展以工矿区为主体的小城镇，加强各特区中心城镇的建设，形成三个相对独立的城镇群。逐步建设市内铁路专用线和环形放射式道路系统，使城镇群成为一个紧密联系的有机整体。

辽宁抚顺市工业综合发展与城市布局*

从东北最大的城市沈阳东行，乘车约一小时便到了抚顺市。抚顺在历史上曾以开采煤炭闻名中外，因而素有“煤都”之称。今日的抚顺，不仅是我国的一个重要能源生产基地，而且也是一座加工工业比较发达的城市。

一、煤炭资源与开发

抚顺之所以久负盛名，成为煤矿城市的佼佼者，首先与丰富的煤炭资源及其优越的开采条件分不开。抚顺煤田是我国大型煤田之一，储量大，分布集中。煤田东西长 18 千米，宽约 2 千米。矿脉由东向西倾斜，煤层厚度 8—120 米，平均厚度 50 米，是世界上少有的特厚煤层。抚顺煤田经过八十多年的大规模开采，目前地质储量尚有 9.5 亿吨。煤层开采条件好，埋藏浅，大部分适于露天开采。煤田包含二种煤，一种是低硫、低灰、粘结性强的优质炼焦配煤；另一种是长焰沥青煤，属于高发热量、低硫、低灰的动力化工用煤。煤层富含瓦斯，目前每采一吨煤，瓦斯涌出量为 20—40 升，属于超级瓦斯矿。瓦斯储量为 147 亿立方米，热值为 7000—8800 大卡/立方米，这是一种极好的化工原料及民用燃料。煤层中还含有难得的琥珀和煤精，是雕刻装饰品和工艺品的宝贵材料。在煤层的上部还覆盖着厚达 40—200 多米的油页岩，平均厚度 110 米，总储量 36 亿吨，含油率达到 5%—12%，热值为 900—2000 大卡/千克。20 世纪 60 年代中期以前，曾大量利用它干馏人造石油，在国民经济中起过重要的作用。

由于抚顺煤田具有上述优越条件，早在两千年前的西汉时期就被开发利用，至辽、金时期除了用作民用燃料外，还用于制陶器和铸钱。自本世纪初抚

* 本文刊于《生产力布局与国土规划》，1986 年第三辑，中国科学院地理研究所编。

顺煤矿采用机器开采以来，生产规模虽有扩大，但在日本侵略时期由于掠夺式的开采，资源曾遭到摧残，在国民党统治时期煤炭生产也受到严重的破坏，到解放前夕呈现着一派凄凉景象，1949 年煤炭产量只有 200 万吨。解放后，抚顺是我国重点改造和扩建的矿区之一，生产得到迅速恢复和发展。至“一五”末，抚顺煤炭生产能力已达 1000 万吨规模，在我国工业发展中起了重要作用。但在 20 世纪 70 年代后期以来，由于煤炭资源日渐减少，产量也逐年下降，1982 年原煤产量 811 万吨。不过抚顺依然是我国大型矿区之一。

目前抚顺矿区有一个露天矿（西露天矿）和三对矿井（龙凤、老虎台、胜利）。西露天矿是抚顺的主要矿场，也是我国最大的露天矿之一，1982 年煤炭产量 290 万吨。西露天矿位于市区南部千台山下，整个大坑呈椭圆形，东西长十余华里，南北宽五华里。从大坑的两帮可以看到岩层的地质剖面。最表层是黄色的表土，往下是绿色的泡沸石。油母页岩呈棕色和褐色，而煤层就像一条黑色的飘带横贯整个盆底。从露天坑上还可看到生产和运输的壮观情景。大坑的北帮修着二十多层往返迂回的大盘道，每层盘道上都铺设着密密麻麻的专供大型电机车和火车运行的铁轨，总长度达 500 多千米。坑内剥离的油页岩和废土石，从东部出口，用电机车分别送到炼油厂和弃土场。采出的煤炭被送到坑的南帮西部倾斜大巻道，然后提升上坑，装车外运。坑内从采掘到运输都达到高度的机械化。

二、工业综合发展与资源综合利用

现代矿业城市普遍重视工业综合发展，但由于发展条件的差别，各城市发展水平相差悬殊。我国多数煤矿城市工业综合发展水平不高，资源不能得到充分利用，经济效益低，人口结构不合理。抚顺具有工业综合发展的许多有利条件，除了自然资源适于开展多种工业利用外，水源丰富，交通方便，农业基础好，所处地区城市密集，与沈阳、鞍山、本溪、辽阳等市相距较近，经济、科技发达，协作条件好，信息灵通。

抚顺最早发展起来的工业主要是为煤炭生产服务的电力和机修工业。1904 年建挖掘机厂，1908 年建电厂，电力工业的发展，使炼铝、炼特殊钢等大耗电工业也发展起来。与此同时，随着煤炭开采规模的扩大，各种副产品的数量日益增多，促进了综合利用工业的发展。1914 年建设抚顺化工厂，以矿井瓦斯为原料生产炭黑。此后又先后建设了两个炼油厂（即今石油一、三厂），以油页岩为原料干馏石油，并利用干馏后的页岩渣作为井下充填材料，以防止井下煤炭自然发火。此外也利用页岩渣生产水泥。新中国成立后上述工业企业生产规模有很大发展，如抚顺电厂、炼油厂、钢厂、铝厂、挖掘机厂、电瓷厂等都进行了改建和扩建，并新建了辽宁电厂、新抚钢厂、煤矿电机厂、安全仪器厂、石油机械厂、有机化工厂等大中型企业。从 20 世纪 50 年代初至 60 年代中期，抚顺工业结构以煤炭生产为中心，彼此在原料、燃料、动力、产品及副产品等方面互相利用，有机结合，堪称矿业城市资源综合利用的典范。自 60 年代中期以来，本市工业生产原料路线及产品方向发生了很大变化。由于大庆油田的开发，本市大部分人造石油生产已转为加工天然石油，机械工业和化学工业也有很大发展，使本市工业结构发生了重大变化。新中国成立之初，本市的工业结构比较单一，煤炭工业是最主要部门。1949 年煤炭工业总产值占全市工业总产值 45%，职工人数占 80%。1982 年煤炭工业总产值只占全市工业总产值 6.8%，职工人数占 29.1%。由此可见，煤炭工业在城市经济结构中已不占主要地位，煤炭工业与其他工业部门的生产联系已发生重大的变化，某些原来为煤炭生产服务的企业如挖掘机厂、煤矿电机厂、安全仪器厂等，现已主要面向市外服务。另一些企业原以本市煤炭及其副产品为原、燃料的，现也已主要靠外来供给，如辽宁电厂、炼油厂等。

抚顺市最主要的工业部门是石油工业，1982 年石油工业总产值占全市工业总产值 45%，原油加工量 768 万吨。现有三个炼油厂，其中石油一厂建于 1928 年，现原油加工能力 300 万吨；石油二厂是解放后新建厂，现加工能力 500 万吨；石油三厂加工能力较小，主要从事新产品试制。石油一、二厂除了炼原油外，还保留少量的页岩油生产，1982 年产量 24 万吨。虽然页岩油质量差，经济效益低，但页岩渣作为井下充填是一种好材料，因此还需维持少量生产。

电力工业是本市另一重要部门，1982 年总发电量达到 66 亿度。抚顺电厂系建于解放前的一个老厂，现装机容量 24.5 万千瓦。该厂位于市区，排灰困难，大气污染较重，无发展余地。辽宁电厂位于浑河北岸大伙房水库之下，建于 1959 年，现装机 75 万千瓦，它利用大伙房水库作为一次直流冷却水，减少了基建投资和运营费用，节省建设用地，取得较好效果。为缓和电力供应紧张状况，该电厂将扩大为 120 万千瓦规模。

本市冶金工业主要生产特殊钢和电解铝。1982 年抚顺钢厂和新抚钢厂共产钢 35.8 万吨，其中电炉钢占 75%。本市是我国电解铝生产基地之一，抚顺铝厂年生产能力 11 万吨。由于电力供应紧张，这些厂的生产能力没有得到充分发挥。

本市机械、化工、轻工等工业大都是20世纪60年代末以来发展起来的，许多产品在国内都占有一定地位，在本市经济发展中具有重要意义。

工业综合发展给抚顺市经济发展带来了明显的好处，避免了单一采矿所固有的种种弊端，经济效益较高，城市人口结构较合理，矿工家属两地分居、妇女待业等问题不太突出。本市工业综合发展虽达到较高水平，但资源综合利用还有很大潜力。对油页岩的利用还很不充分，近年来采煤剥离的油页岩每年约为1000万吨，大部分被弃置未用，既浪费资源，又往往会自然发火，污染大气。煤矸石也堆积如山，占用大量土地并污染环境。加强资源综合利用，除了从政策上实行优惠待遇外，还应开展科学研究，提高综合利用的经济效益。

三、城市发展与布局

抚顺城市发展历史悠久。城市处于山地与平原过渡地带，外围三面环山，地形险要。历史上这里曾发生过多次大的战役，是辽中地区军事重地和交通要道。煤炭开采和陶器生产也促进了城镇较早出现，早在二千多年前，汉代曾在此设郡，是当时辽东四郡之一。其后辽、金、明、清等都在这里筑城。在高尔山麓附近的城址至今仍留有遗迹。历史上抚顺城规模很小，如明代的抚顺城周围长不到2里，清代也只有3里。

抚顺城市的发展与近代煤炭开采分不开。至20世纪初随着煤炭开采规模的扩大和加工工业的发展，城市迅速发展起来。20世纪30年代抚顺城市已初具规模，城市人口达到30多万人。新中国成立前夕，抚顺市区人口近20万人。新中国成立后，随着煤矿大规模的改造、扩建和加工工业的发展，城市发展更为迅速。新中国成立三十多年来新建住宅面积500万平方米，先后开辟了抚顺城、将军堡、葛布、东洲等十几个住宅区，扩建、改造了站前的新抚顺、望花等旧城区，近年来又继续新建许多新居住区，使城市面貌大为改观。至今城市人口已突破百万大关，成为我国煤矿城市人口规模最大的城市。

煤炭工业的发展与布局对城市发展有着深刻的影响。抚顺市随着近代煤矿开采规模的扩大，城市中心几经变迁。在20世纪初以前，抚顺城市中心一直在浑河北的古抚顺城。近代煤矿开采，使浑河南煤矿附近的城镇迅速发展起来，因经济繁荣而得名千金寨。至20世纪初这里已是抚顺最繁华的地方，形成一座南至千台山山麓，北达大官屯，东西长2.5千米，南北宽2千米的城镇。

浑河北的古抚顺城则逐渐衰落，1911 年抚顺县府由抚顺城迁至千金寨，古抚顺城由此一落千丈。但由于千金寨建在煤田之上，煤矿发展限制了城市的发展，自从开采了古城子第二露天矿并与第一露天矿相连以后，使千金寨面临着被吞没的境地。为了寻求城市的出路，1933 年在杳无人烟的浑河河床上，填河造地，建设新居住区，起名新抚顺，同时扩建站前、开辟永安台和望花区。1936 年开始大规模拆迁千金寨，大批的住宅和市政机关迁往新抚顺，使繁荣一时的千金寨变为一片废墟，并逐渐沦为露天矿深坑，这是抚顺城镇的第二次迁移。由于在很长的时期内对抚顺煤田构造和分布未搞清楚，以致在煤田上又建了大量的建筑物，为了开发地下宝贵资源，新中国成立后又陆续搬迁了一些工厂及住宅建筑，目前仍有五分之一的城区面积受地下采煤影响需要搬迁。由此可见，煤矿城市一定要处理好城市建设与煤炭生产的关系，尽量避免城市压煤，否则，将给经济发展与城市建设带来重大的损失。

抚顺城市受工矿业布局和地形影响，整个城市沿浑河呈带型分布，形成了河南、河北、坑南、望花、东洲、章党等六大片共二十八个住宅区，这种分布特点若与一般加工工业城市相比，显得比较分散。但在我国煤矿城市中，抚顺城市的布局属于比较集中的类型，这是由于煤炭资源储藏集中，井场布局密集，矿场附近又布置许多大型企业所致。由于井场附近布置了许多排污量大的工业企业，如炼油厂、电厂、水泥厂、钢厂、铝厂等，加上居住区就厂矿布置，形成了生产区与居住区交错、布局过分集中的状况，城市环境较差。为了改善城市布局，近年来该市进行了大力的整治并制定了城市发展规划。根据城市现状特点，制定了对工业布局的调整规划，准备逐渐形成以下八个工业区、即河南综合性工业区，河北机械工业区，望花冶金工业区，田屯化工工业区，张甸石化工业区，坑南煤炭工业区，章党电力、建材工业区及新开辟的新太河电子、仪表、轻工工业区。

根据煤矿及工业布局特点，城市总的布局是：以浑河为主体，以站前区为中心，城市东部和西部分别以东洲及望花形成为两个副中心，以及六个工人村（古城子、刘山、老虎台、新屯、龙凤、章党），组成组团式布局，使分散与集中相结合，逐步形成有层次又相互紧密联系的城镇格局。

为了解决城市内部和对外联系，抚顺市已初步形成了一个多种运输方式相结合的交通运输网。抚顺市的电气化铁路与国家铁路具有相同的轨距，与国家铁路相通。电气铁路在本市的大集站与沈抚铁路的大成站组成联轨站，电车货运通过联轨站外运，承担了市内客运和市内外货运任务。全市有电气铁路 300

多千米，有六条主干线通往全市各工矿区，并通过许多专用线与各厂矿相连，承担了许多大型厂矿的交通运输任务。为了改善抚顺市东西及南北之间交通运输不畅的状况，近年来大抓道路建设，现已形成六条东西向的公路干线，改造了四座浑河大桥，从而使本市东西部和浑河南北之间的交通联系大为改善。

抚顺城市发展的历史，反映了煤矿城市发展的一般特点：城市由采煤而兴起，随着采煤业的发展而发展，当采煤业走向萎缩之时，城市经济结构发生了重大变化，但城市的外部形态却比经济结构的变化要慢得多。

山东胜利油田地区工业发展和布局条件评价*

胜利油田的大规模开发，必须相应地促进油田地区工业生产的发展。在油田地区发展一些什么工业和在那里布点，需要对发展工业的条件和特点作具体分析。现根据我们的调查，对该地区现有的工业生产基础、原料资源、水源以及其他建设条件进行以下初步分析和评价。

一、原料资源和现有工农业生产基础

（一）油田油气资源丰富，开发远景广阔

胜利油田是我国仅次于大庆的第二大油田①。地质上属济阳坳陷，地跨惠民、德州、昌潍等地区29个县，面积2.5万平方千米，是山东最有利的中、新生代含油气盆地，第三系沉积厚达1500米。整个坳陷共有31个二级构造带，自1961年开始勘探以来，已在其中9个二级构造带的第三系地层中找到12个油田、8个气藏。在边勘探边建设方针下，截至1974年年底，开发12个油田已有投产井近2000口，建成1355万吨/年的原油生产能力和相应的油气集输与外输系统，1974年生产原油1257万吨，并且办起了一些油田综合利用企业。由于济阳坳陷具有含油层系多、油气藏类型多、含油地区分布广以及多断层、多变

---

* 本文为山东省计划委员会研究项目《山东胜利油田油气资源的合理利用及有关工业布局问题研究》（胡序威主持）的专题报告（1975年），刊于《工业、城镇布局与区域规划》文集，中科院地理所编，1982年。

① 胜利油田开发地区包括惠民地区和德州地区的临邑、商河，远期昌潍地区北部也很有希望。目前以惠民地区为主要产区，1974年原油产量占总产量90%以上。本文以分析惠民地区为主，只在远景发展中涉及潍北地区。

化等特点，今后的地质勘探任务还很大，围绕着有利生油中心还有工作程度较低的16个二级构造带对进一步勘探找油比较有利，另在济阳坳陷的海滩地区和整个坳陷的3000米以下深层已开始找到油藏或发现油层。此外，在济阳坳陷外围的鲁西南、胶东地区的中、新生代沉积盆地以及古生代碳酸盐分布地区也都是找油有利地区。由此可见，胜利油田开发远景十分广阔，今后十年按油气并举，大力勘探，提高开发水平，以济阳坳陷为重点，抓紧高产区块和海滩、深层的勘探并猛攻新领域、新层系的开发部署，必将使油气面积、储量有一个更大的增长。

（二）目前农业生产发展水平较低，与油田的发展不相适应

油田地区的农业，新中国成立以来虽有很大发展，但生产水平仍很低，远不能适应油田发展的需要。就惠民地区说，1974年粮食亩产仅118千克，小清河以北大部分县只有50余千克，粮食占有量每人平均只有180千克，无论是粮食亩产或每人占有量在全省各地、市中均最低。长年来粮食不能自给，以1949—1973年购销相抵，从外区调入粮食共8.5亿千克，近几年来平均每年约调入0.5亿千克。1974年仅油田职工及其家属12.8万人，需粮食3000多万千克，除了油田农副业生产自供550万千克，从外区调入2500多万千克。按油田规划，至“六五”时期末油田职工及其家属将达40万—50万人，约需粮食1亿余斤，加上地方工业和其他事业的发展，对商品粮的需要量将越来越大。由于粮食生产压力大，多种经营也较差，粮食作物占总播种面积的85%（1973年），其他作物仅占15%（棉花占8.5%），因水、肥、劳力不足，棉花、油料、蔬菜等亩产都很低。全区平均每户只养猪0.6头。油田所需的蔬菜、油料、果品、类肉等副食品均需大量从外区调入。

自然灾害严重、御灾能力低是惠民地区农业低产的重要原因之一。该区地处滨海，地势低洼，又处于黄河、徒骇河、马颊河、小清河等河下游，雨季除了黄河来水外，鲁中泰沂山区和鲁西南大量客水汇集于此，加上海潮顶托，常常造成洪涝灾害，对农业生产危害很大。解放以来共发生六次大洪涝灾（1951年、1953年、1961年、1964年、1971年、1974年），前五次每次受灾面积在360万—880万亩，造成绝产面积在160万—480万亩。1974年的涝灾，受灾面积达577万亩，占总耕地面积55%，使粮食产量比上年减少27%。由于洪涝排泄不畅，加上引黄灌溉多采取大水漫灌方式，地下水位抬高，致使土壤盐碱化很严重，1974年碱盐地面积达207万亩。另一方面却由于该地区水源不足，几条主要河流旱季均出现断流，有些灌溉渠系工程还不配套，旱情威胁也较严

重。经常是旱涝交替，无涝便是旱。至1974年年底全区灌溉面积只有491万亩，尚有556万亩耕地无灌溉保证。

根据上述情况，要改变惠民地区农业生产面貌，必须进行大规模地以水利建设为中心的旱、涝、碱综合治理。按地区水利规划，每年冬春须动员100万—130万个劳力从事水利建设，因而劳力是个很大的问题。惠民地区地多人少，每劳力负担耕地6亩，而机械化水平较低，1974年全区机耕面积只占宜机耕面积40%，农用机械总动力平均每大队只有70马力，均低于全省水平，农业劳力已感紧张。而油田大规模发展，基本建设任务很重，油田地面建设和防洪、排涝、围海等防护工程均需从农村抽调大批民工，如近年来仅九项油田防护工程就用了1600万工日，致使农村劳力更紧。今后开发海滩油田，围海工程相当艰巨，只有大搞农业机械化和土方基建工程机械化，才能大量解放农村劳力，适应农业、水利、油田建设的需要。此外，有机肥料和化肥都很缺，施肥水平低也是农业低产的原因之一，1974年平均每亩施化肥14千克（全省平均20千克），解决肥料问题也是发展农业生产的迫切要求。

总之，油田地区农业生产潜力很大，只要加速农业现代化步伐，就会很快改变本区的农业低产面貌。

（三）除石油工业外，其他工业基础薄弱，支农能力有限，大量地方资源尚未被利用

油田地区地域辽阔，现有工业基础却很薄弱。如惠民地区面积约占全省10%，而工业总产值以历史最高水平的1973年仅2.54亿元（不包括油田产值），只占全省工业总产值1.59%，是各地、市中最小者。主要有纺织、原盐、机械等部门，均为中、小型企业。

目前该地区工业远不能适应农业和油田建设需要。支农工业方面，农机工业包括农机修配只有一支5000人的职工队伍，主要有北镇柴油机厂和电机厂，其余均是农机修配厂，鉴于农业、水利、油田建设劳力紧张情况，大力发展农机工业是当务之急。化肥工业已投产小氮肥厂共13个（其中油田2个，军垦1个），正建的2个，化肥生产能力共20万吨/年。按地区规划，“六五”末每亩要求达60千克，全区需63万吨，化肥工业还需大发展。

油田生产所需的工业产品，除国家调拨的成套设备、大型钢材外，还需要品种繁多、数量多少不一的机械零件、金属材料、化工产品（有盐酸、硫酸、烧碱、纯碱、甲醛、2070破乳剂、二异丙醇、丙乙烯腈酰胺等）、建筑材料以

及轻工业品等，目前绝大部分从省内外调入，供不应求，由地区工业就近供给的品种和数量均十分有限。

建筑材料是农业、水利和油田等各个部门大量需要物资。惠民地区现有 6 个小水泥厂，其中 5 个分布在淄博市境内，设计能力 9.5 万吨，1974 年实际产量为 4.7 万吨，而仅地方工农业每年就需 10 万吨，供不应求，大量从外区调入，运费很高，如从张店至北镇汽车运输每吨水泥增加运费 30%，如运至河口等地则高达 40%—50%。

从地区的资源看，有不少可供发展工业的原料。根据胜利油田油气资源的分布特点，不仅有大而集中的油气藏（如胜坨、孤岛、滨南），而且有许多小而分散的油气藏，这就既有利于大规模开发、外输，又可就近为地方工业提供一定数量的天然气、凝析油等资源发展化肥、农药和为油田服务的化工产品。另一较丰富的原料资源是原盐，1974 年惠民地区原盐产量为 24 万吨，包括羊口等盐场，产量达 113 万吨，约占全省原盐产量 70%。该地区原盐生产的自然条件很优越，如羊口盐场蒸发量高、降水量少，平均年蒸发量为 1919.4 毫米，降雨量为 643.8 毫米，净蒸发量为 1275.6 毫米；土地为广阔平坦的盐碱地，利于机械作业，与农业矛盾也不大。此外，该处还有浓度高达 11—13 度的地下卤水，比一般海水浓度 2.5—3 度高 4 倍，利用这种卤水制盐可大幅度提高产量。根据这里优越的条件，潍北羊口等盐场扩建后，“六五”末原盐产量将达到 250 万吨。惠民地区除了扩建埕口、广饶盐场外，还将新建无棣、利津、垦利盐场，“六五”末原盐也将达到 139 万吨。因而不仅可提供大量民用和出口，也为工业提供丰富原料。

在建筑材料资源方面，油田地区绝大部分为冲积平原，无石灰石露头，但在沾化县海滨地带却储存大量贝壳，可作水泥和石灰原料。据沾化水泥厂初步踏勘，已知有贝壳集中积存地点六处，每处长几百米至五千米不等，宽 100—200 米，厚度至少 3 米，估计储量可能达 4000 万吨以上，其中可以陆运的有三处（距沾化 30—45 千米）储量至少有 300 万吨，贝壳含氧化钙高，有害成分少（见表 1），宜作优质水泥的原料，沾化水泥厂即利用贝壳生产普通水泥，质量符合要求，白水泥也已试制成功。

表 1　　　　贝壳化学成分（%）

	SiO_2	Al_2O_3	Fe_2O_3	CaO	MgO	烧失量
原状	3.8	1.14	0.56	51.4	0.72	42.11
水洗后	0.36	0.4	0.1	54.8	1.01	43.0

资料来源：沾化县水泥厂提供。

此外，轻工原料也较丰富。沿海无棣、沾化、利津、垦利等各县海滨低地，土地广阔，土质盐碱，适于生长芦苇，是造纸好原料，目前大都属于自然生长状态，一般亩产仅一百余斤，如能解决灌溉，可大幅度提高产量，提供造纸原料的潜力很大。本区的棉花生产也可为纺织工业提供一定原料，惠民地区1973年种植132万亩，因水、肥、劳力不足，全区平均亩产只17千克，总产量2244万千克，但只要灌溉、肥料、管理等措施跟上去，产量还可大幅度提高。

由于现有工业基础薄弱，上述原料资源在区内尚未被大量利用。综合以上分析，无论从需要与可能来看，今后都应加速油田地区地方工业的发展。

二、发展工业的供水条件

油田地区地下水源比较缺乏，沿海一带矿化度高；地表水又因天然径流不均，枯水或农灌季节常常出现断流，致使目前油田供水和农业灌溉用水已甚紧张。随着油田的大规模开发和农业灌溉的发展，用水量将与日俱增。今后发展工业的水源条件如何，是有关部门共同关心的重要问题之一。我们根据这一情况，对地区的地下水和地表水的资料进行分析了解，对工业发展的水源条件及合理用水问题提出以下看法。

（一）油田南部工业供水主要来源是地下水

黄河以南无大河流，小清河枯水流量甚小，水质又已污染，工业难于利用，而地下水则相对较好。深层地下水埋藏于第四系平原组和第三系明化镇组上段共三个淡水层组，其埋深，第一层在广饶一带为20—30米，北过黄河达300米以上；第二层南部广饶一带深300米，北到牛庄深达410米；第三层变化规律与第二层吻合，在莱州湾一带基本合为一层，深480米。各层厚10—50米，其中一、二层为主要出水层。单井抽水降深40米的涌水量，第一层为800方/日，第二层为1300方/日，而二层为1500方/日。水质从南向北矿化度逐渐增加。现和庄——东辛油田一带为咸淡水过渡带，矿化度达1.5克/公升以上；纯化、牛庄、北镇和滨南油田以南以西皆小于1克/升；小清河以南则低于0.5/升。除牛庄——小营以北含氟量略高（2—3毫克/升）外，其余皆符合饮用水标准。因此，从地下水的水质、水量和开采条件看，北镇、牛庄一带及其以南地区，为工业提供一定规模的水源是可能的。但因淡水层的渗透系数较小，补给缓慢，平均只有2—2.5米/日，单井抽水影响范围达2—2.5千米，抽水干扰范围较大，水源井距不得小于1000米。所以水源规模一般以不超过1万方/日为宜，只适于地方工业供水。另外，根据地下水动态观测，各井的水位和产量均随开采时间递减，建井后2—4年流量递减5%，以后递减率逐渐减少。为了保持长期稳定供水，必须控制开采强度。根据这几年的水质观察，全层的矿化度普遍增高50—100毫克/升，可能是由于长期抽水而引起的垂直方向上互为补给的缘故。因此，水源地的建设应从小到大，边试验边开采，规模要适当控制。

表2　　油田地区地下水基本情况*

水源地	第四系底界深（米）	第一淡水层组		第二淡水层组厚度（米）	单井涌水量（方/日）	总矿化度（毫克/升）
		顶板埋深（米）	厚度（米）			
北镇北	290	270—310	6—16	17—24	1200—2000	700—1000
牛庄	300—310	400—413	10—17	14—17	1000—1700	700—1000
小营北	292—298	252—285	9—26	23—44	1000—1500	600—900
纯化	280—295	140—270	13—57	20—44	1000—1800	500—700
小清河沿岸尚家道及其以西	220—270	70—90	40—67	18—27	1200	380
羊角沟西南清水泊	290—310	330—384	11—14	6—10	1000—1500	600—800

注：*根据山东胜利油田提供的资料综合整理。

（二）黄河沿岸工业供水应以引黄为主

黄河是本区最大的河流。历经多年平均径流量达485.65亿方。引黄是解决本区工业用水的一个重要途径。目前胜坨、孤岛油田和北镇等地的工业用水主要靠引黄解决，日用水量约15万方。从发展看，胜利油田1980年注水、综合利用和生活用水将达60万方/日，其中大部分布在黄河两岸，约占80%—90%。这样大的供水量，从这一地区的供水条件看，只能靠引黄解决。目前引黄存在的问题是断流和河水含沙量大。从1972年、1974年、1975年黄河断流情况看，断流是引黄量超过天然径流量造成的。根据水文资料，在灌溉高峰季节，河南、山东引黄月平均流量达800秒公方以上时，河口便有断流的可能。因引黄是断流的主要因素，所以只要采取相应的措施，根根上下河段工农业的用水需要，统筹兼顾，合理安排，情况就会好得多。目前农业大引漫灌，浪费极大，节约用水的潜力很大。工业即使是远景发展，其用水量与黄河的天然径流量比较也是很小的，照顾工业用水对农业灌溉影响不大。实际上，近几年当河口发生断流的短时间内，国家都曾采取优先保证油田供水而限制引黄溉灌的措施。随着胜利油田和其他工业的发展，有计划引黄和挖掘节约用水潜力的问题将会逐渐地提到日程上来。此外，为了提高供水的可靠性，建厂时仍需注意利用洼地修平原水库作调节之用。

其次是含沙量问题。黄河多年平均含沙量达 25.75 千克/方。引黄供工业用水，沉沙需要占用大量土地，而且需要轮流倒换沉沙池。如胜利油田，采用水库淤沉除沙，10 年来已淤平 5 座水库，再继续新建水库与农业矛盾很大；采用挖泥船清淤效率低，费用大。因此，引水量不宜过大，同时应根据黄河泥沙变化规律，采取一定措施。黄河含沙量每月每日都在变化，根据多年平均含沙量记录，每年十二、一、二月份含沙量都在 5 千克/方以下；三、四、五、六和十一月份为 10 千克/方左右；即便其余月份较大，其中也有含沙量较小的天数。特别大的含沙量为时很短。如 1974 年含沙量超过 100 千克/方的时间只占全年的 3.3%，60 千克/方以上只占全年的 6.3%。因此，只要设有较大的调节水库和抽水设备，便可采取躲过沙峰，用间断性引水的办法，把引水的含沙量降下来。

总之，引黄供工业用水，虽然问题不少，但对本地来说，是比较现实可行的途径。

（三）油田北部工业供水应以徒骇河为主

北镇以下的黄河以北地区，地下水缺乏，而且矿化度高，工业供水只能靠地表水解决。除黄河外，徒骇河有一定的供水能力。徒骇河有 10 个闸，蓄水 1.6 亿方，特别是下游的沾化，坝上闸有淡水水库容积 1915 万方，闸下游有海水可以利用，还可以引黄济徒，对工业供水意义较大，但水源设计规模也不宜过大，这是因为：

第一，徒骇河流域年降雨量变化幅度大。丰水年 1321 毫米，枯水年只有 365 毫米，变幅达 3 倍以上，而且季节分配很不均衡，每年 7—9 月占全年雨量的 70% 以上。根据 1953—1972 年产水量统计资料，在石家以上，多年平均径流量虽有 6.884 亿方，但 20 年中小于 1 亿方的水文年年径流量占 1/3。20 年一遇的枯水年（1958—1959 年）只有 0.3369 亿方，平均每日只有 9 万方，可见其枯水流量很小。

第二，水质变化幅度大。如坝上闸当枯水季节水位由4米降至2—2.5米标高时，含盐量由一般的0.8克/升到2克/升以上。抬高水库蓄水位，将会因地下水位高而引起沿河耕地的盐碱化。

第三，有工农业争水的矛盾。这一带地多水少，水土不平衡。如遇到上述年径流量1亿方以下的枯水年，徒骇河石家以上只够灌4万—6万亩的耕地。目前坝上闸不觉缺水，是因为农灌动力不足。将来沾化电厂建成提水动力改善后，上下游工农业争水问题将会愈来愈突出。

根据上述理由，我们认为利用徒骇河供工业用水，除水源设计规模要合适而外，工业选点时还应尽量注意引用黄河水作为备用水源的可能性，以提高其供水的可靠性。

三、油田地区的工业发展方向和城镇、工业点的布局

（一）地区工业发展方向

根据上述油田开发和农业发展需要及地区资源、水源等条件，油田地区工业的发展应因地制宜，充分利用当地丰富资源，把支农工业放在首位，积极发展为油田服务的工业和其他化工、轻工业。

1. 发展支农工业

首先大力发展农机工业，着重发展耕作机械、水利排灌和工程机械，扩大现有北镇柴油机厂、电机厂、拖拉机修配厂和惠民拖拉机修配厂生产能力，加强农机配套生产和各县、社农机修配网。化肥工业，“五五”期间以挖潜改造为主，把大部分厂由现在的3000吨改为5000吨和万吨规模，并根据天然气勘探开发进展情况，在满足大工业用气前提下，因地制宜逐步地改变现在以煤焦造气的原料路线。在规划中可考虑利用滨南油田天然气在小营新建6万吨合成氨厂。同时，还可根据油气资源和原盐资源情况，建设大、中型的同时生产化肥和纯碱的联碱厂，并适当发展农药生产。

2. 发展为油田服务的工业

油田所需的化工产品，大都可以由石油、天然气和原盐为原料，应尽可能就地生产就近供应。现有北镇化工厂有一定基础，应该扩大其烧碱、石油裂解生产能力，为油田提供更多的盐酸、烧碱和破乳剂等产品。油田需要的金属制品、机械零配件、日用轻工业品等，地方工业应就现有基础和发展条件，适当

承担一部分品种的生产和供应，以减轻对省外、区外的依赖程度。

3. 发展建立在合理利用当地资源基础上的其他轻、化工

例如利用分散的天然气、凝析油资源发展其他石油化工。利用滨南含二氧化碳天然气生产甲醇。利用各盐场的卤水生产氯化钾、溴素和芒硝等产品。利用沿海贝壳、芦苇资源发展水泥和造纸工业。今后在区内棉花大幅度增产的基础上，现有的棉纺织工业也可以适当发展。

（二）城镇、工业点的布局

油田地区工业的发展，不仅将促进现有城镇的发展，并将出现新的工业点。由于胜利油田目前可供地方工业利用的油气资源数量较小且较为分散，以惠民地区为主的大部分油田地区缺乏大工业供水条件，交通运输条件较差，根据“大分散、小集中”和“多搞中、小城镇”的布局原则，惠民地区工业的发展，一般应以中、小型企业为宜，城镇发展规模不宜过大，以建小城镇和工业点为宜。建设大型的工业基地应在昌潍北部地区发展。现将油田地区若干建设条件较好的城镇和新工业点概要分析如下：

1. 北镇

惠民地区革委会所在地，地区政治、经济和文化中心，城镇人口 4.5 万人。有棉纺、机械、化工等中小型企业，是本区工业较有基础的城镇。

北镇靠近黄河，引水条件好，现有一个 80 万方水库，从赵寺勿扬水站抽水，因设备不足，日供水仅 1.3 万方，用水较紧。今后可在城南蒲城建水库，扩大供水能力，水库库容约 200 万—300 万方。该处为地势低洼的盐碱荒地，建水库不占耕地，且可利用老的围堤，减少工程量，只需搬迁居民 1000 余人，因居住条件差，当地居民早有搬迁要求。北镇附近深层地下水水量不大，含氟量较高，不宜饮用，但可作辅助水源，供工业冷却用水。

主要问题是交通运输条件较差。目前与区内外联系全靠公路运输，主要有张北公路。张店—王旺庄铁路小营站距北镇 11 千米，因黄河阻隔，运输受很大限制，建黄河大桥，投资太大，近期可能性不大。其次是排污问题。目前北镇工业废水均排入秦台干沟通潮河入海，长 80—90 千米，因地势平缓（比降 1/3 方），排水不畅，且沿沟为松散的粉砂土，沟渠塌方严重，加上海潮顶托，排污很困难。目前沿河两边已造成污染，地下水位上升，盐碱化也很严重。根据该处的工业基础和建设条件，今后应以发展机械特别是农机工业为主，化工方面可发展农药和为油田服务的化工产品，扩大烧碱生产能力。但应进行严格

三废处理。纺织工业基础较好，应适当发展。对于运量大、用水量大的工业如造纸厂等应控制发展。工业区的布局，现有北镇东北的轻、化工业区应控制发展。该工业区处于东北—西南主导风向，工业废气污染市区，且人多地少，工业用地与农业矛盾较大。今后可在北郊区开辟新工业区，那里有大片盐碱地，建厂与农业矛盾不大，大气污染问题也不大。

2. 小营

位于黄河南岸博兴县的小营公社。目前工业基本上是空白，但该处无论水源、交通或资源等发展工业的条件都较好，可作为发展石油化工的新工业点。

小营距黄河近，引水条件好，该处距黄河道旭凹岸为 7 千米，道旭引黄闸全年均能引水，枯水季节也能引出几个流量，即使在黄河断流情况下，仍能从河槽中积水引出水来。其次，建水库条件好。堤外沿河堤地势低洼，比一般地面低 1 米多，今后工业用水可在此建扬水站，利用低洼地作沉沙水库，不占农田，并与防汛部门引黄淤背相结合，利用沉沙巩固大堤。附近地下水与北镇差不多，可作工业冷却水后备水源。

交通运输条件较好。张店至东营铁路属Ⅱ级铁路标准，从博兴经小营至王旺庄一段原为轻便铁路，现已改为重型混合钢轨，但桥涵仍为轻便铁路标准，只能通行小型机车，今后改造桥涵的工程量不大。此外，经过小营的张北公路，现正在改造为宽 23 米的沥青路。

除了水源和交通条件外，工业用地条件也较好，附近为平坦的盐碱地，产量低，亩产 100 余斤，地多人少，征地容易。工程地质方面，地耐力 12 吨/平方米，一般建筑问题不大。工业污水可排入小清河，长 16 千米。关于黄河洪水威胁问题，由于解放以来防汛工作的加强，目前黄河北镇段大堤防洪能力达到 1.1 万秒公方，而历史上最大洪峰为 1.04 万秒公方，一般年份最大洪峰为 5000—6000 秒公方，自 1969 年以来，由于上游新修水库和沿黄淤灌，水量大减，最大洪峰只超过 4000 秒公方。今后防汛部门还将大力加强防洪能力，洪水威胁问题不大。

小营附近有丰富油气资源，除了已开发的滨南油田和纯化油田外，平南油田也将要开发。今后除了利用滨南油田天然气在此建合成氨厂和甲醇厂外，还可发展一些其他化工生产。

3. 沾化

沾化县革委会所在地，现有工业只有一个 3000 吨小水泥厂和一个小修船厂。但该处有一定的工业供水条件，规划中的 25 万瓩大电厂建成后，供电有保证，可发展为黄河以北地区一个新工业点。有关部门根据沾化北部丰富的芦苇和贝壳资源，规划在此新建3.6万吨造纸厂和2万吨水泥厂，我们认为是合理的。造纸原料可由沾化县苇场供应，该场苇田现有10万亩，今后将扩大到26万亩，现正在建设供水量为5—7个秒公方的引黄干支渠工程，在改善排灌条件之后，年产芦苇和田菁在10万吨以上，包括自然生长的芦苇，造纸原料有保证。供水方面，造纸厂日用水约4万方多，沾化电厂冷却水可用海水，淡水需1万方/日左右，包括生活用水，日用水总量大约6万方。徒骇河虽然存在径流量和水质不稳定以及与工农业用水有矛盾等问题，但只要合理安排工农业用水及引黄济徒等措施，解决造纸厂和电厂用水是有可能的。

主要问题是运输问题。该处不通铁路，只有公路和水运。徒骇河航运条件较差，沾化至出海口长43千米，航道淤积严重，如沾化城北的富国港，最低水位时，水深只有0.22米（1969年），乘潮只能通60吨以下木机船，富国港口吞吐能力年仅10万吨。徒骇河口有拦门沙一处，低潮水位深只有1米，只能通500吨货轮，现东风港吞吐能力年40万吨。造纸与水泥工业的货运量大，年约20多万吨，现有运输状况不能适应生产发展需要。有关部门作了改造徒骇河航道规划，按富国港可通500吨船，东风港可通1000吨船计算，需投资2419万元。因投资太大，我们建议分期进行，近期先改造富国港—东风港河段，扩建富国港，尽早为造纸厂和水泥厂上马创造条件，远期继续改造河口段和东风港。

厂址位置，我们同意有关部门意见，电厂可建在沾化南坝上闸附近，取水方便。造纸厂、水泥厂运量大，占地多，可建在富国港之北，运输方便，用地和排污条件也好，但从坝上闸取水需接5—6千米管线。

4. 羊口镇

位于小清河出海口处，现为一小渔港，人口1万余人。附近有羊口，卫东，莱央子三处盐场，1974年总产量约70万吨。附近已发现天然气资源，远景希望较大，距离新油田也不远。供水问题，目前该区用水较紧。附近地下水埋藏深，在360米以下，水量小，矿化度高（在1.5克/升左右），较难利用。小清河受工业废水污染，不能饮用。目前主要利用弥河水。羊口镇现有一个5万方小水库，勉强解决全镇生活用水。但工业用水有潜力可挖。大量工业冷却用水可用海水，淡水从弥河取给。弥河在寒桥站多年平均径流量有4.05亿方，随着上游冶源水库灌溉渠系的配套和北部缺水地区农灌的发展，工农业用水矛盾较大，农灌季节不可能大量引用。但北部多为盐碱荒地，建平原水库条件很有利，可利用非农灌季节蓄水。1971 年寿光县在距羊口镇 20 千米的双王城建一库容为 1100 万方水库，从杨庄引水，因设备不足，仅引 400 万方，效果甚好，水库的淤积、渗漏及水质等问题都不大，适当扩大水源是有可能的。

交通运输靠公路和水运。小清河现可通 20—60 吨对槽驳船，海运可通几十吨小型渔船。当前运输较紧，仅羊口盐场就积压了 70 万吨原盐，解决运输问题势在必行。根据这里原盐生产的优越条件和国民经济、出口对原盐的大量需要，今后原盐将有大的发展；附近油田的开发也需要运输大量的矿建材料；从战备角度也需改善该地的交通。因此，有关部门作了建设从胶济线上的益都或昌乐至羊口镇的铁路和改造小清河河运及海运航道规划。在运输问题解决之后，在该处发展若干工业是有条件的。今后除了充分利用盐场卤水生产氯化钾、溴素、芒硝等产品外，根据油田开发进展，可发展以天然气和原盐为原料的大型或中型的联碱工业，生产纯碱和氯化铵。附近多为盐碱地，建厂不占农田，排污问题不大，发展盐化工和石油化工条件甚好。主要问题是地势低洼，地面标高在 1. 8—2. 5 米之间，而历年最高潮水位达 3. 8 米，受海潮威胁，建厂需填方并筑防潮坝。地耐力 8—10 吨/平方米，较大部件需基桩。

5. 昌邑北

位于潍河下游靠近出海口处，从油田的远景发展和该处丰富的水源看，发展石油化工条件很优越，我们在 1974 年《淄博及其以东地区以石油化工为主的工业布局有关问题调查报告》中已建议远期在此建设山东第二石油化工基地，不再在此赘述。

安徽两淮地区城镇发展和布局及工农结合若干问题*

两淮地区5万人口以上（指非农业人口，下同）的城镇有淮南、蚌埠、淮北、阜阳、宿城，1977年五城镇非农业人口共114.9万人，占全区非农业人口的70%，其中阜阳、宿城为10万人口以下的城镇，其余为中等城市。按其工业部门构成，淮南、淮北以采煤为主的重工业城市，其余为轻工业城市。以下就上述五城镇的现状特点，发展和布局以及工农结合等问题提出我们的初步意见。

一、地区城镇的发展和布局特点

（一）城镇工业发展迅速，而城镇人口发展相对较为平稳

新中国成立以来大规模煤炭工业建设、交通建设促进了工业和城镇的迅速发展。解放初四城（其中淮北市60年建市）人口只有31.2万人，而1977年五城镇人口共达114.9万人，增长2.7倍。其中：淮南市人口增长4.4倍，淮北市则由原来的小村庄而发展成为中等城市。阜阳、宿城这些原来的小城镇发展也较快。阜阳市由于修建濉阜铁路，促进了各项事业发展，人口比解放初增长3.9倍；宿城由于在附近开发煤炭资源，人口发展很快，比新中国成立初期增长4倍。蚌埠市人口比解放初增长1.8倍。

五个城镇的工业发展更快，1977年工业总产值共达27.16亿元，比新中国成立初3469万元增长了近80倍，其中特别是阜阳、宿城的工业是从无到有，工业总产值比解放初增长上百倍。

---

* 本文为安徽省计委研究项目《两淮工业基地规划布局中主要问题综合研究》（李文彦主持）中的专题报告（1978年），刊于中国科学院地理研究所编：《工业、城镇布局与区域规划》文集，1982年。

从上述可以看出，工业增长比人口的增长要高出几十倍，这是由于这些城镇原有工业基础十分薄弱而解放以来大力发展工业的结果，同时也由于占职工人数比重较大的煤矿职工带眷比例较低和老城市蚌埠工业发展实行以挖潜、改造为主方针的缘故，蚌埠市解放后新建的较大型工业项目主要在“一五”和“二五”初（如纺织厂、水泵厂、柴油机厂、空压机一厂、水泥制品厂等），而近二十年来工业发展以挖潜改造为主，因而城市人口增加不多。

（二）煤矿城市重工业比重大，城镇布局分散

淮南、淮北两市均系煤炭工业发展起来的煤矿城市，煤炭工业无论从工业总产值和职工人数在该市都占有突出地位。淮南市煤炭工业总产值占该市工业总产值的21%，而职工占48%，淮北市则更高，分别为66%和64%。

两市在煤炭资源基础上发展起来的电力、焦化以及机械等重工业也占有重要地位。淮南市这些工业部门连同煤炭工业的总产值占全市工业总产值74.8%，轻工只占23.2%，淮北市重工业产值比重达到87.2%，轻工只占12.8%。

由于轻工业比例较低，市场轻工业品的自给率低，尤其是淮北市，轻工业品种自给率只有2.8%，销售额只占10%。其次是劳力利用不充分，淮南市国营企业职工中女工只占17.7%，淮北只占14%，女劳力就业困难，老弱病残的矿工也不好安排。

“两淮”城市的另一特点是市区范围大、城镇居民点规模小、布局分散。淮南市现市区范围达2091平方千米，在老市区已形成11个居民点，其中田家庵人口9.5万人，谢家集14.7万人，其余各点多在2万人上下。淮北市的市区范围达到2409平方千米，已形成的居民点13个，其中除相城规模较大外（4万人），1—2.5万居民点6个，其余在1万人以下。

3. 矿区外围城镇以轻工业为主，与农业关系密切

两淮地区是安徽省重要的农业区，1976年提供商品粮5.685亿千克，约占全省商品粮收购量的70%。1977年麻类产量117万担，占全省总产量56%，棉花产量71万担，占全省总产量28%，生猪收购量达33.8万头，占全省67%。矿区外围城镇蚌埠、阜阳、宿城与周围农业地区交通方便，工业发展主要以利用丰富农副产品为原料的加工工业，同时发展农机、化肥等支农工业。如蚌埠市轻工业产值占全市工业总产值70%，其中以农副产品为原料的工业总产值占轻工总产值的60%（主要是食品、纺织）。另外，支农工业总产值约占

全市工业总产值5%，可见直接与农业有关的工业在全市工业中比重很大。阜阳市轻工产值占全市工业产值的70%，主要是食品、纺织，支农工业也有一定地位。宿城轻工产值约占全镇工业总产值65%。

目前在上述各城镇中以农副产品为原料的工业，棉、麻、毛等纺织工业原料尚充足，而食品工业由于各县城镇相继发展，使上述各市原料不足，如蚌埠市肉联厂生猪供应量只及生产能力的30%—40%（除冬季外），面粉厂只达到75%，碾米厂仅72%。因此，今后这类工业的发展，全区及全省需要统一规划、综合平衡。（表1）

表1　　两淮地区主要城镇基本概况（1977年资料）

	淮南	淮北	蚌埠	阜阳	宿城
城市总人口（万人）	136.1	110.2	48.6	12.2	8.5
其中：非农业人口	47.5	21.6	30.2	9.3	8.4
1949年非农业人口	10.8	1960年建市	17.0	2.4	2.0
1977年比1949年增长（倍）	4.4		1.8	3.9	4.2
工业总产值（亿元）	9.45	3.55	10.7	2.1	1.36
重工业比重（%）	70.0	87.2	30.0	30.0	35
轻工业比重（%）	30.0	12.8	70.0	70.0	65
1949年工业总产值（万元）	2000.0		1266.0	157.0	46.0
1977年比1949年增长（倍）	47		85	135	136
主要工业部门产值比重（%）					
其中：（1）电力	25.0	14.3			
（2）煤炭	21.0	66.0			
（3）焦化	15.0	4.2	14.1		12.0
（4）机械	13.8	4.1	18.9		25.0
（5）食品	9.6	6.6	38.0		27.0
（6）纺织	5.7		21.0		19.0

资料来源：根据淮南、淮北两市1977年统计资料整理。淮南市、淮北市统计局提供。

二、城镇工业综合发展方向

城镇工业综合发展根据资源及其他条件大致可分煤矿城市和矿区外围城市两类。

（一）煤矿城市

两淮煤矿城市随着煤炭工业的发展，以丰富的煤炭资源为原、燃料的电力、煤焦化工和为煤炭工业及城市建设服务的机械、建材工业将有较大的发展，同时为了充分利用城市劳动资源，提高日用工业品的自给率，需要大力发展轻工业。

淮南市现有电力、焦化、机械等工业已有一定基础。由于水源条件较好，今后将在本市新建大型电厂和焦化厂，发展煤焦化工，机械工业要加强矿山机械和建设机械的生产和修配，相应发展建材工业，大力发展煤矸石、粉煤灰综合利用。轻工业的发展虽然已有一定基础，但在工业中的比例仍较低，还须大力发展。如陶瓷工业，历史久，原燃料丰富，今后除发展一般民用陶瓷外，可发展卫生陶瓷、工业陶瓷和日用细瓷。利用焦化原料发展化纤、塑料、医药等。

淮北市工业综合发展程度低，除现有的电厂和正建的纺织厂属大型企业外，其他化工、机械均属中、小型，轻工业十分薄弱。由于本市地表水缺乏而地下水源不清，耗水量大的大型企业发展受到限制，像新建的大电厂只能摆在新汴河和规划的怀洪新河一带。轻工业根据资源条件可发展陶瓷和毛纺织，现有食品、日用品工业生产很薄弱，也需要依城镇人口的发展而相应发展。

（二）矿区外围城市

现有阜阳、宿县二地区 1977 年机耕面积只占耕地面积 28%，农业机械化水平低，劳力紧张，灌溉面积只占耕地面积 32%，已建机井配套率只有 67%。化肥施用量，宿县地区平均每亩 12.5 千克，阜阳地区只有 9 千克，农业产量低而不稳。因此，蚌埠、阜阳两市工业首先应发展支农工业，其次是发展为矿区生产和职工生活服务的工业。

蚌埠市农机工业有一定基础，柴油机、拖拉机配件、水泵等都有一定的生产能力，今后应建立拖拉机组装厂，发展水泵以及一般农机具生产，使该市成为淮北地区农机具生产重要基地。在为矿区服务方面，本市机械工业和轻工业较有基础，可生产矿区需要的掺砂机、起重机、卷扬机、高压水泵、滚珠轴承、空压机以及自行车、手表等轻工产品。

阜阳市的支农工业除了发展手扶拖拉机生产外，应发展水利排灌机械和一般农机具生产，使本市成为阜阳地区农机生产基地，化肥生产可利用淮北无烟煤或淮南焦炭新建中型企业。利用丰富的白薯干生产糖果，在保证蚌埠市原料供应的情况下，可生产酒精、基本化工原料，此外，充分利用现有轻、手工业基础，可生产矿区需要的各种日用品。

三、两淮煤矿城市工业、居民点的布局问题

（一）淮南市

淮南市老市区工业和城镇的布局存在问题比较多。在工业布局方面，如田东工业区和谢家集，工业企业的布置显得过分拥挤，无发展余地，而有的企业布置则过于分散，如轴承厂、制药二厂、橡胶厂是一厂一点；企业之间，企业与城市、水源之间的关系也缺乏统一规划，如肉联厂摆在造纸厂、化肥厂附近，互相干扰。土焦厂距化肥厂20千米之外，联系十分不便。淮南电厂位于市区上风向，由于规模不断扩大，使市区大气污染日益严重；淮南化肥厂位于市区上游，污染城市水源等。

老市区居民点除田家庵和谢家集规模较大外，其他小而分散，特别是东部公安局——洞山——泉山——望峰岗一带都分散布置着机关、学校、企事业单位和住宅，其间又有铁路、主干道的分隔，显得很分散。

由于工业和城镇布局不合理，给城市建设带来许多问题。其一增加了市内道路。如望峰岗以东，由于工业、城镇分散布局，各点之间的道路联系需增加三条，长约31千米，占1975年全市公共交通营业线路总长101千米的三分之一，这既增加道路基建投资和占地，也增加市内交通运营费。供水管网也因此加长，这一片人口约16万人，自来水管线达39.4千米，而人口规模相当的安庆市由于城市集中紧凑，供水管长只及这片的2/3，供水成本减少32%。商业的运营费也不同，如1976年本市粮食运杂费占粮食总费用28%，而安庆市只占21.2%，芜湖市占22%，这显然是由于本市城镇分散所造成的。

根据上述分析，今后老市区的发展，工业和城镇的布局应适当集中。工业布局方面，现有市公安局西铁路北已分散摆了若干企业，但未形成工业区，今后可在此集中建成轻、纺工业区，化工企业可在田家庵下游金庄至上窑一带结合新建电厂，建新化工区。城镇建设方面，公安局南面国庆路一带可规划为居住区，以避免该地职工过分集中于田家庵，公安局以南洞山可作为文化教育区。洞山以西受铁路枢纽站（规划）的限制，应不再发展。

淮南市新矿区居民点将一矿井建一工人村。已规划的新居民点有9个，每个2万人左右。并在其中的张集矿和潘3矿工人村发展为新矿区东、西部二个中心镇。西部张集中心镇位于谢桥、八里塘二矿的适中位置，该中心镇除布置比较齐全的矿区服务设施外，将布置一些矿区生产附属设施和大型焦化厂，化工污水经严格处理后用于农灌或非农灌季节用管道排入茨淮新河。人口可发展到5万—6万人。东部矿区中心镇在潘3矿南浅层煤边界外芦沟北与潘3矿工人村联合建设，人口3万—4万人。

除了以上两个矿区中心镇外，风台县城位于矿区南部中心位置，今后可发展轻工、食品工业，供给矿区职工日用物资，同时发展矿区服务设施和文化教育事业，东距老矿区也比较近便，宜修建淮河公路桥，并可考虑将淮南煤矿矿务局迁至此地（表2）。

表2　　淮南矿区城镇居民点现状与规划

城镇名称	现状城镇人口数（万人）	远期规划人口数（万人）	城镇主要职能
河南老区	44.05	62.0	
其中：田家庵	9.5		电力、轻化工、东部商业中心
洞　山	2.2	27.0	市行政机关、矿务局
泉　山	2.1		化工
大　通	2.8		煤矿、建材
九龙岗	3.04	6.0	煤矿
谢家集	14.7	18.0	谢1、2、3矿，新庄矿、钢铁、机械、陶瓷、西部商业中心
望峰岗	2.6		洗煤厂
李郢子	2.5		煤矿
毕家岗	1.0	11.0	煤矿
李咀子	1.54		煤矿
孔　集	2.07		
河北新区		28.0	
其中：东部矿区中心镇		3.0	潘3矿、煤矿附属企业、洗煤厂
潘1工人镇		2.0	煤矿，洗煤厂
潘2工人镇		2.0	煤矿，洗煤厂

续表

城镇名称	现状城镇人口数（万人）	远期规划人口数（万人）	城镇主要职能
潘 3 工人镇		2.0	煤矿，洗煤厂
丁　集		2.0	煤矿，洗煤厂
桂　集		2.0	煤矿，洗煤厂
西部矿区中心镇		5.0	张集矿、煤矿附属企业、轻工、洗煤厂
顾　桥		2.0	煤矿、洗煤厂
谢　桥		2.0	煤矿、洗煤厂
风台矿区中心镇		6.0	日用轻工、食品、农机
全　市		90.0	

资料来源：淮南市城市规划（1977 年），淮南市规划局提供。

（二）淮北市

淮北市老市区工业和城镇布局比较注意贯彻分散与集中相结合的原则。工业布局已形成以矿机、水泥构件等为煤矿服务的环山工业区，机械、轻工在河东区，化工在青龙山。城镇建设方面比较集中地建设主城相城，煤矿居民点也较注意适当集中，如在相距较近的张庄和朱庄矿联合建矿山集工人镇，在烈山、杨庄矿联合建烈山工人镇。但在从河东工业区——三堤口——青龙山沿公路已零星布置些企业，过于分散。今后要防止这些地方联成一条长线，规划新建企业如毛织厂以及其他机械轻工可摆在河东区，电解烧碱等化工摆在青龙山，集中建设河东和青龙山二工业区。城镇建设方面，现相城已无发展余地，今后文化、教育和居住区可摆在河西。现有各工人村服务设施较差，今后也应加强。

淮北新矿区部分矿井已跨出本市范围，已规划的矿区居民点 20 个，人口多数在 0.5—1.0 万人左右（表 3），省煤炭设计院规划在宿西煤田北部设车醻坊矿区中心镇，该处有矿区铁路通过，与周围各矿联系方便，除布置一些煤矿附属企业和服务设施外，可摆些食品工业，人口可达 2 万—3 万人。该煤田南部许町、界沟、任柚距中心镇较远，可在界沟矿居民点设置较完善的服务设施，为其余二矿居民服务。

表 3　**淮北矿区城镇现状与规划**

城镇居民点名称	现状人口（万人）	远期规划人口（万人）	城镇主要职能
相　城	4.75	15	淮北市行政商业中心、煤矿、工业
高　岳	1.5		岱河矿
三堤口	1.08		工业
矿山集	2.5	3.0	张庄矿、朱庄矿、洗煤厂
青龙山	0.53	5.0	化工
烈　山	2.3	3.0	杨庄、烈山矿
濉溪城	2.0	2.0	轻、手工业
徐　楼		1.0	钢铁
沈　庄		0.5	煤矿
袁　庄		0.5	煤矿
朔　里		0.7	煤矿
石　台		0.7	煤矿
刘　桥		0.5	煤矿
百　善		0.5	煤矿
芦　岭		1.0	煤矿、洗煤厂
朱仙庄		1.0	煤矿、洗煤厂
桃　园		1.0	煤矿
祁　东		1.2	煤矿
临　焕		1.0	煤矿、洗煤厂
海　孜		1.0	煤矿
童　亭		1.0	煤矿
界　沟		1.2	煤矿、洗煤厂、矿区中心村
任　柚		1.2	煤矿
许　町		1.2	煤矿
杨　柳		1.2	煤矿
孙　町		1.0	煤矿
车醋坊中心镇		3	宿西煤矿中心镇
宿　城	8.4	13.0	宿县煤田中心城
总　计		63.4	

资料来源：淮北市城市规划（1977 年），淮北市规划局提供。

宿城距宿东、宿南、宿西煤田较近，食品、机械、轻工工业有一定基础，可发展煤矿机械、食品、轻工等为矿区服务的工业和设施完善的医院和文化教育设施。

四、煤矿城市职工家属开展农副业生产和搞好工农结合问题

（一）煤矿城市职工家属开展农副业生产的必要性及条件

两淮煤矿城市中煤矿职工占城市总职工比例较大，淮南市占48%，淮北市占64%。由于矿工家属就业率低和农业户口多的特点，如何组织矿工家属搞农副业生产是煤矿城市一个重要问题。

煤矿职工性别构成特点是男多女少，如淮南市矿务局女工只占8.3%，全市的女工比例也较低，矿工家属就业率低，粗略估计，双职工在10%左右。其次由于矿工多数来自农村（约占70%—80%），其家属也多属农村户口，住在农村，因而矿工代眷系数低，据调查，老煤矿如淮南新庄矿、李一矿等新中国成立初建的老矿，代眷系数在50%左右，而1958年以后投产的淮北各矿，平均代眷系数只有20%，两地分居的问题很突出。在单身矿工中，来自矿区附近农村（距矿井20里以内）的矿工，淮北相城矿较高，达28%，淮南李一矿较低，只有12.1%，这部分矿工平时都可以回家。另外尚有部分矿工家距矿10—20千米的则休假时回家，其余单身矿工享受探亲假。这部分矿工家属因属农村户口，两地分居难以解决，部分家属长期住矿，成了无户口的“黑户”，据淮南矿务局调查，该局常住无户口的家属有6849户，共4.2万人，其中1958年来矿的职工2104户，1959—1966年的3047户，1966年以后来的1698户。这些家属多数是因长期离开农村，原来社队已无口粮供应关系，有的是因矿工工伤、职业病等来矿照顾职工的。这些家属吃的是集市粮，住的是自盖茅草屋，生活困难。

目前淮南各矿虽办一些五七工厂和服务队，但这只能解决城市户口的家属，农村户口家属，因口粮问题无法安置，要安置农村户口家属只有搞农业生产的办法。

开展农业生产的关键是解决土地问题。据我们调查，淮南新矿区附近人少地多，只要全面规划，统筹安排，是有条件建农场的。如潘集矿东北怀远县的唐集、刘圩公社，平均每人在3亩地以上，由于劳力少，水利差，单产

仅50余千克，特别是明龙山以南、以西一带，地广人稀，面积不下数万亩，实际上是半撂荒状态。但该处土质较好，地面平坦，只要水、肥、劳力跟上，就可建成良田。淮南基建局42工程处1975年开始在潘二矿附近（黑河以南）开垦千亩荒地，把昔日荒滩变成良田，获得好收成，还发展多种经营，安排了500户家属和1000名老矿工，不但解决部分矿工家属就业，也支援了矿区副食品。

淮北新矿区耕地也较多，如宿东煤田东边的芦岭、三铺二公社，平均每人耕地3亩多，由于水、肥、劳力不足，产量较低。其他如宿西煤田界沟矿西边的白沙公社，百善矿和海孜矿之间的百善公社等都是地广人稀的低产地，这些地方通过加强支援农业，提高农业水利、机械化和施肥水平，使产量大幅度增长，腾出部分耕地建立农场是完全有条件的。关键是体制问题，最好像大庆那样建立政企合一、五位一体的新型矿区，如暂不能实现，那也要像淮南基建局42工程处那样实行矿、社统一领导，全面规划，否则建农场便很难实现。

（二）关于搞好矿区工农结合问题

煤矿城市除了工矿业地面占地之外，还有煤矿采空区大面积塌陷，因而工农关系问题突出。淮南市文化大革命以来，平均每年征地4000多亩，郊区人多地少。沈港，陶圩、长青三公社，平均每人只有0.65亩，有的大队塌陷地占80%，对农业生产影响很大。今后随着煤矿的发展，将占用更多耕地。淮南新矿区九个矿地面建筑占地规划401公顷。塌陷系数如按0.6—0.7计，淮南新区最终塌陷深度将达十几米至二十米左右，开采后新区范围内47万亩耕地将相继塌陷，有890个自然村21万人口要迁村。

郊区耕地日益减少给社队生产和生活带来一些问题，首先是口粮问题。1977年淮南市粮食单产226.5千克，而该年征购、种子、饲料三项用粮占粮食总量约30%，如按每人一亩地计，扣除这三项用粮，平均每人只有160千克，因此每人耕地少于1亩者，口粮较紧，需吃回销粮。其次是劳力安排问题，如淮南市长青公社周郢一队有劳力100余人，只有耕地20多亩，每劳力负担2分地，像这类社队都存在多余劳力安排的问题。

为了安排好人多地少社、队的生产、生活，多年来有关部门采取了许多措施，如把农业队改蔬菜队、招工以及支农等，使生产和生活大有提高。但蔬菜种植水土条件要求高，塌陷地不宜种植，另外由于招工条件的限制，许多农户得不到照顾，因此，要解决这些社队的生产、生活困难，主要还是要发展生产，除了大力改变农业生产条件，提高作物产量外，应大力开展多种经营，发展社队工副业。

目前淮南市郊区农业多种经营较薄弱，1977 年农、林、牧、副、渔五业中，农业总产值占 78%，牧业占 11%，工副业占 8.7%，渔业占 0.8%。由于多种经营差，社队经济收入低，全市平均每人年收入 51.9 元，其中淮河北有五个公社每人收入在 38 元以下，除了口粮款，就没有现金了。

多种经营搞得较好的是该市长青公社，虽然每人只有 5 分地，但由于开展多种经营，平均每人每年收入达到 164 元。该公社除了 60% 的耕地种菜外，主要是发展工、副业。1977 年工、副业总产值达到 160 万元，占工农业总产值 40%。

表 4　　两淮部分煤矿职工家属状况

矿井名称	职工总数	住矿职工家属		来自附近农村职工		住矿无户口家属	
		户数	占职工总数%	人数	与职工总数%	户数	占职工总数%
淮南：新庄矿	10422	5000	48.0	1300	12.5	700	6.6
李一矿	8000	4000	50.0	1000	12.1	600	6.7
淮北：张庄矿	6500	900	14.0	1100	18.0	120	1.8
朱庄矿	6307	1000	16.0	900	14.3	200	3.2
岱河矿	5700	1342	23.5	1200	21.0	204	3.6
相城矿	2142	400	18.5	600	28.0	50	2.3

资料来源：本课题组实地调研资料（1977 年）。

表 5　　煤矿区附近有关公社农业基本情况（1977 年）

公社名称	地点	农业人口整半劳力		年末耕地（亩）	每人耕地（亩）	每劳动力负担耕地（亩）	灌溉面积占耕地面积%	单产（千克）
		整劳力	半劳力					
刘圩	潘 2 矿东北怀远县内	28023	11055	85438	3.1	7.8	6.9	74
唐集	潘 2 矿东北怀远县内	30125	9292	89380	3.0	9.6	21.0	92.5
芦岭	宿东煤田东	32228	11670	111810	3.4	9.8	10.0	81.5
三铺	宿东煤田东	39317	15394	126052	3.1	8.2	17.5	78.5
百善	百善与海孜矿间	24173	8329	69848	2.9	8.3	8.6	73.5
白沙	界沟矿西	25454	9307	84876	3.3	9.0	8.9	70.5

资料来源：淮南、淮北两市统计资料，淮南、淮北市统计局提供。

表6 淮南市长青公社工业企业概况

企业名称	主管单位	职工人数	产量	产、供、销情况
铁铸管厂	社　办	63	37吨	原料由市计委不定量供应
酱品厂	社　办	42	385吨	市商业局来料加工
麻袋厂	大队办	50	6万条	省烟麻公司来料加工
石棉瓦厂	社　办	59	2.84万片	自找原料，产品自行销售
预制构件厂	大队办	40		不固定
塑料制品厂	大队办	50		不固定
翻砂、锯木				
轧花厂	大队办	40		不固定
农机修理厂	大队办			
石料厂	大队办	49		生产稳定
建筑队	社　办	130		实行亦工亦农
运输队	大队办	60		实行亦工亦农

资料来源：淮南市统计资料（1977年），淮南市统计局提供。

从表6可看出，属于就地取材，产品又是当地所需的如石料厂等生产较好，与有关部门挂钩关系的厂生产也较好，其他无固定的挂钩单位的企业，生产不稳定。

从今后的发展看，建材生产当地有丰富的原燃料，特别是大量的煤矸石和粉煤灰有待综合利用，另一方面基本建设又大量需要建材，因此，社队发展这类企业是有前途的。其他加工工业目前都存在着原料来源和产品销售问题。但是社队企业仅仅发展建材工业那还是很有限的，只有发展各种加工工业，社队企业才能得到大的发展。今后社队企业的发展应根据1978年中共中央制定的关于工业发展三十条所指出的要统一规划，加强领导，根据本市生产条件，制定郊区社队企业发展规划，落实产、供、销关系，使郊区企业逐步发展。

河北唐山地区及其主要工矿区有关农业发展和工农结合若干问题*

唐山地区地下资源丰富，特别是铁矿石和煤炭资源在全国占有重要地位。区内农业基础较好，交通便利，电源可靠，水源也较充沛，工业已有一定规模，今后还大有发展前途，将是我国以钢铁、煤炭为主的重要工矿业基地之一。随着工矿业的大发展，进一步加速本区农业的发展，使工业发展建立在更雄厚的农业基础之上是一项十分重要的任务。以下根据我们的调查，对唐山地区及其主要工矿区有关农业发展和工农结合问题提出一些初步看法。

一、唐山地区农业生产现状及有关工农结合方面存在的主要问题

本区农业新中国成立以来有较大的发展，1949 年粮食亩产只有 44.5 千克，而 1975 年达到 270 千克，跨过黄河，在全省各地区中仅低于石家庄地区，粮食总产量达到 25 亿千克，占全省总产量 1/6，新中国成立以来平均每年递增 6.5%，经济作物中花生占有重要地位，1975 年总产量 0.87 亿千克，占全省 50% 左右。养猪业也较发达，平均每户存栏 2.4 头，在全省各地区中占首位。水产产量为 76616 吨（其中海产 72498 吨），占全省总产量 50.8%。此外各种干鲜果（板栗、核桃、苹果）质量好，产量也较大，是重要的出口物资。

本区农业虽有一定基础，但由于工矿业发展快，农业生产的发展还不能与其相适应。全区工业总产值 1949 年为 1.2 亿元，只占工农业总产值 33.4%，而 1975 年达到 33.2 亿元，占工农业总产值 72.8%，使原来以农业为主的地区变为工业为主的地区。工矿业发展大量的占地和对商品粮、副食品需要量的日

* 本文为胡序威主持的《冀东工业基地调查研究》（华北协作区筹备组委托）专题报告之一，刊于中科院地理所内部报告，1982 年。

益增加，是当前工农业之间矛盾日益突出的主要表现。

（一）工矿、水利基建大量占地，耕地日益减少。

本区历史上耕地较多，1949 年全区耕地面积 1309.7 万亩，平均每农业人口 3.3 亩，由于新中国成立以来工矿、水利大量占地，1975 年只有耕地 1165 万亩，减少 144.7 万亩，现平均每农业人口只有 1.9 亩，而在城镇近郊和工矿区则更少。由于耕地日益减少，一方面使工矿业征地日益困难，另一方面在农业内部使粮食生产与多种经营矛盾日趋突出。近几年来为了保证粮食的需要量，粮食作物播种面积比例在逐年扩大，而经济作物则在逐年下降。例如“一·五”末粮食作物播种面积占总播种面积的 81.9%，1974 年扩大到 85.5%，而同期棉花和油料则从 15.2% 下降到 11.2%。此外蔬菜、甜菜、烟叶等作物也因与粮食作物的矛盾，种植面积往往难以落实。今后工矿、水利的发展还须大量占地，按地区规划估算，今后每年将占地 4—5 万亩，矛盾将更突出。

（二）非农业人口增加，粮食、副食品需要量日益增多

唐山地区历史上是一个余粮区，在“一·五”期间一般年份每年有余粮 1 亿—1.5 亿千克。新中国成立以来特别是大跃进以来工矿业迅速发展，非农业人口从 1949 年的 55 万人到 1975 年发展到 114 万人，增长一倍多。近年来已经由一个粮食自给有余而变成只有在丰收年景下粮食才能基本自给的地区。1975 年本区粮食获得超历史纪录的大丰收，当年也只有余粮 0.28 亿千克。如遇灾害粮食便不足，如 1972 年因大旱农业歉收，当年即亏粮 0.55 亿千克（表 1）。今后随着工矿业的大发展，非农业人口还将大量增加，按地区规划，至“六五”末非农业人口将增至 140 万人，需商品粮约 5 亿千克，因而粮食生产还须要大发展才能适应需要。

表 1　　唐山地区粮食产、购、销情况表　　单位：0.5 亿千克

年份	1957	1965	1971	1972	1973	1974	1975
产量	30.80	37.80	42.50	32.80	40.00	47.00	50.20
征购	9.49	8.09	8.29	6.48	7.84	7.99	8.74
销售	6.87	6.13	6.71	7.60	7.69	7.98	8.18
余亏	+2.62	+1.96	+1.58	−1.12	+0.15	+0.01	+0.56

资料来源：由唐山地区统计局提供。

二、唐山地区农业发展主要途径

本区雨量丰沛，水源充足；土壤肥沃，有较多荒地资源；农业机械工业、化肥工业有一定基础，发展农业生产的条件较好。但目前水利化程度不高，耕作比较粗放，单产不高，土地增产潜力还很大。我们认为今后本区农业生产发展的主要途径是大搞农田基本建设，迅速改变生产条件。可着重抓以下几个问题。

（一）改造沙地、盐碱地，变低产田为高产田

本区土壤多数较好，属土质较好的壤土、轻壤土和黄黑土等约占50%左右，粘土约占10%，粘性虽大些，但只要掺些沙子即可成较好的土壤。在各类土壤中，土质最差的是沙土和盐碱上，是目前本区低产田，也是今后改土的重点。

新中国成立初全区沙地有287万亩，经新中国成立以来的改造，1975年有205万亩，占全区耕地面积17.6%，主要分布于滦县、滦南、迁安、卢龙等县，大都是滦河古河道经长期风沙堆积而成。沙层厚0.5—2米不等，土性松散，地面起伏不平，灌溉条件差，多数只种一季花生，亩产50余千克。目前全区已营造防风固沙林170万亩，初步控制沙地的漫延。许多地方沙改工作成绩显著，如滦县的铁局寨、古马、徐庄等地沙改后产量大幅度增长。今后随着大规模沙改工作的开展，需要进一步查清沙地的土性、水源、风源等特点，总结沙改经验，制定全区性综合治理规划，逐步把沙地改为良田。

全区盐碱地有120万亩，占全区耕地面积约10%，主要分布于玉田、丰润县南部的内陆洼地和沿海一带。目前已普遍修台条田，碱害已大大减轻。但由于目前各流域排涝能力偏低，尤其是柏各庄垦区和津唐运河流域主要排水河道一般只达到3—5年一遇的排涝标准，遇到多雨年便排水不畅，盐碱上升。今后需进一步提高这些地区的排涝能力，使盐碱地的改造更有成效。

（二）提高复种面积，挖掘增产潜力

本区历史上大部分属一年一熟的杂粮区。解放以来发展水利，开展科学种田，复种面积1975年为146%，达到二年三熟。从各方面条件看，今后继续提高复种指数还有潜力。根据本区气温条件，无霜期180—200天，0℃活动积温

4100℃—4400℃，实现一年两熟如采用两茬平作，早、中熟品种需4600℃—4800℃，晚熟品种需5100℃，热量稍不足。如采用套种，一般是上茬小麦，小满前后套种中熟杂交玉米，则热量绰绰有余。1975年全区有410万亩实行套种，占总耕地面积35%，一般上茬小麦亩产150余千克，套种杂交玉米亩产250余千克，全年普遍达到400千克以上。目前在沙地、沿海盐碱地和山区石渣地多为一年一熟，这些地方经改造后有灌溉措施就可实行套种，产量可大幅度增长。在水、肥、劳力较充足的中部平原地区，目前正在套种的基础上推广三种三收（麦子套种玉米，麦收后利用麦茬地播种或移栽一茬早、中熟高粱或谷子）。由于麦茬高粱或谷子靠夏季丰富的雨水即可满足水分要求而不需灌溉，需要的总水量与两茬套种差不多，但需增加30%左右的肥料和劳力，在土质好、肥料、劳力充足的地方采用三种三收效果显著。1975年全区种植60万亩，一般上茬小麦亩产150余千克，中茬玉米250余千克，下茬高粱100余千克，全年亩产在500千克以上。但从目前一般地区肥料和劳力情况看，种植面积过大，肥料、劳力跟不上，反而起不到增产作用。根据有的地方的经验，目前在条件较好的地区采用“三三制”还比较适宜，即一年一茬、套种和三种三收各占耕地1/3，这样土地利用和劳力安排较合理，肥料也不至太紧张。

（三）垦荒造田，扩大耕地面积

本区荒地资源较多，据农业部门调查，全区有可垦荒地91.85万亩（表2），其中滨海荒滩数量较大，分布较集中，高程在2.2米以上适于开垦为耕地的有57.2万亩，有20万亩适于种植芦苇和造林，其余海滩地还可发展海水养殖。

表2　　唐山地区荒地资源统计表　　单位：万亩

	全区合计	丰南	滦南	乐亭	昌黎	迁安	迁西	玉田	柏各庄
荒地面积	136.65	24	21	20	20	14	1	1.65	35
其中：可垦面积	91.85	13.4	21	16	6	8	1	1.65	24.8

资料来源：由唐山地区农业局提供。

开垦海滩地需要筑海堤和排灌工程，但主要是水源问题。由于海滩地盐碱严重，须用大量水冲洗才能种植，一般采取稻改措施效果好，但用水量大，如按每亩稻田需水1800—2000方计，开垦57万亩每年需水达10多亿方，在目前全区尚有43.5%的耕地未解决灌溉的情况下，用这么多的水量去开垦是不大可能的。近几年来乐亭等地由于缺水，开垦海滩试种旱作效果还不错，他们采取修建台条田和排碱工程，长年排碱并利用新滦河弃水冬春季各洗一次，每次用水 150 方/亩，使盐分逐年下降。头几年种耐盐碱的高粱和红麻，出苗率达 60%—70%，高粱亩产达 100 余千克，种植数年之后，产量逐渐上升，如崔伟梁公社开垦的海滩地现亩产已达到 250 余千克。此外还有采取水旱轮作的则效果更好。今后需要继续总结这方面的经验，以解决节约用水问题。

除了滨海荒地外，本区还有大量的河滩地和山坡荒地，据农业部门规划，通过闸沟垫地、开发荒山和围垦河滩地，全区可增加耕地几十万亩，特别是河滩地开垦，一般水源充足，围垦改土地较易，尤其应该引起重视。

（四）开发、利用丰富的水源，发展灌溉

本区新中国成立前灌溉条件很差，1949 年只有灌溉面积 17.7 万亩，占耕地面积 1.4%。新中国成立以来大力发展水利，1975 年水浇地面积达到 650 万亩，占耕地面积的 56.5%（其中地下水灌溉面积 457 万亩，占水浇地面积 70%）。但目前灌溉水平还不高，还低于省内石家庄、保定等地区。对现有水利设施还需进一步配套，以充分发挥其灌溉效益。今后沙地改造、耕作制度的改革，提高复种面积和垦荒造田都需要大量用水。因此，发展水利的任务很重，应作为今后农业生产中的重点来抓。

（五）大力发展支农工业，加速农业现代化

本区化肥工业已有一定基础，全区有中型（年产 6 万吨合成氨）化肥厂一个（迁安马兰庄）和小化肥厂 17 个，1975 年合成氨产量 9.61 万吨，氮肥产量 30.77 万吨，平均每亩化肥分摊量 26 千克。今后由于耕作制度的改革，化肥需要量将日益增大，如实行三种三收制每亩将需化肥 100 斤左右，因此，化肥工业还须发展。目前各化肥厂生产设备潜力很大，全区合成氨生产能力达 13.7 万吨，因受原料限制，1975 年实际产量只达到设计能力的 70%。今后需加速开发柳江煤田，以提供更多的化肥工业原料。炼焦厂的焦炉气如有可能也应尽量利用来发展化肥（详见所附发展氮肥工业专题报告）。其次发展磷肥工业也很重要。本区土壤的含磷量低，一般含量为 0.05%，最高的也只有 0.1%，且大部分属难溶性磷，不被作物吸收，因此，在粮食作物上施磷肥增产效果很显著，如玉田县李王庄大队麦田在同样的耕作条件下，亩施过磷酸钙 25 千克比不施的增产 24.1%。目前由于受磷矿原料限制，磷肥产量很低，1975 年只有

8.77万吨。如按每亩施磷肥25千克计，全区粮食播种面积1446万亩年需磷肥36万吨。今后主要是解决磷矿原料问题，近年来本区已发现一些磷矿点，如滦县泡石淀公社桃园矿，品位14%，附近社、队已在开采利用。今后需加强勘探工作。

三、主要工矿区的工农结合与农业发展问题

（一）唐山市

唐山市是唐山地区政治、经济中心，是一个以煤炭、钢铁为主的重工业城市，电力、陶瓷、机械、建筑材料等工业也占有重要地位。1975年工业总产值为22.4亿元，占全地区66.7%，全市总人口106万人，其中城市人口69.8万人。

新中国成立以来本市郊区农业在城市工业的支援下有很大发展，粮食亩产从1949年的99.5千克到1975年的330千克，增长了三倍多。水浇地面积从1949年的0.96万亩扩大到1975年的32万亩，有70%的耕地实现水利化。震后被破坏的水利设施在全国和省内其他地区的大力支援下，已经恢复。震前郊区机耕面积达到64.7%，化肥施用量每亩达到75千克（混合量），在全区各县、市中均达到最高水平。但是工矿业发展也给农业生产带来了一些问题，使工农业之间矛盾比较突出。

1. 工矿业大量占地、耕地日益减少

1949年全市耕地有64.19万亩，郊区农业人口17.33万人，平均每人有耕地3亩。解放以来工矿、城镇、水利等占地共18.49万亩，1975年只有耕地45.7万亩，而郊区农业人口增至36.2万人，平均每人只有1.2亩，近郊区多数社队则在1亩以下，对农业生产影响较大，厂矿企业征地也较困难，特别是占地较多的开滦煤矿、唐电、唐钢等厂矿矛盾尤其突出。今后开滦煤矿、唐钢的建设、新建工程均应千方百计地注意节约用地。此外，根据本市工业废渣数量大、污染严重、占地多的问题，应该大力开展综合利用，变废为利。开滦煤矿每年排矸石大约600万吨（其中洗矸约200万吨），至1975年已积存3800万吨，形成12座大山，占地1000多亩。矸石综合利用近年来已逐步被重视。洗矸发热量较高（1400—1600达卡），开滦煤矿用它供沸腾炉燃料或粉碎后掺5%锯末和1%石灰做煤球供民用燃料，效果甚好，燃烧温度可达800℃—

850℃。黑白矸则利用来做砖，因矸石本身热量（黑矸800—1500达卡，白矸300—500达卡）烧砖不用燃料，成本低（2.8—4.8分/块）而质量较好（标号达100号以上）且不占土地，应该大力推广。电厂粉煤灰占地问题也很突出。由于唐山电厂以中煤为燃料，灰分达44%，每年排灰100万吨，自1958年建厂以来已堆积灰场7处，占地1200多亩，现使用的灰场即将堆满，新灰场因征地问题而尚未落实。此外，新建的陡河电厂投产后，每年将排灰180万吨，目前排灰场也未落实。因此，粉煤灰出路问题很大。目前粉煤灰的综合利用还很少，已有的二个粉煤灰砖厂因设备、运输和产品质量问题，成本高，年年亏本，有关部门需要给予大力支持，帮助解决生产中的各种困难和某些技术问题，大力发展粉煤灰砖。同时，对现有灰场的覆土造田也应予以重视。目前已覆土造田的大城山和沙子坑灰场，种植大豆等旱作亩产50—100千克，今后进一步改土和解决灌溉问题，产量将进一步提高。其他未覆盖的灰场应继续覆土造田。

2. 煤矿塌陷地的改造利用问题

塌陷区缺乏地表水和浅层地下水，水利设施遭受破坏，土地不平整，排灌条件差，产量低。目前全市5万亩塌陷地一般种一年一季的甘薯、谷子、高粱等旱作，亩产150—250千克。今后随着煤炭工业的大发展，塌陷地将不断扩大，远期开平煤田650平方千米范围内将普遍出现塌陷。同时，由于开平煤田煤层多（5—7层）且属缓倾斜，因而塌陷持续时间长，一般需20年左右才能止息。目前已经塌陷的地区大部分还在继续下陷中，按平均煤层厚13米计，最终将下陷9—10米。现在还能勉强耕作的耕地，今后将出现更多的积水而不能耕作。因此，对塌陷地的利用改造是一个应该十分重视的问题。

塌陷区发展农业生产主要解决灌溉问题，水源主要靠矿坑排水。1975年全市九大煤矿排水量达42万吨/日，由于土地不平整，水利设施跟不上，水的利用不够充分合理。目前已用于灌溉的约3.5万亩，其中荆各庄和范各庄矿就近开辟稻田约1万亩，而距矿井较远的旱地则得不到灌溉。今后矿坑水的利用，根据唐家庄矿的经验，首先得解决蓄水问题，他们利用塌陷坑建一蓄水300万方的水库，将分散的和非灌溉季节的排水积蓄起来，使供水稳定可靠。其次，为实现灌溉还须平整土地，因塌陷区高差起伏大，不可能大面积连片平整，只能小块平整，但要做到随塌随平。此外还需解决水泵、水管等水利设备问题。据市水利规划，如将大部分矿坑水利用起来，可增加灌溉面积3—4万亩。

至于长年积水不能耕种的塌陷地可分别不同情况加以利用。有些塌陷地距矿井或电厂较近的，可利用尚未被综合利用的矸石和粉煤灰填坑造地还田。开滦煤矿近几年来已用矸石填坑造地1000多亩，发展农副业生产，取得可喜的成绩，今后还可大力发展。

3. 蔬菜、副食品供应问题

1949年本市城镇人口只有29.9万人，1975年增长至69.8万人，增长一倍多。而蔬菜生产虽然也逐年增长，但仍赶不上需要。近几年来每年都得从市外调入蔬菜1000多万千克，商业部门仅运费和损耗每年约亏损20万元。特别是东矿区矛盾更突出，1975年当地生产的蔬菜供应量只能满足市场需要的47.59%，影响职工生活。

但是，近年来蔬菜的种植和收购计划往往难以落实，如1975年全市商品菜田计划5万亩，实际落实的只有4.3万亩；计划收购任务1.85亿千克，实际收购只有1.4亿千克，只完成收购计划的77%。今后需进一步落实蔬菜生产的各项具体政策，切实解决蔬菜生产所需要的各种物资和菜农的口粮，食油、燃料供应等问题，充分调动广大菜农的生产积极性。其次是管理体制问题。目前本市蔬菜生产和销售分别归属农业部门和商业部门领导，产、销之间缺乏统一领导，使矛盾得不到妥善解决。据秦皇岛市经验，他们在市委领导下组成机构，统一领导蔬菜的产、供、销，使蔬菜的生产和供应形势大好，这个经验值得推广。此外，一些有条件开展农副业生产的厂矿如开滦煤矿等应大力鼓励厂矿职工家属开展集体的农副业生产，以减轻商业部门的负担。

（二）迁安矿区

迁安矿区位于迁安县滦河以西，全矿区包括13个公社，总人口为18.5万人，其中非农业人口约5万人。矿区内有铁矿资源20多亿吨，其矿点较多。首钢矿山公司1959年开始在此开采，迄今已形成年产1150万吨采矿和年处理900万吨选矿能力，职工2.1万人（其中外来参加矿山勘探和基建5000人），除矿山外，矿区内还有年产合成氨6万吨的省属化肥厂和地区松汀铁厂等企业。按规划至“六五”末迁安矿区的矿石规模有可能达到年产3000万吨，迁安化肥厂和松汀铁厂的规模将进一步扩大，此外区内还将发展一些为矿区人民生活服务和“三废”综合利用的地方工业。从长远发展看，在矿区内还有可能建设炼铁基地。这样将来矿区非农业人口可能达到10万—15万人。

迁安矿区自开发以来已占地2.1万亩（包括其他企业共占地3万亩），按发展规划估算将来还得再征地3万—4万亩。由于矿区耕地较少，近年来征地问题矛盾很突出。目前全矿区平均每农业人口耕地1.6亩，而矿区附近23个大队平均每人耕地则在1亩以下，其中有10个大队不足半亩，口粮不能自给，近几年矿山附近三个公社每年由国家供应口粮达100万—150万千克。许多基建项目如水厂采场和大石河选矿厂扩建均因征地问题未能及时解决而影响矿山开发和扩建工程的进度。其次，虽然征用地多属山坡丘陵地，但因矿区果树林木繁茂且往往牵连到迁村问题，因而土地补偿费很高。如蔡园矿征地3294亩，土地补偿和迁村费达390万元，占该矿基建总投资的10%，平均征一亩地达1200元。水厂矿征地302亩，土地补偿和迁村费72.4万元，平均征一亩地达2400元，这在其他地方是少见的。此外，蔬菜和副食品的供应近年来虽已有改善，但不够稳定。为了适应工矿区发展的需要，1975年国务院特发了19号文件，要求加速矿区农业的发展，提出争取在2—3年内实现粮食亩产超500千克并建立副食品基地的奋斗目标。

发展本区农业实现上述目标的关键是大搞水利、扩大灌溉面积。目前全矿区21.5万亩耕地中，水浇地只有7.5万亩，只占耕地面积的34%，主要集中在沿滦河边的平原地区，而全矿区五六万亩沙地和4.6万亩山坡地均缺乏灌溉，粮食亩产150—200千克，是本区低产田，也是今后本区水利建设的重点。按矿区规划，根据本区水源分散特点，充分发动群众大搞小型水利工程，计划三年内在山区建小水库10座，塘坝23处，挖旱池77处；在沙地平原区打机井330眼，大口井20眼，基本实现山区、沙地区水利化。在灌溉问题基本解决之后，全区将普遍实行两种两收制，在水、肥、劳力充足的平原区将实行三种三收制，力争三年内粮食亩产达500千克。与此同时，清挖沙河解决洪水淹没农田问题。近几年来由于首钢矿山公司大石河和水厂两选矿厂跑、冒、滴、漏的矿浆水排往沙河，使南、北沙河淤积达1米之厚，个别河段达2米以上，河床已高出地面，雨季洪水泛滥淹没农田。如1975年7月29—30日连续两天降雨384毫米，洪水泛滥成灾，有近万亩农田受淹，使粮食减产近百万斤。今后选矿厂必须加强管理，尽量减少矿浆水跑、冒、滴、漏而继续淤积河道，同时对已淤积的河道必须清挖，避免洪水淹没农田。

除了兴修水利提高单产水平外，开垦河滩地扩大耕地面积也有很大潜力。滦河在迁安境内长达46千米，河床宽达1—2千米，个别河段宽达5千米。据县水利部门调查，在不影响滦河行洪情况下，可垦河滩地达6万亩，其中滦河右岸矿区范围内约1万多亩。多属起伏不平的沙泡地并生长着零星灌木丛，水源丰富，开垦条件好。但开垦滩地必须与水利规划（行洪、灌溉水利工程、河道整治）结合起来，统一规划。同时需要统一分配土地，首先照顾因征地而耕地减少的社、队。在距矿山较近地方可结合矿山开发，利用矿山废石、废土筑堤、垫地。马兰庄铁矿利用选矿厂尾矿淤地 300 亩，做到化害为利，效果甚好，种植数年之后，粮食亩产在 200—250 千克以上。此外，发动矿区职工利用矿山废石场造地，开展集体农副业生产，也是一个应在长远规划中给予重视的问题。

目前由于首钢矿山公司属北京市领导，而矿区在行政上属河北省迁安县管辖，使工农业之间矛盾不能得到妥善解决，今后需要尽快解决体制问题，使矿区工农业生产统一规划、统一领导，做到工农业互相支援，紧密结合，是加速发展矿区工农业生产的关键问题。

（三）滦县工矿区

本县现有工业基础较薄弱，只有一些县办小企业，1975 年工业总产值约 3000 万元，非农业人口近 2 万人。但从发展远景看，本县将是冀东地区重要的工矿区。在县城以南的司家营、大贾庄、马城一带铁矿资源丰富，铁矿石储量约 23 亿—25 亿吨，其中司家营铁矿北区开采条件较好，勘探程度也较高，已探明可供设计的储量达 6.4 亿吨。规划建设年产 1200 万吨矿石的露天采场和相应的选矿厂以及直属唐山矿建系统的总机修厂、总汽修厂等项目，已完成初步设计，职工人数为 2.2 万人，露天采场地表剥离需占地 7 平方千米，废石场初步规划在采场西南，按土石剥离总量 18 亿—19 亿吨、堆高 90 米计算，废石场须占地 10 平方千米。由于现有老县城处于地震活动断裂带，地震后建筑物破坏严重，且老城地势低洼（标高 24 米），受滦河洪水威胁大，因此规划新县城迁至坨子头东南一带，与司家营矿区统一规划共同建设，以逐步形成一个以矿山为主的约 10 万人口的小城镇，占地约 7—8 平方千米。关于规划设想的新建钢铁联合企业的厂址，从原料、燃料资源、运输、水源以及建厂条件看，滦县邢各庄以北比较理想，有可能作为冀东地区新钢铁基地，这样还须占地 10 平方千米，城镇人口也将达到 10 万—15 万人。此外，京山线改线和陡河水库扩建库容等也将占用本县大量耕地。综上所述，本县远景发展城镇人口可能达到 20 万—30 万人，工矿、城镇、铁路，水利等占地将达 30—40 平方千米，同时为解决城镇人口蔬菜供应还须开辟 2 万—3 万亩的蔬菜基地。虽然上述工矿区占地多属土地贫瘠的沙地，但因占用的耕地数量很大，目前本县农业基础较薄弱，1975 年全县粮食亩产只有 206 千克，低于冀东地区其他各县、市，因此需

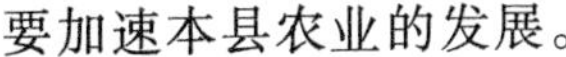
要加速本县农业的发展。

本县农业生产条件较差，历史上多灾低产。在全县89万亩耕地中，沙地达36万亩，占耕地40%，北部山区丘陵地20万亩，南部低洼盐碱地10万亩，只有23万亩耕地较好。目前灌溉条件差，全县水浇地面积只有26.4万亩，占耕地29%。在大多数缺乏灌溉地方基本上是一年一熟，1975年全县复种指数只有117%，增产的潜力很大。今后发展农业将以水利和改土为中心，以改造沙地为重点，大力改变不利的生产条件。

目前全县已改造的沙地有7.8万亩。根据各地的经验，主要采取林、土、水综合治理措施。由于沙地土质松散、蒸发量大（为降雨量的2.9倍），每当旱季风沙弥漫，复盖农田，严重影响农作物生长。因此需要根据沙地的分布和常年主导风向，结合农田水利、道路规划营造防风林网、锁住风沙。目前全县已营造防风固沙林地有11万亩，占沙地面积30%，一般是乔灌木结合，用材林与经济林结合，在田间道路和主干渠道两旁种乔木（用材林和果树），田埂种桑条或柳条，这样既治理风沙又增加收入。

沙地的改土根据沙地的不同类型一般采取两种办法：一种类型是沙层较薄且沙层底下有好土的地方，其分布面积较小，如京山铁路以北和滦河沿岸的地方，沙层在1米左右以下即为好土。李新庄庄窝、小王庄大队等采取剥开表层沙土，取出好土，将沙土埋在底下，上部复盖半米厚的好土。此办法工程量大，一亩地需400个工日，但见效快，改造后当年粮食亩产达350—400千克，现在已达500千克以上。另一种沙层较厚，一般在2米以上，沙土以下即为板沙，此类型分布面积广。一般是采取平整土地，以土压沙并种植绿肥，使土质逐渐变好，同时解决灌溉，产量就会逐步上升。

沙地的灌溉主要靠地下水。由于沙地大多数为滦河等古河道，地下水埋藏较浅水量较丰富，井深40—60米，单井涌水量40吨/小时，但由于渠道渗漏严重，单井只灌20—30亩。近几年来各地采取防渗措施解决渠道渗漏问题，在近山石料丰富地方多用石砌渠道，平原地区采用水泥板或陶瓷管渠道，以水泥板较经济，一吨水泥可铺120米渠道，平均一米0.6元。经防渗处理后单井可灌溉70—80亩。

解决沙地的灌溉之后即可实现一年两熟。根据各地经验，以小麦套种花生较好，一般在麦子浇完灌浆水后套种花生，墒情好，麦子挡风，花生发芽快，而且小麦上七星瓢虫多，可减轻花生苗期蚜虫的危害，另外小麦需氮肥多，而花生需磷肥多，可起互相调节肥效的作用，增产效果十分显著。

综上所述，滦县今后随着工矿业的大发展，工矿业用地和粮食、副食品需要量日益增多，农业的负担将较重。但本县耕地较多而目前产量较低，生产潜力大，特别是沙地的农业生产还有很大的潜力。实践证明，沙地是完全可以被改造的，只要认真贯彻党在农村的各项政策，大力开展科学种田，本区农业生产就一定能得到较大的发展。

粤东港口城市——汕头市的兴起和发展*

汕头是我国4个经济特区之一，广东第二大城市。它的兴起和发展与港口因素息息相关。现为广东省辖市，管辖1市（潮州）8县（澄海、揭阳、潮阳、普宁、揭西、惠来、饶平、南澳），总面积10580平方千米，1985年总人口920万人。市区和郊区面积246平方千米，总人口76万人；其中市区面积22.5平方千米，总人口45.8万人。

一、华南要冲，粤东门户

汕头市位于广东省东部，扼韩、榕、练三江出海口，地处我国东南沿海黄金海岸中段，与我国沿海和东南亚各地联系方便。在我国东南沿海各港中，汕头的经济腹地比较广阔。通过内河和稠密的公路网，不仅与整个粤东地区保持密切联系，成为这一广大地区物资的集散地和华侨出入口岸，也是赣南和闽西南相邻地区的出海口，经济腹地人口超过1500万人，且拥有较丰富的自然资源和较好的经济基础。汕头向来有“华南之要冲，粤东之门户”之称。

汕头背靠自然条件优越、劳动力资源丰富、农业生产发达的潮汕平原。这是我国南亚热带地区仅次于珠江三角洲的第二大平原，面积近5000平方千米。这里气候温和，雨量充沛，灌溉方便，大部分耕地早已实现旱涝保收。潮汕平原是我国人口高度密集地区之一，全市每平方千米人口密度884人，人均只有4分耕地。但是精明强干、心灵手巧的潮汕农民在有限的耕地上精耕细作，使潮汕平原早就成为全国多种农作物的高产区，水稻亩产达800多千克，甘蔗超5000千克，盛产水果、蔬菜和水产品，驰名中外的潮州柑，1985年总产1.42亿千克，是我国重要的柑桔产区。全市海岸线长达389千米，近海渔场面积

* 本文刊于胡序威、杨冠雄主编：《中国沿海港口城市》，科学出版社1990年版。合作者蔡人群。

3.2 万平方千米，适宜海水养殖的滩涂近 20 万亩，水产业的发展也十分有利。潮汕平原应充分发挥自然条件优越，劳动力资源丰富、劳动力素质高，出口方便的优势，充分利用珍贵耕地，积极发展以果蔬、水产为主的出口农业，为汕头市提供更多的食品工业原料和外贸物资。

粤东地区的有色金属矿，如钨、锡、钼、铋、铅、锌分布广泛，有的矿点储量比较丰富。汕头市北邻兴梅山区有几处高品位中型铁矿，还有大型优质水泥石灰石矿、石膏矿，煤的储量虽不多，但在广东仅次于韶关地区，对就近供应汕头市仍有一定作用。潮州飞天燕大型瓷土矿，储量丰富，质量好，已引进外资，计划大规模开采。韩江上游蕴藏着丰富的水力资源，闽粤交界处的棉花滩可建装机容量 50 万千瓦的大型水电站。这些矿产和水力资源的开发，特别是南海珠江口盆地东部近海油田的开发，对促进汕头经济发展具有重要意义。

南亚热带的滨海风光，历史遗留的文物古迹，是发展旅游业的资源。如汕头的岩石、妈屿、青云岩、桑埔山麓的温泉、矿泉、千年古城潮州的湘子桥、开元寺、韩祠、龙湫塔、西湖葫芦山石刻、潮阳的莲花峰、文光塔、东岩、西岩、北岩、灵山寺等都颇负盛名。

二、靠华侨起家的外贸港城

汕头是鸦片战争后作为对外通商口岸发展起来的城市。汕头原是一片汪洋，为韩江泥沙冲积而成。据府志记载，1530 年（明嘉靖 9 年）海面最初露出沙脊，当地群众常到这里设栅捕鱼，称“沙汕”（即现在市区光华埠的夏岭村一带）。1563 年积聚的沙脊已连成一片，称为“沙汕坪”。直至 1717 年当地政府才在这里建烟墩，筑炮台，作为防守营讯，称为“沙汕头”。1730 年后这里渔业和盐业迅速发展，居住人口日益增多，清政府在这里设立收税站，简称为汕头。随着商业活动的发展，船舶来往日多，1909 年建立了“沙汕头港”，成为商船停泊地。1858 年中英天津条约规定开潮州为通商口岸，因潮州距海 40 多千米，海轮无法直达，加上潮州人民闭城反对，侵略者无法进城。而汕头当时已是一个商舶云集的港口，地理条件比潮州更优越。1861 年遂改汕头代替潮州为通商口岸。

汕头开埠后，外国资本家纷至沓来，争相开洋行，设领事馆，把汕头作为侵略华南的重要根据地。外轮往来不断增加，潮汕平原出产的土糖、水果、蔬菜、陶瓷、抽纱等土特产，通过汕头港输往香港、东南亚和我国北方沿海各地；又从东南亚产米国运回大米，从北方各港运来干果杂货，贸易日益繁荣。1864 年进出口贸易额只有 407 万关平两，到 1921 年设市时增加到 3350 万关平两，增长了 37.3 倍，成为我国沿海一个重要的贸易港口，人口也增加到 6 万人。

20 世纪 20 年代初至抗日战争前夕，是新中国成立前汕头经济发展最快的时期。这段时期广东的战乱较少，国际形势也较有利于汕头外贸的发展。加上 20 世纪初潮汕铁路通车，汕头至广州、漳州和附近各县的公路相继修筑，沟通了区内外的经济联系。电灯、自来水、电话等市政设施逐渐增多。1921 年汕头成为广东省辖市，提高了在国内政治地位。这些都是促进当时汕头经济发展的有利因素。1930 年进出口贸易额猛增至 6000 万关平两，达到战前最高水平，在沿海各港中仅次于上海、天津、广州、青岛、大连等大城市，列第六位。关税收入占第五位，超过其他沿海中等城市。可见当时汕头在我国对外贸易中占据重要地位。外贸日趋活跃使往来船舶大量增加。1936 年出入港船只 4000 多艘，港口吞吐量 675 万吨（其中国外 409 万吨，国内 266 万吨），仅次于上海、广州，成为沿海第三大港。当年还开辟通往上海、广州等地的民用航空线。

第一次世界大战后一段时期，由于洋货入口暂时减少，汕头民族工业得到了发展的机会，建立了罐头、肥皂、火柴、针织、榨油等数百间小型轻工业工厂。城市建设也相应发展，大规模开拓马路，兴建一批近代化建筑物，汕头的老市区就是在 20 世纪二三十年代形成的。1934 年市区人口已增至 21 万人，取代了千年古城潮州的地位。

1939 年 6 月日寇侵入汕头，潮汕沦陷，经济遭到严重摧残破坏，汕头从此走向衰落，直至 1949 年 10 月才获得新生。

旧中国的汕头能发展成为我国沿海一个重要的外贸港口城市，潮籍旅外华侨作出了不可磨灭的贡献。在我国旅居海外的大约 1500 万华侨（包括外籍华人，下同）中，潮汕籍竟占了 600 万人，加上还有约 100 万人旅居港澳的同胞，合计相当于现汕头市人口的 80%，使潮汕成为我国最主要的侨乡之一。早在宋元年间，潮汕就有人移居海外，但大规模移民出国则是近百年来的事。19 世纪末，西方殖民者加紧对东南亚的经济掠夺，大量招收华工。帝国主义的入侵加速了潮汕农村经济破产，失去生计的农民大批离乡背井，出洋谋生。据 1936 年 5—6 月份合刊的《汕头侨务报》载，自清光绪三十年至民国 24 年（1904—1935 年），由汕头港出国侨民 298 万人，归国 146 万人，出超 152 万人。这段时间是华侨出国高峰期，加上 1904 年以前和战后出国人数，估计从汕头港净出国华侨超过200万人。

潮汕华侨大部分在东南亚各国，尤以泰国最为集中，估计在300万人以上，占泰国华侨的3/4。次为新加坡、马来西亚和印度尼西亚。越南和柬埔寨原也是潮籍华侨的集中地。

华侨虽身居异国，但热爱祖国和家乡，曾对潮汕经济文化发展作出巨大贡献。汕头港解放前外贸很盛，其中八成以上面向东南亚和香港，华侨在其间起了极其重要的作用。华侨与家乡亲人保持密切联系，每年汇回大量侨汇，战前汕头每年侨汇在5000万银元以上，1930年达1亿银元，大大超过汕头港出口额。巨额侨汇不仅是侨眷重要生活来源，而且弥补了汕头港大量入超差额，是汕头当时经济相对繁荣的重要因素。华侨还积极投资汕头的民族工业、交通运输和城市建设，极大地促进潮汕经济发展。

今天在海外的原潮汕籍华人和港澳同胞中，拥有一批社会地位较高、经济实力雄厚的实业家，不少人有回国投资愿望，乐意为家乡建设出力。华侨还大量捐款发展家乡的教育和其他社会福利事业。从1979—1983年，华侨对汕头市的各种捐赠达1.56亿美元，仅香港爱国人士李嘉诚先生对汕头大学捐款就达2.1亿港元之巨。因此原潮汕籍华侨众多是汕头最突出的优势。汕头提出“联合华侨，振兴潮汕”无疑是发展当地经济的最重要战略措施。

三、广东东部的经济中心

汕头在20世纪二三十年代曾是一个相当繁荣的外贸港市，其经济地位超过我国其他沿海中等城市，在广东省仅次于广州。解放后汕头经济发展虽然也取得很大的成绩，但由于地处海防前线，新中国成立之初一段时间受到帝国主义经济封锁，海运受阻，另一方面，韩江日益淤浅，运输不便。鹰厦铁路建成后，汕头经济腹地日益缩小，赣南和闽西南物资已很少到汕头港集散。作为经济支柱的对外贸易大为削弱，港口吞吐量曾下降到只有20多万吨。加上长期以来忽视沿海地区经济发展，国家对汕头的投资很少，没有建设过一项较大型项目。侨务政策的失误，割断了汕头与海外华侨的联系，挫伤了侨胞建设家乡的积极性。因此使这个原来基础较好的侨乡城市，经济发展速度慢于全省、全国平均速度，在广东的经济地位不断下降。直到党的十一届三中全会以来，汕头经济发展才进入一个有希望振兴的新时期。

汕头近代工业出现于1864年，已有120年历史，但解放前发展较慢，到解放时全市只有一座小型发电厂、自来水厂和设备简陋的罐头厂、电池厂、肥皂厂、火柴厂等，产值仅 3200 万元。新中国成立以来虽然不是国家工业建设重点地区，地方工业仍有较大发展，原有的食品、罐头、纺织、日用轻工业和抽纱、工艺美术等手工业不断扩大，还新发展了感光化学、超声电子仪器、半导体器件、轻工机械、钟表、塑料制品、渔网等工业。1979 年以来工业发展速度加快，1985 年全市工业总产值（不含市辖县）13.29 亿元，比 1949 年增长 42 倍。不过工业在全省的地位却下降，20 世纪 60 年代中期以前一直保持在省内的第 2 位（仅次于广州），而现在已退居第 7 位。全市 495 个工业企业中，小型企业为 488 个，占企业总数的 98.6%。1985 年轻工业占工业总产值 67.8%。主要工业部门有化工（包括医药、塑料制品等），占工业总产值的 25.7%，机械工业占 18.8%，电子工业占 8.8%，食品工业占 8.6%，纺织、缝纫工业占 8.1%，初步形成一个门类较多，产品在国内外市场有一定竞争能力，并有一批技术力量较雄厚，产品质量较好，有发展前途的优势产品和骨干企业。

汕头市今后工业发展的重点是感光化学材料、超声电子仪器、电子元件、食品、纺织、塑料、玩具等行业。感光化学工业是汕头市重要的工业部门，在国内占有重要地位。汕头感光化学厂是全国四大感光材料厂之一，感光胶片产量占全国 20.0%，感光相纸占全国 47.0%，还生产 X 光胶片、印刷制版胶片等产品。该厂生产的相纸、黑白胶片等产品分别荣获轻工部优质产品奖和国家银质奖，产品出口到 26 个国家（地区），销售量和出口量均居全国第一。为实现感光材料产品更新换代，该厂引进富士全套感光彩色生产线，总投资达 7 亿元，现已动工兴建，计划实现后，年产值将达 8 亿元。超声电子仪器是本市另一名牌产品。新产的超声波诊断仪、探伤仪和示波器，在全国处于领先地位。超声电子仪器产销量均居全国首位，广泛应用于工业、交通、医疗和国防等方面。电子产品也是汕头的新兴工业，电子元件产量占全省 45.0%，半导体器件产品占 63.0%，产品质量在国内得到好评。汕头的食品、纺织、服装、渔网、塑料等传统工业原有一定基础，但设备落后，产品面临挑战。今后要充分利用经济特区的有利条件，引进外资，改造传统工业。近年来服装来料加工工业发展很快。潮汕女劳动力多，且擅长缝纫、抽纱、刺绣技艺，可培养为服装工业熟练工人。可与香港协作，争取香港部分服装工业向汕头转移，建成重要的服装工业出口基地。同时发展服装原料生产，建立纺织—服装—抽纱（刺绣）一条龙生产线。汕头的工业结构向来以轻型为主，但随着南海油田的开发，有可能成为南海东部的石油加工基地。石化工业的发展将可带动轻工业和其他化工业的发展。

汕头的工业区主要在市区东北部和北部的梅溪（韩江支流）两岸，分为江东工业区、江西工业区、西港工业区和新建的龙湖工业区。因本市主导风向为东北风，主要工业区处于城市的上风、上游，容易造成对市区的污染，今后随着广澳工业区的开发，有污染的工业应建在远离市区、又处于下风、下游的广澳工业区。

汕头在历史上是一个商业贸易城市。新中国成立以后随着工业发展，城市经济结构起了很大的变化，但商业外贸仍是城市职能的重要组成部分。汕头有广阔腹地，有从事对外贸易的历史传统，又不乏善于经商的人才，特别是对外开放，发展商业贸易事业有很大前途。目前汕头与世界 10 多个国家、40 多个港口通航，在港口吞吐量中，国外货物占很大比重。1985 年外贸收购总值为 5.9 亿元，出口总值 2.76 亿美元。近年来国内商业贸易业也迅速发展，建立了大型汕头商业贸易中心，促进了城乡物资交流。

四、发展中的经济特区

汕头经济特区原为龙湖加工区，于 1981 年 11 月正式设置，位于市区东北的龙湖村，面积仅 1.6 平方千米，重点发展出口加工工业。1984 年 11 月扩大到 52.6 平方千米，其中龙湖片区 22.6 平方千米（包括妈屿岛），广澳片区 30 平方千米（附图）。扩大后的汕头特区将向综合、多功能方向发展。

汕头特区建设起步较迟，在资金缺乏的情况下，量力而行，先进行小规模开发。1982 年 3 月龙湖加工区首期 0.2 平方千米开始建设，经过 4 年来的建设，已完成土地平整和道路、供水、供电、排污、电讯等建设工程，一批通用厂房交付使用，宾馆、商场、餐厅等生活服务设施开始营业，竣工建筑面积共 22 万平方米。内外交通运输和通讯网络已初步建成，特区专用的 3000 吨级集装箱和散装两用码头已建成，交付使用。新建永久性高级水泥道路 11 条，其中金砂大道全长 2.5 千米，路面宽 44 米，是特区连接市区的主要道路。110 千伏的输变电站、微波通讯、程控电话、电传等项目也已建成。龙湖加工区已基本具备客商投资设厂的条件。目前已拥有工业企业 33 家，其中独资 14 家，合资 4 家，合作 1 家，内联 11 家，自办 3 家，一批产品已进入了国际市场。龙湖片区今后将计划建设 3 个工业区：龙湖发展用地少、节能、少污染的轻型加工工业；珠池发展技术、知识密集型工业；珠池埕发展农副产品加工和包装工业。在发展出口加工工业的同时，还划出20平方千米的农业发展区，引进国外先进农业技术和品种，发展园艺、水产、畜牧，产品主要出口香港。

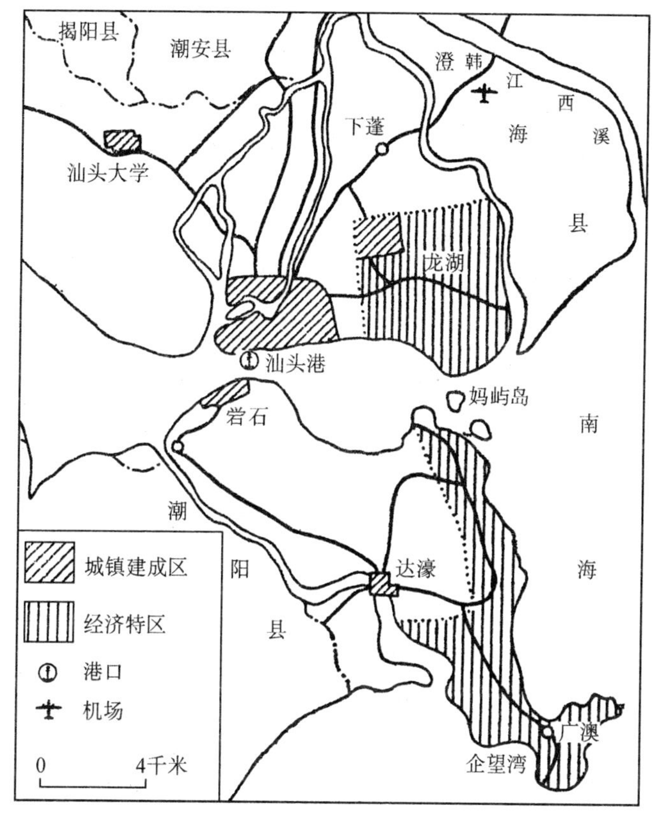

汕头城市建成区和经济特区示意图

广澳片区位于达濠岛南端，公路距市区25千米。这里地近南海与东海交界处，地理位置重要。距珠江口盆地油田东部开发区很近，将来南海东部和东海南部原油均可在此加工。广澳湾（企望湾）是一个水深不淤的天然良港，可泊巨型油轮。陆域为花岗岩台地和连岛砂堤，地质基础好，基本建设不占农田。工业发展所需淡水可从韩江引水。韩江水量大，水质好，供水有保证，引水距离约40千米。广澳地处市区下风下游，又有山岭隔开，距离适当，建设过程既易取得市区的支援，又不致对市区造成污染。妈屿跨海大桥如建成，广澳将与龙湖连成一片，与市区联系更加便捷。广澳片现已完成了地形地貌测量，工程地质勘测、地震烈度评定和水文气象、海岸动力地貌以及环境综合调查。同时完成了35千伏输变电工程，磊口—青州盐场12.9千米一级公路路基，

200门自动电话通讯工程，以及一批自营、联营厂房和商场，为经济开发区的建设，打下初步的基础。

随着经济特区投资环境的不断改善，利用外资的规模日益扩大，至1985年年底同外商共签订合同145项，客商投资协议额4830万美元。经济特区生产的发展也较快，1985年工农业总产值达7380万元，主要工农业产品有地毯、服装、塑料制品、玩具、电子手表、羊毛织机、珠绣品、美术陶瓷、鳗鱼、活鸡、花木、蔬菜等。出口总值为5688万美元。

五、加速能源和交通建设

汕头附近煤炭资源缺乏，燃料供应紧张。自从枫—梅—汕22万伏高压线和大型变电站建成后，与全省联网，电力供应有所改善，丰水期尚可基本满足需要，但因没大型火电站调节，一到枯水期，缺电达1/2，工厂常因缺煤缺电而停工，严重影响工业发展。为缓解电力供应紧张状况，继汕头电厂二台9500千瓦柴油发电机组投产后，与国家华能电力开发公司合资的燃气蒸气联合循环发电机组10万千瓦建成投产，并计划建设2台共为20万千瓦的燃煤火力发电机组，争取早日列入国家计划。惠阳至汕头第二回路22万伏输变电工程的建设和棉花滩水电站的建设也应争取尽早上马。只有建设这些工程，汕头市电力紧张状况才能得到基本的解决。

汕头的交通运输状况也与经济发展很不相适应。水运本是汕头市一大优势，但汕头港原来只有两座5000吨和一座3000吨的码头，加上锚驳作业，吞吐能力只有150万吨，远不能适应需要。近年来大力加强港口建设，已建成5000吨客运码头和煤码头各一座，经济特区3000吨级码头一座，还有三座5000吨级粮食、煤炭、杂货专用码头正在加紧建设之中。为了适应对外开放的需要，汕头还需要建设深水港口，但由于港外拦门沙问题未解决，汕头港内难以建设万吨泊位，因此必须在附近建深水外港，可供选择的有两处：

广澳湾，在达濠岛南端，水路距汕头内港15海里。湾内水深5—8米，近岬角处水深超过10米，基本无回淤，可建2.5万吨级甚至5万吨级泊位，岬角深水处可建10万吨级栈桥式油码头。水域和陆域均较开阔，岸线较长，基本不占农田。缺点是掩护条件较差，需建深水防波堤，投资较大。

柘林湾，位于饶平县，陆距汕头60千米，水路距36海里。湾内水域宽阔，湾外岛屿环布，避风条件好。主航道水深6—10米，局部疏浚可泊万吨以上船只，锚地可泊5万吨巨轮。缺点是距市区较远，联系不便。现已在湾内三百门建万吨锚地，以解决近期之需。

在陆路方面，由于汕头不通铁路，与腹地联系受到很大限制。若建一条从汕头经兴梅、赣南到南昌的铁路，与北京—九江—南昌线接轨、连成第三京广线，而广州—龙岩线又在兴宁接轨，则汕头辐射与吸引范围可扩大到江西中、南部。在公路方面，引进外资建设的深圳—汕头高速公路已开始勘测，广州—汕头（其中一段为拟建中的深汕高速公路）和汕头—漳州公路应尽快扩建成为二级公路，市区与本市各县之间的公路要达到三级标准。汕头机场已改建完成，可航行大型客机，争取开辟至国内北京、上海、香港以及国外的泰国、新加坡等地的航线。广州经汕头到厦门微波通讯线路已建成使用。市区内1.2万门程控电话也已建成，并计划再建1.2万门，汕头市投资环境已有明显的改善。

汕头市早在1921年就成为广东省辖市，市政设施原来较有基础。近几年来城市建设取得较大成绩，集中力量建设老市区以东的金砂新市区，使建成区面积从新中国成立初的4平方千米扩大到近10平方千米。但市区面积仍过小，人口密度过大。建成区人口密度每平方千米为4.3万人，市中心的小公园一带人口平均毛密度超过1500人/公顷，远远超过城市合理人口密度，按人口平均生活居住用地、道路广场、公共绿地均大大低于国家规定定额，使建筑物十分挤迫，城市生态环境甚差。新中国成立以来国家对汕头城市建设投资很少，原来的市政设施已陈旧、落后，而人口差不多增加一倍，所以市政建设欠账很多，1985年人均居住面积4.4平方米，住房依然较紧张。今后要配合经济特区开发，城市向东发展，继续扩大市区范围。随着经济特区广澳片的开发，在达濠—广澳建设新市区。岩石、鮀浦建成新小城镇。同时对老市区进行改造，把过密人口逐步扩散到新市区和郊区卫星城镇。

纵观汕头市一百余年的发展历史，几经兴衰，近年来在开放与改革政策指引下，正在为振兴汕头经济而加倍努力。充分发挥地理位置优越和海外华侨众多的优势，大力发展出口加工工业和贸易业；加强交通、能源等薄弱部门的建设，改善投资环境；逐步改造老市区，发展广澳等郊区小城镇，改善城市环境。展望未来，汕头将以日新月异的变化，成为我国东南沿海的一颗明珠。

区域城镇布局及大城市内部空间组织

建立区域城镇体系　发挥中心城市作用*

城镇一般是一定地域范围的政治、经济、文化的中心。城镇的形成发展受城镇本身的条件和区域经济基础的制约，而城镇的发展又促进区域经济的发展，两者是相互依存、相互制约的。因此，制定城镇的性质、规模和布局等问题，不能就城镇论城镇，而应该从区域着眼，统筹规划，合理布局，使区域内各城镇形成各具特色、分工协作的城镇体系（网络），以充分发挥每个中心城市的作用，促进区域社会经济的发展。

新中国成立以来，我国城镇的发展与布局总的说来，是在计划经济指导之下进行的，其成绩也是主要的。但是由于受到错误路线的干扰，同时由于多年不搞区域规划，城镇发展缺乏区域研究，许多地区城镇体系很不完善，甚至尚未形成体系，存在问题甚多，主要表现为：城镇性质和职能不明确，城镇间缺乏分工协作；工业和人口布局存在过分集中和过分分散两种倾向，大城市规模不断扩大，中小城镇得不到发展；区域性基础设施布局比较杂乱，互不协调，甚至互相干扰；有的地区中心城市的发展未能很好地带动周围地区经济的发展，工农之间、城乡之间争水、争地的矛盾相当尖锐等等。上述这些问题不但

* 本文为提交“第二次全国中心城市经济问题研讨会”论文，载于中国社会科学院编：《中心城市经济问题研究》，1983 年。

给国家造成经济上的损失，而且给城镇合理发展带来许多困难。

一、明确各类城镇性质、职能及发展方向，合理组织城镇间的分工协作

一个城镇在国家或地区的政治、经济、文化生活中所担负的任务和作用称为城镇的职能。城镇的性质是指城镇的主要职能。城镇的性质、职能不仅决定了城镇的发展方向，并且在一定程度上决定了城镇的规模和布局。因此，明确城镇的性质、职能，对于充分发挥中心城市的作用至关重要。

（一）从区域角度，明确城镇性质、发展方向

为了合理地确定各类城镇的性质及发展方向，首先要确定地区发展方向，对区内的自然资源和社会经济资源进行评价，弄清区内发展的有利因素与不利因素，扬长避短，发挥地区优势。其次是分析地区经济结构和工业结构，从中发现哪些部门具有发展前途，哪些部门属薄弱环节需加强发展，哪些部门没有发展前途，需控制发展或改变产品方向等问题。在弄清地区经济发展方向的基础上，根据每个城镇的发展条件，明确各城镇的性质及发展方向。

在国外，城镇体系的观点已日益引起广泛的注意，并应用于区域规划和城市规划的实践中，有的地区城镇间的职能分工比较明显。如荷兰兰斯塔德城市集聚区，它以荷兰首都为中心，集中了全国近三分之一的人口和几十个城镇。其中阿姆斯特丹、鹿特丹、海牙人口在50万人以上，各主要中心城市专业化特点突出，职能分工明确。如阿姆斯特丹虽是国家首都，但主要职能是金融、文化和加工工业。中央政府设在海牙。鹿特丹是世界吞吐量最大的港口。乌德列支主要职能是交通运输枢纽和会议中心。

我国20世纪50年代的不少城镇也是颇具特色的，但在后来相当长的时间里，城镇经济发展不讲客观条件，不注意城镇间合理的职能分工，重复建厂，盲目建厂，搞“大而全”、“小而全”之风盛行，城镇性质千篇一律，抹杀了城镇的个性。从目前看，城镇性质比较明确，城镇间具有一定分工的，大都是“一·五”期间发展起来的城市。例如辽宁中部地区沈阳、鞍山、本溪、抚顺、辽阳等城市集聚区，是在煤、铁矿资源开采和加工利用的基础上发展起来的老工业基地。各市根据自身条件和区域条件，发展方向较为明确。鞍山和本溪两市在铁矿资源开采基础上，发展了钢铁工业，并以钢铁工业为核心，相应地发

展了机械、建材、煤焦化工等部门。近年来，为协调轻重工业比例，轻工业也有一定发展，专业化与综合发展结合得较好。辽阳市原以地方工业为主，专业化部门不突出，20世纪70年代初，利用这里丰富优质的地下水，发展大型化纤工业，从发展趋势看，专业化部门也较明显。沈阳市是东北最大的工商业中心和交通枢纽，周围的抚顺、鞍山、本溪又是燃料、钢铁原材料供给地，为加工工业发展提供了有利条件。这些有利因素使沈阳市发展成为多种职能和多工业部门的综合性城市。抚顺的工业建立在煤炭开采基础上，以采煤工业为核心，发展了电力、冶金、炼油、机械等多种工业部门，属工业综合发展城市。抚顺工业发展在20世纪50年代基本上是合理的，但自60年代以来，由于某些部门无限制地发展，超越了客观许可条件，问题较多。不过总的说来，辽中五市职能的形成发展符合一定的客观条件，各城市具有一定的特点，既有专业性城市，又有综合性城市；既有重工业城市，又有轻工业城市（辽阳）。各市彼此在原料、材料、燃料、动力、工业品、技术和劳动力调剂等方面的联系协作比较密切。

我国多数地区城镇性质、发展方向既有其合理的一面，同时又存在这样那样的问题。例如江苏的苏、锡、常城市集聚区，它是在发达的农业基础上发展起来的城市。丰富的农业原料为工业发展提供有利条件，历史上轻纺和粮食加工工业一直占重要地位。新中国成立后，在丰富的劳动力资源和良好的技术素养的基础上又发展了机械和电子等工业，这无疑是合理的。但同时也搞了一些脱离本区条件的生产部门。本区缺乏燃料和矿产资源，苏州、无锡又是有名的旅游城市，但三市都搞冶金和化工等耗能多、运量大、污染重的企业，造成了燃料、动力、原材料、交通运输的紧张，环境污染也相当严重。

我国还有一些地区的城镇性质、发展方向不太明确，例如京、津、唐地区，尤其是京、津两市。北京作为全国政治、文化中心长期以来经济发展方向并不明确，过多地发展了一些与城市性质不相符合的工业；天津的港口、外贸、海洋资源以及技术素养的优势；唐山的煤炭、铁矿资源和建材的优势都未能得到充分地发挥，三市经济发展齐头并进，分工协作不够。

近年来，许多城市都开展了城市总体规划，制定了城市的性质和发展方向，这就为今后城市的合理发展指明了方向。

（二）正确拟定城镇的经济结构和工业结构

一个城镇不但要明确其性质和发展方向，并且需围绕其性质和发展方向，拟定合理的经济结构和工业结构。现代城市经济结构日趋复杂，多种职能的综合性城市不断增多，另一方面也出现许多专业性城市，如工矿城市、旅游城市和大学城等。我国许多综合性城市一般既是行政中心，又是工业、交通运输、商业、文化教育和科学研究的中心。在工业职能中又往往搞“大而全”、“小而全”，门类繁多，自成体系，以致城市的经济部门和工业部门十分庞杂臃肿，分散了财力物力，使真正的优势部门不能充分发挥其作用，并且导致城市规模无限制地膨胀。因此，对这类城市的职能应该加以限制，尤其是对大城市和特大城市，从控制大城市的规模出发，不能让经济部门无限制地增多，即使是对于具有多种有利条件的城市，也不能搞过多的职能和部门，可适当地将一些职能分散给周围的城镇。

对于专业性城市，一方面要防止不顾客观条件向综合性城市发展，另一方面又要防止经济过于单一化。合理地把专业化与综合发展结合起来。桂林是举世闻名的风景旅游城市，但是这种得天独厚的优越条件并没有得到充分的开发利用，相反却发展了许多工业，先后建立起机械制造、橡胶、制药、电子、纺织、造纸、水泥、玻璃、化工和食品等近300个工厂企业，其中不少工业企业与风景旅游的城市性质是不相容的，以致风景区与工厂交错，工业污水污染水体，使桂林山水大为减色①。我国某些矿业城市经济结构则过于单一化，例如黑龙江省的鹤岗、鸡西、双鸭山煤矿区和贵州六盘水矿区。诚然，矿业城市应以采矿业为主要职能，但经济部门太单一，重工业比重太高，必将造成城镇职工中男多女少，男工婚配困难以及由此而产生的职工两地分居问题。此外，妇女就业困难，城市财政收入少，建设资金不足，以致城市服务设施不能适应需要等问题也十分突出。因此，对于专业化城市来说，经济部门过于庞杂或过于单一化，都不利于城市的合理发展。正确的途径应当是把专业化与综合发展有机地结合起来，即以专业化部门为核心，发展某些为专业化部门服务和为城乡人民服务的工业。例如旅游城市应围绕旅游业，发展食品、工艺美术以及其他服务业。当然，为了解决城市就业问题，也需要发展一些无损于旅游业的其他工业。

二、根据区域社会经济的发展，确立区域城镇规模结构

按照城镇体系的理论，一个区域内的城镇是由若干不同等级规模的城镇所

---

① 参见杨冠雄：“应当如何开发和建设桂林旅游风景区”，《工业、城镇布局与区域规划研究》，1981年第2期。

组成。城镇规模与其吸引范围成正比，其数量与城镇规模等级成反比，城市规模愈大，其吸引范围愈大，城市数目也越少。反之，城镇规模愈小，其吸引范围也愈小，城镇数目越多。但是这种规模结构受到区域具体的社会经济条件、历史条件、自然条件和生产力发展水平的制约，并不是千篇一律的模式，其中作为区域诸种条件综合作用结果的生产力发展水平，是制约城镇体系形成发展的最重要因素。一般来说，在生产力发展水平较高的地区，城镇等级体系也较完善，生产力发展水平较低的地区或新开发地区，城镇体系不完善，甚至还未形成体系。

目前我国区域城镇规模结构大致有以下几种类型。

（一）以特大城市或大城市为核心的地区

这类地区经济发展水平较高，城镇发达，但城镇人口主要集中在大城市，中小城市不发达。如京、津、唐地区的北京和天津为特大城市，唐山市属大城市，秦皇岛市属中等城市，廊坊属小城市，其中京、津两市人口占全区城镇总人口的70.4%。辽宁中部地区沈、鞍、抚均为特大城市，本溪属大城市，辽阳属中等城市，该区特大城市和大城市人口占全区城镇人口的84.0%，中小城市很不发达。

大城市地区是否应具有大、中、小的城镇体系结构呢？确定一个地区城镇等级体系，一方面应从该地区社会经济发展及城镇发展的需要考虑，另一方面应考虑城镇建设条件的可能性。从发展的需要看，在大城市周围除了需要建设一批小城镇外，从控制大城市尤其是特大城市市区规模的需要考虑，在其远郊建设少数中等城市，可以有利于创造多种就业机会，建设完善的服务设施，使之具有一定的吸引力，从而有利于控制大城市市区规模。当然，这要看有否建设中等城市的客观许可条件。

（二）以中等城市为核心的地区

这类地区有的是处于大城市吸引范围之内，城市发展受附近大城市的牵制，城市规模往往不会发展得很大，如以宁波为中心的城镇体系，宁波市受杭州、上海等城市的影响，其规模长期间属于中等城市。另一类地区是由于某些不利条件的制约，城市发展受到一定的影响，如广东汕头地区虽然农业发达，但矿产资源缺乏，燃料、动力紧张，对外交通运输不便，因而影响了地区经济的发展，汕头市作为区域城镇体系的中心，新中国成立以来一直属于中等城市规模。

以中等城市为核心的城镇体系，其规模结构有两种情况，一种是由中等城市和小城市二级城市所组成，如湖北襄阳地区由襄樊市（中）、随州市、老河口市（小）组成。山东胶东半岛由烟台（中）、威海（小）组成。另一种只有中等城市，缺乏小城市，如山西晋东南地区只有长治市，山东潍坊地区只有潍坊市。

在贯彻“控制大城市规模，合理发展中等城市，积极发展小城市”的方针下，以中等城市为核心的城镇体系类型将有增加的趋势，城市规模结构将发生变化。我国目前有不少小城市人口规模已接近中等城市，其中河北沧州市、吉林白城市、江西赣州市、山东济宁市、河南信阳市、湖南岳阳市和邵阳市、广东海口市、广西梧州市等到20世纪末都发展成为了中等城市。随着地区经济的发展，应该重视小城市的建设，改变某些地区城市规模结构不合理的状况。如潍坊地区随着该区北部交通运输条件的改善（益都—羊角沟铁路已在建设中）和海洋化工的发展，羊角沟或寿光镇将可能发展为小城市。再如宜昌地区，随着长江三峡丰富的水力资源的开发和本区丰富的石灰石及磷矿资源的开发利用，将促进本区大耗电工业和建材工业的发展，而宜昌市受用地条件的限制，新发展的工业将分布于宜昌市周围某些建设条件较好的地点，从而促进小城市的发展。

（三）以小城市为核心的地区

这类地区以农业为主，工业基础薄弱，城镇分布稀少，一般由小城市和镇组成。如河南的南阳盆地，以南阳市为核心的城镇体系，经济发展水平不高，南阳市人口只有15万人，几处较大的县城人口在2万—5万人之间，公社集镇不发达，城镇间联系不多，城镇体系很不完善。这类地区应加强中心城市的经济实力，在建设条件较好的城市，可考虑配置一些大中型工业企业，以带动地区经济的发展。

三、根据区域经济发展与布局，明确城镇布局的空间结构

（一）城镇布局避免过分集中和过分分散两种倾向

工业布局合理与否直接关系到城镇布局的合理性。多年来我国工业布局存

在过分集中和过分分散两种倾向，主要表现为大城市建成区工业过分集中，而大城市郊区、三线地区和大多数矿区工业布局过分分散，以致大城市规模不断扩大，广大地区中小城市得不到发展。以北京市为例，其工业和人口大部分集中在中心城区，规划市区面积占全市面积的4.7%，却集中了80%的中央和市属工厂，90%的中央机关、市级机关及科研院所、高等教育机构等。规划市区人口占全市城市人口的83%，市区人口密度每平方千米1.36万人，旧城区2.9万人，远远高于世界主要国家首都的人口密度。此种情况在我国许多老的大城市，如广州、上海、天津等更为突出。如广州市区每平方千米3.09万人，上海市区每平方千米4.1万人，远远超过合理的人口密度（一般认为，城市中心区合理人口密度为每平方千米1万人）。工业和人口过分集中于大城市中心区，必然增加交通运输、用地、供水等困难和市政公用、生活服务设施、住宅等方面的紧张，环境污染也更加严重。另一方面在大城市郊区，工业布局则过于分散。据1979年统计，北京远郊市属以上工厂165个，分布在67个点上，平均每个点2.7个厂，一点一厂的32个，占47.7%①。这些工业点都形不成城镇。在矿区，由于大多数地区资源分布分散，加上工业布局不当，城镇分布也比较分散。据18个矿区城镇资料，1万人以下的城镇占城镇总数34.2%，1万—3万人占43.2%，3万—5万人占11.6%，5万—10万人占6.5%，10万人以上城镇占4.3%。城镇分布过于分散，生产协作、交通运输不便，也给城镇建设和职工生活带来许多困难。

（二）建立不同类型的区域城镇体系

1. 城市地区

大城市迅速发展是当前世界城镇化的主要特点之一，尤其是百万人口以上的特大城市的发展，城市经济结构日趋复杂，城市不断向外扩展蔓延，导致城市交通运输、用地、环境生态等问题十分突出。因此需严格控制大城市市区规模，同时又要充分发挥中心城市的作用，为此，需着重解决以下几个问题：

（1）适当分散市区部分职能。对于运量大，用水、用地多的工业企业，应放在卫星城镇；对于技术要求不高的产品、零部件，可下放、扩散给郊区的地方工业企业或社队企业去生产。有些企业可与郊区或市外中小城市、原料产地搞联合，在市外建厂，中心城市提供技术和设备。大城市中心区应逐步发展那

---

① 引自中科院地理所编：《京津唐国土规划调查报告》，1983年6月，第113页。

些高、精、尖产品。

（2）在城市密集地区应防止连成一片和相互污染。我国一些城市密集地区城市间相距很近，容易连成一片。如辽中地区的抚顺与沈阳，鞍山与辽阳之间，苏南地区的苏州、无锡、常州之间，湘东地区的长沙、湘潭、株洲之间，在这些城市之间应严格划定城市发展控制线，以防止连成一片。在工业布局方面应防止相互污染。如湘东地区的长、株、湘三市沿江分布且相距很近，如从区域环境保护看，该地区应严格控制大污染工业的发展，并严格进行“三废”治理。但由于缺乏区域整体考虑，三市都发展污染性大的工业企业，使三市间80多千米的河段污染十分严重。

（3）建立合理的城镇体系。由于大城市中心区功能过于集中，通过发展中小城市，有计划地分散城市中心区职能，逐步建立中心城市——卫星城——县镇三级城镇体系。

建立卫星城镇是控制大城市中心区规模的主要途径之一，但卫星城镇建设应有计划有重点地进行，防止全面铺开。在布点上宜选择建设条件好的县镇作为依托。特大城市的卫星城如客观条件许可，规模可大些，建设20万—30万人的城市，但距中心城市不能过近（应在20—30千米以上）。

2. 重要工矿地区

这类地区是在采矿业的基础上发展起来的，其主要特点是，城镇职能单一，城镇人口结构不协调，城镇分布分散，环境污染较严重。因此，城镇体系的建设应着重注意以下两个问题：

（1）在城镇职能上，应加强工业综合发展和商业、科技、文化事业的发展，合理解决工业专业化与综合发展的关系。在大、中型煤矿区工业综合发展主要有以下途径：利用矿区周围农、林、副业资源，发展各种农副产品加工工业；综合利用矿区矿产资源，发展陶瓷、建材工业；发展为采矿业服务、为居民生活服务的工业；根据矿区工业基础和技术条件，发展某些专业化生产部门。

（2）根据工矿业分布特点，确定城镇布局的空间结构。矿区城镇分布受工矿业分布制约，大致有三种分布类型：即集中组合型、一城多镇型和多中心城镇型。在矿产资源集中的矿区一般形成集中组合型分布，如抚顺、阳泉等。这类矿区为数不多，其特点是工矿业和城镇布局十分集中。为避免工矿业和人口过分集中，与采矿业关系不大的加工工业不应分布在采矿区附近，宜在外围另建工业区，形成采矿业居住区和加工工业居住区的组团式布局。一城多镇型矿区是由一个规模较大的主城和许多工人镇组成，我国多数矿区城镇分布属这种类型。其主要问题是大多数工人镇规模小，分布分散，城镇设施差，因此有必要在远离主城的工人村中，建立规模较大、设施较齐全的地方中心镇，为其周围的工人村服务，形成矿区中心城市——地方中心城镇——工人镇三级城镇体系。多中心城镇型形成于矿产资源和加工工业分布分散或地形复杂的矿区，如淄博、六盘水等矿区。此种类型为数不多，其主要特点是主城职能较薄弱，城市规模较小，全矿区形成若干个地方中心城镇。为带动矿区经济文化的发展，有必要适当加强主城的建设。

3. 工农业综合发展地区

我国的太湖平原、珠江三角洲、江汉平原、成都平原以及中原一些地区属此类。这类地区自然条件优越，经济开发早，农业发达，人多地少，城镇分布密集，城镇形成历史悠久，布局集中紧凑，交通运输方便。但矿产资源缺乏，用地紧张，城镇间的分工和等级体系大都不太明确。城镇发展应着重解决以下问题：

（1）从区域角度，明确城镇发展方向。这类地区农业资源较丰富，劳动力多，劳动素养与技术水平较高，加工工业较发达。根据各地区条件与特点，工业发展主要是发展以农副产品为原料的轻纺、食品工业；发展为农业服务和为人民生活服务的工业；发展劳动密集型和技术密集型的工业。

（2）建立合理的城镇体系。由于各地区经济发展水平的差异，城镇体系的水平不同，但不论哪一种地区，都宜建立区域中心城市——地方中心城镇——片中心镇三级城镇体系。

新形势下集镇的发展与建设问题*

集镇是一定地域范围的地方中心居民点。集镇具有城乡双重特点，大多数集镇（未设镇建制）是一种由乡村居民点向城镇居民点转化或过渡的居民点类型。集镇量多面广，广泛分布于全国各地，是农村地区的政治、经济、文化中心，与广大农村有着千丝万缕的联系。集镇的发展将成为改变农村面貌的前进基地，促进农村经济文化的发展，同时还可以容纳大量过剩的农村劳动力，避免大量农民涌入城市，这对于控制大城市规模，建立合理的城镇体系，走中国式的城镇化道路具有重要意义。

自党的十一届三中全会以来，随着农村商品经济的大发展，老的集镇得到了恢复和发展，并涌现了一大批新集镇，集镇的社会经济结构发生了深刻的变化。因此，有必要探索在新形势下集镇的建设发展问题。

一、新中国成立以来集镇发展的基本特点

新中国成立以来，我国集镇的发展大致归纳为以下几个特点。

（一）集镇的发展经历了曲折的过程

我国自古以农立国，农村经济是社会的经济支柱，农产品、手工业品的交换向来比较发达，集镇数量多，发展历史悠久。新中国成立后，解放了生产力，农业连年丰收，商品经济发达，集镇欣欣向荣，1953 年全国设镇 5400 个，此外，还有大量未设镇建制的集镇。1956 年在对城镇私营工商业改造后，城镇商业服务业由小变大，网点由多变少，集镇已不如新中国成立初繁荣了，不少省份的集镇数量明显减少。1958 年人民公社化后，实行政社合一，许多镇被人

* 本文刊于《生产力布局与国土规划》第一辑，1985 年，中国科学院地理研究所编。

民公社所取代，集镇数量大减。1963 年我国对市镇建制进行调整，提高了市镇建制标准，又有一大批集镇被取消。此后在“文革”期间，在极左路线的干扰和影响下，集镇更加衰落。回顾 20 世纪 50 年代后期至 70 年代中期集镇发展的历史，有两个因素对集镇发展产生了重大影响：一是取消了集镇建制，集镇没有专门的领导管理机构，没有发展规划，市政服务设施无人管理，集镇发展困难重重；二是 1958 年后，农村商品经济大为削弱，集市贸易被严加限制，集镇冷冷清清。河北省霸县胜芳镇的兴衰便是鲜明的例子。胜芳镇建于宋代，历史上是一个十分兴盛的水乡集镇，文安县志对胜芳作了如下描述：“水则桅樯林立，陆则车马喧阗，百货杂陈，商贾云集，故列为直隶六镇之一”。新中国成立初仍十分繁荣，1950 年镇上人口达 2.9 万人，工商业户 1002 户。但在 1958 年改为公社后，由于商品经济衰落，许多工商业者纷纷改行或外流，胜芳一落千丈，至 1966 年个体工商户仅有 4 户，全镇商业人员 244 人，年营业额只有 90 万元（1956 年为 557 万元）。胜芳镇的兴衰可以作为我国集镇变化的一个缩影。

自党的十一届三中全会以来，乡镇企业和集市贸易的发展，促进了集镇的发展。为了适应社会经济发展的需要，近年来恢复和发展了一大批集镇，至 1984 年上半年，全国建镇已达 5600 个，超过了新中国成立初期的数量（见表 1）。目前，全国集镇呈现一派繁荣景象，集镇经济结构和人口结构发生了深刻变化。

表 1　部分省区建镇数量发展概况　单位：个

省区名称	20 世纪 50 年代中期以前	20 世纪 60 年代前期	1982 年	1984 年上半年
广东	175（1950 年）	146（1963 年）	136	282
山东	258（1951 年）	120（1963 年）	110	716
浙江	151（1951 年）	160（1965 年）	161 *	220
四川	424（1953 年）	330（1965 年）	338	382
江苏	460（1953 年）	165（1964 年）	114	191
山西	112（1953 年）	48（1965 年）	45	498
河南	299（1954 年）	113（1965 年）	112	120
广西	167（1954 年）	97（1963 年）	124	125
福建	271（1955 年）	132（1963 年）	70	170
黑龙江	136（1956 年）	90（1964 年）	102	185
辽宁	84（1956 年）	94（1964 年）	98	186
甘肃	174（1956 年）	43（1964 年）	48	82

注：表中数字根据有关省、区民政厅提供资料整理；* 系 1978 年数字。

（二）集镇社会经济结构由比较单一向多部门发展

历史上集镇的形成发展与商业贸易的发展密切相关，集镇一般是工业品和农副产品交换的场所，集市贸易是集镇的基本经济职能，此外还有小手工业等。新中国成立后虽然集镇的文化教育、医疗、通讯等事业有了一定的改善，但在相当长时间里集镇的社会经济结构依然比较单一。自党的三中全会以来，随着集镇工业的兴起，集镇的经济结构发生了重大的变化，工业成了集镇的主要经济部门。1982 年全国有 136.2 万个社队企业，从业人员 3112.9 万人，总收入达到 771.8 亿元，其中公社企业有 33.8 万个，从业人员 1495 万人，总收入 438.2 亿元，公社企业基本上分布在公社（乡）集镇，平均每个集镇有企业 6 个多，从业人员 300 多人，总收入 87.6 万元，大大地提高了集镇的经济实力。以河北丰南县胥各庄镇为例，过去镇上商业比较发达，工业只有一些手工业，自党的三中全会以来，相继办起了陶瓷厂、玻璃厂、轧钢厂，1982 年工业产值达到 1104 万元，比 1978 年增长了 5 倍，利润收入 229 万元，集镇的经济十分繁荣。

集镇工业的发展对集镇产生了多方面的影响。过去集镇以集市贸易为主，逢集日十分热闹，平时冷冷清清。集镇工业的发展，固定人口多了，不少集镇平时也很热闹，建筑物也增多。集镇工业的发展要求发展一系列的社会服务与工业相配合，因而促进了集镇交通运输、科技、信息和基础设施的建设。集市贸易经营的内容也发生了变化，过去集市贸易主要是消费品的交换，现在由于乡镇工业的发展，生产性产品的交换占显著地位。总之，由于集镇工业的发展，集镇由主要是商业变成生产、商业、科技、文化等多部门的集镇。

（三）集镇人口明显增长，人口结构发生变化

过去由于集镇经济停滞萎缩，人口外流，不少集镇人口增长缓慢，甚至减少了。近年来随着集镇企业的发展，乡村地区人口分布发生了变化，出现了人口向集镇集聚的趋势。例如广东吴川县博铺集镇，近年来工副业发展很快，目前已办起 315 家工业、手工业工厂，并相应发展了许多服务行业，镇上一万人口中大部分从事工副业和服务业，外地来镇务工经商人数 1800 人，占镇总人口 18.0%，镇的人口规模明显增大。

随着集镇工业的发展，集镇人口结构也发生了变化。过去集镇人口基本上由农业人口和非农业人口两部分所组成，其中农业人口占绝大部分。近年来集

镇出现了一种新型的人口，称自理口粮人口，这部分人员从农业劳动中分离出来，到集镇从事工业、商业服务业、交通运输业、建筑业等，在人口统计上属农业人口，实际上与非农业人口没有什么区别。在集镇人口构成中，自理口粮人口远远超过非农业人口比例，如河北省固安县宫村集，自理口粮人口占集镇总人口的15.0%，而非农业人口只占1.4%。在集镇工业发达的地区，自理口粮人口在总人口中已占显要地位，如江苏省新建的41个集镇中，自理口粮人口占集镇总人口的32.3%。

目前集镇自理口粮人口主要包括以下三类：(1) 全民和城镇集体企业中来自农村的临时工或计划外用工；(2) 外地到集镇务工经商的集体联营和个体企业从业人员；(3) 本镇从事工商业的农民。镇外自理口粮人口一般来自集镇周围农村，大都白天上集镇工作，晚上回村住宿，与城镇通勤职工没有区别。例如广东东莞县莞城镇就有2万多附近人口（占镇总人口的25%）进城务工经商，其中5000人已登记临时户口，住在镇上，其余1.5万人早来晚归，属通勤人口。

集镇自理口粮人口的出现和增长，使城乡之间、工农之间紧密结合，是新型集镇的重要特征，也是我国城镇化的主要形式。大量过剩的农村劳动力源源流入城镇，他们不但不增加国家负担，而且创造了大量财富，这对于加速城镇化的进程有重大的意义。

（四）集镇发展的不平衡性

经济发展的地区差异导致集镇发展的不平衡。我国沿海地区及主要交通道路沿线地带经济发展水平与大多数内陆地区和边远地区差别较大。就以乡镇工业来说，上海、北京、天津、江苏、浙江、山东、山西、广东、福建9省、市的面积总和占全国总面积11.5%，而乡镇企业总产值则占全国乡镇企业总产值的62%，其余省、市、自治区面积占全国88.5%，而总产值只占38%，江苏省无锡县的乡镇企业总收入，等于不发达地区几个省区的乡镇企业的收入。因此，集镇分布很不平衡，集镇大部分分布于我国东部经济发达地区，据1982年统计，上述9省市镇的数量占全国镇总数的30%。其中浙江等省是我国集镇最发达的省份，浙江省每万平方千米有镇16.5个，江苏11.4个，这些省份集镇经济发达，人口规模较大，商业文化设施水平也较高。我国西部地区的甘肃、新疆两省区镇的数量每万平方千米不到1个，青海和西藏不到0.1个，集镇的经济水平和文化服务设施也远远比不上东部地区。就每个省区内部而言，由于经济发展的差异，集镇发展差别也较大。

二、集镇发展趋势分析

影响集镇发展的因素是多方面的，主要有以下几方面：

（一）农业的发展，为集镇发展提供了丰富的食物和工业原料

近年来由于农村实行了联产承包责任制，极大地提高了农业生产的积极性。农业劳动生产率大幅度提高，一方面使农村劳动力过剩的问题更为突出，迫切要求发展集镇工商业以解决劳动力的出路；另一方面，农村出现了大丰收的局面，为集镇发展提供了物质基础，其中最重要的是粮食。长期以来我国粮食较紧，八亿人口搞饭吃，集镇发展受到很大限制。自 1978 年以来我国粮食连年丰收，1982 年粮食总产达到 3500 亿千克，平均每年增产 120 多亿千克，目前处处出现了粮食满仓的喜人景象。有了充裕的粮食，广大农民就可以放心地从事其他工副业生产，这是近年来乡镇企业迅速发展的重要原因之一。今后随着农业科学技术和机械化水平的提高和粮食专业户的发展，粮食生产将继续稳步发展。同时糖、油、肉、蛋、奶的产量也将有很大增长。我国城乡人民的主副食品将比较丰富，那时，食物问题将不再成为集镇发展的限制因素了。

（二）集镇工业的发展是集镇发展的主要动力

发展乡镇工业是我国社会主义建设的客观要求。乡镇工业的发展可为农业积累资金，促进农业现代化。1979 年至 1982 年，在社队企业所得的利润中，用于支农的费用达 80 亿元，相当于同期国家对农、林、牧、渔和水利基建投资的 73%，对促进农业发展和农村建设起了重要的作用。乡镇企业和社员联营企业的劳力合计占农村劳力的十分之一，还有大量农村剩余劳力尚未得到充分利用。今后随着农业机械化水平的提高，农村富余的劳动力将越来越多，需要通过发展乡镇企业来寻找出路，否则将成为严重的社会问题。此外，发展了乡镇工业，使大、中、小企业相互结合，相互促进，逐步形成城乡之间和大、中、小城镇之间有分工的多层次的产业结构，对工业合理布局具有重要意义。因此，今后乡镇企业将有更大的发展。据农林渔业部的初步规划，乡镇企业总产值将由 1980 年的 655 亿元达到 2000 年的 4200 亿元，1980—2000 年年递增 9.7%，而近 5 年来社队企业总产值年递增 14.4%。由此看来，实现上述规划是完全有可能的。乡镇企业的大发展必将极大促进集镇的发展。

（三）人民生活水平提高，促进集镇商业服务业和文化事业的发展

随着工农业生产的发展，农民的经济收入大幅度地提高。据国家统计局抽样调查资料，1978 年每个农民平均纯收入 133.57 元，1982 年达到 270.11 元，收入增加了一倍。工农业的发展和广大农民生活水平提高，促进了集市贸易的发展。1982 年集市贸易成交额比 1978 年增长一倍多，至 1984 年上半年，全国城乡集市已达到 4.9 万个，比 1983 年增加了 1000 个，其中一部分是历史上没有集市的边远山区。集市贸易的发展加速了农村集镇的发展，如沈阳市郊区就有 20 多个乡，以集市贸易为基础，形成了新的集镇。

（四）乡镇企业的发展，为集镇建设提供了资金

集镇建设资金主要靠集体、联营或个体企业集资来解决。近几年来随着乡镇企业的发展，为集镇提供了大量的建设资金，仅 1979—1982 年的四年中，全国乡镇企业积累的资金就支出了 79 亿元用于集体福利事业的建设，其中包括集镇道路、学校、影剧院的建设。例如威海市自党的三中全会以来，全市各公社用于集镇建设的资金已近 200 万元，比新中国成立以来投资总和还要多，使集镇面貌焕然一新。今后随着集镇经济的发展和经济效益的提高，资金积累越来越多，将为集镇提供更多的建设资金。如果至 2000 年全国乡镇企业实现上述的总产值规划，按 1982 年全国社队企业产值利润率 15% 计，那时全国乡镇企业一年获利将达 630 亿元。假如其中 10%（按 1982 年实际的比例）的利润用于集体福利事业的建设，那时集镇建设资金的来源将大为改善。

根据上述的分析，今后集镇将有较大的发展，今明两年结合乡镇政权建设，将建立一批新的集镇。据有关部门估计，在近年内全国建镇可达一万个，比新中国成立初增加 2 倍，如按原全国 5.4 万个人民公社计，则 5 个公社有一个镇，平均每镇吸引人口 8 万人。在近期发展的基础上，今后集镇的发展趋势如何呢？从集镇现状的基础设施、经济水平以及建设资金的来源等方面看，在今后若干年内，集镇的发展应把重点放在已建的一万个集镇上，着重提高这些集镇的经济实力、基础设施和文化服务设施水平，使集镇具有吸引力，以发挥集镇的中心作用。长期以来，由于集镇经济衰落，集镇建设不受重视，设施简陋且残缺不全，许多集镇没有文化站，没有上下水设施，街道坎坷不平，铺装路面很少。以辽宁为例，它是我国经济发展水平较高、集镇较发达的省份，但集镇的设施仍很不完善。根据该省有关部门对 103 个镇的调查材料，其中有 30

个镇没有自来水，大部分镇没有下水道，污水横流，环境卫生甚差。因此，首先应把现有集镇各项服务设施搞好，才能充分发挥集镇在农村中经济文化中心的作用。目前大多数集镇建设资金比较困难，可以设想，至20世纪80年代末把已建的一万个集镇建设好，这就是很大的成就。

在20世纪90年代，在完成各条战线改革的基础上，我国的经济将有更大的发展，乡镇企业的大发展，必将为集镇的建设提供更多的资金。至20世纪末，具有一定区域意义的重点乡所在地都有可能发展成为新的集镇。

三、搞好集镇建设的几点意见

集镇的建设发展关系到多方面的问题，从集镇的发展方向、地区布局以及有关的政策方面应采取如下措施。

（一）建设类型多样各具特色的集镇

长期以来，城镇发展不讲客观条件，不注意城镇间合理的职能分工，“大而全”、“小而全”之风盛行，城镇性质千篇一律，抹杀了城镇的个性，集镇发展应尽力避免重现这种不良的倾向。集镇的基本职能是乡村地区行政、经济、文化中心，这是所有集镇的共同特征，但集镇的发展条件和特点不同，发展方向应该有所侧重，各具特色。例如有的集镇可以发展为综合性集镇，有的则可以工业或商业贸易为主，有的集镇文化历史古迹多或具有风景名胜资源，则可以发展成为旅游城镇。目前我国大多数集镇还处于初创阶段，集镇经济结构大同小异，没有多大特色。例如辽宁省186个建制镇中，属于工矿和交通枢纽的镇有34个，以港口为主的镇有5个，旅游镇有2个，其余均属于工业、商业、集市贸易等多部门发展的集镇。今后随着乡镇工业和第三产业的发展，工业型、旅游型、文化型以及其他类型的城镇将会日益增多。

集镇工业的发展也应根据资源、技术条件和市场因素，确定发展方向。在城市郊区的集镇，交通方便，生产技术素养较高，信息灵通，与城市联系方便，发展与城市大工业协作的工业较为有利。例如北京市近年来有500多个国营企业将零部件扩散到郊区乡镇企业去生产，使这些企业大幅度地提高产量和经济效益，而又不增加企业的设备和人员，有利于控制大城市的人口规模，促进集镇的发展。北京洗衣机厂将白兰牌洗衣机98%的零部件下放到郊区，在五年时间里，这个厂的产品产量增加了30倍，利润增加50倍，并扶植了一批乡镇工业的发展。

在一般农区的集镇，情况千差万别，都应根据集镇的条件和特点，确定其发展方向。例如廊坊地区距京、津两个特大城市较近，有丰富的农产品原料和生产许多传统食品的技艺人才，发展食品工业比较有利。全地区有一半以上的居民点办起了2—3个食品加工摊点，并出现1300个食品专业联户和110个食品生产专业居民点，加上季节性生产，全地区有20万人从事食品工业生产，1983年食品工业产值达一亿元，其中不少企业分布于集镇。食品工业是廊坊地区乡镇工业的主要特色，但区内每个集镇工业的发展方向不应千篇一律，而应根据集镇本身的条件和特点，发展具有特色的工业。例如霸县胜芳镇，它处于有名的东淀洼北岸，历史上，集镇周围有广阔的水面和洼地，各种水生资源和养殖业十分发达，芦苇、莲藕、鸭、水产等产量很大。立足于当地资源，历史上编织业、藕粉、松花蛋加工十分发达，产品远销中外，集镇十分繁荣。

在滨海地区，集镇工业的发展应在海洋资源上大做文章。例如山东省荣成县集镇的发展就具有这个特色。荣成县是全国重点渔业产区之一，海产品总产量占山东省近三分之一。集镇工业发展以海产品加工为中心，形成了一个初步的工业体系，建立了冷冻——初加工——深加工（鱼露、鱼粉、罐头）等厂，生产十分兴旺。

在山区，一般自然资源、林果资源比较丰富，山区工业发展应立足于山区资源，发展荆条编织、果品加工或矿产资源开发。例如北京市房山县山区，有丰富的煤炭、石灰石、水力资源。近几年来办起了8个水电站，发电量602万度。在燃料、动力发展的基础上，一些靠近资源的集镇大力发展建筑材料，全县建起了40个石灰厂，60个砖厂，5个水泥厂，各种水泥制品和石渣厂等共57个，对首都的建设起了很大的作用。

我国地域辽阔，自然、社会经济条件千差万别，各地区都应充分利用当地的各种资源，发展具有特色的工业。

（二）建立合理的集镇体系

集镇体系是城镇体系的一种类型，它以一个县为地域单元，以县城为核心，不同性质和规模的集镇相互联系、分工协作，形成有机结合的集镇网络。建立集镇体系要从全县出发，通过全县的全面规划，明确以下问题。

1. 集镇的等级体系

集镇体系一般由三级集镇所组成，即县镇——片中心镇——乡中心镇。各级集镇对其周围地区来说都具有中心的作用，集镇规模不同，影响范围大小不同，构成了不同层次的等级系统。县镇是全县政治、经济、文化的中心，也是集镇体系的核心，大的县镇甚至发展为市，其影响范围往往超出县域范围。片中心镇一般是其周围若干个乡的中心。乡中心镇影响范围一般在乡范围内。集镇等级的数量与集镇的规模、吸引范围成反比，集镇规模越大，吸引范围越广，集镇数量越少，反之，集镇规模越小，吸引范围越窄，集镇数量越多。但每一级集镇数量多少与该县的自然、经济、社会状况及县的规模有关。以北京市为例，每个县的一级集镇只有一个，即城关镇。二级集镇则各县差别较大，如顺义和平谷县经济水平较高，二级集镇数量较多，顺义县 8 个，平谷县 6 个，分别占该县公社总数的 28% 和 29%，而延庆、密云、怀柔等县属于山区，经济发展水平相对低于平原地区，二级镇数量较少，延庆只有 5 个，密云 4 个，怀柔 3 个，分别占该县公社总数的 19%、17%、13%。将来随着山区经济的发展和交通条件的改善，二级镇的数量将会增加，二级镇吸引范围和吸引人口也有较大的差别，以北京市顺义县为例，杨镇吸引范围达 4 个公社，面积 249.7 平方千米，人口 7 万人，张喜庄吸引范围只有 3 个公社，面积 96.9 平方千米，人口 3.9 万人（见表 2）。三级镇目前只有在经济十分发达的地区才出现，例如广东省近年来新设镇就有几十个属于三级镇。随着农村经济的发展，三级镇将日益增多。从长远看，当农村经济发展达到较高水平时，所有的乡所在地都将发展成为新型的集镇，而在本世纪内，集镇建设的重点应放在二级镇，把它建成为具有一定吸引力的乡村地区经济文化中心，以带动整个农村经济、文化的发展。

表 2　　北京市顺义县集镇吸引范围

集镇名称	集市成交额（万元）	吸引公社数（个）	吸引面积（平方千米）	吸引人口（万人）
城关	246.0	8	246.0	15.0
杨镇	74.6	5	142.4	7.1
牛栏山	50.0	4	131.9	6.3
木林	50.0	3	176.5	7.1
张镇	42.4	3	91.8	4.0
李遂	16.4	3	103.1	4.3
李桥	9.2	3	117.4	4.7
张喜庄	6.6	3	96.9	3.8

注：（1）根据 1982 年北京顺义县统计资料，由县统计局提供。

（2）吸引公社数包括集镇所在公社。

2. 加强集镇间的分工协作

如前所述，集镇发展应根据集镇及其周围地区自然、社会经济条件，明确经济发展方向。与此同时，要加强各企业和各集镇间的分工协作。在工业生产方面，在集镇内部和集镇之间应开展专业化协作，除了生产一些日用小五金、小百货的企业外，多数厂应走“小而专”的方向，避免各厂自成系统，搞“小而全”而带来的原料不足、资金浪费、产品质量低劣、劳动生产率和经济效益低等问题。随着乡镇工业的发展，走专业化协作是必然的趋势。江苏武进县目前已有30%的乡镇企业走“小而专”的道路。应通过全县全面规划，把所有的企业都组织起来，逐步形成生产协作网络。

在县域范围内，集镇间的商业、服务业和文教医疗设施也应作合理的布局。由于不同等级的集镇服务范围大小不同，集镇服务设施的项目、规模以至商品的种类都应有所不同。例如在乡中心镇就应配置人们日常生活中经常需要的各种生活物资，以及医疗、文化教育等设施。片中心镇除了设置为当地居民服务的基本生活服务设施外，服务项目应较齐全，设施的水平也应较高。例如在片中心镇应有出售较高档商品的商店，有重点中学和中心医院等等。至于县城的服务水平和服务项目就应更高、更齐全些。通过合理布局，把全县的文化服务设施组成一个层次分明、有机结合的网络。目前许多地区缺乏全面规划，农民进城务工经商存在一定的盲目性。例如山西省怀仁县近年来恢复和新建了吴家窑、小峪、金沙滩等集镇后，许多个体商业摊点盲目搬往新镇，出现了商业网点农村不足而集镇过多的现象，使群众生活不便。在大小集镇之间，则大集越来越大，小集日趋冷落，人们往往喜欢赶大集，不喜欢赶小集。这固然与交通条件改善以及赶集多目的性有关，但无论买什么东西都赶大集，无疑是一种时间上的浪费。因此，对农村地区的商业服务业以及文教卫生事业作全面规划、合理布局十分必要。

（三）搞好集镇建设的几点基本措施

集镇建设不但要明确发展方向和合理的布局，还要有正确的政策和有力的措施。

1. 加强领导，开展县域规划及集镇总体规划

过去许多集镇没有镇建制，集镇建设没有一个统一的管理机构，镇上各单位各自为政，各搞一套，集镇的基础设施、环境卫生、社会治安无人过问，使集镇发展矛盾重重。近年来已比较重视城镇的政权建设，凡符合建镇标准的，

已分期分批地建立了镇的政权机构。为了加强镇的领导，建制镇还要处理好以下两方面的关系。一是镇与非镇属企事业单位的关系。由于镇政府与这些单位不是从属关系，镇政权往往无法实行统一领导和管理，在体制改革中需要加以解决。二是解决好镇与所在乡的关系。有些地方乡和镇两个政权并存，造成机构重叠，集镇地盘狭小，无发展余地。许多地方实行以镇带村，由集镇统一领导和管理集镇和乡村，对于加强城乡结合很有好处。

搞好集镇总体规划是搞好集镇建设的重要一环。近年来由于集镇工业和集市贸易发展很快，集镇规划没有跟上，以致发展方向不清，布局混乱，污染也很严重，开展集镇规划已刻不容缓。

2. 土地问题是影响集镇发展的重要问题

集镇周围大都人多地少，不少地方征地费用每亩高达数万元，地皮问题往往限制了镇上工商业的发展，是造成目前乡镇工业布局比较分散，不能适当集中于集镇的重要原因之一。从乡镇工业合理布局和加速集镇发展出发，许多地方正在寻求解决集镇用地问题的途径和办法，例如辽宁省某些集镇采取与周围农村换地的办法，即用集镇周围农村的耕地换取镇上土地，以解决这些农村在集镇上发展工商业的用地。此外，可否采取集镇出土地，镇外有关方面出资金，实行联营形式，以解决用地矛盾。总之要从多方面探索解决集镇的用地问题。

3. 集镇的建设资金问题

集镇的建设资金主要靠集体企事业和联营、个体户集资办法。目前集镇投资没有固定的渠道。随着集镇经济的发展，各项税收和利润收入日益增多，有关部门应制定税利提成比例，作为集镇建设资金的来源。

闽东南地区中小城市的发展及其空间演化*

一、中小城市迅速发展的动因分析

闽东南地区中小城市主要集中分布在漳州、泉州和莆田三市所辖地区。这一地带是著名的侨乡和众多的台胞、港胞的祖籍所在地，且又拥有优越的港口资源、旅游资源和亚热带农业资源，劳动力资源也十分丰富，改革开放使这些优势条件发挥了作用，促进了本地区经济和城镇的迅速发展。

（一）外资的大量引入与侨乡故土情

在经济建设中资金来源是个极大的问题，漳、泉、莆三市人口稠密，原有底子薄，在改革开放前，建设资金不足的问题十分突出。改革开放以来，实行多渠道集资，对三市来说，充分利用侨乡故土情的优势大量引入外资，成为资金筹集的重要渠道。至1995年三市实际利用外资累计已达46.4亿美元，占全省31.5%，其中泉州市占全省18.1%，漳州占7.8%，莆田占5.6%（见表1）。如以人均利用外资额计算，亦以泉州为最多，其次为莆田和漳州。外资主要投向于工业部门。但投资结构在各市有所差别，根据历年外资投资结构统计，泉州市投向工业的资金占65.9%，投向第三产业占33.1%，投向农林牧渔业只占1%。莆田市外资投向工业高达92.0%。由此说明，外资主要投向工业和第三产业，这对加速城市建设和城市化进程起着极为重要的作用。

---

* 本文为《闽东南地区经济和人口空间集聚与扩散研究》（胡序威主持、中国科学院地理研究所、福建师范大学地理研究所、香港中文大学香港亚太研究所合作）项目的部分成果，由香港中文大学香港亚太研究所出版，1997年。

表 1　　　　漳、泉、莆三市实际利用外资统计（万美元）

	1979—1989 年		1990—1995 年		1979—1995 年	
	数量	占全省	数量	占全省	数量	占全省
全省统计	133918	100.0	1249937	100.0	1471835	100.0
泉州	14281	10.6	246614	19.7	266980	18.1
漳州	4527	3.4	106529	8.5	114329	7.8
莆田	5189	3.9	73911	5.9	83053	5.6
三市合计	23997	17.9	427054	34.1	464362	31.5

资料来源：《福建对外经济十五年》（中国统计出版社）；

《福建统计年鉴》（1995、1996）。

（二）外向型经济的发展与产业结构的变化

在改革开放前，在当时国家内外政策的束缚下，三市许多优势条件不能发挥作用，经济发展缓慢，第二、三产业很薄弱，农业商品率低，属传统农业地区。改革开放以来，尤其是“八五”以来，三市产业结构变化很大，其中以泉州市变化最大，1995 年第一产业产值比重已下降至 11.5%，漳州和莆田二市也分别下降至 30.3% 和 25.0%，说明三市已由农业为主转向以非农产业为主。

工业结构在所有制方面发生了重大的变化，随着外向型经济的迅速发展，“三资”工业比重迅速上升，其中莆田市发展最快，1994 年“三资”工业比重占 71.0%，其次为泉州市，占 54.6%，漳州市亦达到 38.4%，三市“三资”工业已居举足轻重的地位。

工业部门结构也发生明显的变化，三市原有工业以食品工业占很大比重，工业部门结构基本雷同。改革开放后，三市各自发挥区域比较优势，逐步形成各具特色的支柱产业。泉州形成了纺织服装、食品饮料、建材陶瓷和石油化工等四大支柱产业。漳州发挥农业优势，以农产品为原料的食品、饮料工业占很突出的地位，此外，机械制造、建筑材料和缝纫等工业也占有较高的比重。莆田则以制革及制鞋为龙头产品，食品工业仍占有一定比重。总的来说，三市工业中轻工业占很大比重，大多数企业直接生产日用消费品，企业间经济联系松散，这是导致经济和城镇分布较分散的一个重要原因。

漳、泉、莆三市工业企业中以小型企业和乡镇企业占绝对优势，特别是改革开放以来，大量村办和民营企业的发展，企业规模小型化的问题十分突出。

如漳州市1994年村办、联营和个体户平均每个企业从业人员只有13人，平均产值47万元，泉州市这类企业平均28人，产值147万元。小型企业和乡镇企业的比重高，经营机制灵活，对市场需求的适应性强，与“三资”企业相结合，成为促进经济迅速发展的动因之一。但是企业的小型化对工业布局产生了重大影响，小型企业尤其是服装、制鞋及食品加工等轻工业，对集聚要求不高，加上乡镇企业所有制受土地的制约，使企业布局相当分散，这也是导致城镇众多而其规模一般都很小的另一重要原因。

（三）港口和交通建设的改善

交通运输是经济和城镇发展最重要的条件之一，因此，各地都把交通运输建设作为重大措施来抓。

丰富的港口资源是三市发展外向型经济的一大优势。改革开放以来，各市着力新建和改造了一批大中型港口。莆田市于20世纪80年代中期在湄州湾北岸建设秀屿港，现已建成3000吨级商港。泉州市在湄州湾南岸与石油化工企业建设结合，建成万吨级杂货码头和3.5万吨级石油码头。漳州市在九龙江口南岸结合招商局中银漳州经济开发区建设，已建成3.5万吨级码头，结束了漳州市没有大型深水港口的历史。此外，三市还改造了一批老港口，初步形成了大中小相结合的港口群体。

漳、泉、莆三市陆上交通运输主要靠公路，但原有公路等级低、运力小，严重制约了经济和城镇的发展。八十年代以来大抓公路建设，首先重点改造福厦线，现主要路段已达一级路水平，并着手建设高速公路。此外对319国道（通江西）、三（明）郊（尾）省道和多条地方公路进行改造或新建，现已基本形成比较发达的公路网。在铁路建设方面，漳（平）泉（州）肖（厝）铁路即将建成，这对沟通本省内陆与中部沿海地区的联系将起重要作用。

最近在泉州市境内还建成了可通航大型客机的晋江机场。

（四）旅游资源和亚热带农业资源的开发

漳、泉、莆三市旅游资源十分丰富，既有著名的亚热带自然旅游景观，又有丰富的人文旅游景观，尤其是泉州市是全国著名的历史文化名城，有国家级文物保护单位11处和著名的清源山风景区。漳州也是历史文化名城和著名的花果之乡。莆田历史也很悠久，名胜古迹甚多。改革开放以来，三市发挥旅游资源丰富，靠近港、澳、台地区和交通方便的优势，大力发展旅游业，1994年三市涉外游客达40.8万人次，其中泉州占75.7%，成为本省重要旅游创汇基地。旅游业的发展不仅是创汇的重要来源之一，并且成为对外招商引资的重要桥梁，在发展外向型经济中起着重要的作用。

漳、泉、莆三市属亚热带气候，由于地形的屏障和海洋气候的调节，三市比同纬度内陆地区的热量更为丰富。历史上是亚热带经济作物和水果的主要产区，也是水产品的主要产地之一。改革开放以来，三市农业部门结构发生重大变化，正由传统型农业向商品农业转变。在因地制宜指导下，农业实行专业化、规模化经营，农产品商品率已达到较高水平，建立了一批创汇农业基地，在外贸出口中农产品出口占有重要地位，创汇农业的发展为经济建设提供了大量的资金，促进了经济的发展①。

（五）中小城市新增外来人口的来源和利益驱动分析

改革开放以来，漳、泉、莆三市城市人口增长较快，除了户籍人口的增长外，还有大量的外来人口，其中以泉州市最多，登记的外来暂住人口占该市总人口7.5%，其次是漳州，占2.9%，莆田占2.6%。外来人口数量的多少，是经济发展的必然反映。改革开放以来，三市工业发展很快，并且大都是劳动密集型企业，劳动力需要量多，这是人口集聚的基本动因，我们对暂住人口的问卷调查可具体说明这一点。人口迁移的动因可基本分为经济迁移和非经济迁移，在被调查的外来人口中，属经济原因迁移的占调查总数的80.6%，非经济迁移只占19.4%。迁移者大多来自江西、湖南、四川等经济水平较低、剩余劳动力较多的省份。大多数移入的暂住人口是因当地无就业机会或经济收入过低而迁移，非经济原因迁移主要是婚姻迁移或与家人团聚等，这类迁移也往往与该地经济水平密切相关，婚姻迁移一般也是由经济收入低的地区迁向经济收入高的地区（表2、3、4）。

（六）中小城市发展的不同区域类型和模式

从以上对中小城市发展动因的分析可以看出，漳、泉、莆三市存在不少共同之处，但同时也必须看到它们之间的不同特点。泉州和漳州两市由于自然环境、人文因素及经济基础等方面的差异，因而形成了各自具有一定特点的区域类型和不同发展模式。莆田则具有漳、泉两市的某些特点，形成了介于漳、泉

① 庄仁想主编：《福建沿海地区国土资源综合研究》，海洋出版社1992年版，第165—178页。

表2　泉、漳、莆三市暂住人口迁移的动因

	泉州市鲤城区	晋江市	漳州市芗城区	龙海市	莆田市城厢区	涵江区	合计	占合计(%)
经济迁移	174	133	192	27	24	28	578	80.6
分配工作	10	6	0	1	9	9	35	4.9
原地无就业机会	47	48	52	11	7	7	172	23.9
原地工作不满	8	4	10	1	1	1	25	3.5
本地收入较高	43	27	68	5	1	5	149	20.8
本地提供合适工作	34	32	40	6	6	6	124	17.3
生活条件较好	32	16	22	3	0	0	73	10.2
非经济迁移	13	16	5	9	5	5	53	7.4
婚姻	3	3	0	1	1	1	9	1.3
与家人团聚	1	8	2	4	1	1	17	2.4
政治待遇较高	5	4	0	2	2	2	15	2.1
想转入城镇户口	4	1	3	2	1	1	12	1.6
其他	31	23	19	9	2	2	86	12.0
合计	218	172	216	45	31	35	717	100.0

资料来源：1995年本课题对三市暂住人口问卷调查。

表3　泉、漳、莆三市暂住人口构成

	泉　州	漳　州	莆　田
性别	100.00	100.00	100.00
男性	60.12	58.90	43.00
女性	39.88	41.10	57.00
来源地	100.00	100.00	100.00
来自省内	38.65	66.54	73.58
来自省外	61.35	33.46	26.42
职业	100.00	100.00	100.00
务工	81.13	47.22	62.22
务农	4.18	2.58	1.27
经商	2.39	8.75	8.58
服务	5.50	8.74	9.67
因公出差	0.45	1.87	0.16
借读培训	1.15	10.16	10.55
其他	5.21	20.68	7.57

资料来源：根据三市掌握的1994年11月不完全的暂住人口登记数。

表 4　　1995 年泉、漳、莆三市基本概况

项目名称	单位	泉州市	漳州市	莆田市
1990—1995 年总人口递增率	‰	14.54	7.34	9.40
1990—1995 年非农业人口递增率	‰	33.36	22.45	39.10
人口密度	人/km²	575	343	749
1990—1995 年 GNP 递增率	%	40.52	23.25	23.32
人均 GNP	元/人	8496	5277	4846
GNP 密度	万元/km²	488.70	180.90	363.10
第一产业产值占 GDP	%	11.50	30.33	25.02
第二产业产值占 GDP	%	51.34	39.39	52.47
第三产业产值占 GDP	%	37.16	30.28	22.51
轻工业占全部工业总产值	%	61.68	69.54	81.00
以农业为原料工业占轻工业总产值*	%	71.00	72.90	76.00
小型工业占全部工业总产值*	%	82.90	82.10	88.60
村办、联营、个体工业占全部工业总值*	%	81.40	44.20	50.60
三资工业占乡以上工业总值*	%	54.57	38.41	71.00
乡村非农劳力占乡村总劳力	%	48.30	32.70	38.40
外来暂住人口占总人口	%	7.50	2.89	2.60
人均地方财政收入	元	267.9	246.4	161.4

注：工业统计中，除注明者，均指乡及乡以上企业；* 为 1994 年统计数。

资料来源：根据《福建统计年鉴》(1996) 及各市统计年鉴（1991 年、1995 年）计算。

两市之间过渡性的区域类型。而湄州湾区域则是地跨莆、泉两市，以港口资源的开发、港口工业和港口城镇的发展为其主要特色。各地发展的不同类型特点和模式将在以下各节具体阐述。

二、泉州地区的发展特点与空间演化

（一）发展的背景和特点

泉州市位于本省东南沿海对外开放地区，现辖 3 市（石狮、晋江、南安）、1 区（鲤城）、4 县（惠安、安溪、永春、德化）和待统一的金门县。土地面积 10865.8 平方千米（不含金门），1995 年总人口 625.92 万人。泉州开发历史悠久，是我国著名侨乡，旅游资源丰富，水陆交通方便，具有发展外向型经济的

优越条件。改革开放以来，泉州从本市实际出发，探索出一条现代化建设的成功之路，成为全省经济发展最快的城市。

1. 20 世纪 80 年代以来经济迅速发展

改革开放以来，泉州市在国家改革开放方针的指引下，积极推进综合改革试验，充分发挥本市优越条件，使本市经济发展保持持续高速和健康发展的势头，1993 年已实现国民生产总值翻三番的目标，1995 年国民生产总值比 1978 年增长 17.6 倍，比 1990 年增长 4.7 倍，1990 年至 1995 年国民生产总值年均递增 40.52%，大大快于全省和本省其他各地市年均增长速度。随着本市经济高速增长，国民生产总值在全省各地市的位次，由改革开放前的第 4 位，跃居为第 1 位，同时国民生产总值占全省的比重，由 12.7% 上升到 24.2%，经济实力显著增强。

2. 非农产业比重高，旅游业发达，农业相对较弱

随着非农产业的发展，本市三大产业比重发生了重大的变化，尤其是 20 世纪 90 年代以来，第一产业比重大幅度下降，由 1990 年的 30.3% 下降为 11.5%，第二、三产业由 69.7% 上升为 88.5%。从产值比重看，本市非农化已达到很高的水平，但从非农产业的整体素质、技术装备、产品档次和企业规模等方面看，仍处于工业化的初期并开始要转向中期发展阶段。工业结构已形成石油化工、纺织服装、食品饮料、建筑陶瓷等四大支柱工业。在发展传统工业的同时，正大力发展资金、技术密集型产业。第三产业以旅游业最为突出，现已成为我国重要旅游城市。本市人多地少，对农业生产压力很大，加上 20 世纪 80 年代以来农业结构调整和大量流动人口的流入，每年需要从内地调入或从国外进口大量粮食。

3. 非农化水平较高，城镇发展相对滞后

本市人多地少，历史上人口大量外流到南洋和中国台湾等地。新中国成立后向国外迁移受到控制，加上人口增长过快，因而劳动力过剩十分突出。改革开放以来，随着非农产业的发展，乡村劳动力结构发生历史性的变化，1995 年全市乡村劳动力中已有 48.3% 转向非农产业，而且还吸纳了数十万外来劳动力。可见，本市非农化已达到较高水平。与非农化相比，城镇发展相对滞后，城镇规模小，布局分散。

4. 外向型经济发展迅速

泉州是我国著名侨乡，全市有祖籍在本地的海外侨胞 280 万人（包括外籍华人），分布在世界 90 多个国家和地区，此外还有 40 万港、澳同胞和为数更

多的台湾同胞，全市有侨属、台属等110万人，具有发展外向型经济的优越条件。自1985年国务院批准泉州列入沿海经济开放区以来，积极推行国家赋予的一系列开放政策，引进大量外资，促进了本市经济迅速发展。1980年全市“三资”企业只有2家，实际利用外资只有16万美元。1994年仅“三资”工业就有573家，实际利用外资达到72420万美元，占全社会固定资产投资总额79.86%，至1995年累计利用外资26.70亿美元，在全省各地市中仅次于厦门和福州两市，居第三位。1994年“三资”工业总产值占乡以上工业总产值达到54.7%，在外贸业中，外贸出口创汇额占国民生产总值为28.2%，外向型经济在本市经济中具有十分重要的地位。

5. 具有侨乡特色的市场经济体制正迅速形成

泉州是我国乡镇企业和民营企业发展最早的城市之一，早在20世纪80年代初，晋江（包括石狮）等地乡镇企业在全国就已名列前茅。他们从当地实情出发，依靠社会力量和广大华侨进行集资，并利用大量富余劳动力和民间空闲房子，解决了建设初期资金、劳力和场地等问题，促进了经济的大发展。1994年泉州市村办及民营工业企业数占全市工业企业总数的96.2%，其工业产值占全市工业总产值的81.1%，这些企业以市场为导向，与“三资”企业相结合，充满生机和活力，对促进国民经济高速发展起着极为重要的作用。泉州人把这种发展经济的路子概括为“晋江模式”，实践证明，这个路子是适合于当地实情的发展经济的成功之路。

（二）中心城区的空间扩展受行政区划的束缚

泉州市中心城鲤城，位于晋江下游平原北部，土地面积539平方千米，总人口51.31万人，是泉州地区政治、经济、文化的中心和国家重要历史文化名城。

1. 中心城区空间扩展过程

泉州地区早在新石器时代已有先民居住，唐初归武荣州，州治设丰州（今泉州西北6千米），唐久视元年（公元700年），随海上运输业的发展，州治南迁至现中心城区，至今已有1200多年的历史。唐开元年间称唐子城，略呈四方形，面积0.75平方千米。五代（公元943—958年）城池由旧城向四周扩展为5平方千米，因环城遍种刺桐树而得名“刺桐城”。元代泉州已成为中国和东方第一大港，与100多个国家和地区有贸易往来，是泉州历史上的黄金时代，城市由老城继续向外扩，向西北扩展略大于向北、东、南扩展，城区周长30千米，其形由葫芦状变为鲤鱼状，鲤城由此得名。元末明初以后，由于地方战乱和明清的海禁，加上港口淤积的影响，泉州长期处于停滞状态，直至解放时，泉州古城只有5万人口，私营商业仅1159户，从业人员不过3953人，城市空间向东北和南部略有扩展①。

新中国成立后台湾海峡两岸军事对峙，处于海防前线的泉州市受到很大影响，城市发展缓慢，至改革开放前，建成区面积为7平方千米，另在城郊分布一些零散建筑物，城市面貌没有明显的变化。改革开放后，泉州市随着经济的大发展，城市空间也有较大的扩展，主要扩展方向为城东温陵路与刺桐路之间，此外，在城北、城东北环城路内以及城东南泉秀路也新建了一些建筑物。建成区新扩展约3平方千米，主要为居住、商贸建筑。工业、交通和文教等主要在城郊，其中交通和工业主要在城东，漳（平）泉（州）肖（厝）铁路车站和福厦高速公路出口正在此建设，万安开发区（2平方千米）也在建设中。另一处在东海，由外商投资的东海滨城已建成一所学校和一批商品房，规划建设面积1.3平方千米。

2. 中心城区人口空间分布变化

20世纪80年代以来，中心城区人口空间分布发生了显著的变化，以城近郊区人口增长最快，其次是远郊区，旧城区人口增长相对较慢。由于旧城区人口密度和建筑密度都很高，文物古迹较多，旧城改造难度较大，改革开放以来基本保持原有状况，新建企业事业少，加上人口自然增长和机械增长控制较严，故旧城人口增长相对较慢。城近郊区因有老城作依托，基础设施和用地条件较好，20世纪80年代以来新建企事业单位较多，人口增长较快。远郊区基本上属农业地区，人口增长主要是自然增长，增长速度慢于近郊区（表5）。

表5　泉州中心城区人口空间分布变化

	总人口（人）		1982—1994年年均递增率（%）
	1982年	1994年	
旧城区	140765	162504	1.20
近郊区	146577	185081	1.96
远郊区	122885	149036	1.62

注：旧城区包括临江、海滨、鲤中、开元等办事处；近郊区包括丰泽、东湖、浮桥、城东、东海、江南、北峰、水上、泉秀等办事处和镇；远郊区包括河市、马甲、罗溪、虹山等乡镇及清原和双阳农场。

资料来源：《福建省第三次人口普查资料》；《泉州市鲤城区1995年统计年鉴》。

① 郭来喜等："闽南侨乡历史名城——泉州"，胡序威主编：《中国沿海港口城市》，科学出版社1990年版，第253—255页。

3. 中心城区扩展受行政区划束缚

未来泉州中心城的功能和规模发展与城市用地之间存在较大的矛盾。中心城是拥有600多万人口、土地面积1万多平方千米的泉州市域的中心，是我国重要历史文化名城和著名侨乡。因此，从促进区域社会经济发展和发展外向型经济的需要出发，都需要加强中心城功能的建设。但中心城在现行政区范围内可用地很有限，中心城政区版图为南北向的长葫芦形，城市位于南端、东西为晋江和洛阳江阻隔，南端濒临海洋，城市北部为山区。现城市郊区有5片土地适宜作为城市用地，即中心片、东海片、城东片、北峰片和江南片。其中中心片与旧城区相连，是发展金融、商贸和住宅的主要用地，可用地约有7平方千米。东海片距市中心7.5千米，现有建成区3平方千米，尚有7平方千米可用地，可作为外商投资开发区、高科技产业区和商住区。城东片距城区4.5千米，是全市交通枢纽，并可依托华侨大学发展高新技术产业，可用地8平方千米。北峰片距城区4千米，处于风景名胜区山前（清源山），属三级保护地带，适宜于建设大型娱乐游览区，可用地6平方千米。江南浮桥片，距城区3.5千米，受晋江阻隔，适宜于建设小型乡镇企业和民营企业，可用地6平方千米。由上述可见，在中心城周围可用地共有36平方千米，可用地潜力很小，只基本满足近期发展用地需要，远期则没有发展余地①。

在远期，根据中心城发展趋势，需要跨出两江，在政区外围寻找发展场地。从用地条件、交通条件和两江保护考虑，往东北跨过洛阳江，在惠安县内的洛阳、东园、百崎一带发展条件较好，这里有即将建成的福厦高速公路和漳泉肖铁路通过，又有大量可供建设的瘠薄台地，可发展为用水量小的外向型企业加工区。往西跨过晋江在福厦路两侧、晋江市境内的紫帽、池店一带，这里交通方便，且有市中心区镇作依托，可发展工业和旅游业。往西北可向南安的丰州镇发展，这里有国家级风景名胜区九日山，与清源山旅游区连成一体，有利于发展旅游业。虽然因跨越不同政区，实施起来有一定难度，但这是中心城发展的必然趋势。近期在未实现此方案的情况下，泉州市应对两江进行统一规划和管理，加强两江沿岸建设的协调工作（表6）。

① 泉州市规划院：《泉州市城市总体规划》，1994年，第83页。

表 6　　泉州中心城建设用地条件

方位	中心片	东海片	城东片	北峰片	江南片
	城区东部边缘	东南郊	东郊	西北郊	西南郊
距离市区（千米）	与中心区连	7.5	4.5	4.0	3.5
自然地形	平坦	丘陵缓坡	丘陵缓坡	地势较低洼	地势较低且受晋江阻隔
现状建成区面积（km^2）	10	4	4	4.5	5
可供建设用地（km^2）	7	7	8	6	6
适宜建设项目	第三产业、住宅	外商投资区、高科技产业区	交通枢纽、高新技术产业	娱乐游览	乡镇企业

资料来源：泉州市规划院：《泉州市城市总体规划》，1994 年。

（三）中心城外围晋江、石狮、南安、惠安等小城市的崛起

改革开放以来，在中心城两翼的晋江、石狮、南安和惠安等小城市（镇）迅速发展，最为引人瞩目。这些小城市地处中心城的周围，人口密集，劳动力资源极为丰富，交通方便，沿海中小港口众多，又是著名侨乡，在改革开放政策之下，这些优势发挥了作用，促进了经济和城镇的高速发展。

1. 晋江市

位于中心城南侧。全市土地面积 649 平方千米，总人口 97.7 万人，人口密度为 1484 人/平方千米。晋江是我国著名的侨乡，侨胞约占泉州市的一半。改革开放以来，该市充分发挥海内外 300 万晋江人的积极性，创造了全国闻名、具有侨乡特色的“晋江模式”，使晋江经济发生翻天覆地的变化。1995 年国民生产总值达到 157.91 亿元，1978 年至 1995 年国民生产总值年均递增 29.80%，成为全国经济增长最快的城市之一，在全国百强县（市）中名列前茅。晋江的工业发展起步较早，早在 20 世纪 80 年代初乡镇工业发展就已闻名全国，经过十几年来的发展，现已形成纺织服装、制鞋、皮革及其制品、建材陶瓷等支柱工业部门，1994 年纺织及服装行业占工业总产值 33.4%，皮革及其制品占 15.9%，此外，一些新兴的工业部门如电子、化工、生物工程等也开始发展起来。90 年代以来，本市经济迅速发展与大量引进外资密切相关，至 1994 年实际累计利用外资 80878 万美元，“三资”工业总产值占乡以上工业总产值 86.2%，在泉州各市县中比重最高。晋江工业所有制以村办和联营为主，其工业总产值占全部工业总产值的 75.1%，国有和大集体企业只占 1.6%。企业发

展充满活力，经济效益显著。

随着产业结构的变化，乡村非农化和城市化水平都有很大的提高，1995 年在乡村劳动力结构中，从事非农业的劳力已占 58.8%，此外，还有持暂住人口登记证的外来人口 18.6 万从事非农业劳动。晋江市域城市化呈区域化特点，即城市化区域差异很小，市域内所有的乡建制均已全部改为镇建制，并且地域分布比较均匀，这与市域内自然环境、基础设施条件、社会经济发展水平差异小密切相关，但各镇人口增长速度差别显著，以中心城人口增长较快，其次是主干道路沿线工业较发达的城镇。晋江市域城市化的另一特点是经济和人口集聚度低，如作为市域中心城区的青阳镇，人口只有 10 万人，仅占市域总人口 10%，国民生产总值只及市域的 15.4%，对市域的辐射能力较弱，起不到中心城的作用。在市域内其余各镇的人口集聚度也不高，如全市有 9 个镇的驻地总人口平均只占全镇总人口的 13.3%，紫帽镇比重最低，只占 3.3%。因此，多数城镇规模比较小，全市 9 个镇平均每镇驻地总人口 9254 人，非农业人口为 5101 人。这与企业小型化和布局分散化密切相关。城镇规模过小，城镇各项服务设施难以配套建设，与一般乡村没有大的差别（表 7）。

表 7　　晋江市部分建制镇人口集聚状况

	镇总人口（人）	镇非农业人　口	镇驻地总人口（人）	镇驻地总人口占全镇（%）	镇驻地非农业人口（人）	镇驻地非农业人口占全镇（%）
永和	63404	1069	3693	5.8	850	79.5
龙湖	83955	3878	5106	6.1	2804	72.3
英林	43268	1376	7721	17.8	1167	84.8
内坑	60546	1641	2987	4.9	1133	69.0
紫帽	13603	387	453	3.3	340	87.8
磁灶	94799	2146	11997	12.7	1756	81.8
安海	115806	27524	30522	26.3	26864	97.6
东石	92764	9126	15925	17.2	8678	95.1
金井	57869	4715	4890	8.5	2322	49.2
合计	626014	51862	83294	13.3	45914	88.5

资料来源：据 1995 年晋江市统计年鉴计算。

2. 石狮市

位于泉州中心城的东南，土地面积 159.6 平方千米，总人口 28.6 万人。该市原是晋江市南部一个工商业小镇，于 1987 年从晋江市划出设县级市。改革开放后该市发挥侨乡和港口优势，早期以发展商贸业起步，主要经销服装和电器等，逐步带动本地服装工业的发展，现服装、纺织业已成为该市最重要的支柱行业，在村办企业中，服装及纺织业总产值占村办工业总产值 79.5%，服装工业带动了针织、印染、服装机械等纺织工业的发展。此外，塑料化工、五金电子、食品加工、机械修造等行业也有一定基础。工业发展促进了国民经济的迅速发展，全市国民生产总值由建市之初 1988 年的 3.9 亿元，增长到 1995 年的 52.5 亿元，年均递增 37.0%，是全国经济增长速度最快的城市之一。在产业结构方面也发生了重大的变化，1995 年第一产业产值比重已下降到 5.6%，第二产业 53.2%，第三产业 41.2%，与泉州市其他市县相比，第一产业比重最低，而第三产业比重最高。石狮城市商贸功能很突出，尤其是服装市场，现全市有 18 条服装商业街，8 个服装市场、4 座服装商业城，共有 7000 多家大小商店经营服装，成为全国闻名的“服装城”①。

石狮市建市以来至 1994 年累计利用外资 56.98 亿元（人民币）。在乡以上的工业总产值中，“三资”工业总产值占 61.8%。在所有制方面，联营和村办工业总产值占全部工业 79.9%。该市经济迅速发展与外向型经济发展和所有制变革密切相关。

在泉州市域各市县中，石狮市非农化水平最高，1995 年在乡村劳动力中从事非农产业的劳力占 72.4%，另有外来暂住人口 9.5 万人。石狮市域城市化具有与晋江市类似的特点，由于市域面积小，城市化区域差异不明显，但各镇人口增长速度差别较大，以中心城区人口增长最快。经济和人口的集聚度略高于晋江市，现中心城区人口为 8 万人，占市域人口 28.3%，其余 5 个镇人口集聚存在差别，其中宝盖和永宁两镇驻地人口规模较大，分别占全镇总人口 31.8% 和 21.7%。从石狮市城市化的过程可看出，随着产业结构的调整和高层次第三产业的发展，客观上将要求经济和人口由过度的分散逐步走向适度集聚。

3. 南安市

位于泉州中心城的西侧，全市土地面积 1965 平方千米，总人口 142.47 万人。南安也是福建省重要侨乡，但与晋江、石狮等侨乡城市相比，经济发展起步较晚，直至 1990 年南安还是一个连续 9 年的财政赤字县，全市国民生产总值只有 12 亿元。南安是“八五”期间迅速发展起来的，到 1995 年全市国民生产总值达到 103 亿元，1990 年至 1995 年国民生产总值年均递增 42.4%，在泉州

① 郑明智：“石狮经济新态势”，《福建经济》，1992 年第 2 期。

各市县中，增长速度仅次于晋江市，1994 年已跻身于全国百强县市的第 84 位。

南安从自身的建设实践中认识到基础设施建设对发展经济的重要性，首先在“八五”初就大抓交通运输的建设，把石井小渔港改造为商贸港，并改造了市中心通往 324 国道的公路，从而打通了南安出海的大门。其次，充分发挥侨乡优势，依靠华侨集资引资，促进了外向型经济的迅速发展。再次，从本市资源和工业基础出发，大力发展建筑陶瓷、石材加工和针织服装等支柱工业。在农业方面，充分发挥亚热带水土和气候资源优势，加速农业综合开发，集中力量建设粮油糖基地、果品基地、蔬菜基地、肉禽蛋奶基地、水产品养殖基地和花卉盆景基地，大大提高了农业的商品化。

在泉州市各市县中，南安非农化水平仅次于晋江和石狮两市，1995 年乡村中从事非农产业的劳力占 53.8%，另有登记的外来暂住人口 4.9 万人。本市受地形影响，城镇分布不均，城镇主要沿西溪和东溪河谷、沿海及主要交通干线分布。20 世纪 80 年代以来，各城镇发展存在一定差异，以中心城溪美镇发展最快，其次是一些城镇基础较好的老镇（洪濑）、沿干道城镇（官桥）和东西溪河谷的一些城镇（美林、仑苍、罗东等）。

4. 惠安县

位于泉州中心城的东北，土地面积 972 平方千米，总人口 121.47 万人。惠安农业自然条件较差，干旱少雨，土地瘠薄，历史上经济比较落后。20 世纪 80 年代以来，由省市投资，在湄州湾南岸肖厝建设大型港口和石化基地，现已建成 250 万吨炼油厂和万吨级码头。与此同时，全县乡镇企业也有很大发展，以石雕、建筑和食品饮料等为支柱产业，富有特色。全县非农化水平有很大提高，1995 年已有 50.9% 的乡村劳力转向非农产业，但目前非农产业集聚度低，城市化水平不高。现全县有 13 个镇，主要分布在中南部公路沿线和沿海，其中以县城螺城发展最快，其次是位于交通干线工业发展较快的城镇及新发展的城镇，如肖厝、洛阳、净峰、涂寨和山霞等。从发展条件看，本县水陆交通方便，港口资源、建材资源和旅游资源（崇武古城）丰富，发展前景广阔，未来将发展为泉州市东北新兴的城市（表 8）。

（四）新都市区的形成与发展

综上所述，20 世纪 80 年代以来泉州市内的晋江、石狮、南安、惠安等市县经济和城镇发展引人注目。根据“我国东部沿海城镇密集地区经济、人口集聚与扩散机制和调控研究”提出的界定都市区的指标，泉州市区（鲤城区）非

表 8　　泉州东南部市县城镇人口增长速度，1982—1995 年

总人口增长速度分级（%）	城镇数（个）	城镇名称
>2.5	8	青阳、英林、磁灶、西滨（晋江）、溪美、英都、美林（南安）、螺城（惠安）
<2.5 至≥2.0	16	安海、紫帽（晋江）、诗山、洪濑、官桥、丰州、罗东、康美、东田、翔云、洪梅（南安）、洛阳、肖厝、东园、涂寨、东岭、（惠安）
<2.0 至≥1.5	18	蚶江、祥芝（石狮）、东石、陈埭、罗山、内坑、永和（晋江）、梅山、水头、码头、石井、金陶、篷华、九都（南安）、张坂、辋川、螺阳、黄塘、（惠安）
<1.5	6	永宁（石狮）、金井、深沪、龙湖、池店（晋江）、崇武（惠安）

注：本表包括晋江、石狮、南安和惠安等市县的建制镇。

资料来源：《福建省第三次人口普查资料》；公安部 1995 年建制镇人口统计。

农业人口已超过 20 万人，已基本具备作为都市区中心城市的条件。按第二、第三产业的产值占 GDP 的比重，泉州市区及其外围的晋江、石狮、南安、惠安等县市也均已超过 75%，但在就业结构中从事非农产业的比重，除石狮外均未超过 60%，还达不到构成都市区的标准。若将从事第二、三产业的大量外来暂住人口考虑进去，则泉州市区及其外围毗连的晋江、石狮二市已形成都市区。根据南安和惠安两市县经济和城镇发展趋势，到 20 世纪末或 21 世纪初也完全有条件发展成为泉州都市区的新的组成部分（表 9）。

表 9　　1995 年泉州地区各市县非农产业产值及从业人员比重

	第二、三产业产值比重（%）	在全部从业人员中从事非农产业的比重（%）	含外来暂住人口的非农产业从业人员比重（%）	各中心城镇非农业人口（万人）
泉州市域	88.50	48.3	55.8	
鲤城	95.80	48.4	64.1	鲤城　21.79
石狮市	94.40	72.4	84.9	石狮　4.13
晋江市	93.50	58.8	70.5	青阳　2.84
南安市	88.60	53.8	56.9	溪美　2.83
惠安县	77.30	50.9	52.2	螺城　4.19
安溪县	73.80	32.2	34.7	凤城　2.86
永春县	71.70	29.8	32.9	桃城　1.79
德化县	74.10	29.0	37.4	龙浔　2.49

资料来源：《福建统计年鉴》（1996）。

三、漳州地区的发展特点与空间演化

（一）发展的背景和特点

漳州市位于福建省南部，土地面积12607平方千米，1995年总人口432.23万人，下辖8县（南靖、华安、长泰、漳浦、云霄、东山、诏安、平和）、1市（龙海）、1区（芗城）。漳州地处南亚热带、九龙江中下游地区，农业生产条件十分优越，经济和城镇发展与农业关系密切。

1. 国民经济综合实力有较大的提高

改革开放以来，漳州市经济发展较快，1978年至1995年国民生产总值平均递增12.8%。“八五”以来经济增长速度明显加快，1990年至1995年国民生产总值年均递增23.25%。“八五”期间主要经济指标在全省的地位显著提高，国民生产总值由第5位上升至第4位，乡镇企业总收入由第5位上升至第3位。由上述指标的比较看出，漳州市经济实力和发展水平在全省处于中上水平，落在福州、厦门和泉州之后，说明漳州市多方面的发展优势还没有充分发挥作用，经济发展具有较大潜力。

2. 农业在国民经济中居重要地位

漳州地处南亚热带，年平均气温21.1℃，年降水量达1560毫米以上，人均地表水占有量高出全国平均水平1倍以上，也高出全省平均水平，水热资源非常丰富。土地类型多样，这里既有全省最大的平原——漳州平原，又有中低山、丘陵和滨海低地及海洋，极有利于发展农业多种经营。粮食、水果、蔬菜、禽畜、水产品和花卉等产品在全省具有重要地位，其中水果和水产品产量占全省一半和四分之一，芦笋和食用菌的产量及出口量均占全省首位，农林牧渔产品商品率达72.0%。在三大产业中，第一产业产值占30.33%，高于泉州和莆田两市。轻工业占工业总产值的69.54%，1994年以农副产品为原料的工业占轻工业72.9%。在外贸出口中，农产品及其加工制品的总值占农村出口供货总值的52.1%。因此，农业的丰歉对国民经济产生重要影响。

3. 基础设施有了很大改善

为了创造良好的投资环境，本市把基础设施建设作为头等大事来抓，“八五”期间，路、电、水等设施建设占全社会固定资产投资的1/5 。对324、319国道进行拓宽改造，疏通了往广东和江西的道路，先后建成了浮宫大桥、江东大桥、西溪大桥、盘陀岭隧道等重点骨干工程，并积极进行漳厦高速公路建设。本市拥有丰富的港口资源，在屿仔尾、打石坑、古雷下安和东山城安等四处共有总长11千米的深水岸线，但过去本市没有大型港口。“八五”以来开始建设漳州港，现已建成3.5万吨级泊位，打通了本市重要的出海口。与此同时，电话、供电、供水等设施也有很大改善，突破了基础设施“瓶颈”的约束。

4. 近年来以创汇农业为特色的外向型经济发展迅速

本市外向型经济主要是近几年发展起来的，1979年至1995年累计实际利用外资114329万美元，利用外资总量位于厦门、福州和泉州之后，居全省各地市第4位。漳州外向型经济以创汇农业和来料加工起步，逐步扩大到基础工业、房地产业和旅游业。1994年工业三资企业已占重要地位，其工业总产值占乡以上工业总产值43.4%，但外向型农业仍居很突出的地位。从利用本市优越的农业自然条件出发，现已建成全省规模最大的八大创汇农业基地，即名优水果基地、优质蔬菜基地、绿白芦笋基地、珍稀水产养殖基地、食用菌基地、四季竹笋基地、畜禽基地、花卉香料基地。该市经国务院批准，现已设立了国家级漳州外向型农业示范区，从而为加速本市传统农业的转型升级创造条件①。

5. 民营经济发展迅速，国有经济仍居重要地位

在改革开放前，漳州的工业主要由国有企业投资建设，如1978年本市全社会固定资产投资中，国有单位投资占93.82%，国有经济占有极大的比重。改革开放以来，随着多种经济成分的发展，国有经济比重相对下降，民营经济比重逐步上升，但目前国有经济仍居重要地位，至1993年国有单位投资占全社会固定资产投资仍占54.1%，在工业总产值中，国有工业占独立核算工业28.5%（1994年），其比重高于泉州和莆田两市。由于国有经济改革难度较大，经济活力不够，这是本市经济发展相对缓慢的重要原因之一。

6. 乡村劳动力转化率不高，城市化水平较低

漳州市乡镇企业发展起步较晚，直至20世纪80年代中期开始发展起来。1995年从事农业生产的劳动力占67.3%，从事非农产业的劳动力占32.7%。非农业比重低于泉州和莆田两市。本市乡镇企业具有较好的发展条件，发展潜力较大，应充分利用本市农副产品资源丰富的优势，在农副产品加工方面可多作文章。

---

① 姚士谋等主编：《外向型经济与开发区建设综论》，中国科技大学出版社1994年版，第143—146页。

本市城市化水平较低，1995 年全市非农业人口比重为 15.4%，如包括外来暂住人口，其比重也只有 17.7%。

（二）中心城区的空间扩展和城郊边缘的演化

1. 历史发展特点

芗城是漳州市政治、经济、文化的中心和国家历史文化名城，土地面积 265 平方千米，总人口 36.27 万人。芗城历史悠久，唐贞元二年（公元 786 年）成为州治所，至今已有一千多年的历史。芗城地处九龙江西溪和北溪之间的冲积平原上，地势平坦，河网密布，水陆交通方便，周围地区农业发达，故一直是漳州地区政治、经济、文化的中心。明代中叶（十五世纪中叶），因泉州港衰落，芗城曾一度取代了泉州对外贸易的地位，成为本省重要的商贸城市，随后由于漳州月港的港口小且淤积严重，很快被厦门港的兴起所取代。此后，芗城即沦为地方小城镇。直至新中国成立初期，城市人口只有 6.01 万人，城市建成区 3.2 平方千米，工业有火柴、卷烟、玻璃等几个小厂和几十家手工作坊，工业总产值只有 500 万元。

新中国成立后至改革开放前的长时间里，因海峡两岸对峙局势，芗城发展缓慢。这一时期工业发展主要靠地方投资，企业规模小，且多数属以农业为原料的轻工业，基础工业十分薄弱，至改革开放之初的 1979 年芗城工业总产值只有 3.8 亿元，非农业人口 13.37 万人，城市建成区只有 6.6 平方千米。

20 世纪 80 年代以来，芗城经济和行政体制发生了变化，外向型经济逐步得到发展，行政区划体制也由原来的县级市上升为管辖九县一区的地级市，这些变化有力地促进了经济的发展，1995 年芗城国民生产总值已达 37.87 亿元，比 1979 年增加近 10 倍，与此同时，城市建设也有很大发展，1990 年建成区面积就已突破了原城市规划的用地规模①。

2. 中心城人口空间分布的变化

改革开放以来，中心城人口空间分布发生了明显的变化，以城近郊区人口增长最快，其次是老城区，远郊区人口增长相对较慢。近郊区水电交通和城市建设条件较好，20 世纪 80 年代以来新建企事业单位较多，人口增长较快。老城区和远郊区新建企事业单位较少，人口增长主要是自然增长，增长速度相对较慢（表 10）。

---

① 漳州市建设委员会等：《漳州市城市总体规划》，1993 年，第 34—44 页。

表 10　　漳州中心城区人口空间分布变化

区　域	总人口（人）		1982—1994 年均递增率（%）
	1982 年	1994 年	
老城区	136775	155297	1.06
近郊区	56729	89553	3.87
远郊区	1011878	113350	0.80

注：老城区包括东浦头、新桥、巷口办事处；近郊区包括南坑办事处和芗山镇；远郊区包括浦南、天宝和石亭镇。

资料来源：《福建省第三次人口普查资料》；《漳州市芗城区 1995 年统计年鉴》。

3. 中心城区地域结构的演化

新中国成立以来，中心城空间结构发生重大变化。新中国成立以前的老城区基本上在现胜利西路以南、西溪以北范围内，另在江南零星分布一些建筑物。建国后城市主要向北发展，因为城市东南部地下水位高，工程地质条件较差，且属夏季上风带。城市西北部有芝山，地形破碎，且处于冬季上风带，城市西部地形也不够平坦，唯北部地形开阔，且地势较高，地耐力强，建设条件好。尤其自 1958 年鹰厦铁路通车后，由郭抗引向芗城的铁路线通到这里，对外交通十分方便。因此，城市北部成为工业建设的主要用地，建国后大部分新建的工业企业都摆在这里，其中主要是机械行业，另有冶金、建材、纺织和食品等。此外，在城市东南部西溪下游地带江南和城西等地也办了一些企业。

自进入 20 世纪 90 年代以来，漳州中心城外部环境发生了显著的变化。首先，随着 324 国道和 319 国道改造工程的完成及漳厦高速公路的建设，以及随着漳州港和疏港公路的建设，九龙江下游地带已成为对外联系重要的交通走廊。其次，随着石码、角美和漳州港城等城镇的兴起，在九龙江下游城镇体系中，这些城镇将起着功能互补的作用。再次，随着厦门城市的迅速发展，该市向九龙江下游地带经济辐射力已日益增强。由于上述的变化，20 世纪 90 年代以来，九龙江下游地区外向型经济发展很快。因此芗城向东发展是城市发展的必然趋势，即以九龙江和东西交通干道为发展轴线，向东延伸，打通出海口，对接厦门市，实行城市重心东移，这是加速发展外向型经济的需要，也是保护和改造漳州古城的需要。

从芗城自身的建设条件看，城市北部铁路以南已无发展余地，向铁路以北发展，因受铁路阻隔，与城市联系不便。城市西部和西北部受地形影响，可用地有限。城市南部为百花村和荔枝海所在，不宜占用。城市东南地势低洼，工程地质较差，也不宜大量发展。唯有城市东部地形开阔、土地平坦，完全可满足未来城市发展的用地需要。

上述芗城城市空间发展战略已于 90 年代初开始实施，近年来城市建设迅速向东推进，新增的建成区面积主要在东部地区，1991 年市府在兰田建设经济开发区（距市区 5 千米），现已初具规模。到 1994 年城市建成区面积已扩大到 16.7 平方千米。为适应城市管理的需要，1996 年增设东部新政区，市政府也拟迁至新区，以加强对新区的领导和管理。

（三）开发区与港口城镇的发展及其与厦门都市区的汇合

九龙江下游平原紧靠厦门经济特区，鹰厦铁路、324 国道和 319 国道在此交汇，且有漳州地区的主要出海通道，区位条件和交通条件十分有利。农业自然条件也很优越，水土资源丰富，农业基础好，是全省粮食、蔬菜、水果和花卉重要生产基地和漳州市重要的农业创汇基地。改革开放以来，尤其是“八五”期间，九龙江下游已成为漳州地区经济发展的“龙头”。在东头的厦门市正向杏林、海沧方向扩展。而西头芗城也正向东部步文、兰田一带扩展，漳厦对向发展的经济和城镇密集带正在迅速形成之中，而作为连接这个密集带的龙海市的石码、港尾和角美镇将发展为九龙江下游的新兴城市。

1. 石码

地处九龙江下游的中枢地位，历史上是闽南地区商贸重镇。改革开放以来，由于紫泥大桥和西溪复航工程的建设及石码码头的改造，使石码成为九龙江三角洲南岸中西片重要的交通枢纽，从而促进了经济和城镇的迅速发展，1982 年至 1995 年总人口年均增长 3.69%，是闽南地区人口增长最快的城镇之一。城镇建成区面积由 1985 年的 0.9 平方千米扩大到 1993 年的 4 平方千米，1995 年总人口达到 6.4 万人。今后，随着基础设施条件的进一步改善，经济发展前景广阔，将成为九龙江下游的次级中心城市。

2. 港尾

港尾位于九龙江下游出海口南岸，为漳州港的主要所在地。该港建设条件好，拥有海岸线 17.5 千米，其中 -8 米海岸线 8 千米，航道 -10 米深槽与厦门港锚地相接。陆域开发区规划面积 20 平方千米，已设立招商局中银漳州经济开发区，对外交通方便，与厦门相距仅 3.5 海里，陆路可与 324 国道和鹰厦铁路衔接，现长 18 千米、宽 50 米的疏港大道已建成，并建成 3.5 万吨级多用码头。漳州港的建设可与厦门港起到互补协调作用，并成为漳州地区的主要出海口。该港腹地广阔，物产丰富，与台湾仅一水之隔，发展外向型经济十分有利，未来将发展成为九龙江口南岸港口和工业城市。

3. 角美

位于九龙江北岸，与厦门海沧投资区相接，有鹰厦铁路和 324 国道通过，交通方便，地理区位优越，是厦漳经济双重辐射的区域。改革开放以来，经济发展非常迅速，现经省批准建设的开发区有 3 个，即角美工业综合区、龙头山工业区、富濠工业区，批准立项的总面积为 322.3 公顷，其中角美工业综合区规划面积为 229 公顷，已引进项目 45 个，其中“三资”企业 37 个，引进外资 12840 万美元。目前该镇工业已有一定基础，未来将发展为三角洲北岸新兴的工业城市。

（四）东山旅游区的开发

东山岛位于福建省南端，地处厦门与汕头两个经济特区之间，是漳州未来重点发展的三大区域之一的东山湾的主要组成部分。该岛旅游资源丰富，全岛由 7 个月牙形海湾组成，绵延数十千米，沙滩洁白，苍笼林带，气候宜人，具有南亚热带滨海风光特色，是全省十大旅游度假热点之一。现正在兴建的百亿新城，占地 14 平方千米，总投资 300 亿元以上，将建设成为具有国际水平的旅游度假城，并已于 1993 年经国务院批准设立经济技术开发区。东山石英砂资源丰富，石英砂储量和品位均是全国第一，已大量开采。东山港是我国对外开放港口之一，具有建设大型深水港条件，已建成 5000 吨级码头。东山还是福建省重要的创汇农业基地之一，芦笋、水产品大量出口。该县经济和城镇发展已达到较高水平，基本具备设市条件，未来将发展成为福建省南端重要的旅游和港口城市。

四、莆田地区的发展特点与空间演化

（一）发展背景和特点

莆田市位于闽东南沿海中部，土地面积 3826 平方千米，1995 年总人口 283.3 万人，下辖莆田、仙游 2 县和城厢、涵江 2 区。莆田市农业生产条件优越，又是本省重要侨乡，是福建省三资工业和创汇农业重要生产基地之一。

改革开放以来，莆田市经济发展较快，产业结构发生了很大的变化。该市原是一个农业地区，工业基础薄弱。八十年代以来，乡镇企业得到了很大的发展，非农产业比重有很大提高，1995 年在三大产业结构中第一产业产值比重占 25.02%，第二产业占 52.47%，第三产业占 22.51%，非农产业比重高于漳州，低于泉州。工业结构也发生了很大变化，1985 年食品工业占乡以上工业总产值 48.2%，其次是缝纫业，占 10.5%，机械及电子工业占 8.3%。此后，制鞋业发展很快，制鞋业又带动皮革、缝纫工业的发展，1994 年皮革制品工业（其中主要是制鞋）总产值占乡以上工业总产值 42.4%，在全省 100 家产值最大的出口企业中，莆田市有 31 家，其中制鞋 23 家，莆田市成为全省乃至全国闻名的鞋城。除了制鞋外，机械工业产值比重占 9.4%，食品工业占 8.8%，金属制品占 8.3%。

莆田市地处木兰溪流域，气候温和、雨量充沛、土壤肥沃，农业基础好，是福建省亚热带经济作物甘蔗、食用菌、荔枝、龙眼等主要产区之一，甘蔗以其单产高、含糖量多而著名，畜牧业和水产业也较发达。改革开放以来，农业专业化水平有很大提高，已形成甘蔗、食用菌、水果、奶牛和养鳗生产基地，1994 年农业商品率已达 74.8%。在外贸出口商品收购总额中，农产品及其制品的产值占 58.4%。在轻工业中，以农产品为原料的工业占 77.6%，比重高于漳、泉两市，农业生产对工业发展和外贸出口影响很大。

莆田是重要侨乡，改革开放以来，广大华侨积极参与经济建设，促进了外向型经济的发展。20 世纪 80 年代以来实际利用外资累计达 8.3 亿美元，引进“三资”工业共 388 项，其中属港、澳、台企业 316 项。“三资”工业总产值 46.9 亿元，占乡以上工业总产值的 67.7%，“三资”工业比重高于漳、泉两市。

莆田市农村从业人员结构中，第一产业占 61.6%，第二、第三产业占 38.4%。虽然，从事非农产业人员比重不算低，但由于莆田市人口密集，人多地少，平均每个农业人口只有 0.33 亩地，原来劳动力过剩问题非常突出，目前农村中仍存在不少富余劳动力，需要继续大力发展非农产业，为农村提供更多的就业机会。

（二）中心城市的空间扩展

莆田中心城荔城发展历史悠久，自宋太平兴国八年（公元 983 年）以后至元、明、清各代一直是木兰溪流域的中心城市。在历史时期，荔城发展非常缓慢，该城虽说是福建省四大河流下游平原的 4 个中心城市之一，但无论经济实力和城市规模均不能与福州、泉州和漳州三市相比，究其原因主要有以下几点：首先从城市腹地看，木兰溪是本省四大江河中最小的一条，全长只有105千米，流域面积1732平方千米，只相当于闽江流域面积的2.8%，晋江的30.8%，九龙江的11.7%，荔城腹地比上述三市小得多。其次是行政区划的变化，历史上莆田政区多变。在南朝和隋朝时，莆田归属闽州（即今福州）、丰州管辖，唐代归泉州管辖。宋代设兴化军，直辖莆、仙两县。新中国成立后莆田曾一度归闽侯专区管辖，20世纪70年代归晋江地区（泉州）管辖。1983年莆田设地级市，由省直辖。由于政区多变，对莆田中心城市的发展产生了一些不利影响。再次，从城市建设条件看，中心城地处木兰溪下游平原，这里河网密布、土壤肥沃、农业发达，人口极为稠密，土地资源特别宝贵，城市可用地严重不足，这在一定程度上也影响了城市的扩展。直至1985年，中心城非农业人口只有6.4万人，建成区域面积6平方千米。

20世纪80年代中期以来，是莆田市城市迅速发展的时期，1983年莆田设市，并将涵江镇划入中心城管辖，中心城设城厢和涵江两区。至1995年中心城国民生产总值达到36.06亿元，非农业人口12.06万人，建成区面积扩展到10平方千米。城厢区是历代政治文化中心，人才辈出，素有“文献名邦”之称。手工业也较发达，工艺品以莆田木雕闻名，20世纪80年代以来，制鞋业发展非常迅速，现成为全国闻名的“鞋城”。涵江原是木兰溪出海口处一个港口城镇。新中国成立后，在很长时期里，由于水运业衰落，商贸业萧条，涵江只是莆田县的一个小镇。自1983年，涵江设区后，经济发展很快。由于这里水陆交通方便，涵江成为莆田市工业发展的重要场所。主要工业摆在福厦路以北，有纺织、印染、化肥、机械、食品、建材、造纸等，路南有食品、造船和化工。由于城厢和涵江城市的对向发展，目前沿福厦路两侧已布满建筑物，两区城镇已基本相连，形成十里长街的景象，影响了过境交通干道运输的畅通。

五、湄州湾沿岸的统一规划与协调发展问题

湄州湾位于福建省沿海中部，地跨莆田市管辖的莆田县、仙游县及泉州市管辖的惠安县。湄州湾具有建设大型港口和基础工业的优越条件，20世纪80年代以来，福建省联同当地政府着手对湄州湾进行开发建设，现港口建设和港口工业已有一定发展。未来湄州湾沿岸将发展为大型港口和大型基础工业的新兴城市。

（一）港湾开发条件

湄州湾具有建设大型深水良港的优越条件。湄州湾岸线总长 185.57 千米，从湾口到湾顶长 33 千米，东西最宽处近 30 千米，主航道宽度在 1000 米以上，自然深水岸线长达 21.4 千米，通过工程措施，全海湾的深水岸线达 30 余千米，其中可建 5—10 万吨级泊位 10 多个，5 万吨级船可自由进出，10 万吨级船可乘潮出入。在近湾口的斗尾一带可供 30 万吨级超级油轮锚泊，港区外面有几重岛屿阻挡、避风条件好。港区内没有大河进入、泥沙淤积少。港区陆域面积大，有大片平坦而瘠薄的台地可供建设。陆上交通现有福厦公路通过，漳（平）泉（州）肖（厝）铁路和三明至郊尾省级公路即将建成，交通方便。因此湄州湾从港口资源条件和开发条件看都很优越，具有广阔的发展前景①。

（二）港口城镇的兴起

福建省基础工业比较薄弱，目前主要分布在内陆自然资源产地龙岩—南平铁路沿线。这些地方由于运力紧张、可用地狭小、污水排放和废气扩散条件均较差，进一步发展受到很大限制，发展基础工业需另辟新区。基础工业如钢铁、电力、化工等大都运输量大，三废排放量也大，其布局一般是靠近原燃料产地或趋向具有深水岸线的滨海地带，湄州湾不失为福建省建设基础工业的宝地，福建省已将湄州湾列为今后全省重点建设的区域之一。从港口建设条件和陆域工业建设条件看，湄州湾沿岸有 3 处建设条件较优，即南岸肖厝，北岸秀屿和东吴。20 世纪 80 年代中期以来福建省政府和泉州、莆田两市开始对湄州湾的肖厝和秀屿进行开发建设。现湄州湾南岸肖厝已建成万吨级杂货码头和 10 万吨级油码头，同时还建成 5000 吨、3000 吨、1000 吨成品油泊位各一个。工业已建成 250 万吨炼油厂，基础设施已投入 6 亿多元建设供水和输变电工程及与福厦公路的连接道路。湄州湾北岸秀屿港区，现已建成 3000 吨级的盐业码头和商业码头，海上过驳配套工程已经投产，万吨级杂货码头已经开始动工兴建。莆田市区与秀屿港区的连接公路已建成，港区供变电、供水、电话设施建设也已初具规模。东吴位于湄州湾外北侧忠门半岛西南端。港口水深条件和岸线长度优于肖厝和秀屿，适于建设大型中转港口及大运量工业。由于该地距离

① 郑训忠："论福建沿海港口群体的合理布局"，郑之钦主编：《福州港论文集》，1992 年。

主干公路和电源及水源较远，基础设施投资较大，宜于远期进行开发建设①。

（三）区域合理开发与协调发展问题

湄州湾沿岸是一个有机的整体，各部门及各地区之间关系密切，在开发过程中必须正确处理好资源开发、经济发展与环境生态的关系。

首先是港口资源合理开发利用问题。我国可建大型深水港口的资源有限，湄州湾深水港是我国的宝贵资源，在对外开放中，更显示它的重要性。因此要加强对湄州湾港口资源的保护和合理的开发利用，本着深水深用，浅水浅用的原则，合理分配岸线。在港口发展方向上应全面考虑、合理拟定港口功能，各港口有适当分工，逐步形成有机结合的港口群体。其次，工业布局应与港口发展紧密结合，根据各港口功能、工业发展的用地、水源、交通等条件，规划各港口工业发展方向，避免盲目建设，重复建厂，逐步形成既有分工又密切协作的工业群体。复次，在区域性基础设施建设上，道路、供电、通讯等建设都应与湄州湾沿岸经济和城镇发展与布局密切结合，逐步形成区域性基础设施网络。再次，海涂资源的合理利用，湄州湾沿岸海涂资源丰富，对海涂资源的开发利用应全面规划，加强管理，要划分工业及城镇适宜围填用地、农业围垦用地、海水养殖用地和不宜利用或禁止利用的滩地，正确处理好滩涂利用与水产业、盐业、航运业和环境保护等方面的关系。最后，区域环境保护，湄州湾不仅具有优越的港口资源，水产资源、盐业资源、旅游资源（湄州岛妈祖庙）也很丰富，应正确处理港口和工业发展与环境保护的关系，把湄州湾沿岸建成经济发达、生态环境良好的区域。

综上所述，湄州湾沿岸的开发建设，应全面规划、统筹安排，协调地区之间和部门之间的关系。目前湄州湾沿岸在行政区划上分属泉州和莆田两市，由于行政区划的归属问题长期举棋不定，两市均有疑虑，从而影响了湄州湾地区的开发进程。我们考虑湄州湾南北两岸陆上距离甚远，需绕很大圈子，联系不便，从长远看，随着经济体制和行政体制改革的深化，既无必要，亦不可能将整个湄州湾沿岸划在一个行政区内，合并成一个市。因此将南北岸分开由泉州市和莆田市分头进行开发建设，并非权宜之计，南北两岸各自分别以两市作依托，可以充分调动两市对湄州湾建设的积极性。但必须加强统一规划协调，建议由省政府牵头，由泉州和莆田两市组成协调机构，在对整个湄州湾地区的开

---

① 周兴明等："建立泉州湄州湾南岸经济区域的构想"，《泉州通讯》，1995 年第 2 期。

发进行总体规划的基础上及时处理两岸开发建设中需要共同协调解决的问题。在远期，随着湄州湾沿岸经济实力增强，基础设施条件得到改善，湄州湾沿岸有可能在城市化基础上新增几个县级市，仍分归莆田和泉州两个地级市管辖。

（四）湄州湾的大规模开发将促使福厦都市连绵带的形成

福建闽东南从福州至漳州一带历史上形成了四个经济相对发达的区域，即闽江、木兰溪、晋江和九龙江四条江的下游区域。改革开放以来，这四个区域经济发展很快，并迅速与相邻区域连接。在北部由于长乐和福清市迅速崛起，把闽江下游和木兰溪下游两个经济发达区域连接起来。在中南部由于晋江、石狮和南安南部等地的发展，与泉州中心城也已连成一片。在南部随着厦门市向海沧、杏林和同安方向扩展，正与迅速发展中的九龙江下游的漳州、龙海和泉州西部的南安市相对接。而中部湄州湾沿岸人口密集，土地瘠薄，水源缺乏，农业生产条件差，历史上形成为闽东南的经济低谷地区，人口大量外流。改革开放后，这一带经济发展起步较晚，直到20世纪80年代中期以后才开始对湄州湾沿岸进行开发建设。近10年来，湄州湾南北两岸肖厝和秀屿两地建设发展迅速，港口、工业及城镇建设已初具规模。由于湄州湾具备建设基础工业的优越条件，福建省现已把湄州湾列为开发建设重点区域，今后除了继续建设大型港口和石油化工等企业外，还将进一步发展电力、冶金等基础工业，引进外资加速各类开发区的建设，未来湄州湾沿岸将会出现一批闽东南崛起的新兴的港口、工业城镇群，从而把南北两大片经济、城镇集聚区域连接起来，形成闽东南福厦都市连绵带。

大城市内部经济、人口空间分布对城市交通的作用*

城市空间结构决定城市交通源、交通量、交通方式及路网布局；而城市交通系统布局则引导城市空间结构的发展方向，这两者是相互作用、相互反馈的关系。但在以往的研究中，关于城市交通对城市空间结构作用的研究较多，而城市空间结构对城市交通作用的研究甚少。20 世纪 80 年代以来随着大城市郊区化加速发展和旧城改造大规模开展，城市空间结构发生了重大变化，对城市交通正发生日益重要的影响。本文综合近年来有关研究文献，初步阐述城市空间结构变化对城市交通的作用。

一、市域城镇空间分布演变类型与城市交通的关系

大城市内部空间分布受社会生产力发展和城市自身自然社会经济因素的影响，形成三种空间结构类型：即单中心结构、多中心结构和网络型结构①。不同的城市空间结构对城市交通具有不同的影响。

（一）单中心集中型分布

城市只有一个中心，城市空间发展沿建成区边缘向外摊大饼扩展，或沿主干道（或河流）延伸成带型结构。国外发达国家在 20 世纪上中叶以前，我国在 1980 年以前城市空间发展主要属于此类型。在城市处于中小规模时，单中心类型具有其合理性。城市集中紧凑布局具有许多的优点，可以节省用地，节

---

* 本文刊于《经济地理》2004 年第 2 期，第 215—220 页，合作者张文尝、王先文，由马清裕执笔。

① 徐海贤等："国外大都市区空间结构及其规划研究进展"，《现代城市研究》，2002 年第 6 期，第 33—37 页。

约能源，防止城市蔓延。对城市交通发展来说，有利于发展公共交通，且可缩短上下班距离。但当城市规模较大时，产业和人口过分集中，则将产生一系列的城市问题，如交通拥堵，地价高昂，发展空间狭窄、拥挤，生态环境恶化。国内外城市发展历史充分证明了大城市过分集中所带来的诸多弊端。从城市交通来说，由于交通流过分集中而道路停车场地受用地限制，建设困难，形成交通需求与供给的尖锐矛盾，交通问题十分突出。

（二）多中心空间分布

19世纪末至20世纪初，随着科学技术和生产力的迅速发展，世界上许多大城市迅速膨胀和高度集中，由此带来一系列的“城市病”。在上述城市社会经济背景下，人们努力寻找大城市的出路。第二次世界大战以后，伦敦、巴黎、莫斯科等城市进行了郊区卫星城的规划和建设。但早期的大多数卫星城距主城太近，规模太小，功能不配套，属主城的卧城，因此卫星城的建设没有起到分流主城的作用，反而增加了通勤人口，加重了中心城的交通压力。

长期的实践使卫星城规划理论和建设逐步成熟。自20世纪60年代以来，在伦敦、巴黎、莫斯科和东京等城市应用多中心理论来指导规划实践，在郊区建设新城（反磁力中心或副中心），其基本观点有以下三点：首先，卫星城距主城不宜太近，规模不能太小，有比例相当的工业和居住区，有成套的生活服务设施，为当地居民创造良好的就业机会和生活环境，使卫星城具有较强的独立性；其次，对主城应有严格的控制，避免摊大饼蔓延，主要措施是建立绿带；第三，中心城与卫星城之间应有快捷大容量的公共交通，加强中心城与卫星城间的联系。

（三）网络化空间分布

当前，世界经济发达国家已经面临信息社会的到来。我国现阶段仍处于工业社会，但在经济发达的大城市，信息产业在国民经济中的比重正迅速提高，信息技术在各种产业和人们社会生活中的应用日益广泛，网络化结构是未来城市空间结构的发展趋势。现阶段一些经济和技术发达的国家，某些大城市如东京已将网络空间结构作为城市规划的目标①。在信息社会，信息化是城市发展的原动力，准确快捷的信息和通讯网络，使交通可达性因素对产业区位作用在减弱，虽然现代城市交通在信息社会中仍不可被代替，但其地位在下降；其次

---

① 国家建设部编写组：《国外城市化发展概况》，中国建筑工业出版社2003年版，第135—136页。

信息社会的网络化特征，将改变传统城市竖向空间结构的特征，城市土地利用强度不再是由里向外递减，中心区产业和人口密度将下降①。对可达性要求很高的商务、商业活动及其他办公业务，将不再都集中于 CBD。大城市内部空间结构从整体上将趋于分散化、均衡化，这将从根本上消除大城市中心区交通拥堵、环境恶化的状况；第三，信息社会生产的无害化、轻型化以及小型化特征，将为生产、流通、办公、居住等多功能的兼容性提供可能，这将导致多功能综合性社区的形成，大规模的通勤人流将不复存在②。

二、我国大城市空间分布存在问题及其对城市交通的影响

改革开放以来，我国城市化进程加速发展，与此同时，在经济发达的大城市内部，空间结构也发生了急剧变化，但我国大城市历史上形成的产业和人口过分集中及郊区城镇过于分散的状况尚未发生根本变化。

（一）中心城产业和人口过分集中

当前，我国大城市中心城产业和人口仍过分集中。如北京市中心城土地面积占全市土地面积 8.2%，而行业人口占 56.6%，总人口占 62.7%。中心区的问题更为突出，中心区土地面积占全市 0.5%，第二、三产业行业人口占 13.3%，总人口占 15.6%，人口密度高达 2.43 万人/km^2，其中某些街道的人口密度更高，如崇文区天坛街道高达 5.3 万人/km^2，宣武区椿树街道 4.98 万人/km^2。其他一些大城市如天津、上海、广州等城市中心城的产业和人口也相当集中（表 1）。如天津市中心区人口密度为 2.33 万/km^2，上海市中心区为 4.01 万/km^2，广州市中心区为 2.03 万/km^2。

与世界上几个国际性大都市相比，可看出我国京、津、沪、穗 4 市人口密集状况。众所周知，纽约、巴黎、东京等城市是世界上人口密度很高的城市，据 1990 年资料，纽约曼哈顿区（70km^2）人口密度 20237 人/km^2，巴黎市区（105km^2）人口密度 20476 人/km^2，东京市区（390km^2）人口密度 13800 人/$km^2$③。相比之下，我国京、津、沪、穗中心区人口密度均高于上述 3 市，其中上海市中心区要高出 2—3 倍。

① 孙世界等："信息化城市的特征"，《城市规划汇刊》，2002 年第 1 期。

② 黄亚平：《城市空间理论与空间分析》，东南大学出版社，2002 年，第 154—159 页。

③ 张水清等："上海中心城区的职能转移与城市空间整合"，《城市规划》，2001 年第 12 期。

表1　　京、津、沪、穗4市产业、人口分布状况

城市区域名称		国土面积比重（%）	二、三产业行业人口比重（%）	采掘、制造、建筑业行业人口比重（%）	第三产业行业人口比重（%）	总人口比重（%）	人口密度人（km²）
北京市	市域总计	100.0	100.0	100.0	100.0	100.0	807.3
	（1）中心城	8.2	56.6	58.7	55.8	62.7	6207.0
	中心区	0.5	13.3	10.7	14.4	15.6	24282.0
	中心外缘区	7.7	43.3	48.0	41.4	47.1	4979.7
	（2）近郊区	44.5	19.4	29.9	15.2	27.1	487.1
	（3）远郊区县	47.3	24.0	11.4	29.0	10.2	174.6
天津市	市域总计	100.0	100.0	100.0	100.0	100.0	839.7
	（1）中心城	17.4	65.9	65.1	66.7	56.7	2732.3
	中心区	1.4	46.7	42.6	50.5	39.0	23263.6
	中心外缘区	16.0	19.2	22.5	16.2	17.7	928.8
	（2）滨海区	18.9	15.0	15.0	15.1	11.4	504.4
	（3）远郊区县	63.7	19.1	19.9	18.2	31.9	421.0
上海市	市域总计	100.0	100.0	100.0	100.0	100.0	2587.8
	（1）中心城	12.8	56.3	49.0	59.6	56.9	11490.7
	中心区	0.8	11.8	8.9	13.2	12.6	40135.8
	中心外缘区	12.0	44.5	40.1	46.4	44.3	9548.9
	（2）近郊区	19.7	21.6	19.3	22.6	19.5	2567.4
	（3）远郊区县	67.5	22.1	31.7	17.8	23.6	905.2
广州市	市域总计	100.0	100.0	100.0	100.0	100.0	1337.3
	（1）中心城	19.4	66.2	55.2	76.4	62.2	4281.7
	中心区	1.7	26.6	16.9	35.6	26.3	20341.3
	中心外缘区	17.7	39.6	38.3	40.8	35.9	2715.1
	（2）市郊区、市	80.6	33.8	44.8	23.6	37.8	627.8

注：各市行政区划说明：北京市：中心城包括东城、西城、崇文、宣武、朝阳、海淀、丰台、石景山共8区，其中前4区为中心区，后4区为中心边缘区。近郊区包括门头沟、房山、通州、顺义、昌平、大兴共6区；远郊区县包括平谷、怀柔、密云、延庆4区县。天津市：中心城包括和平、河东、河西、南开、河北、红桥、东丽、西青、津南、北辰共10区，其中前6区为中心区，后4区为中心边缘区；滨海区包括塘沽、汉沽、大港3区；远郊区包括武清、宁河、静海、宝坻、蓟县共5区县。上海市：中心城包括黄埔、卢湾、静海、虹口、徐汇、长宁、普坨、闸北、扬浦、浦东新区共10区，其中前4区为中心区、后6区为中心边缘区，近郊区包括闵行、宝山、嘉定3区；远郊区县包括金山、松江、青浦、南汇、奉贤、崇明共6区县。广州市：中心城包括东山、荔湾、越秀、海珠、天河、芳村、白云、黄埔共8区，前4区为中心区，后4区为中心边缘区；市郊区为番禺、花都、增城、从化。

资料来源：根据2000年第五次人口普查数据整理，其中行业人口为10%抽样统计。

应该指出，以上京、津、沪、穗4市人口密度系常住人口密度，实际上由于城市中心区不但是人口居住集中地，也是第三产业的主要分布地，白天有大量人流到中心区上班、办事、购物，如果考虑到通勤和流动人口，则白天人口密度将更高。

从人均用地状况也说明了中心区集中的程度。我国城市建设用地国家规定指标：一级（下限）60.1—75m²/人；二级（中限）75.1—90m²/人；三级（上限）90.1—105m²/人（含停车场）。而京、津、沪、穗四市中心区人均实际用地依次为41m²/人、43m²/人、25m²/人及49.2m²/人，分别只及国家城市建设用地指标下限的54%—68%、57.3%—71.7%、33.3%—41.7%及65.6%—82.0%，可见其空间拥挤程度。

（二）中心城在地域上的集聚——摊大饼扩展

中心城摊大饼扩展是城市集中发展在空间形态上的表现。20世纪80年代以前我国大城市空间发展主要采取这种形式。80年代以来在郊区化过程中，中心区人口外迁主要在近郊①，由于对中心城地域范围缺乏有效的控制，以致近郊发展起来的新居住区逐渐与中心城建成区相连，形成更大的大饼。例如北京早在上世纪50年代就规划建设郊区10大边缘组团，1982年北京城市总体规划再次重申这一规划原则，但因缺乏与中心城的隔离措施，现多数边缘组团已与中心城相连。类似的问题在天津、上海和广州也同样存在。因此，20世纪80年代以来中心城仍继续摊大饼向外扩张。如上海市建城区1986—2001年15年间共扩大2.73倍，同期广州市扩大2.30倍，北京市扩大2.05倍，天津市也扩大1.5倍。建成区扩张规模大于1980年以前，如北京市1949年建城区面积仅109km²，至1978年建成区面积340km²，29年间年均扩大8km²，2001年建成区面积扩大到781km²，1978—2001年23年间年均扩大19km²，建成区年均扩张规模是1978年以前的2倍，城市建成区无限扩张给城市交通和环境带来了一系列的问题。

综上所述，通过对京、津、沪、穗4市中心区产业和人口分布状况的分析，说明这些城市目前中心区仍过分集中，虽然多年来各市在改善城市布局方面做了很大的努力，有大量工业和人口外迁，但与这种努力相比，中心区产业和人口密度下降得比较缓慢，如北京市中心区1982年人口密度为27029人/km²，2000年人口密度下降为24282人/km²，18年间平均每年只下降153人/km²。原因有：

---

① 周一星："对城市郊区化要因势利导"，《城市规划》，1999年第4期。

①20世纪80年代以来中心城功能实行“退二进三”政策，搬迁出第二产业，发展第三产业，实行城市功能置换，这无疑是正确的，但第三产业也不能无限制地在中心区发展。改革开放以来，新兴第三产业发展迅速，如商务、办公、金融、贸易、信息咨询、房地产业、高级商业等，这些行业要求较高的可达性区位条件，大都摆在城市中心区，与此同时，原来老第三产业也继续发展。第三产业开发密度比第二产业还高，并引来更多的流动人口，增加了中心区的人口压力；②当前旧城改造中房地产开发一般由开发商承担，开发商为了追求过高的回报率，往往违规增加建筑密度或楼层层数，使容积率超标的现象甚为普遍[①]，因而在一些地段建筑密度不但没有降低，反而提高了；③城市中心区人口外迁缺乏统筹规划和布局，郊区居住区建设多在近郊区，加上缺乏对建成区蔓延的控制措施，以致建成区不断外扩，形成更大的大饼；④郊区城镇在就业、上学、医疗、购物和城镇设施等方面条件不如中心城，吸引力差，未能很好地起到分流中心城产业和人口的作用。由于上述诸方面的原因，以致中心城人口和产业密度下降比较缓慢。

（三）郊区城镇规模小，经济实力及城镇设施水平较低

在京、津、沪、穗4市中，郊区卫星城少数人口规模较大，如塘沽44.5万人、宝山34万人、大港27.5万人、通州26万人，但大多数卫星城人口在10万人上下。目前卫星城普遍存在的问题是经济实力不强，就业岗位不足，教育、医疗水平较低。在卫星城的工作者，大都不愿在当地落户，每天长距离通勤上班，增加了城市交通压力。即便像塘沽这样大的卫星城，目前仍有一半的从业人员居住在中心城，每天通勤上班，相距45km，路上往返约4小时。

郊区建制镇规模更小，如北京建制镇131个，平均每镇人口2.47万人；天津建制镇102个，平均每镇人口2.69万；上海建制镇201个，平均每镇人口3.9万人；广州建制镇79个，平均每镇人口5.6万人。应该指出，上述人口并不是集中在镇驻地，而是分散在镇域内的居委会中，实际的人口分布十分分散。此外20世纪80年代以来大量新建的郊区开发区、居住区，其中除了少数较大设立建制镇外，绝大多数均形不成建制镇，分散蔓延于广大郊区中。

（四）城市空间分布过分集中给城市交通发展带来的问题

综上所述，目前我国大城市中心城仍过分集中，而郊区过于分散，这种城

---

① 潘海霞：“容积率超标建设现象及其对策探讨”，《城市规划》，2003年第7期。

市分布格局，给城市交通发展带来诸多不利的影响。

1. 中心城过分集中对城市交通的不利影响

（1）中心城过分集中，导致交通流量的过分集中。单核心的城市形态必然导致大量车辆涌入中心城。例如北京从1990年至2001年期间，市区交通流量平均每年递增超过15%，在高峰时，二、三、四环路平均每小时每车道通过1666—2166辆汽车，接近甚至大于高速公路的饱和汽车量。截至2002年年底，北京地铁的运营创造了满载率和单车年均载客量的两项世界第一。大量交通量集中于中心城给城市交通带来了巨大的压力，目前全市道路90%以上处于饱和和超饱和状态，早晚流量高峰期，整个城区的道路基本处于拥堵状态，交通拥堵的点段达65处，特别是二、三、四环和各环路间的联络线。

（2）中心城向外摊大饼或带状蔓延，对城市路网的影响。过分集中的城市布局，必然形成摊大饼的布局形态，而摊大饼的布局形态，给城市交通带来许多问题：①增加市中心的交通压力；②交叉路口多，极易造成车辆拥堵。如北京已建成的五环路全长近100km，大小立交桥多达70余座，由于大多是全立交，对交通影响较小，而2—4环路由于受建设条件限制，不少路口是平交或半立交，这是中心城交通堵塞的重要原因之一。

（3）中心城空间狭小，用地紧缺，给交通建设带来困难。首先，大力发展运能大、速度快、噪音和污染小的城市轨道交通系统，是解决大城市交通问题的重要途径，但在人口密集的中心城只好建设耗资巨大的地铁。在北京建设地铁的基建投资约需7亿—8亿元/km，而在郊区则可采用轻轨或大容量快速的公交系统，其建设投资分别只及地铁的1/7和1/10。

其次，中心城受用地供求矛盾的制约，停车场建设很困难。据对北京、深圳、上海和青岛等城市的调查，停车位的满足率只有20%，这固然与城市规划考虑不足有关，但用地紧缺、建设费用高昂也是重要原因。按国家规定，停车场用地总面积按规划人口每人0.8—1.0m^2计算，一个100万人口的城市，仅停车车位的建筑面积就需80万—100万m^2，这在寸土寸金的中心城，停车场建设必然要付出巨大代价。

2. 郊区城镇过于分散对城市交通的不利影响

分散蔓延是城市郊区化过程中普遍存在的问题。产业和人口分布过于分散，不但浪费土地资源，消耗能源，也极不利于城市公共交通的发展。公共交通发展需要足够的且相对稳定的乘客客源，如人口密度太低，或城镇人口规模太小，没有足够的乘客数量，公共交通的运营就难以维持，尤其是对大容量的轨道交通影响更大。国外有研究者提出人口密度或建筑密度对城市交通的影响，我国应根据本国的实际研究不同交通方式与人口密度（建筑密度）或城镇人口规模的关系，以减少郊区交通网建设中的盲目性。

三、建立多中心城镇空间布局，改善城市交通环境

城市交通问题涉及的面很广，既有城市路网布局、交通方式、交通管理等交通自身的问题，也有城市布局、管理体制及市民的交通意识等方面的问题。因此治理城市交通要采取综合措施，这里仅从调整城市空间布局方面提出一些基本对策。

（一）分散中心城功能，控制中心城摊大饼发展

应继续疏散中心城工业，将那些污染扰民、占地多、运输量大的工业逐步搬出，适量发展轻型、无污染的城市型工业和第三产业。第三产业也不应无限制发展，尤其是中心区，应有选择地发展。一些对可达性要求高的新兴第三产业，如商务、金融、咨询、信息、高档商业等可摆在中心区，其他适宜分散的产业应分散分布。中心区的居住功能也不应过分集中。要研究中心城和中心区人口合理容量问题，如南京市通过对主城用地潜力的分析和人口发展预测，提出主城人口发展合理容量及实施措施。上海市也规划在郊区建设新城等疏解措施，控制中心城人口。

要严格控制中心城摊大饼发展，根据国内外成功经验，防止摊大饼的有效方法是在中心城周边建立绿化隔离带。近年来，我国一些大城市也开始建设绿带，今后应加强监督，绿带应受法律保护，侵犯绿带要受法律的惩罚。但为了减轻建设绿带的经济负担，在绿带内可适当建设一些休闲娱乐设施。

（二）大力发展郊区新城和中心镇

首先应加强新城的经济发展，这是新城发展的决定性条件，只有强大的经济实力，才能为城镇发展提供坚实的物质基础，提供更多的就业机会，起到反磁力中心的作用。要将中心城外迁工业企业和人口与新城发展结合起来，根据外迁企业性质和布局要求，迁到相关的新城中去，既可增强新城经济实力，也可避免郊区工业分布过于分散。在服务设施建设方面应重点加强教育和医疗方面的建设，大力提高教育水平和医疗水平，这是增强新城吸引力的重要条件。

新城建设应有重点，集中力量建设几个经济实力较强、规模较大的新城。如上海市今后将重点发展松江、临港和嘉定—安亭 3 个新城，大力建设一些重大的产业项目和市政基础设施，其中临港将建成上海中心城的辅城，成为上海未来城市新的发展空间。

除了发展新城外，要改善郊区建制镇过于分散的状况，通过规划建设，重点发展地方中心镇，增强经济实力和人口规模，是郊区多中心城镇体系建设的重要环节。

（三）优先发展快速、大容量的公共交通，将中心城、新城和中心镇连结成多中心城镇体系

便捷、快速、安全的交通条件，是多中心城镇空间结构形成和发展的重要条件。快速大容量公交包括地铁、轻轨、快速公交系统（BRT）和高速公路。要根据客源和交通建设条件，采取不同的交通方式，并将各种交通方式衔接起来。例如中心城的地铁要与郊区的轻轨连接起来，并向外延伸到周围的新城。

（四）多中心结构的几种规划模式

根据城市自然条件、历史发展基础和社会经济因素的差别，多中心结构可采取如下模式。

1. 圈层结构

城市地处平原地区，城市空间发展不受地形、河网阻隔，市域社会经济条件差异较小，交通网分布较均匀，中心城向四周较均匀扩展，郊区城镇环绕中心城发展，由放射加环形路网将城镇连结起来，形成圈层式多中心结构。

北京市域城镇空间分布现已初步形成圈层结构的框架。目前在郊区已形成内外两个城镇圈，内圈由 10 大边缘组团组成，即清河、北苑、酒仙桥、东坝、定福庄、岱头、南苑、丰台、石景山、西苑。现已建成的五环路将这些组团串起来。北京外圈城镇由各区县驻地组成，即昌平、顺义、通州、大兴、房山和门头沟。规划建设的六环路将把这些城镇连结在一起。北京向外辐射的多条高速路也分别通过这些城镇，未来将形成交通四通八达的城镇体系。

在国外，伦敦城镇空间分布也可视为圈层式多中心结构。大伦敦地区经过长期的发展，在其周围现已形成许多新城，如克劳莱、贝雪尔顿、哈罗、赫德菲尔德、威尔文花园城、汉密尔、汉泼斯坦、斯蒂文内琪、勃莱克耐尔等。

圈层式多中心结构随着城市空间发展条件或因素变化，城镇空间平衡发展

的格局可能被打破，而沿着有利于城镇发展的空间发展。如北京市目前西部和北部的发展空间已有限，而东部、南部则发展空间广阔，对外交通方便，今后将是北京主要发展的方向。

2. 分区平衡结构

这是体现多中心结构的一种规划思想。其基本规划目标是从市域范围内，依据各地区基本条件，制定城市土地利用分区方案，拟定各区产业、人口和城镇发展和布局，以求得各区在生活、工作和游憩等方面的平衡，从而达到全市平衡发展。当然所谓平衡不是绝对的，这只是规划努力的方向。

在国外，苏联莫斯科 1971 年制定的城市总体规划方案即体现这种规划思想。规划将全市划分为 8 个综合规划区（片），克里姆林、红场所在地区为核心区，其余 7 个区环绕核心区四周，各区建设有市级服务设施和公共中心，为各区居民创造就地工作和居住的条件，形成既独立又相互联系的结构体系。我国自 20 世纪 80 年代以来，随着城市区域化趋势日益显著，为适应客观发展的需要，许多城市将城市体系规划与空间发展规划相结合，力求明确区分出鼓励、引导、控制、限制或禁止开发的区域。在此基础上进行市域及分区城镇体系规划，这种规划实际上体现了分区平衡的规划思想。

3. 发展轴组团结构

轴线组团结构是多中心结构的另一种规划模式。它以主干快速交通线为轴线，城镇沿轴线组团式布局，形成葡萄串式的形态。较大的城市通常都有数条向外辐射的发展轴线，因而也形成数条向外伸展的轴线城镇组团。

在国外早期丹麦哥本哈根编制的“指状规划”、挪威斯德哥尔摩编制的“星状放射规划”，及美国首都华盛顿编制的“放射形长廊规划”，均属这种规划模式。我国广州可视为采取这种规划方案的城市，现尚处于实施阶段。广州市早期是沿珠江发展的带形城市，20 世纪 80 年代以来，为了改变城市过分集中的布局，城市开始向北花都、向东黄埔和向南番禺南沙三个方向发展，以高速公路、地铁和轻轨为轴线，在轴线上建设城镇。

发展轴组团结构的优点是城镇发展与交通的结合更加紧密，有利于改善城市交通条件。其次，在发展轴之间形成的楔形绿地可深入到中心区，有利于改善中心区的生态环境。但应采取有力措施，防止轴线上的城镇间相连和各轴线之间的绿地被蚕食。

新中国成立以来北京城市空间结构变化与城市布局调整*

一、新中国成立以来北京城市空间结构的变化

北京是我国的首都，也是历史悠久、世界闻名的历史文化古都，至今已有3000年历史。在漫长的岁月中，朝代更替，战乱频繁，城市几经沧桑，发展十分缓慢。新中国成立前城市满目疮痍，百废待兴，城市建成区只在二环路以内，面积约62平方千米。新中国成立以来，北京城市经历了翻天覆地的变化，至2004年城市建成区面积达到1182平方千米，比1949年增加了19倍。

（一）新中国成立后至20世纪60年代中期变化较大

1. 城市空间结构变化影响因素

这一时期城市空间结构及功能区变化的主要因素：

（1）首都功能作用。新中国成立后，北京被定为新中国的首都，大批的中央党、政、军机关以及各种事业单位、社会团体、外事机构、各省区及地方驻京办事机构的建立，对北京城市发展及布局产生了重大影响。

（2）经济的发展。北京原有经济基础很薄弱，新中国成立后在“变消费城市为生产性城市”的方针下，从“一五”至“二五”时期，北京一直把建设“强大的工业基地”、“现代化工业基地”作为发展方向，是全国工业重点发展最主要的城市之一，以致工业发展成为这一时期影响城市空间结构变化的最大影响因素。

---

* 原文载于张文尝、马清裕等著：《城市交通与城市发展》，商务印书馆2010年版，本文为其中一部分，合作者张文尝，由马清裕执笔。

(3) 城市空间布局原则。新中国成立初，关于北京城市布局问题曾进行了热烈的讨论，讨论的焦点是行政中心是摆在旧城区，还是在西郊另建新城。当时主张前者认为在旧城有许多空房屋可利用，可节省建设投资，且可与旧城改造相结合。主张后者认为，旧城布局系统完整，庞大行政中心难以插入，且旧城无地可用。最后采用前者意见，即利用旧城，由里向外布局，这对城市空间结构产生极大的影响。

(4) 重视城市功能区配套建设。20 世纪 50 年代，在苏联城市规划理论的指导下，比较重视城市功能区的配套建设，这一时期在郊区新建的大型工业区，一般都相应配套建设居住区及城市服务设施，如在通惠河两岸工业区、酒仙桥工业区、石景山工业区等均建有大型居住区，工业区内大部分职工均就近居住，这对减轻长距离通勤交通起到良好的作用。[①]

2. 城市工业空间分布的变化

新中国成立前，北京工业十分落后，以传统的手工业占主导地位、分布也很分散。现代工业很薄弱，主要有京西煤矿、石景山钢铁厂、发电厂、琉璃河水泥厂、丰台桥梁厂、长辛店及南口铁路工厂、清河制呢厂以及造纸、纺织、酿酒等一些轻工业。1949 年工业从业人员约 8 万人，年工业总产值仅 1 亿多元。

(1) 北京工业大发展时期。1949 年后，北京是全国工业重点发展的城市之一，在三年恢复时期，除了对老厂进行改造、扩建以外，新建的大多与人民生活密切相关的工厂，如东郊面粉厂、化学试剂厂、北京机器厂以及许多小厂，并迁出城里污染扰民的工厂。至 1952 年年底，新建厂房面积为 29 万平方米，工业职工增至 25 万人，工业总产值达到 8.3 亿元（1952 年不变价）。从 1953 年起，北京与全国一样开始了国民经济第一个五年计划。1953 年北京市城市总体规划提出“首都应该成为我国政治、经济和文化的中心，特别要把它建成为我国强大的工业基地和科学技术中心”。1954 年，国家计划委员会在“北京城市总体规划方案”的批复中不同意“强大工业基地”的提法，提出“在照顾到国防要求，不使工业过分集中的情况下，在北京适当地、逐步地发展一些冶金工业、轻型的精密机械制造工业、纺织工业和轻工业”。“一五”期间北京工业发展基本上按这个指导思想开展建设。这一时期，一方面对原有的老企业进行改造和扩建，如对石景山炼铁厂、发电厂、长辛店机车车辆厂、琉

① 北京市设计规划研究院网站：1953—1954 年《改建扩建北京市规划草案要点》。

璃河水泥厂、清河制呢厂进行改扩建，与此同时在郊区进行大规模的工业建设。至“一五”末，北京新建工厂有50多个，建筑面积近200万平方米。

“二五”期间北京工业的发展是前所未有的，为了迎接“二五”的大发展、1956—1957年对城市规划进行修订，此时，在毛泽东同志“论十大关系”思想指导下，北京城市性质除了作为“全国政治、文化教育科技中心外、仍提现代化工业基地”。1958年在当时全国大办工业的形势下，北京提出争取在五年内把北京建设成为现代化工业基地。仅1958年一年内，全市新建扩建工厂达800多家，虽然“二五”后两年经济发展遭受挫折，但经过1963—1965年的调整，仍有较大发展。1958—1965年新建厂房面积481.8万平方米，大大超过1958年前8年的建设规模总量。

（2）工业布局向郊区扩展，重视工业区的建设。20世纪50年代是北京工业大发展的时期，也是北京城市空间扩展最大的时期之一。1949年后北京新建的大型工业企业均布置在郊区，根据当时的城市规划，新工业区主要布置在东郊、南郊和西南郊，在“一五”期间除了对石景山—衙门口工业区、清河工业区，长辛店—琉璃河工业区等老工业区进行改建扩建外，主要新建东郊通惠河工业区、东北郊酒仙桥工业区。另外由城区迁到南郊的污染扰民企业也形成了南郊工业区。

“二五”期间随着北京工业的大发展，对北京城市空间结构产生了重大的影响。为了避免城市工业过度集中在市区，1958年修订的城市总体规划提出了“分散集团式布局”构想，即控制市区、发展远郊区、建设卫星城的方针，在郊区规划了包括南口、昌平、顺义、门头沟、长辛店、房山、良乡、琉璃河、通州等37个卫星镇。城市规划区范围由原来的600平方千米（即东到定福庄、西到永定河、南到大红门、北到清河镇）扩大到8860平方千米。虽然这个规划在后来的实践中没有完全实现，新建的企业仍主要集中在近郊区，但对城市空间结构仍产生较大的影响。至20世纪60年代中期，北京在郊区形成了以下主要的工业区：

①西郊石景山工业区。位于西五环路外，以冶金、电力为主的工业区，在原有钢铁厂、发电厂基础上新建了特殊钢厂等。

②西郊衙门口工业区。位于西五环路外，以机械、建材为主的工业区。有大中型工业企业约70个，用地14平方千米，新建主要企业有重型电机厂、汽轮机厂、工业锅炉厂、第二通用机械厂、烟灰制品厂、水泥制品厂等。

③东北郊酒仙桥工业区。位于东北郊四环和五环之间，以电子工业为主的

工业区，“一五”期间新建主要企业有电子管厂、无线电器材厂和有线电厂等。“二五”期间新建10多个企业，包括大山子工业区，约有大小企业40多家，占地5平方千米。

④东郊通惠河工业区。位于东三环和五环路之间，经过“一五”及“二五”期间的发展，形成了以机械、纺织、化工、建材、轻工、食品等工业组成的综合工业区。“一五”期间主要建设的企业有棉纺厂、合成纤维厂、第一机床厂、汽车辅件厂、金属结构厂、人民机器厂、教学仪器厂、度量衡厂、混凝土预制构件厂、光华木材厂、玻璃厂、灯泡厂、制药厂、酿酒厂等共44个企业。“二五”期间又新建化工二厂、电机厂、轴承厂等共15个企业，至20世纪60年代中期，通惠河工业区共有工业企业59个，工业区面积达15平方千米，有职工10万人，建筑面积达180万平方米，是当时北京市最大的工业区。

⑤东南郊岱头工业区。位于东南四环和五环路间，以化工为主的工业区、约有大小企业30多家，占地2.5平方千米，主要企业有煤焦化学厂、电解铝厂、轮胎厂等。

⑥南郊工业区。位于三环和四环路之间，该区包括铁匠营、宋家庄、西马场、苇子坑4个工业小区和南顶村、石榴庄、分钟寺3个工业点。其中铁匠营工业小区是1950年从城区迁来的木材企业。宋家庄也是从城里迁来的污染企业，如屠宰、皮毛、皮革、血料等，后又新建农药、油漆、化工等。西马场为发电设备、冶金设备制造及农药等。苇子坑有电解铜厂、地铁机械厂等。南郊工业区有大小工厂约88家，工业区面积4.5平方千米，建筑面积60多万平方米，有职工3.5万人。

⑦丰台、长辛店工业区。位于西南五环路两侧，新建和改扩建北京钢厂、宣武钢厂、桥梁厂、电气化器材厂、电缆厂、机车车辆厂等。

⑧清河工业区。位于五环路外，扩建清河制呢厂、新建铁厂、陶瓷厂、砂轮厂、加气混凝土厂，有工厂30个，占地4.5平方千米。①

3. 城市人口空间分布的变化

人口的增长及其空间变化是该区域社会经济的发展变化的反映。从北京市各区县人口的增长变化，可反映该市城市空间结构的发展变化。由于北京市城市区域空间社会、经济及人口变化十分强烈，如按目前的区域划分方法，已不能很好地反映区域空间的发展变化，为此，我们采取以下的划分方法，中心区

① 北京建设史书编委会：《新中国成立以来北京城市建设资料》（城市规划部分），第57—93页。

即旧城区（包括东城、西城、崇文、宣武4区），中心外缘区（包括朝阳、丰台、石景山、海淀4区），近郊区（包括门头沟、房山、通州、顺义、昌平、大兴6区），远郊区县（包括平谷、怀柔、密云、延庆2区2县）。

20世纪50年代随着北京市社会经济的快速发展，人口增长也很快，虽然在“二五”后期由于经济上的原因，实行城市人口精简下放，人口减少，但经过1963—1965年的经济调整，以及人口自然增长高峰的出现，1949—1964年北京市人口增长年均达4.17%，是1949年以来人口增长最快的时期。但由于城市区域社会经济发展的差异，不同区域人口增长差异很大：

（1）人口增长最快的区域——中心外缘区。中心外缘区这一时期在各区域中人口增长最快，1949—1964年的15年间人口由56万人增至216.6万人，增长3.9倍，年均递增9.44%，其中最快的是朝阳区，人口年均递增11.01%，北京不少大型企业在该区建设，形成了通惠河南北工业区、酒仙桥大山子工业区，还建设了大使馆区以及一些行政机关，与此相配套，建设了许多大型居住区，如垂阳柳、白家庄、呼家楼、左家庄、幸福村、水碓子、酒仙桥、三里屯等居住区。其次是海淀区，人口年均增长10.42%。这一阶段北京市高等学校和科研机关有了很大的发展，如北京大学、清华大学扩大了学校的规模，还新建了钢铁、地质、石油、矿业、农机、林业、航空、医学等8大学院，形成了西北郊的高等教育基地。在中关村形成了我国重要的科研基地，中国科学院系统有关基础理论和尖端科学的研究所主要集中在这里。清河工业区在这一时期对老企业如清河制呢厂等也进行了改扩建，并新建了一些企业。此外，石景山区人口也增长较快，年均增长9.11%，在“一五”和“二五”期间，石景山钢铁企业经过改建扩建，生产规模有了很大的扩展，另在衙门口也建设了一些企业。工业的发展对该区人口的增长起到重要的作用。

（2）人口增长前快后慢的区域——中心区。1949—1964年间人口由140.7万人增加到230万人，年均递增3.33%，略慢于全市4.17%的增长速度。其间人口增减变化较大。1949—1953年，中心城区人口增长很快，1949年后，北京被确定为新中国的首都，中央党、政、军、机关团体，外事机构迅速建立起来，人员大量增加，再加上1949年以前外流人口纷纷回流，在短短的3年时间，中心城区人口急增近30万人。此后，在“一五”及“二五”前3年中心城区人口仍有较大增长，但在“二五”后期及3年调整时期，北京市对城市人口实行精简下放政策。人口大量迁出，影响最大的是中心城区，仅1960—1962年人口迁出数量达38.6万人。因此，中心城区人口增长慢于全市。

（3）人口增长区内差异较大的区域——近郊区。近郊区从总体上看，人口增长较慢，1953—1964 年人口由 150.5 万人增长到 227.0 万人，年均递增 2.78%，慢于全市平均增长水平。但区内人口增长速度差异较大，其中门头沟、房山增长较快，人口年均递增率分别达到 10.16% 及 5.31%，快于全市人口增长速度。门头沟区主要是煤炭开发，而房山区则是加工工业的发展，在京广线沿线的良乡、琉璃河等工业的发展对该区工业的发展起到一定的作用。此外大兴区人口增长也接近全市的增长水平，该区沿京广线的长辛店等工业发展也较快。其余通州、顺义和昌平等区虽然在“二五”前 3 年工业有较快发展，但经后期的调整，工业发展较缓慢，人口增长主要是自然增长，因此人口增长较慢。

（4）人口增长缓慢的区域——远郊区县。1953—1964 年人口年均递增率为 2.5%，慢于全市增长速度。这一时期远郊区县仍处于农业发展阶段，工业发展很薄弱，人口增长主要是自然增长，同时远郊区人口外流，也是人口增长相对缓慢的原因之一。远郊区县到城近郊区工作或通过婚姻出嫁到城近郊区，导致远郊区县人口迁出大于迁入（表 1）。

表 1　1949—1978 年北京市各区县人口增长速度变化

	总人口（万人）				年均增长速度（%）		
	1949 年	1953 年	1964 年	1978 年	1949—1953 年	1953—1964 年	1964—1978 年
全市	414.0	502.4	765.0	849.7	4.96	3.90	0.75
中心城区	140.7	168.7	230.0	217.8	4.64	2.86	-0.39
东城区	43.3	50.7	62.2	59.0	4.02	1.88	-0.38
西城区	41.0	52.3	73.9	68.9	6.27	3.14	-0.50
崇文区	24.9	28.5	40.6	39.6	3.43	3.27	-0.18
宣武区	31.5	37.2	53.8	50.3	4.23	3.41	-0.49
中心外缘区	56.0	84.6	216.6	243.6	10.87	8.92	0.84
朝阳区	16.2	24.6	73.8	86.1	11.01	10.50	0.11
丰台区	16.6	24.2	43.6	52.6	9.88	5.50	1.35
石景山区	4.6	6.6	17.0	20.5	9.44	8.98	1.36
海淀区	18.6	29.2	82.3	84.4	11.94	9.88	1.78
近郊区	150.5	176.7	227.0	271.1	4.09	2.30	1.28
门头沟区	5.2	22.9	22.2	24.6	44.86	-0.28	0.23
房山区	26.0	29.1	56.5	67.2	2.86	6.22	1.24
通州区	42.0	44.1	44.0	52.6	1.23	-0.02	1.28
顺义区	32.7	32.7	39.7	47.0	0.31	1.78	1.21

续表

	总人口（万人）				年均增长速度（%）		
	1949年	1953年	1964年	1978年	1949—1953年	1953—1964年	1964—1978年
昌平区	26.4	27.6	31.3	37.4	1.11	1.15	1.28
大兴区	18.6	20.3	33.4	42.4	2.21	9.50	1.72
远郊区县	65.7	71.0	95.1	117.4	1.96	2.69	1.52
平谷区	19.2	20.6	26.7	32.1	1.78	2.39	1.33
怀柔区	12.4	12.8	18.6	22.9	0.80	3.46	1.49
密云县	20.8	23.2	30.7	37.7	2.27	2.58	1.48
延庆县	13.3	14.4	19.2	24.7	2.00	2.65	1.81

资料来源：（1）李慕贞主编：《中国人口（北京分册）》，中国财政经济出版社1987年版。

（2）公安部编：《1978年全国分县市人口统计资料》，1979年。

（二）20世纪60年代中期至70年代末期变化缓慢

这一时期处于十年“文革动乱”的年代，北京经济和城市建设遭受严重破坏，许多机构被撤销，人员被解散，城市总体规划被停止执行，经济发展和城市建设处于无政府主义状态，城市空间布局混乱不堪。

1. 城市空间结构及功能区影响因素

（1）非城市化方针。城市化是社会经济发展的必然趋势，其基本特征是乡村人口向城镇集聚，城镇人口比重不断上升，乡村人口比重不断下降的过程。但我国自“二五”后期至“文化大革命”期间，实行的是非城市化的方针，城市里大批干部被下放到农村劳动，大批知识青年上山下乡，这种情况在北京、上海等大城市尤其突出，如北京市在这一时期迁出的人口达40.6万人，这对城市的发展产生重大的影响。

（2）街道及校办工厂的发展。“文革”期间街道工厂继“二五”前期的大发展之后，又一次大发展，在无政府主义思潮的影响下，不管什么性质的工业，到处乱放，见缝插针，功能混杂。只在“文革”后期，才在郊区新建了一些大型工业区，并相应建设了居住区。

（3）不搞城市功能区建设。在“文革”初期的1966年，国家建设委员会在有关文件中就明确指示：“……一是今后除了对现有的居住区进行填平补齐外，不再开辟新的小区；二是见缝插针，以少占土地和拆迁民房；三是贯彻‘干打垒’精神，降低标准，减少造价。”在这个政策之下，形成了城市空间结构杂乱无章的状况。

2. 城市工业空间分布的变化

在“文革”期间，北京大中型工业企业的建设基本处于停滞状态。自1967年以后，街道办及校办工厂继1958年全民办工厂、街道办工厂大量涌现之后，再度大批涌现。据1975年统计，北京学校办的“五七”工厂多达1400个。街道及学校办工厂见缝插针，布局混乱，工业企业与居民区交错，并且不少属污染、扰民、易燃易爆的企业，给城市环境及安全造成极大的危害。到了“文革”后期，北京建设了一些大中型企业，如20世纪70年代初建设的北京燕山石化总厂，1975年新建了北京、东风两个电视机厂，1976年新建北京第二热电厂。总的说来，“文革”十年北京工业发展规模小，且形不成工业区，分布十分散乱。①

3. 城市居住空间和人口分布的变化

在“文革”期间，北京住宅建得很少，导致广大居民居住十分困难，全市有十多万户居民迫切要求解决居住问题。大部分郊区工厂很少建宿舍，每天有二十多万人远道通勤上班。一直到“文革”后期，在住房矛盾极其尖锐的情况下，才开始较多地投入住宅建设，但成片建设的居住区仍很少，只在天坛南、东大桥、安定门外及燕山石化总厂等处建设了几处居住区。在1966—1976年10年间住宅建设竣工面积总共1811万平方米，年均164.6万平方米，是1949年以来除了3年困难时期以外，住宅建设最少的时期。

这一时期由于城市人口大量外迁，全市人口增长速度是历年来最慢的，1964—1978年人口增长年均只有0.75%。其中中心城区人口减幅最大，呈负增长，年均递减-0.39%，以西城区、宣武区为甚，分别递减-0.50%及-0.49%。北京中心城区党、政机关、事业单位及学校较多，外迁的人口也多。同时自20世纪60年代中期以来，我国已提倡计划生育，人口自然增长率开始下降，中心城区更为明显，这些是中心城区人口减幅较大的原因。中心外缘区人口增长也大幅下降，但增幅仍略高于全市平均水平，年均增长0.84%。近郊区及远郊区县人口年均增长率分别为1.28%及1.52%，为全市最快。这些区人口外迁少，且人口自然增长率也较高。

（三）20世纪80年代以来重大变化

自20世纪80年代以来，在改革开放方针的指引下，北京与全国一样，城

---

① 北京市设计规划研究院网站：1973年《北京总体规划方案》，1982年《北京城市建设总体规划方案》。

市社会经济迅猛发展，从而促进了城市建设的快速发展和城市空间结构及城市功能区的重大变化。

1. 城市空间结构及功能区变化影响因素

（1）调整城市空间布局指导原则，加快郊区边缘集团和新城建设。1983年北京市根据城市社会经济的发展，进行城市总体规划修订，在城市布局上提出旧城改造、调整旧城区功能布局，近郊区城市基础设施及服务设施配套，控制市区规模，积极开发远郊区，有重点地建设卫星城镇。1993年重新修订的《北京城市总体规划（1991—2010年）》重点强调了两个战略转移，即：城市建设重点从市区向郊区转移；市区建设从外延扩展向调整改造转移。城市布局采用分散集团式布局形式，在郊区建设10大边缘集团（北苑、酒仙桥、东坝、定福庄、岱头、南苑、丰台、石景山、西苑、清河）。进入21世纪以来，北京又重修城市总体规划，再次强调“控制中心城、发展远郊新城”的规划布局原则，这些布局原则对城市空间结构及功能区布局起着决定性的作用。

（2）城市工业布局调整，工厂大规模外迁。如前所述，北京市在“二五”及“文革”期间曾在中心城区建设了很多工厂，这对城市发展影响很大，如至1978年，在三环路以内的工业总产值占全市达到55.9%，工业职工则占61.2%[①]。这些工厂大多与居民区混杂，污染扰民，且企业自身无发展余地。因此从城市发展要求出发，必须将城区的工厂迁出。自20世纪80年代以来企业外迁的力度日益加大，并与中心城区经济结构调整相结合，实行“退二进三”，即迁出工厂，发展第三产业。随着城市的发展，工厂外迁的范围已扩大至四环路以外。

（3）旧城改造力度加大。随着北京经济实力的不断增强，对旧城改造的力度也日益加大。旧城改造包括多方面的内容、除了上述工业外迁及经济结构的调整以外，文物保护、交通系统的改造以及危旧民房的拆迁等均是重要内容，其中民房的拆迁、城区人口外迁，与郊区发展密切相关。至2003年，仅城八区拆迁危旧房屋达到974.8万平方米，为30多万户居民解决了住房，其中不少在郊区购买新房，促进了郊区的发展。

（4）政策及体制的改革。首先是土地使用制度的改革，1988年国家推行城市土地有偿使用制度，给城市建设和发展、城市土地的合理利用与开发带来了新的契机，有力地推动了旧城改造和郊区发展；其次是职工住房制度的改

① 杨树珍主编：《首都地区经济发展与布局研究》，中国工人出版社1991年版，第123—126页。

革，1998 年国家取消住房实物分配，实行住房货币分配，居民购房积极性大大提高，促进了郊区住房的发展；第三，城市建设投资多元化，鼓励民间和外资投入，开辟了城市建设资金来源，使城市建设资金更加充足。所有这些政策对城市的发展和城市空间结构重组都产生重要的作用。

（5）城市交通的发展。城市道路特别是中心城区与郊区之间主干道的建设，对城市空间结构的变化产生十分重要的作用。主干交通线的建设极大地带动了交通沿线城镇的建设。20 世纪 90 年代以来，北京投入了很大的力量，大力改变城市交通条件，城市四环、五环、城铁 13 号线和地铁八通线相继建成，北京六环路也建成。北京还建设了多条向外辐射的高速公路，如京昌（平）、京承（德）、京通（州）、京沈（阳）、京津（天津）、京开（封）等，为城市郊区化创造了很好的交通条件，在各条高速路和城市主干道两侧均建设了众多的开发区和大型居住区。

（6）居民生活水平的提高，购房热推动了居住郊区化。随着居民生活水平提高，消费热点正发生显著的变化，北京居民消费恩格尔系数已由 1993 年的 47.8%，下降到 2003 年的 31.7%，10 年间下降了 16.1 个百分点。购房已成为居民消费热点，据调查，约有 48% 的居民希望近几年内购置新房。

2. 城市空间结构与功能区发展变化

（1）城市工业区功能置换与重组。如上指出，改革开放以来，北京进行了大规模的旧城改造和经济结构调整，这对城市功能区的发展产生重大的影响。根据北京城市规划对城市性质的定位，将加快改造原有的经济结构，首先，通过企业搬迁、重组或破产等措施，迁出工业企业，特别是将污染大、占地多的企业迁出中心城区。此项工作始自 20 世纪 80 年代中期，据统计，至 2002 年，从市区迁出的工业企业达 189 项。随着城市的发展，外迁的企业日益增多，外迁的范围也不仅限于中心城区。例如位于五环路外的首都钢铁公司，于 2005 年已开始搬迁至河北唐山曹妃店另建新厂。2006 年，北京焦化厂也已停产迁出北京市。北京是一个严重缺水、可用地紧缺、城市环境整治压力很大的城市，通过上述举措，将为北京可持续发展创造极有利的条件。

其次，通过企业改造、改组、重组，改变企业性质、规模及布局，以调整经济结构和工业结构。此项工作始于 20 世纪 90 年代初，成效也十分显著。例如电子工业是北京市原有三大支柱产业之一，其企业遍布全市，后经调整形成一城（中关村电子城）一区（顺义空港电子工业区）。化工系统实行下放兼并的企业如化工机械厂、红狮涂料厂、轮胎厂、橡胶十厂等，实行破产的企业如工程塑料厂、化工六厂、橡胶十一厂等。北京纺织系统原有规模很大，90 年代以来实行重组，将京棉一、二、三厂重组为北京棉纺集团，北京第二、三针织厂并入第一针织厂，规模由原 31.4 万纱锭压为 17 万纱锭。在地区布局上也进行了重大调整，三环路以内企业由 30 家减为 9 家。四环路以内企业加紧兼并，第二印染厂搬迁至通州原涤纶厂内，北京制线厂也搬往通州土桥。通过上述调整，北京纺织系统职工由原 10 万余人减为 5.69 万人。

最后，功能置换。通过上述工业企业搬迁、兼并或破产等举措调整中心城经济结构，将第二产业迁出的土地，用于发展第三产业，即“退二进三”。应该指出，中心城第三产业的发展也是有选择的，并不是无限制地发展任何第三产业。根据城市规划要求，今后四环路以内将不再新建大型商场、现有的小商品商场将逐步迁出四环路。新建的教育、医疗等机构也将从全市范围内进行合理布局。[①]

（2）经济技术开发区及高新技术开发区的发展与空间分布。经济技术及高新技术开发区是改革开放以来发展的新兴产业园区，它有别于改革开放前的工业区，开发区最初产业较单一，随着开发区的发展，产业发展方向往往由较单一向综合性较强的方向发展。当开发区发展到一定阶段，较大型的开发区大都集工业、高新技术产品研制、商贸业、房地产业于一体的多功能、综合性开发区。开发区注重发展高新技术，积极引进外资，加强与外部合作，开发新技术，加强产品出口创汇，呈现出崭新的面貌，因此从兴起之日便得到迅速的发展。北京至 2004 年共有各类开发区 34 个（含中关村科技园区 7 个园区），其中国家级开发区 3 个，即北京经济技术开发区（亦庄）、中关村科技园区和天竺出口加工区，市级开发区 18 个，其他开发区 7 个。

北京开发区大致可分以下几类：

①综合性开发区。以工业及高新技术产业为主，兼营商贸业、房地产业。这类开发区大都规模较大，如北京经济技术开发区（亦庄）。

②科技园区。高科技产品研发、生产及销售，如中关村科技园区。

③高新技术产业园区。以高新技术产品研制、新型产品生产为主的开发区，如北京市光机电一体化产业基地、北京生物工程及医药产业基地、北京国家环保产业园区等。

④以工业生产为主的开发区。大都为规模较小的区县级开发区。

---

① 北京市设计规划研究院网站：1993 年《北京城市总体规划》（1991—2010 年）。

⑤外向型开发区。产品以出口为方向，如北京天竺出口加工区（表2）。

表2　　　　北京市各类开发区基本概况

开发区名称	所处位置	招商个数*	项目总投资（万元）*	完成产值（万元）（2004年）
北京经济技术开发区	东南郊亦庄（五、六环间）	1596	7314690	5480180
中关村科技园区		19783	41846735	22954118
中关村科技园区海淀园	海淀区中关村（三、四环间）	14280	15730400	10817997
中关村科技园区丰台园	丰台区科学城（四、五环间）	2714	2443800	2232649
中关村科技园区昌平园	昌平城区（六环外）	1396	1492500	2396115
中关村科技园区电子城科技园	朝阳区酒仙桥（四、五环间）	693	1320800	2908555
中关村科技园区亦庄科技园	东南郊亦庄（五、六环间）	396	20542790	4476487
中关村科技园区德胜园	西城区二龙路（二环）	239	201658	88240
中关村科技园区健翔园	朝阳区安翔北里（三、四环间）	85	114787	34075
北京天竺出口加工区	首都机场西侧（五、六环间）	9	171148	7701
北京石龙工业开发区	门头沟石龙（六环外侧）	1296	509927	340422
北京良乡工业开发区	房山区良乡（六环内侧）	687	344000	413000
北京大兴工业开发区	大兴城区（六环内侧）	706	400863	217054
北京通州工业开发区	通州区张家湾（六环外侧）	178	637089	126047
北京怀柔雁栖工业开发区	怀柔雁栖（六环外）	155	623338	600410
北京平谷工业开发区	平谷城区（远郊）	605	623302	421720
北京密云工业开发区	密云城区（远郊）	119	886014	369567
北京林河工业开发区	顺义区双河（六环外侧）	63	844674	2043365
北京天竺空港工业开发区	首都机场西侧（五、六环间）	348	2604141	2445504
北京八达岭工业开发区	延庆县康庄（远郊）	585	279326	99304
北京凤翔科技开发区	怀柔区扬宋镇（远郊）	472	124580	86516
北京永乐经济开发区	通州区永乐（远郊）	758	58352	7219
北京延庆经济技术开发区	延庆县城（远郊）	436	352648	231603
北京滨河工业开发区	平谷城区（远郊）	635	379722	37453
北京国家环保产业园区	通州马驹桥（远郊）	11	278000	64412
北京光机电一体化基地	通州区次渠（六环内侧）	29	710653	149553
北京生物工程与医药产业基地	大兴城区（五、六环间）	49	339108	25425
北京石景山八大处高科技园区	石景山城区（五、六环间）	1016	431593	166031
昌平区小汤山镇工业区	昌平区小汤山镇（六环外侧）	30	79000	23000
顺义区高丽营金马工业区	顺义高丽营（六环外侧）	46	147155	—
通州轻纺服装服饰园区	通州区西集（远郊）	—	—	32078
大兴采育京津唐科技园	大兴区采育（远郊）	22	61326	51470
房山区科技工业园	房山城关（五、六环间）	7	14932	6129
怀柔区北房经纬工业小区	怀柔区北房镇（远郊）	68	92870	83314
平谷区马坊镇工业小区	平谷区马坊镇（远郊）	26	125900	39709

资料来源：《北京统计年鉴2005》，汇总整理。

*招商数及项目总投资为从开始至2004年累计数，完成产值为2004年数。

从表2可看出，北京工业分布已由中心边缘区向远郊区扩散。在“一五”及“二五”期间，北京大中型企业主要分布在中心边缘区的朝阳、丰台、石景山、海淀等区。“文革”期间，工业分布呈现逆转现象，除了少数大型企业（燕山石化总厂）分布在远郊区外，在此期间大量发展起来的街道及学校办的工厂均分布在中心城区，导致中心城区工厂密度增加，在全市所占的比重提高。

改革开放以来，一方面随着城区及中心边缘区工厂外迁、重组，使其工业比重不断下降；另一方面新建的开发区大多在远郊区县，如表2所示，分布在五环路以内的只有5个，占全部开发区14.7%，五环外至六环外侧的开发区19个，占55.9%，其余10个开发区在远郊区，占29.4%。因此从改革开放以来，北京市工业分布显著地向中心外缘区以外的远郊区县转移。从表3中可看出，以1990—2002年作比较，中心城区及中心外缘区的工业产值下降，中心城区由14.10%下降为12.21%，中心外缘区由55.56%下降为53.12%，同期近郊区由25.96%上升为27.20%，远郊区县由4.38%上升为7.47%（表3）。

表3　北京市各区县工业总产值变化

年份	1990（万元）	%	2002（亿元）	%	年份	1990（万元）	%	2002（亿元）	%
全市	645.6	100.0	559.0	100.0	近郊区	167.6	25.96	241.8	27.20
中心城区	91.0	14.10	108.6	12.21	门头沟区	6.7	1.04	16.3	1.83
东城区	18.9	2.93	10.9	1.22	房山区	63.7	9.87	74.8	8.42
西城区	22.4	3.47	27.9	3.14	通州区	31.6	4.89	31.4	3.53
崇文区	19.0	2.94	12.0	1.35	顺义区	27.8	4.31	48.4	5.44
宣武区	30.7	4.76	57.8	6.50	昌平区	22.0	3.40	45.3	5.10
中心外缘区	358.7	55.56	472.2	53.12	大兴区	15.8	2.45	25.6	2.88
朝阳区	156.2	24.19	129.1	14.53	远郊区县	28.3	4.38	66.4	7.47
丰台区	55.7	8.63	43.5	4.89	平谷区	8.6	1.32	13.9	1.56
石景山区	77.9	12.07	76.1	8.56	怀柔区	6.3	0.98	23.8	2.68
海淀区	68.93	10.67	223.5	25.14	密云县	8.3	1.29	23.0	2.59
					延庆县	5.1	0.79	5.7	0.64

资料来源：（1）《北京市工业统计年鉴1991年》。

（2）《北京市区域统计年鉴2003年》。

（3）商务中心区（CBD）及金融街的形成和发展。商务中心区（CBD）是北京市改革开放以来迅速发展起来的新型城市功能区。在城市发展史上，早期的城市商业区，功能相对较单一，是商业会聚之处，主要是零售业和服务业，如北京王府井、西单、前门等商业区。这种老的商业区已不能适应现代城市功能日益多样化的需要。现代 CBD 是以商务办公为主要功能，同时兼有全市金融、贸易、会展、经营管理、旅游机构及设施、公寓及其配套的商业、服务业等功能。北京改革开放以来，城市社会经济有了很大的发展，原来的商业中心区已难以适应客观发展的需要，在此背景下，北京 CBD 便得到迅速的发展。

北京 CBD 位于建国门外与东三环路的交汇处。具体位置：北起朝阳北路及朝阳路、南抵通惠河，东起西大望路、西至东大桥路，规划面积约 4 平方千米。作为 CBD，首要的条件是交通方便，北京 CBD 符合这个要求，它西距中心城区（东二环路）约 2.3 千米，距北京长安街 5.8 千米，距首都机场高速公路入口处约 5.8 千米，距京津唐高速路入口处 5.3 千米，距东部四环路 2.4 千米，交通区位四通八达。CBD 入驻单位增加很快，至 2002 年区内企业数为 1895 家，其中内资企业 1325 家，外资 570 家，从业人员达 7.07 万人，增加值为 32.3 亿元，营业收入达 196.3 亿元。主要企业以商务办事机构为主，兼营其他业务。其中外国驻京代表机构 323 家，金融保险业务 14 家，信息咨询业务机构 384 家，房地产企业 96 家，星级宾馆 29 家。目前，北京 CBD 正处于快速发展中。

北京金融街于 1993 年北京城市总体规划提出，其地点南起长安街，北至阜成门，东至太平桥大街，西抵西二环路，南北长约 1700 米，东西宽约 600 米，规划范围 103 公顷。金融街历史悠久，远在元代就已初具规模，成为当时北京著名的“金坊城”。其后明、清两代，在此地仍金坊遍布。自 1993 年城市规划重提建设金融街以来，该处发展很快，目前，北京金融街及其周边地区已吸引了各大银行、非银行金融机构和国内外知名企业入驻，现有 30 多家金融机构和 650 家国内外企业在此落户，包括全国性商业银行 17 家，全国性保险公司 9 家及一批国家级信息通信企业、金融服务类中介公司等。

为适应金融业发展的需要，未来金融街发展将以金融业为主，相应发展各种配套服务设施，如公寓、酒店、会议中心，以及集商业、餐饮、娱乐、健身、休闲为一体的商业服务业设施。目前金融街南区已基本建成，现正建设金融街中心区，该区建成后，一个功能完善、设施先进、配套齐全的全国性金融管理、融资、结算和信息中心将展现在人们面前。

（4）人口分布空间扩展。人口空间扩展是城市发展到一定阶段的必然趋势，改革开放以来，北京在诸多因素的共同作用下，城区居民开始向郊区迁移，且随着时间的推移，人口外迁的规模越来越大。

为了比较确切地反映北京人口空间扩展的状况，我们采用历次人口普查数据，2004 年人口按第五次人口普查口径进行调整，其调整系数以北京五普人口数除以该年户籍人口数所得系数，再将该系数乘以 2004 年的户籍人口数、即得出调整后的人口数。

表 4 的数据显示，改革开放以来，北京市人口空间分布有以下几点显著的变化：

表 4　1982—2004 年北京市各区县人口增长速度变化

	总人口（万人）				年均增长速度（%）			
年份	1982	1990	2000	2004	1982—1990	1990—2000	2000—2004	1982—2004
全市	923.1	1081.9	1381.9	1442.9	2.00	2.29	1.09	2.05
中心城区	241.8	233.7	211.5	204.3	-0.43	-1.00	-0.87	-0.77
东城区	65.2	60.6	53.6	53.2	-0.90	-1.24	-0.19	-0.93
西城区	76.4	75.6	70.7	70.1	-0.14	-0.67	-0.21	-0.31
崇文区	44.0	41.8	34.6	31.0	-0.66	-1.90	-2.78	-1.61
宣武区	56.2	55.7	52.6	50.0	-0.12	-0.57	-1.28	-0.53
中心外缘区	284.0	398.9	638.8	710.8	4.34	4.82	2.71	4.26
朝阳区	102.2	144.8	229.0	248.6	4.45	4.69	2.07	4.12
丰台区	58.5	78.9	136.9	155.6	3.81	5.67	3.25	4.55
石景山区	23.5	30.9	48.9	50.7	3.47	4.71	0.91	3.56
海淀区	99.8	144.3	224.0	255.9	4.72	4.50	3.33	4.37
近郊区	276.4	314.5	368.2	384.9	1.62	1.58	1.12	1.51
门头沟区	25.9	27.0	27.0	27.3	0.52	0.11	0.28	0.23
房山区	69.1	76.6	81.4	82.7	1.30	0.60	0.40	0.82
通州区	53.5	60.3	67.4	70.1	1.50	1.13	0.99	1.24
顺义区	47.2	54.8	63.7	66.4	1.89	1.51	1.04	1.56
昌平区	38.0	43.4	61.5	67.5	1.67	3.55	2.35	2.65
大兴区	42.9	52.4	67.2	70.9	2.53	2.53	1.35	2.31
远郊区县	120.6	134.9	139.3	142.9	1.41	0.29	0.64	0.75
平谷区	33.4	38.6	39.7	40.6	1.85	0.28	0.56	0.89
怀柔区	23.4	26.1	29.6	30.7	1.38	1.25	0.92	1.24
密云县	39.6	42.7	42.0	43.0	1.12	-0.15	0.59	0.44
延庆县	27.8	27.4	28.0	28.6	1.27	0.02	0.53	0.65

资料来源：（1）第三、四、五次人口普查数据。

（2）2004 年数据系按第五次人口普查口径换算。

①北京市出现了郊区化。郊区化是城市发展到一定阶段的产物，郊区化的基本标志是中心城区人口外迁，人口增长速度下降，郊区人口迁入多，人口增长快。世界发达国家大城市始于20世纪上半叶出现郊区化，我国约晚了半个世纪。据资料显示，20世纪80年代以来，北京已出现了郊区化。为了便于比较，我们以1982年第三次人口普查数据起算。从1982年至2004年22年间，中心城区人口减少37.5万人，年均递减-0.77%，其中崇文区人口减少幅度最大，年均递减-1.61%。中心城区以外各区域人口均有不同程度的增长，以中心外缘区人口增长幅度最大，年均增长4.26%，比全市年均增速快2倍。近郊区年均递增1.57%，远郊区年均递增0.75%。这表明北京市中心城区人口外迁量大于人口增长量，出现了人口郊区化现象。这是北京城市历史性的变化。北京市自20世纪50年代以来，已认识到中心城人口过度集中的问题。在历次的城市总体规划中均提出控制中心城的人口，但实际上，中心城不但得不到控制，而是不断地膨胀。只有改革开放以来，在经济发展和体制改革等多种因素的作用下，才出现了上述的可喜变化。

②郊区化的规模日益增长。北京市自进入20世纪90年代以来，社会经济发展进一步加快，旧城改造力度加大，城市交通，特别是郊区的交通大为改善和电信业的发展，以及各项有利于郊区化的体制、政策的陆续出台，郊区房地产业的大发展，极大地促进了郊区化的发展。因此，从20世纪90年代以来，中心城区人口外迁规模日益加大，1982—1990年中心城区人口年递减-0.43%，而1990—2000年年均为-1.00%，2000—2004年年均为-0.77%，20世纪90年代以来中心城区人口下降幅度均高于20世纪80年代。

③人口外迁由里向外、由近及远。如前述及，我国人口郊区化与国外发达国家不同，国外是富裕阶层外迁，我国外迁的主体人群是工薪阶层，受财力和交通条件的约束，只能是由近及远的外迁。无论是20世纪80年代还是90年代以来，北京人口外迁的趋向是由近及远，主要迁移地点是中心外缘区，即四环至五环间，以致该区域成为人口增长最快的地区。

二、未来北京城市空间布局调整

（一）北京城市空间布局调整战略

1. 城市空间布局调整的客观要求

新中国成立以来，北京城市规划经历了7次大的修编，最近一次是1993年修编的城市总体规划，至今也已有10多个年头了。改革开放以来，北京社会经济和城市建设有了飞速的发展，北京正面临新的机遇和挑战，迫切要求新的发展空间。原有总体规划所确定的部分目标已提前实现，中心城市空间容量已趋于饱和，难以容纳新的城市功能。因此，北京自2004年以来，开始着手修编新的城市总体规划，至2005年北京新的城市总体规划已修编完成。

（1）城市功能定位的要求。新的北京城市总体规划通过对国内外首都城市和特大城市的发展趋势、城市文化发展的分析，基于以人为本和可持续发展的理念，提出北京未来发展目标的4个定位：即国家首都、世界城市、文化名城和宜居城市。这是北京市一个科学发展纲领，也是令人振奋的奋斗目标。北京是拥有13亿人口大国的政治中心、国际交往中心，为世人所瞩目；世界城市也将意味着北京将是世界级的服务中心，世界级大都市区的核心城市和文化、教育、科技创新中心；宜居城市则要求有充分的就业机会，舒适的居住环境，快捷舒适的交通，创造以人为本，可持续发展的首善之区；北京也是世界闻名的历史文化名城。北京城市发展目标对城市空间结构和功能区布局将产生决定性的重大作用。

（2）城市发展空间的要求。北京市要实现上述发展目标具有许多有利的条件和机遇，但也存在一些限制因素。在城市空间发展方面，最突出的问题是中心城市的功能过分集中，功能布局过于庞杂。从城市空间合理布局上，中心城应是发展第三产业的中心，但由于历史上的原因，北京中心城既是第三产业的中心，也是第二产业的中心。尤其是将一些污染、扰民的工业也摆在中心城，且与居住区混杂，问题相当突出。产业过分集中，必然带来人口的过分集中，北京中心区人口密度是世界上人口密度最高的特大城市之一。由于产业和人口过分集中，导致城市发展空间狭小、环境恶化、交通拥堵等问题。因此逐步调整城市空间结构是实现新的城市总体规划目标的要求。

2. 北京城市空间布局调整的依据

北京城市空间布局调整基于以下几方面的考虑：

（1）自然地理特征。北京位于华北大平原的北端、永定河的冲积扇上，背依群山，面向广阔的平原。北京的东北部与燕山山地相毗邻，西北与太行山山脉接址，东南是平原，北京正坐落在这个平原上。北京经历了3000年的发展，城市空间布局经历了无数次的扩展，尤其是改革开放以来的大发展，目前城市北部的昌平区和西北部及西南部的门头沟、房山区已逼近燕山和太行山地，没有发展空间，同时城市北部和西部地处城市上风上水，是城市生态屏障，而城市东部和东南部为一马平川，发展空间广阔。

（2）城市对外联系特点。北京背靠山地、面向平原和渤海地区，不仅城市建设向东南发展，城市对外联系也主要向东南环渤海地区，是北京的出海通道，与天津、唐山、秦皇岛等城市联系十分密切。目前京津唐城市群已基本形成，应大力推进环渤海地区的经济合作，加强京津冀地区在产业发展、生态建设和区域性基础设施建设的协调发展。

（3）城市历史及现状基础。北京是世界著名的历史古都，至今保留完整，具有极高的历史及艺术价值，是世界上极为罕见的珍宝，其中最具有代表性的是轴线建设，城市空间结构的调整应充分重视和保护这些历史文物。

3. 城市空间结构实现两大转移——两轴两带多中心布局①

根据上述的分析，为了解决中心城过度集中、城市发展空间不足、郊区城乡不够协调问题，城市空间布局提出两个战略转移：一是城市建设重点要逐步由市区向远郊区转移；二是市区建设重点要从外延扩展向调整改造转移。实现两个战略转移具体布局形式是两轴两带多中心布局。

两轴，一是南北中轴线，二是长安街东西延长线。南北中轴线是北京几百年都城史以及北京历史文化长期发展留下来的重要文化遗产，这条中轴线最能反映北京空间布局的最高境界。中轴线北部目前已经延伸到奥林匹克公园，南部到了永定门。东西延长线则是新中国成立60多年来一个典型的历史文化缩影，它几乎承载了北京市从政治、经济到文化所有的功能。因此，在未来的城市发展中，对这两条轴线要全面实现保护，同时要注入现代气息。从空间布局上体现首都政治、经济职能。

两带，即东部发展带和西部生态带。东部发展带北起怀柔、密云，重点发展顺义、通州、亦庄，东南指向廊坊、天津。这一地带发展空间比较广阔，也是对外交通主干道出京方向和出海通道，与区域发展方向相一致，是未来北京承接新兴产业和人口的主要地带。西部生态带与北京的西部山区相联系，既是北京的生态屏障，又联系了延庆、昌平、沙河、门城、良乡、黄村等重要区域，其产业发展将以生态保护为前提，实行调整改造，各级城镇主要以环保型产业及高新技术、高校园区为发展方向，为北京建成宜居城市奠定基础。

多中心，一是在市区范围内建设不同的功能区，分别承担不同的城市功

① 北京市设计规划研究院网站：2004年《北京城市总体规划（2004—2020年）》。

能、以提高城市的服务效率和分散交通压力，如 CBD、奥运公园、中关村等多个综合服务区的设定；其次是在市域范围内的两带上建设若干新城，以吸纳城市新的产业和人口，分流中心城区的功能。

（二）北京中心城空间布局调整

中心城是北京政治、文化等核心职能和重要经济功能集中体现的地区。其范围包括旧城（中心区）以及包括回龙观地区、北苑北地区、望京在内的10个边缘集团和绿化隔离带地区，其面积约1085平方千米。中心城是国家政治中心、文化中心、国际交流中心、金融管理中心、教育科研中心，同时具有服务全国的会展、旅游、体育、医疗、商业等功能。

现有中心城功能过于庞杂和过分集中，既有第三产业，也分布着不少的第二产业，人口也过于密集，发展空间已经饱和，需要根据中心城功能定位，进行城市功能调整，迁出不适宜的产业，鼓励迁出人口，腾出空间发展新的产业。

1. 中心区

以整体保护和有机更新为调整方向，提高文化品质，全面落实对文物建筑、历史文化保护区的保护措施，依法有序地对中心区进行积极的保护和更新；逐步改善城市基础设施，提高居住环境质量；有计划地疏解中心区人口，逐步降低中心区人口总量和人口密度。为此要控制中心区建设总量，今后不再进行重点的超强度的建设，控制大型公共及商业功能的大体量、超高度的建筑，也不再安排大型的行政办公设施，可考虑在新城适当地方预留行政办公用地。位于旧城区内的现有小商品市场也应逐步迁出中心区。

中心区内东城、西城、崇文、宣武四区的功能定位如下。

东城区：北京政治中心的主要载体，全国性文化机构集聚地之一，传统文化旅游地区和国内知名的商业中心。

西城区：国家政治中心的主要载体，国家金融管理中心，传统风貌旅游地区和国内知名的商业中心。

崇文区：北京体育产业集聚区、都市商业区和传统文化旅游、娱乐地区。

宣武区：国家新闻媒体聚集地之一，宣南文化发祥地和传统商业区。

2. 中心外缘区

该地区是1949年以来发展起来的以传统工业为主的地区，包括北京在新中国成立以前的老工业区石景山钢铁厂、清河制呢厂以及20世纪50至70年代发展起来的通惠河工业区、酒仙桥等工业区。根据新的城市规划要求，中心外缘区首先应对传统工业进行调整，90 年代以来对该区域工业调整力度日益加大，如北京机床厂、北京起重机厂、首都钢铁公司、北京焦化厂、北京棉纺集团等一大批传统工业均已停产或搬迁，使北京的工业结构发生显著的变化。北京原有的工业以钢铁冶金、石油化工和机械分别居前三位，经过多年的调整搬迁，现已被电子信息产业、光机电产业、食品饮料产业所代替。但从城市功能定位要求，还需对现有的传统工业进行改造调整。其次是仓储、物流设施的布局调整，规划在四环路及五环路附近建设为中心城服务的物流园区。第三，对部分行政办公、教育、科研、医疗等设施的部分职能也应进行调整和有机更新，积极引导人口向边缘集团和新城转移。第四，郊区新建大型居住区应进行功能配套建设，城市服务设施应基本配套，并从区域角度，为居民创造就近就业的机会。

中心外缘区的朝阳区、海淀区、丰台区、石景山区及门头沟区的功能定位如下。

朝阳区：国际交往的主要窗口，中国与世界经济联系的重要节点，对外服务发达地区，现代体育文化中心和高新技术产业基地。

海淀区：国家高新技术产业基地之一，国际知名的高等教育和科研机构聚集地，国内知名的旅游、文化、体育活动区。

丰台区：国际、国内知名企业代表处聚集地，北京南部物流基地和知名的重要旅游地区。

石景山区：与门头沟区共同构成城市西部发展带的重要节点，是城市综合服务中心之一，也是文化娱乐中心和重要旅游区。

3. 中心城打造新的 4 大功能区

（1）中关村科技园区，中关村科技园区包括 7 个园区，其中除了昌平、丰台和亦庄科技园区不在中心城外，主要的科技园区海淀园、电子科技城、德胜园和健翔园均在中心城内。至 2005 年中关村科技园招商数已达 28178 个，项目总资产达 8009.8 亿元，完成的产值为 2611.11 亿元，科技人员达 22.7 万人，其规模在国内首屈一指。今后将继续大力发展，突出自主创新能力，全面创造世界一流及领先的科技水平。

（2）商务中心区（CBD）。北京 CBD 交通四通八达，发展条件十分优越，经过多年来的发展，现已打下较好的基础。它集中了北京最主要的国际商务设施，也集中了全市大部分高档的写字楼、宾馆、酒店和市场主要研究公司。随着北京向国际化大都市发展，将更加有力地推动 CBD 的发展，客观上也要求加强 CBD 的建设。

(3) 金融街。金融街聚集了全国性金融机构总部、大企业总部、现区域内企业管理总资产达 18 万亿元，管理中国 16 万亿元金融资产，控制着全国 90% 的信贷资金和 65% 的保费资金运转，随着我国经济的发展，金融街规模将进一步扩大。

(4) 奥林匹克中心区。依托奥林匹克公园、奥运会主场馆及北京国际会议中心等设施，通过承接国际重要会议、展览和科技活动，以及大型文艺演出和体育比赛，重点发展体育、文化、旅游、会展业，逐步成为具有国际影响力的体育中心、文艺演出中心、会展中心、奥运标志旅游地。

（三）发展新城——疏解中心城人口，集聚新兴产业，带动区域发展

根据北京新版城市总体规划，新城是“两轴—两带—多中心”城市空间结构中两个发展带上的重要节点，承担着疏解中心城人口、集聚新兴产业，带动区域发展的重要功能，在原有卫星城镇的基础上，将发展 11 个新城。

1. 重点发展的新城——通州、顺义、亦庄

(1) 通州新城。北京未来发展的新城区和城市综合服务中心。通州新城的功能包括引导发展行政办公、商务金融、文化、会展等功能，是中心城行政办公、金融贸易等职能的补充配套区。空间上主要向东、向南发展，北运河以东地区是引导发展行政办公、金融商务等功能的重要区域，该地区的规划和建设要高起点、高标准，突出以北运河为纽带的城市形象与文化内涵。

(2) 顺义新城。包括引导发展现代制造业以及空港物流、会展、国际交往、体育休闲等功能。在空间布局上，顺义新城由三部分组成：潮白河以西地区为顺义中心区和现代制造业基地，包括顺义仁和镇、马坡镇和牛栏山镇。天竺空港区包括空港工业区、北京天竺空港出口加工区和后沙峪地区，重点发展高新技术产业和以空港为依托的物流业。潮白河以东地区包括北小营镇和南彩镇，主要为城市远期发展预留空间，适时启动建设。

(3) 亦庄新城。将引导发展电子、汽车、医药、装备等高新技术产业与现代制造业以及商务、物流等产业。在空间布局上由亦庄和永乐地区两部分组成，亦庄在北京经济技术开发区的现状基础上，继续向东南方向发展，大力完善城市的综合服务功能；永乐为城市远期发展预留空间，将在永乐镇的现状基础上主要向西北方向发展，成为京津城镇发展走廊的重要节点。

上述通州、顺义、亦庄三个重点发展新城规划人口规模为70万—90万人，并预留达到100万人口规模的发展空间。

2. 城市功能需要调整的新城

（1）大兴新城。将引导发展生物医药等现代制造业以及商业物流、文化教育等功能。在城市空间发展上，大兴新城将重点向西发展，东部地区结合麋鹿园、团河行宫建设南部郊野生态公园，同时应建设并保护好南中轴沿线地区的绿色开敞空间。

（2）房山新城。将引导发展现代制造业、新材料产业（石油化工、新型建材）以及物流、旅游服务、教育等功能。在城市空间发展上，房山将重点整合良乡与燕山两个组团的用地资源，良乡组团空间上重点向南发展，协调好城镇建设与小清河分洪区的关系。

（3）昌平新城。重要的高新技术研发产业基地，引导发展高新技术研发与生产、旅游服务、教育等产业。在空间布局上，昌平新城由两部分组成：昌平组团，在原昌平中心区基础上东扩发展；沙河组团，结合沙河高教园区建设和传统产业调整改造，适当增加高新技术研发等功能。

上述大兴、房山、昌平三个新城规划人口规模约为60万人。

（4）怀柔新城。将引导发展会议、旅游、休闲度假、影视文化等产业，平原地区发展科技含量高、无污染的都市型工业、现代制造业。空间上主要向东发展，呈组团式布局，协调好城镇建设与水源保护、生态廊道的关系。

（5）平谷新城。京津发展走廊上的重要通道之一，将引导发展都市型工业和现代制造业以及物流、休闲度假等。空间上主要跨泃河向西发展。

（6）密云新城。北京重要的水源保护地，也是国际交流中心的重要组成部分。密云新城将引导发展科技含量高、无污染的都市型工业以及旅游度假、会议培训等。在城市发展空间上，密云新城主要结合现有城镇改造向西、南方向适当发展。

（7）延庆新城。国际交往中心的重要组成部分，是联系西北地区的交通枢纽和国际化旅游休闲区。在城市空间发展上，延庆新城将遵循保护官厅水库及周边自然环境的原则，充分利用山川盆地的空间特点，营造山水相间的生态园林新城。

（8）门头沟新城。将引导发展文化娱乐、商业服务、旅游服务等。

上述怀柔、平谷、密云、延庆、门头沟等5个新城规划人口规模约为15万—35万人。

北京市居住郊区化分布特征及其影响因素*

一、引　言

郊区化是城市发展到一定阶段的产物。西方一些发达国家于20世纪上半叶始出现城市郊区化，早期出于疏散大城市人口的需要，人口外迁成为战后郊区化的第一次浪潮，随后相继出现工业、商业、办公及高新技术产业的郊区化，但居住（人口）郊区化仍是整个郊区化的重要组成部分。长期以来许多学者对居住空间进行了大量研究，并形成许多学派，如生态学派、新古典经济学派、行为学派、空间分析学派、制度学派和马克思主义学派等，以各自的理论研究居住空间分布。自20世纪下半叶以来，随着电讯业和小汽车制造业的发展，城市人口加速向郊区扩展，城市蔓延（Urban Sprawl）、郊区居住分散化问题成为全球性的突出问题。城市蔓延造成土地资源、能源严重浪费和环境污染，如何控制蔓延成为各国政府部门、城市规划界和学术界共同关注的问题，各国政府有关部门主要通过制定土地政策、开展区域空间规划和都市区规划等来控制城市蔓延。有关研究就集中型城市与分散型城市利弊进行比较，研究控制城市蔓延对策，其代表人物彼得·坎索普（Peter Cathope）于1988年提出步行邻里PP（Pedestrian Pocket）、1993年提出交通引导土地开发TOD（Transit - Oriented Development），这些规划理念从都市区规划、新城规划、车站地区规划、新邻里规划等四个不同区域层面来协调大都区的整体发展，倡导建设紧凑型城市，控制城市蔓延，这就是“新城市主义”的城市规划核心思想①。

---

* 本文刊于《地理研究》2006年第1期，合作者张文尝，由马清裕执笔。

① 刘旺等：“国内外城市居住空间研究的回顾与展望”，《人文地理》，2004年第3期；张庭伟：“控制城市用地蔓延：一个全球性的问题”，《城市规划》，1999年第12期；徐海贤等：“国外大都市区空间结构及其规划研究进展”，《现代城市研究》，2002年第6期。

我国城市郊区化发展要比西方发达国家落后半个世纪。随着我国社会经济的发展，1980 年年初在东部经济较发达地区城市化加速推进，并在北京等大城市开始出现郊区化，20 世纪 90 年代以来城市加速向郊区扩展。北京是郊区化较快的城市之一，研究者也较多，有应用人口普查资料对北京郊区化进行的研究；有应用地理信息系统，从城市土地利用变化角度研究北京郊区化扩展；有以房地产开发建设为基础资料研究北京居住区空间分布；有利用历史资料研究北京百年以来城市空间扩展特点；还有通过居民问卷调查，根据居民空间行为研究北京内部迁居与相关空间行为的关系①。至于“新城市主义”的规划理论，目前我国尚处于研究阶段，少见之于实践应用。

二、北京居住郊区化空间分布特征

受经济发展、交通建设、城市布局及自然环境等诸多因素的影响，北京居住郊区化分布具有以下特征。

（一）沿中心城外缘由近及远呈环状向外推进

北京历史上城市空间结构呈圈层式扩展，与城市空间结构相适应，城市道路呈环形与放射形相结合的交通网络，居住区建设也随着环路的建设向外扩展。

北京 1949 年以前城市建成区基本在二环路以内，新中国成立后，随着经济社会的发展，城市向四周扩展。20 世纪五六十年代除了一些在郊区新建工业区相应形成的居住区外，城市总体上居住区发展仍是由里向外逐步扩展。这一时期主要在二环至三环间发展，代表性的居住区如百万庄、三里河、真武庙、和平里、垂杨柳等。20 世纪 70 年代居住区的开发仍然在三环以内，如劲松、左家庄、刘家窑、魏公村、马连道等，少数在三环外，如北大地、古城北等。20 世纪 80 年代北京进入了郊区化发展阶段，但人口迁移主要在中心城区边缘地带，居住区建设也基本上在三环以内，如西坝河、方庄、潘家园等，部分居住区建设在三环外，如马家堡、祁家豁子等。20 世纪 90 年代居住郊区化速度加快，并扩展到四环外，后期已扩展到五环外，如望京、天通苑、回龙观等大型居住区。进入 21 世纪以来，居住区建设向外拓展的速度进一步加快，如 2001

① 冯健等：“1990 年代以来北京郊区化的最新发展趋势及其对策”，《城市规划》2004 年第 3 期。

年四环以内新开楼盘占全市51.9%，四环外占48.1%，至2004年四环以内比重下降为47.0%，四环外比重上升为53.0%，其中五环外占31.1%。新世纪以来北京居住郊区化重点由中心外缘区逐步转向通州、大兴、顺义等近郊区（表1）。

表1　北京市各环路新建楼盘比重变化

环　路	2001年		2004年	
	新楼盘数（个）	比重（%）	新楼盘数（个）	比重（%）
二环内	67	9.0	72	6.8
二、三环间	143	19.3	173	16.5
三、四环间	174	23.5	249	23.7
四、五环间	138	18.7	230	21.9
五环外	214	29.5	327	31.1
总　计	740	100.0	1051	100.0

资料来源：北京新浪房产网 bjhouse.sina.com.cn 提供资料整理。

（二）沿向外辐射主干道居住带的发展

北京居住郊区化，受交通主干线的影响，在圈层式扩散的同时，在向外辐射交通主干线的两侧已形成或正发展多条重要居住带，主要有老四带（京昌路、安立路、机场路、京通路）、新四带（京承线、京沈线、京津线、京开线）。

京昌（平）路居住带。由四环路起算（以下各线同）沿线已形成苇子坑、南沙滩、北沙滩、清河、小营、西三旗、回龙观等居住区，是发展相对成熟的居住带。由于地处城市上风上水，环境好，交通方便，距中关村、上地等科技产业基地近，20世纪90年代以来沿线新建大量住宅，其中不少属经济实用住宅，如回龙观等。

安（慧桥）立（水桥）路居住带。已形成安慧里、亚北、北苑、立水桥、天通苑等居住区，该地带土地资源较充足、环境好，靠近奥运村，是20世纪90年代以来发展最快的居住带之一，现有城铁13号线穿过。随着奥运村的建设，将带动该地带的建设。

机场路居住带。沿线已形成酒仙桥、望京、东郊农场等居住区。该地带邻近CBD和天竺工业园区等，现有城铁13号线穿过，规划将建机场轻轨。近年新建楼盘较多。

京通（州）路居住带。现有八里庄、十里堡、甘露园、定福庄等居住区。该居住带西靠CBD，东与规划重点建设通州新城相连。由于京通快速路和地铁八通线相继开通，极大地促进沿线居住区的建设，近年来新楼盘如雨后春笋般的涌现。

京沈（阳）线居住带。现有岱头居住区。沿线土地资源较丰富，邻近CBD、通州和亦庄等新兴产业基地，是至唐山、北戴河、秦皇岛等地的主要通道，发展前景广阔。

京津线居住带。现有亦庄等居住区。亦庄是国家级高新技术开发区，近年发展迅速并带动房地产业的发展。受开发区的影响，其周边（尤其是四、五环间）居住区建设正日益显示发展的势头。

京开（封）线居住带。近年随着京开高速的开通，沿线居住区发展很快，在新发地、西红门、大兴工业开发区等地新建了一批居住区。京开线是中心城与黄村新城最重要的交通干线，沿线土地资源较丰富，绿化好，未来将有较大发展。

京承（德）线居住带。尚在建高速路，现有来广营居住区。该线环境好，土地资源较丰富，近几年新建了一些高档别墅区。随着京承线的全线建成，沿线居住区将加快发展。

（三）大量新建居住区规模较小，分布分散，少数居住区规模较大①

近年来北京市新建居住区数量不断增加，但规模日趋小型化②，如2004年新开楼盘93项，比上年增加40多个，其中普通住宅楼盘规模普遍偏小，20万平方米以下的楼盘占68.75%。2004年在售楼盘达1641个，其中100万平方米以上的楼盘不到20个③。形成上述特点一是体制原因，房地产投资体制的多元化，建设企业日益增多，必然产生分散状况。另一原因是土地的分散性，随着房地产业的发展，连片大面积可用地已越来越少，一般的开发商难以征到大片土地。但根本的原因在于缺乏全面统筹规划和管理。居住区小而分散不利于公共服务设施的配套建设和公共交通运营组织，也不利于节约土地和能源。

在大量小型居住区发展的同时，20世纪90年代以来在郊区建设了一些大

① 广义的居住区空间分布应包括居住区地域分布、规模、功能和类型分布。

② 居住区规模没有统一标准，一般认为建筑面积不足100万平方米的应属中小型居住区。

③ 罗语萍：“北京社区的‘中国气势’”，《北京晚报》，2004年6月18日。

型居住区，例如方庄、望京、天通苑、回龙观等。

方庄居住区。20世纪90年代初建成，现由6个社区组成，总建筑面积302万平方米，居住人口7万人。该组团地处南二环与南三环间，交通十分方便，未来地铁5号线、10号线、亦庄支线在此交会，出行更为方便。社区公共服务设施配套齐全，有市级大型医院、大型超市、中小学，属成熟社区。

望京居住区。位于东北四环与五环间，其东北有京承高速、东南有机场高速，城铁13号线从西部通过。1996年始建，住宅建设已超过1000万平方米，大多为高层建筑，是北京最大的居住区之一，入住人口约14万人。该区西南靠CBD，东靠顺义新城，区位优越，规划将建机场地铁线，发展前景好，规划人口30万人。

天通苑居住区。位于立水桥之北，距亚运村7千米，是北京市重点建设经济适用房之一，始建于20世纪90年代后期，已建成南苑、东苑和西苑三个小区，总建筑面积600万平方米，入住人口11.0万人，另有中苑、北苑正建。规划人口18万人。天通苑距13号城铁较远，又没有高速路，并且在其主要出行路口处，受立水桥、北苑等居住区的拥堵，出行极为困难，今后地铁5号线的建成可基本解决该处的交通问题。

回龙观居住区。位于京昌路东侧，始建于20世纪90年代中期，以经济适用房为主，是旧城改造搬迁基地之一，不少人在中关村和上地科技园区工作。规划总建筑面积1000万平方米，分六期建成，规划人口30万人。现已建成1—3期，入住人口14.5万人。

（四）新建居住区功能单一，就业岗位少，公共服务设施不配套

北京自20世纪90年代以来在郊区新建的大型居住区功能十分单一，就业岗位很少，公共服务设施不配套，上班、上学、看病、游乐都要进城，形成非常典型的“睡城”。

首先是就业问题，调查表明，居民就地或就近就业的比例比较低，如天通苑就地（在本居住组团）就业人口比例只占问卷总数的3.7%，最高的望京也只有12.9%。就近上班（在本地区内），天通苑只占2.8%，最高的望京占52.7%，因为靠近CBD。到相邻地区较远距离上班，望京占21.5%、方庄占40%、回龙观占56.1%。到邻区以外远距离上班，望京占21.5%，其余方庄、天通苑和回龙观等约占三分之一。（表2）

表 2　　北京郊区新建居住区居民上班地点比重

居住区名称	有效问卷（份）	本居住区（%）	所在地区（%）	相邻地区（%）	邻区外主要地区（%）
方　庄	100	12.0	19.0（丰台）	40.0（朝阳25.0，崇文15.0）	29.0（海淀9.0，西城5.0，东城3.0，石景山3.0）
望　京	93	12.9	52.7（朝阳）	21.5（东城12.9，海淀8.6）	12.9（崇文3.2，西城2.2，宣武2.2）
天通苑	102	3.8	1.9（昌平）	60.4（朝阳41.5，海淀18.9）	33.9（东城11.3，西城5.7，丰台3.7，崇文2.8，顺义2.8）
回龙观	107	6.5	4.7（昌平）	56.1（海淀40.2，朝阳15.9）	32.7（西城13.1，崇文5.6，东城4.7，通州2.8）

资料来源：根据本课题2004年问卷调查资料整理。

在公共服务设施建设方面，上述四个居住区中除方庄建设较早、公共服务设施配套建设较好外，其余居住区配套建设较差。其中对居民影响较大的是教育和医疗。近年来虽然各区发展了一些民办的教育和医疗机构，但规模小、质量差，居民对其信任度低，而公办的教育、医疗机构数量很少，且水平不高，因此，看病上学都要到城里（表3）。

表 3　　北京郊区新建居住区公建配套建设状况

居住区	建设年代	居住人口（万人）	教育机构（公办）		医疗机构（公办）			休闲活动场所	商、饮、邮、金融、环卫
			小学（所）	中学（所）	社区医院（所）	区级医院（所）	市级医院（所）		
方庄	20世纪90年代初建成，成熟社区	7.6	4	3	1	0	1	社区体育公园	已配套
望京	20世纪90年代中期始建，现发展中	14.0	若干所	1	1	0	1（分院）	社区公园	未配套
天通苑	20世纪90年代后期始建，现发展中	11.0	若干所	1	1	0	0	缺	未配套
回龙观	20世纪90年代中期始建，现发展中	14.5	若干所	1	1	1（农场办）	0	社区公园	未配套

资料来源：根据本课题组2004年实地调查资料整理。

由于就业岗位少、公共服务设施不配套导致大量人群长距离通勤上班、上学、求医。据对四个居住区居民的问卷调查，方庄居民在路上1小时以内的占42.4%，而望京、回龙观居民分别占38.9%和33.3%，天通苑居民则只占25.3%。上述四个居住区路途时间超过1小时的比例统计分别为57.6%、61.1%、66.7%、74.7%。一般说，路途时间超过1小时对工作和生活影响较大。因此这些居住区交通问题对居民正常生活产生较大的影响。

（五）居住区类型区域化趋势日益明显

北京经济的发展和住房制度的改革，导致居住区类型的多样化。自20世纪90年代末以来，除了普通商品房外，经济适用房、高档公寓、别墅、商住写字楼等发展也较快，1999年竣工面积比重分别是普通商品房74.7%，经济适用房15.5%，公寓、别墅6.1%，商住写字楼3.7%。

各类居住区分布具有不同特点。从2003年居住区竣工面积来看，普通商品房主要在四、六环间，其中五、六环间占28.5%，四、五环间占21.9%，六环外占15.5%。分布区域主要集中在东部，其中朝阳区17.9%，东城9.0%，通州6.6%，顺义4.5%；其次是南部，其中丰台11.3%，大兴9.6%；北部也占一定比例，其中海淀12.9%，昌平5.3%。

经济适用房主要供应旧城拆迁户及低收入阶层，主要分布在房价较低而交通尚算方便的五、六环间，其比重达79.2%，其次是四、五环间，占11.2%。六环路以外，虽然房价较便宜，但受交通限制，经济适用房比重很低，只占1.3%。公寓主要分布在中关村科技园区、CBD及金融街等地区及其周边区域。别墅主要分布在居住环境好、人口密度较低的区域，如北京西山、北部小汤山、东部温榆河、潮白河沿岸等地。

三、居住区空间分布相关因素分析

居住区空间分布受多种因素制约，主要有可利用土地资源及地价、新兴产业分布、城市交通网、人居环境等。居住区空间分布状况是上述多种因素综合作用的结果。

（一）可用地资源与地价

土地资源是制约居住区开发的基本因素，北京居住郊区化加速发展与中心城区可用土地资源日益紧缺有着密切的关系。中心城区人均用地只有41平方米，只相当于国家规定的城市建设用地指标下限的54%—68%。多年来中心城区建设用地主要靠旧城改造中腾出的土地，现四环路以内可用地资源已很少，城市建设主要向外围发展。

可用土地资源对居住区空间分布的影响主要通过地价体现。根据2002年北京市人民政府颁布的土地价格文件，全市居住用地共分10级，其地价以旧城区为中心，由里向外总的趋势由高到低。虽然其间受交通、产业、城市配套设施等布局影响，处于同一环路的不同区位，地价高低也有些不同，例如CBD地区、中关村科技园区等的地价要比同一环路的其他地区高，北四环、北五环比南四环、南五环高等，但上述分布总趋势并未改变，一环以内（旧城区）地价为一级，一、二环之间为二级，二、三环间为三级，三、四环间为四级，四、五环间为五级，一级地价比五级地价要高4.4—5.7倍。地价是影响房价的主要因素，地价高房价就高，2003年，二、三环之间房价为7391元/平方米，三、四环间为5919元/平方米，四、五环间为4998元/平方米，五、六环间为3416元/平方米，六环外为2721元/平方米。根据北京市信息咨询中心调研，对广大工薪阶层来说，4000元/平方米左右的房价是可以承受的价格，这个价位大体在五环路内外。这是近年来四环与五环内外住宅发展迅速的主要原因。

（二）现代产业的发展与布局

高新技术产业和现代第三产业的发展有力地带动相邻地区房地产业的发展，不仅是写字楼和商住楼，对住宅的发展也起着极大的促进作用。我国居住区设计规范明确规定，居住区建设的基本宗旨是“有利工作，方便生活”。现代城市规划的基本理念是“功能混合”，即重视就业岗位和城市公共服务设施与居住区的配套建设。

20世纪80年代以来，北京高新技术产业、现代制造业和新兴第三产业发展极为迅速，并形成了若干产业集聚区，如建国门外的CBD、中关村科技产业区、亦庄经济技术开发区和金融街等均是现代产业集聚度较高的区域，这些区域及其周边地区房地产的发展十分火暴，其主要体现在房地产的开发强度高和房屋的增值。以CBD及其周边地区商品房的发展为例。北京CBD位于朝阳区东三环与建国门外大街汇地区，其核心区北起朝阳北路及朝阳路，南抵通惠河，东起西大望路，西至东大桥，方园4平方千米范围内集中了企业1895家

（其中外资企业570家），经济增加值32.3亿元（2002年），从业人员7万余人，这样大的经济实体极大地带动了本区及周边地区商品房的发展。近几年来在CBD核心区及其辐射区域新建了大批商品房，其影响范围远达东部通州区，尤其是八通线建成后，不少在CBD工作的人员在通州区购房居住。从CBD不同影响范围所形成的房价差异也可以说明其对商品房发展的影响程度。根据2004年一季度部分楼盘房价，在CBD核心区内，写字楼和公寓房价比全市同一环路的平均房价高出6.8%，在CBD强辐射区（东三、四环路间）商品房房价比全市同一环路的平均房价高出23.1%，中辐射区（东四、五环间）高出10.2%，弱辐射区（东五环外）高出15.6%（表4）。

表4　　北京CBD辐射区与非辐射区房价比较

CBD影响区域	楼盘类别	CBD影响区部分楼盘均价（元/m²）	同一环路均价（元/m²）	CBD区域房价比高（%）
CBD核心区（东二、三环间）	公寓、写字楼①	14500	13580	+6.8
强辐射区（东三、四环间）	商品住宅	9470	5919	+23.1
中辐射区（东四、五环间）	商品住宅	5508	4998	+10.2
弱辐射区（东五环外）	商品住宅	3948	3416	+15.6

资料来源：（1）北京展力文化发展公司，北京楼市全图2004年4月。
（2）北京新浪房产网bj. house. sina. com. cn，北京楼盘房价2004年4月。

（三）城市交通网建设布局

城市交通和居住区的发展是相互促进、相互制约的关系。北京20世纪90年代以来居住郊区化迅速发展与城市交通的发展密不可分，尤其是新世纪以来，城市四环、五环相继开通，现正加紧建设六环路。与此同时，向外辐射的京开、京承（北京段）高速路、城铁13号线和地铁八通线先后建成运营有力地促进了沿线居住区的发展。

城市交通的发展促进了居住区建设向外扩散，例如五环路开通前的2001年，四五环间新建楼盘为138个，五环外为218个；而五环路开通后的2004年，四五环路间新建楼盘230个，五环路外新建楼盘327个，分别比2001年增加了66.7%和50.0%，说明交通的发展对居住区的建设起着重要的作用。

---

① CBD核心区内新建的基本上是公寓、写字楼。

城市交通的发展对居住区发展的另一作用是提升了沿线住宅的价格。首先是交通沿线地区房价的整体上升，如八通线建成通车后，中心城东部地区与通州区联系十分方便，在通州区购房者中约有60%的人在中心城区工作，使通州区住宅市场十分火暴，导致通州区整体房价比八通线通车前上升20.0%①。另外，居住区与交通线距离不同，房价的差异也很显著。据作者对八通线沿线一些站点调研，普通住宅随着距离车站的远近房价不同，距车站越远，房价越便宜。例如紧邻果园站的苏荷雅居房价为4100元/平方米，距车站0.3千米的新华联家园为3500元/平方米，距车站0.5千米的格瑞雅居为3180元/平方米，距车站1.0千米的靓景明居为3000元/平方米（表5）。

表5　　居住区与八通线车站距离对房价的影响

管庄站			果园站			九棵树站		
居住区名称	距车站距离（千米）	房价（元/平方米）	居住区名称	距车站距离（千米）	房价（元/平方米）	居住区名称	距车站距离（千米）	房价（元/平方米）
东一时区	0.9	4400	苏荷雅居	0	4100	世纪龙鼎	1.7	3000
双桥温泉花园	2.3	3520	新华联家园	0.26	3500	旗舰凯旋	2.0	2900
			格瑞雅居	0.46	3180	中泽雅园	2.9	2300
			靓景明居	0.98	3000			

注：资料来源同表4。

（四）人居环境

随着生活水平的不断提高，人们居住观念正发生显著的变化，由生存型向舒适型转变，人居环境成为购房者考虑的重要因素。人居环境包括自然环境、经济环境（就业岗位、公共服务设施配套等）、社会环境（人口密度、居住群体组合、社会治安等）。

目前北京市中心城区人口密度为2.43万人/平方千米，超过城市合理人口密度1万人/平方千米的5倍，这对城市环境有较大影响。人口过密必然导致机动车的过分集中，2003年北京市机动车保有量已超过200万辆，其中三环路以内的出行量占中心城出行量的60%，而二环路以内占47%②。大量的机动车

① “通州走出低价竞争”，《北京晚报》，2004年9月30日。

② 马清裕等：“大城市内部经济、人口空间分布对城市交通的作用”，《经济地理》，2004年第2期。

尾气是城市大气污染的重要来源之一。中心城区居住环境不佳是人们外迁的重要原因之一。

自然环境优美、人口密度低，这是理想的人居环境。但现实的人居环境还要结合考虑交通条件等因素。因此目前北京市建设的别墅区大都在环境好、人口密度较低而又交通条件好的地方，如上面提及的西山、小汤山、温榆河、潮白河两岸以及京承高速沿线。高档公寓则更注重环境与就业是否近便。如近年环绕朝阳公园高档公寓的发展。对于普通商品房则要兼顾环境与公共交通，主要在四环及五环路内外。

（五）综合因素

上面分别阐述了影响商品房空间分布的四个主要因素，通常这些因素是综合发生作用，但不同人群购房时考虑因素侧重点有所不同，例如对广大工薪阶层来说，交通方便、房价适宜是考虑的主要因素；对离退休人员主要考虑房价及居住环境状况；而对于经济收入高、有私家车的人群则主要考虑居住环境和配套设施。据我们问卷调查，如天通苑居住人群中工薪阶层比例较大，购房时房价是主要考虑因素，占各影响因素总和的48.7%，其次是交通，占10.3%。而望京的居住人群中在CBD工作的人较多，收入较高，购房时考虑区位因素较多，占15.2%，其次是房屋质量，占15.2%，第三是居住环境，占14.7%。说明不同人群考虑因素侧重点有所不同（表6）。

表6　　各项因素对居民购房行为的影响程度

居住区名称	有效问卷数（份数）	以有效问卷为100（%）	位置（%）	房价（%）	交通（%）	周围环境（%）	社区设施（%）	房屋质量（%）	社会治安（%）	居住群体（%）	其他
方庄	98	100	20.7	9.0	17.0	15.4	8.5	3.7	2.1	6.4	17.2
望京	95	100	15.2	13.9	11.3	14.7	11.3	15.2	6.1	7.8	5.5
天通苑	103	100	10.3	48.7	7.7	8.2	6.2	6.2	2.6	4.6	5.5
回龙观	96	100	11.4	36.7	8.9	18.0	13.5	4.2	3.0	4.3	0

资料来源：根据2004年本课题组问卷调查资料整理。

四、居住郊区化空间分布趋势

未来居住区空间分布变化趋势受影响居住区诸因素变化的制约。首先是土地资源的影响，北京四环路以内建设已基本饱和，今后主要是利用旧城改造中腾出的数量有限的土地进行建设，并且代价大，地价高昂。近期，大量居住区建设只有向五环内外发展。依北京自然环境特点，城市北部和西部已接近燕山和太行山山脉，可用地不多，且处上风上水，是城市生态涵养区，不宜大量用于城市建设。从土地资源供给、产业布局和交通发展趋势分析，东部和南部郊区将是未来北京居住区发展的重点区域。该二区域地势平坦开阔，可用地资源较丰富，是北京产业发展和新城建设的区域（如顺义、通州、亦庄、黄村）。在交通方面，北京多条高速路从东部和南部出口，还有城铁 13 号线和八通线，六环路也即将建成，交通比较方便，发展条件较好。

从购房者意向分析，当前作为主体的工薪阶层购房愿望是房价适中、交通较方便，目前符合这一愿望的是五环路两侧，它处于中心城区与郊区规划建设的新城之间，起着“承内启外”的作用，是近期居住区建设的热点地区。在中远期，随着郊区新城产业的发展，将带动房地产的发展，在东部和南部六环路两侧地带将是居住区发展的重要地区。此外，在六环路以外多条高速路两侧也将是高级居住区的发展地带。

五、结　语

（1）城市蔓延是世界居住郊区化过程中普遍出现的问题，北京也不例外，北京郊区居住区发展规模普遍偏小，分布分散。郊区化蔓延造成土地、能源严重浪费和环境污染，也不利于城市公共服务设施配套建设和公共交通的组织运营。我国人多地少，土地资源紧缺，能源不足，城市交通拥堵，郊区分散化带来的危害更大。北京出现郊区居住区发展分散化有多方面的原因：从建设体制看，房地产投资体制多元化，住宅开发商数量多；在交通条件许可范围内可利用土地资源较零散，缺乏适宜建设大型居住区的用地条件；但更重要的原因是规划和管理问题，国外近十几年来比较重视控制城市蔓延，从政策到规划措施，倡导建设紧凑型城市，规划由都市区规划—郊区新城规划—车站邻里规划—新邻里规划等相互衔接的规划体系组成，从不同区域层面控制城市蔓延，收到较好效果。北京虽然也开展了市域规划、新城规划和居住区规划，但未形成规划体系，彼此衔接不够，且缺乏从控制城市蔓延出发的专项规划。因此，需要根据本市的实际、借鉴国外经验，加强这方面的研究和规划实施。

（2）北京居住郊区化的另一突出问题是居住区功能过于单一，重现国外郊区化早期出现的“睡城”。居住区功能过于单一，就业岗位少，服务设施不配套，势必出现大量通勤上班、上学、外出购物、就医、游乐人群，不但不能减轻中心城负担，反而会增加交通压力。因此，自20世纪中叶以来国外城市郊区化致力于建设功能混合、具有独立性较强的新城，对减轻中心城压力起到良好的作用。北京郊区新建居住区大多规模小，公共服务设施难以配套，即便规模较大的居住区，由于距中心城较近，对中心城依赖性大，影响了公共服务设施配套建设。因此北京未来应大力建设功能混合的新城，对现已形成的大型居住区应进行公共服务配套建设，对大量分散的小型居住区，应通过郊区规划，在适当的中心地区建设服务中心，为其周围的居住区服务。

(3) 郊区化的生态环境问题。北京居住郊区化的基本特点，一是沿各环路向外扩散，二是沿向外主干道呈带状向外延伸。由于北京在各环路间实施绿化隔离带措施较晚，且对绿带实施监督不力，以致绿地不断被侵占，使北京中心城不断向外延伸，出现摊大饼现象。另外，向外辐射的各条居住带、居住区之间也缺乏绿带隔离，使各居住区逐渐连成一片。因此，应加强对绿带的管理监督，应制定绿带法，从而改善郊区的生态环境。

关于福州、厦门、泉州等市市辖区调整规划的建议*

20世纪80年代以来，福建省福州、厦门、泉州等大城市社会经济发展极其迅速，城市郊区化加速向外扩展，而中心城市行政区划多年没有进行调整，形成了行政区滞后于城市社会经济发展的状况，给城市发展带来不利的影响，需要及时进行行政区划调整。

市辖区调整应遵循以下基本原则：

①市辖区设置与城市社会经济发展相协调，有利于促进生产力和社会进步全面、均衡、持续、健康地发展；

②市辖区设置应根据地理、社会历史特点、交通联系方便性等条件，合理确定行政区范围，以利于国家各级政府行政管理，群众参与和监督；

③市辖区设置应有利于社会安定团结；

④市辖区设置应有前瞻性，远近结合，有计划有步骤地进行；

⑤市辖区设置应遵循国家关于市辖区设置标准。

一、福州市市辖区调整规划建议

福州市地处福建省东部闽江下游，是福建省省会，是全省政治、经济、科技、文化、教育的中心，也是我国历史文化名城和著名侨乡。该市港口资源和旅游资源丰富，外向型经济发达，改革开放以来城市社会经济发展十分迅速，经济实力有很大增强。现辖5个市辖区、2个县级市及6个县。全市土地面积11968平方千米，总人口656万人，其中市辖区土地面积1036平方千米，人口224万人。

* 本文为福建省民政厅委托课题《福建省大中城市市辖区及乡镇行政区划调整规划研究》（蔡建明、马清裕负责）的部分成果，由马清裕执笔，2005年。

（一）市辖区调整的必要性

1. 建设海峡西岸经济区，做大做强省会中心城市的需要

作为福建省省会和海峡西岸主要中心城市，客观上要求增强城市经济实力，壮大城市规模，提高城市吸引力和辐射力。当前福州市无论经济实力、城市规模及城市基础设施等方面均与客观要求不相适应，在沿海 8 个省会城市中，GDP 总量和人均值均居第 6 位，仅高于南宁市和海口市。在全国 26 个省会城市中，土地面积及人口规模均居 20 位，GDP 总量居 12 位。因此，需要采取强有力措施，包括行政调整，尽力促进福州市社会经济更快的发展。

2. 加强闽江口区域统一规划及宏观调控的需要

随着闽江口区域社会经济和城市的迅速发展，区域中心城市与各市县之间社会经济联系日益密切，关系错综复杂，需要加强协调与管理：

（1）闽江下游水源保护，两岸环境整治，沿江各港区的开发、利用及各港区分工协作；

（2）闽江口区域产业分工与协作，加强中心与周边闽侯、长乐、连江等市县的整合；

（3）闽江口区域城镇密集，需要加强城镇间大型区域性基础设施与服务设施的整合。

3. 随着福州中心城郊区化加速向外扩展，城市可用地不足的问题日益突出

改革开放以来福州市经济增长迅速，1990—2003 年福州市 GDP 增长 13 倍，人口增长 28.6%（户籍人口），城市用地以每年 2 平方千米向外扩展，而行政区没有变动，以致城市可用地越来越少。根据福州市城市总体规划，至 2020 年中心城区人口将达到 350 万人，比现状人口增加 56.0%。另一方面旧城改造还需大量用地，现有旧城区人口密度很高，某些街道已高达 4 万人/平方千米，需要外迁，而现有城市可用地很少，只有通过市辖区调整，扩大城市发展空间，才能满足城市建设用地的需要。

4. 理顺城市行政区划体制的需要

随着城市向外扩展，不少产业已跨出中心城行政区边界，形成了产业布局与行政区不一致的状况，如在闽侯县境内分布有上街大学城、青口汽车城、乌龙江西岸大型住宅区等。在长乐市有国际机场、大型电厂等。以致在城市治安、户籍、环境管理、市政基础设施及服务设施配套建设、产业布局等各搞一套，重复建设或互相依赖、等待观望。因此，多年来，广大干部和群众热切盼

望尽早扩大辖区范围。

（二）市辖区调整规划建议方案

国家自然科学基金重点课题《中国沿海城镇密集地区空间集聚与扩散研究》对都市化区域划分的标准，可作为划分市辖区的依据。该划分标准有两个基本条件：（1）城市化水平较高，国内生产总值（GDP）中非农产值在75%以上，以及非农业劳动力占总劳动力在60%以上；（2）与中心城区在地域上直接毗邻，且与中心城区社会经济联系密切。按此划分标准，首先闽侯县和长乐市经济实力强，城市化水平高，非农产业产值占GDP总值分别达到89.3%和85.0%，乡村非农产业劳动力占乡村总劳动力也分别达到61.4%和73.0%。其次，闽侯县和长乐市与福州市中心城联系密切，已成为福州市中心城功能不可分割的组成部分。自1990年以来，中心城在“东扩、南进、西拓”的城市空间发展战略指引下，中心城产业加速向闽侯县和长乐市扩散，现代制造业、高等教育机构、房地产业、城市基础设施建设已扩展到闽侯县和长乐市境内。最后，中心城与闽侯县及长乐市之间人们的语言、风俗、生活习惯相同，不少还有亲缘、血缘关系。此外，市县整建制调整，有利于社会安定团结，有利于先进地区带动后进地区的发展。

据上述分析，我们建议将长乐市和闽侯县改为市辖区。福清市虽也达到市辖区标准，但如果将福清市划为市辖区，则福州市市辖区面积过大，不利于行政管理，也与福州市目前经济实力不相适应。按此方案，福州市中心城共有7个市辖区，除现有5个市辖区外，建议新增闽侯和长乐两个市辖区，土地面积3866平方千米，人口284万人（2003年），建议方案如表1所示。

表1　　福州市中心城市辖区调整规划建议方案

辖区名称	土地面积（km^2）	现状总人口（万人）（2003年）	现状与规划
市辖区现状	1015.0	157.0	现状
鼓楼区	37.0	49.0	现状
台江区	18.0	31.0	现状
仓山区	139.0	37.0	现状
马尾区	254.0	15.0	现状
晋安区	567.0	25.0	现状
市辖区规划	2851.0	128.0	
长乐区	718.0	67.0	近期规划
闽侯区	2133.0	61.0	近期规划
规划期末中心城合计	3866.0	285.0	

资料来源：《福建省统计年鉴2004》。

（三）有待研究解决的问题

1. 关于连江行政区划问题

从自然地理单元看，闽江口地区应包括闽侯、连江二县和长乐市，从区域完整性出发，连江县应是福州中心城的组成部分，但目前连江县城市化水平还不太高，非农产值及非农劳动力比重均未达到都市区标准，整县改为市辖区目前尚不成熟，但与福州市接壤的琯头镇城市化水平较高，与福州市中心城联系也较密切，连江县是否可划入福州市，其利弊如何，对连江县有何影响，尚需进一步研究。

2. 关于鼓楼区与台江区合并问题

这两区土地面积均较小，分别只有37平方千米和18平方千米，但人口较密，分别达到49万人和31万人，两区合并，人口达到80万人，人口数量偏多，城市管理难度大，因此需专门研究权衡利弊，再作确定。

二、厦门市市辖区及市辖县调整规划建议

厦门市位于福建省南部、九龙江入口处、濒临台湾海峡，面对金门诸岛，地理位置极为重要。厦门市也是我国东南沿海重要港口、经贸和旅游城市、著名侨乡、经济特区和计划单列城市。改革开放以来，厦门市充分发挥地理区位、港口资源、旅游资源以及华侨众多的优势，大力发展外向型经济，社会经济发展十分迅速，港口运输、外经贸、旅游业在我国沿海城市中居重要地位。现辖六个市辖区，土地面积1569.3平方千米，常住人口217万人。

（一）市辖区及市辖县调整的必要性

1. 祖国统一大业和发展台海经贸业的需要

厦门与台湾隔海相望，历史上来往密切，具有特殊的关系。为了祖国统一大业和发展台海关系的需要，厦门市应继续壮大自身实力，提高竞争力和吸引力，目前厦门市经济实力仍偏小，在全国15个副省级城市中，GDP总量排在最末一位，与原来基础同样较差的宁波市相比，GDP总量只及其42.5%，这与城市的地位很不相称，也不利于对台交往。因此厦门市应从多方面创造条件，包括行政区划调整，促进厦门市更快发展。

2. 加强九龙江口区域开发、环境整治及宏观调控

九龙江口区域是福建省重要的经济核心区之一，是以深水港资源开发为基础发展起来的港口、经贸业、现代制造业、旅游业及创汇业农业的外向型经济重要基地。由于经济、行政区划体制等问题，该区域在港口资源开发利用、港口分工与合作、产业合理布局、九龙江下游防洪及水源保护、海湾地区环境整治等方面存在许多错综复杂的矛盾与问题，特别是在行政区边缘地带，如厦门市海沧区与漳州市龙海市角美镇边境交界处，在产业布局、市政设施及环境、治安等方面存在不少问题。需要统一规划，加强协调与管理。

3. 城市用地紧缺，限制了城市的合理发展

厦门市人均国土面积为 7.23 平方千米，在全国 15 个副省级城市中是人均国土面积最小的城市之一，如果扣除不宜建设的山地和生态环境用地，可建设用地十分有限。多年来因土地紧缺，对招商引资和旧城改造产生一定不利影响。为了解决用地不足，长期以来围海造地对生态环境和航运的影响也值得注意。随着城市的发展和人口的增长，用地缺乏的矛盾将更加突出，必须通过扩大行政区面积才能解决。

4. 改善城市供水的安全性和可靠性

厦门市是一个缺水城市，城市自身的产水量很少、城市绝大部分用水主要靠九龙江北溪及其支流来水，其供水量约占厦门全市用水量的 90% 以上，城市自身供水量不足 10%，为了保证该市有稳定可靠的供水来源，需要从行政区划上进行调整，以保证供水安全。

（二）市辖区及市辖县调整规划建议方案

在方案制定过程中曾拟定两个方案进行比较，最终确定以下方案，该方案将九龙江口区域内龙海市角美镇并入厦门市海沧区，漳州市的长泰县划归厦门市市辖县。龙海市角美镇乡镇企业和城郊农业（蔬菜和花卉）较发达，城市化水平较高，与厦门市社会经济联系十分密切，划入厦门市海沧区有利于统一规划、统一管理，有利于该区域产业合理布局和管理协调，有利于九龙江下游水土保持、防洪和海湾地区生态环境整治。改善现有行政边界地带脏、乱、差状况。

如果将漳州市长泰县划为厦门市市辖县，可以解决厦门市的未来城市用水安全。厦门市水源地包括北溪引水渠、石兜水库和坂头水库，其中北溪引水渠是主要水源地，为了保证该市有可靠、清洁的水源供给，考虑在长泰县境内龙

津溪（属北溪水系）建大型水库，由于水库建设过程中的征地、农户搬迁、水库建设及建后水源保护等问题，需要厦门市予以解决，因此有必要将长泰县划归厦门市管辖，但因长泰县城市化水平较低，故将其划为厦门市市辖县。

按该方案调整后，厦门市共有6个市辖区和长泰县，全市土地面积2607平方千米，人口189万人（户籍人口）。拟分期实施，近期将龙海市角美镇并入厦门市海沧区，远期将长泰县划为厦门市市辖县（表2）。

表2　　厦门市行政区划调整规划建议方案

市辖区县现状	土地面积（km^2）	现状人口数（万人）	现状与规划
市辖区现状	1569	157	现状
思明区	75	44	
海沧区	155	13	现状
湖里区	61	13	现状
集美区	268	29	现状
同安区	658	33	现状
翔安区	352	25	现状
规划市辖区			
龙海市角美镇并入海沧区	145	13	近期规划
漳州市长泰县划入厦门市市辖县	893	19	远期规划
规划期末全市区县合计	2607	189	

资料来源：福建省统计局编：《福建统计年鉴2004》，中国统计出版社2004年版。

三、泉州市市辖区调整规划建议

泉州市位于福建省南部，是福建省沿海三大中心城市之一，也是我国历史文化名城和著名侨乡。泉州市沿海港口资源和旅游资源丰富，华侨众多。泉州人充分利用这些有利条件，发扬开拓进取精神，使该市由改革开放前的小城市，一跃成为本省重要中心城市。近10年来经济增长速度位于全省各地级市之首，在全国也名列前茅，经济发展富有活力，经济实力有了很大增强，2003年GDP总量居全省九个地级市之首，在全国274个地级市中居第13位。现辖4个市辖区和3个县级市及4个县（不含待解放的金门），土地面积10865.8平方千米，人口662.6万人，其中中心城4个辖区面积共835.6平方千米，人口97.77万人。

（一）市辖区调整的必要性

1. 加强晋江、洛阳江两江下游区域统一规划及管理

两江下游区域包括泉州中心城、晋江市、石狮市、南安市和惠安县。土地面积4281平方千米，人口468万人。改革开放以来，两江下游区域社会经济发展十分迅速，人口密集，大小城镇星罗棋布，区域性基础设施纵横交错，各方面的关系错综复杂。在产业协作与分工，区域性基础设施和服务设施建设相互衔接，避免重复建设，达到资源共享方面；在两江水源保护和生态环境建设等方面需要加强统一规划和管理。

2. 加强中心城经济实力和扩大城市规模

中心城肩负带动全市社会经济发展的功能，目前泉州市中心城无论经济实力和城市规模均偏小，难以带动全市社会经济发展。如2002年泉州市中心城GDP只占全市20.0%，人口占14.8%，与全国某些同类型城市相比均较小。因此从增强对市域社会经济的带动和辐射作用的需要出发，需要及时调整行政区划，为加速中心城经济发展创造条件。

3. 解决城市发展空间不足

改革开放以来泉州市中心城经济和人口有了很大发展，1990—2003年GDP总量增长13倍，总人口增长26.2%，而土地面积没有扩大，以致当前中心城核心区经济和人口密度过高。目前中心城区110万人（含外来人口）主要集中在鲤城区和丰泽区及洛江区南部约50平方千米范围内、人口密度约2万人/平方千米，超过合理人口密度1倍。从未来城市可用地分析，中心城可用地只剩约20平方千米，与城市发展需要用地相差甚大，只有通过扩大市辖区范围，才能满足城市发展用地的需求。

（二）市辖区调整规划建议方案

以上述都市化区标准作为划分市辖区的基本依据，根据都市化区标准，泉州市域各市县中石狮市、晋江市及惠安县均已达到都市化区标准，南安市也基本达到标准。本方案拟将泉州市都市化区域作为市辖区区域范围。具体分区如下：市辖区设8区，鲤城区除现有6个街道外，将泉州经济技术开发区划入；丰泽区、洛江区和泉港区保留现状；惠安县撤县设市辖区，称惠安区；晋江市及石狮市分别撤市，分别设晋江区及石狮区；南安市撤市划分为南北2个市辖区，以西溪为界，西溪以南称南安区，以北称洪濑区（表3）。建议方案拟分

期实施，近期惠安县设惠安区，中远期将晋江市、石狮市分别设市辖区，南安市撤市分别设南安区及洪濑区。

表 3　泉州市中心城市辖区调整规划建议方案

辖区名称	土地面积 千米^2	现状人口数（万人）	辖区内街道、镇、乡	现状与规划
现状市辖区	877.5	97		现状
鲤城区	57.5	27	包括现辖区内 5 个街道及泉州开放区	现状
丰泽区	132	17	包括现辖区内 8 个街道	现状
洛江区	382	17	包括现辖区内 1 个街道、4 个镇及 1 个乡	现状
泉港区	306	36	6 个镇	现状
新增市辖区规划	622	92		
惠安区	690.7	75.2	惠安县 16 个乡镇	近期规划
南安区	678.7	72.8	包括 13 个乡镇	远期规划
洪濑区	1294.3	72.9	包括 8 个乡镇	远期规划
晋江区	642.4	102.4	包括 11 个镇	远期规划
石狮区	159.9	30.3	包括现辖区内 6 个街道及 13 个镇	远期规划
远期中心城合计	3988.8	469.8	包括现辖区内 2 个街道及 7 个镇	

资料来源：福建省统计局编：《福建省统计年鉴 2004》，中国统计出版社 2004 年版。

上述方案需作以下说明：

（1）关于将南安市撤市划分为南北两个区，以西溪为界，西溪以南称南安区，以北称洪濑区（凡地跨西溪南北的乡镇归南安区）。现南安市土地面积 1981.98 平方千米，人口 148.1 万人，土地面积和人口规模均较大，行政管理有一定困难，将其一分为二，有利于行政管理。从经济发展水平看，南北差异不大，据 2003 年统计，北区土地面积占全市 65.2%，人口占 49.2%，乡镇经济总收入占 43.2%。北区政府驻地可设在洪濑镇，该镇经济较发达，城市化水平较高，镇区建设有一定基础。

（2）该方案宜分期实施，使中心城行政区土地面积与其经济实力相适应。

近期先撤销惠安县设惠安区。惠安县曾于 2003 年以县委名义正式申报撤县设区，表明该县对此的迫切愿望。惠安县自改革开放以来，社会经济有了很大发展，第二、三产业已成为该县主要产业，县城历史悠久，城镇基础好，与泉州中心城联系密切，撤县改为市辖区条件完全成熟。至于晋江、石狮及南安撤市设区问题，因涉及区域范围较大，可待泉州中心城进一步发展，于中远期再实施调整。

人口的发展、结构及布局

中国城乡人口划分与城镇人口统计标准问题的探讨*

城乡人口构成是衡量一个国家或地区社会经济发展水平和城镇化进程的重要标志。城镇人口统计为国家及各地区决策、规划和管理部门了解国情、制定社会经济发展规划、城镇规划和管理以及城镇科学研究，提供必不可少的基本资料。因此，城乡人口划分与城镇人口统计标准正确与否，对国家社会经济发展至关重要，开展对此问题的研究，具有十分重要的意义。

一、城乡人口划分与城镇人口统计标准存在的主要问题

（一）城乡人口划分标准变动频繁，历史资料缺乏可比性

城镇人口统计与城乡人口划分标准密切相关。新中国成立以来，我国城镇设置标准进行了三次调整，每次调整都制定了城乡人口划分的标准。1955 年国务院第一次颁布城镇设置文件，规定聚居 10 万人以上的城镇可设市，聚居人口在 2000 人以上，非农业人口在 50% 以上可设镇，并规定划分城镇郊区范围，

---

* 本文刊于中国行政区划研究会编：《中国行政区划研究》，中国社会出版社 1991 年版。

城镇区以内（包括郊区，下同）的常住人口，无论是非农业人口或农业人口，均属城镇人口。这些规定比较切合城镇的含义，按这些标准统计城镇人口比较正常。但由于“二五”前期，我国城镇人口增长过猛，超过国力承受能力，1963 年国务院对城镇建制进行了调整，提高了设镇标准，缩小了城市郊区，规定县政府驻地；聚居人口在 3000 人以上，其中非农业人口占 70% 以上；或聚居人口在 2500 人以上，不足 3000 人，其中非农业人口在 85% 以上，可设镇。设市标准按原规定，郊区农业人口不超过 20%，并规定城镇区内的非农业人口列为城镇人口，农业人口列为乡村人口。这些规定在当时有一定的现实意义，但城镇人口不包括郊区农业人口不符合城镇的含义，且缺乏与国内外资料的可比性。按新标准，1965 年全国城镇人口数比调整前的 1963 年减少 1476 万，相应的城镇人口比例由 16.8% 下降为 14.6%，这难以用经济因素来解释，因为经过三年的调整，至 1965 年我国经济已呈上升，城镇人口比重的下降，是由标准的变动造成的。

自 20 世纪 80 年代初以来，随着乡村第二、三产业的发展，新城镇不断涌现，为适应客观发展要求，1984 年国务院批转民政部关于设镇标准的报告，其中关于人口标准的规定，总人口在 2 万人以下的乡，乡政府驻地非农业人口超过 2000 人，或总人口在 2 万人以上的乡，乡政府驻地非农业人口占全乡总人口 10% 以上，可撤乡建镇。1986 年国务院批转民政部关于设市的报告，规定非农业人口 6 万人，年国民生产总值 2 亿元以上可设市；总人口 50 万人以下的县，县政府驻地所在镇非农业人口在 10 万人以上，常住人口中农业人口不超过 40%，年国民生产总值 3 亿元以上，或总人口 50 万人以上，县驻地非农业人口在 12 万人以上，年国民生产总值 4 亿元以上，可设市撤县。这些规定对城镇的发展起到积极的作用，主要的问题是整县建市和整乡建镇没有规定划分郊区的范围，将全县和全乡的人口统计为城镇人口，因而其中包含了大量的农业人口，失去了城镇人口统计的意义。

（二）城镇人口统计指标不能反映城镇化水平

1. 市镇总人口统计指标扩大了城镇人口数

自 1982 年第三次人口普查以来，城镇人口采用“市镇总人口”的统计指标，其统计范围包括市镇管辖区内的常住人口，也包括管辖县建制镇的常住人口，即以行政区统计城镇人口，因而其中包含了大量的农业人口。如 1987 年全国市镇总人口为 49777.1 万人，其中农业人口为 30660 万人，占市镇总人口

61.6%，农业人口超过了非农业人口，按此计算全国城镇化水平为46.6%，这与我国目前的经济水平是不相符合的。根据城镇化与国民经济发展相关原理，我国人均国民生产总值为250美元，相应的城镇化水平大约为25%，可见采用此项指标，与现实状况相去甚远，尤其是以下三类城镇，问题更大。

（1）整县设市的城市。1984年以来由县改市的新建城市，因没有划出市区范围，县域即为市域，全县总人口即为全市城市人口，因而城镇人口中农业人口比例很高。1987年全国有77%的整县改市的城市，城市人口中农业人口占70%以上。

（2）工矿城市。一些矿产资源分散的矿区，城镇规模小而分散，城乡交错，难以划出市区范围，全矿区行政范围内的人口即为城市人口，1987年全国有32%的矿区城市，城市人口中农业人口占50%以上。

（3）整乡建镇。1984年以来新建的镇均以整乡建镇，没有划出镇区范围，镇人口包括镇管辖行政区域内的全部人口。1987年全国建制镇人口中，农业人口比例高达74.1%。

2. 城镇非农业人口统计指标缩小了城镇人口数

我国1963年规定的以城镇非农业人口作为城镇人口的统计指标，至今仍为城市规划部门、公安户籍统计部门所使用，在统计中，城镇非农业人口实际上等同于商品粮人口，这就大大缩小了城镇人口数，如据1987年统计，城镇非农业人口仅占全国总人口17.88%。随着乡村第二、三产业的发展，城镇郊区出现了大量从事非农业活动的人口，他们是不吃商品粮的非农业人口。如山东省青岛市郊区从事非农业生产的农村劳动力占总劳力的56.4%，烟台市郊区为47.3%，威海市郊区为56.9%（1986年）。城镇人口统计应包括这些人口。

（三）各种城镇人口统计指标应用混乱

由于城镇人口统计标准几经变动，目前各种统计标准并存，在使用时又不加以说明，资料应用错误甚为普遍，如市镇总人口、城镇非农业人口、非农业人口这三种不同统计标准的人口都称为城镇人口。

城镇人口统计的区域范围也很不明确，城镇管辖区内不同地域范围的人口统计往往相互混用，其中最常见的是市（镇）域人口与市（镇）区人口混用，如1987年北京市市域人口为1067万人（包括10个市辖区和8个市辖县），市区人口为522万人，（只包括10个市辖区），这两种统计往往都称为北京市城市人口。

二、建立城镇人口统计标准问题

综上所述，目前城镇人口统计中存在的主要问题，是人口的职业、户籍和城镇区域范围统计标准不完善以及城镇名词术语的不统一，以下就这些标准作初步探讨。

（一）人口职业统计标准

1. 非农业人口

非农业人口向来是城镇人口的主要组成部分，但以往的非农业人口只统计吃商品粮人口，采用原来的统计标准，已不能反映当前非农业人口状况。我们认为，非农业人口除了商品粮人口外，还应包括以下几类人口：（1）县属以上企事业单位聘用的农民合同工、长年临时工；（2）经工商行政管理部门批准登记的、有固定经营场所的集体或个体兴办的第二、三产业从业人员；（3）城镇中等以上学校招收的农村学生；（4）驻城镇部队等单位的人员。

2. 农业人口

包括城镇郊区的农业人口，所从事的农业生产活动，直接为城市服务，如蔬菜种植、饲养业、苗圃栽培等，这些人口享用城镇市政公用服务设施，与城镇联系密切，是城市人口的组成部分。

（二）户籍统计标准

城镇人口统计除了职业标准外，还有户籍标准，以往只统计城镇落户的人口，自改革开放以来，城镇人口户籍出现了新的形式。根据“中国沿海地区小城镇发展与人口迁移”调研组对中国沿海地区小城镇的调查，城镇人口户籍有以下形式：

1. 有户籍的人口

包括市（镇）区内非农业人口、农业人口和自理口粮人口，毫无疑问，这三类人口应统计为城镇人口。

2. 没有户籍的人口

（1）暂住人口。这类人口在城镇有固定职业，并已在城镇居住，但由于户口政策未落实或住房条件的限制，尚未在城镇落户。根据抽样调查，这类人口为数不少（见表1），他们大多数距离城镇较远或身体较弱（妇女），每天往返通勤有困难，因而暂住城镇。随着户口政策逐步落实，以及城镇建设的发展，这类人口将逐步在城镇落户，应统计为城镇人口。

（2）通勤人口。这类人口来自城镇附近农村，每天往返通勤，在交通方便，人口稠密地区的城镇郊区，通勤人口较多。由于往返路上花费时间较少，业余时间又可从事农副业生产，多数通勤者安于这种形式。他们是城镇经济活动人口重要的组成部分，应将这部分人统计为城镇人口，并从政策上允许他们在镇上落户（通勤者家属仍属农村户口）使人口统计与户籍统一起来。

（3）流动人口。指短期或过境的流动人口，如开会、出差、探亲访友、旅游、购物、就医等。这类人口在大中城市较多，对城市交通和生活服务设施影响较大，城镇规划和管理应加以考虑，但这类人口不属于城镇经济活动人口或抚养人口，不宜统计为城镇人口。

综上所述，凡是在市（镇）区居住或经有关部门批准、有固定职业的人口，无论他们从事何种职业（非农业或农业），是否已在城镇落户，均应统计为城镇人口。

表 1　　中国沿海地区小城镇人口迁移户籍状况①

省市名称	迁移人口总数	已落户人口（%）	暂住人口（%）	通勤人口（%）	被调查的城镇名称
河北	100.0	40.7	41.1	18.2	昌黎、固安、深县、洛城
北京	100.0	45.7	22.3	32.0	昌平、张家湾、平谷、密云
天津	100.0	52.7	23.1	24.2	蓟县、唐官屯、小站、南河
上海	100.0	48.0	21.0	31.0	金山卫、城桥、罗店、颛桥
江苏	100.0	39.9	39.8	20.3	威泽、海安、在城、上冈
浙江	100.0	52.6	26.1	21.3	南浔、柯桥、柳市、横店
山东	100.0	34.6	25.5	39.9	普集、稍田、城阳、桃村
广东	100.0	34.5	25.6	39.9	常平、桂洲、广和、炮台

（三）城镇人口统计的区域标准

城镇人口统计除了确定人口的职业和户籍标准外，还需要根据城镇的含义，确定反映城镇实体地区的统计区。它不是行政区、不赋予行政的职能，只

① 根据刘铮等：《我国沿海地区小城镇经济发展和人口迁移》，中国展望出版社 1990 年版，第 121—145 页的资料整理。

是作为统计城镇人口的区域范围。世界上许多国家的城市，一般都划有城镇实体区，以统计城镇人口，如美国划分的“标准城市统计区”，英国学者提出的划分“标准城市劳工区”，日本自20世纪50年代以来的历次人口普查均划定了反映城市实质区域的“人口密集地区”及“大都市圈统计区”。我国在20世纪80年代初以前设置的城市，基本上都按国务院有关规定，划出了城镇郊区范围，其中大多数城市郊区的划分基本上反映了城镇实体区的范围，按此范围统计城镇人口大体是适当的。但后来在1984年和1986年城镇设置文件中，却不再规定郊区的划分问题，新建城镇均按行政管辖区统计人口，以致城镇人口统计中包含了大量的农村人口，因此，确定城镇统计区，是城镇人口统计合理化的关键问题。

1. 城镇统计区划分的基本原则

（1）以城镇非农业人口比例限定城镇统计区的大小。近年来我国有的专家主张，按“三七”开来限定城镇郊区范围，即城镇总人口中70%的非农业人口，30%的农业人口。问题在于这里所指的非农业人口采用什么标准，如非农业人口包括上述提及的五类人口，则此比重基本可行。如仅指商品粮人口，则非农业人口的比重偏高。根据1986年部分城市人口资料，我国东部地区市（镇）区内商品粮人口占城镇总人口在70%以下，如山东省济南等6市市区商品粮人口占市总人口为68.0%。根据潍坊市市域9县87个镇的资料，镇区商品粮人口占镇总人口为53.1%，上述市、镇区商品粮人口占市镇总人口为61.7%，山东省的情况基本可反映东、中部多数省区的特点。如城镇商品粮人口按60%计，加上其他非农业人口，非农业人口按70%是合适的。我国西部和边远省区商品粮人口比重略高于东、中部省区，但从事非农业活动的农业人口较少，城镇非农业人口总比重仍与东、中部省区差不多。但这只是总原则，在划分每个城镇统计区时，应依具体情况，确定各城镇非农业人口比例，主要考虑以下二方面：

首先，考虑城市人口规模，大城市非农业人口比例高，中小城镇比例较低。如据1986年资料，百万人口以上的特大城市和大多数的大城市市区商品粮人口比重在70%以上，中小城市为50%—70%，建制镇在50%左右。

其次，考虑城郊人口密度，在经济较发达的地区，城郊人口密度较大，乡镇企业较发达，农业人口比例可大些，因为如果农业人口比重太低，郊区范围太小，不利于城镇的发展。在边远省区，郊区人口密度较稀、农业人口比重可小些，因为农业人口比例太高，郊区范围太大，把那些与城市联系不密切的地区划进来也是不合适的。

（2）考虑城乡联系特点。城镇统计区内建成区与郊区之间应是一个不可分割的整体，凡是与建成区联系密切的近邻区域都应划入城镇统计区内。1963 年国务院有关文件对划分城市郊区的规定，仍可作为划分城镇统计区的参考。这些规定是：当前城市建设所必需的地区；紧靠市区的职工居住区；市区附近必要的蔬菜等主要副食品生产基地，无法从市区划出的插花性质的农业区；受地形限制，划归市比较有利的地区；群众经济生活与城市关系密切的地区等。

（3）保持不同层次行政区的完整性。城镇统计区不是行政区，但为了有稳定的统计机构执行统计职能，城镇统计区应保留行政区的完整性。不同规模的城镇，相应的统计区大小不同，行政区层次组合也不同，建制镇统计区由镇区、街道办事处及郊区若干个村委会组成；小城市统计区由市区街道办事处及若干乡级行政区组成；中等城市统计区由市区及郊区 1 个区级行政区组成；大城市统计区由市区及郊区 1—2 个区级行政区组成；特大城市统计区由市区及郊区 2 个以上区级行政区组成（图 1）。

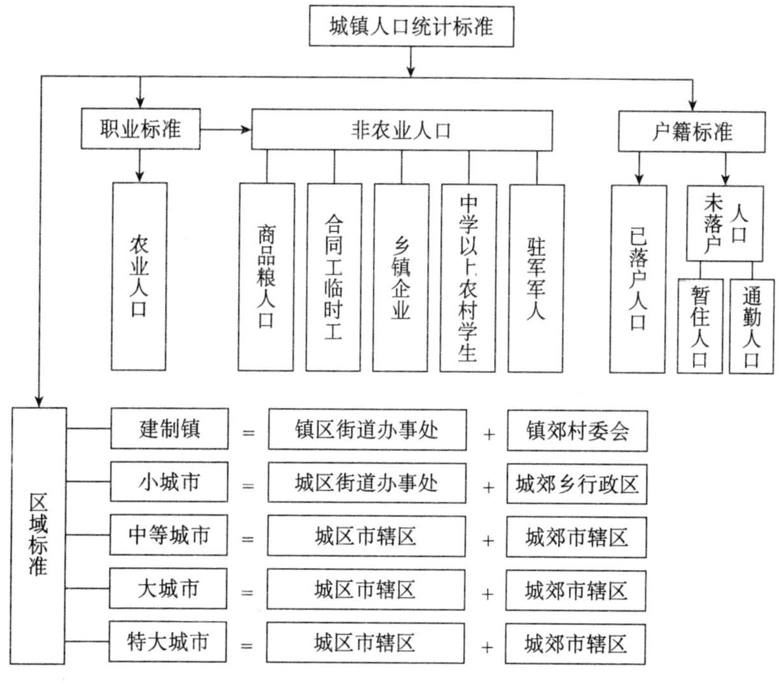

图 1　城镇人口统计标准系统图

2. 城镇统计区实施问题

城镇统计区的划分是一件工作量很大的工作，我国国土辽阔，城镇数量多，单靠某一部门去做是无法完成的。为此，提出如下实施建议：

（1）上下结合以本城镇为主。首先，国务院应组织国家统计局、民政部、建设部等有关单位共同制定城镇统计区划分的原则和依据。其次，由各省统计部门负责，组织民政、城建等有关部门组成指导小组，负责指导、督促全省城镇统计区的划分。各有关城镇根据划区的原则和依据，划分本城镇统计区区界。各城镇有关部门最熟悉本地情况，完全可以搞好此项工作，以往划分城镇郊区采用这种方法，实践证明是可行的。

（2）充分利用现状行政区的基础。如上已提及，我国在20世纪80年代初以前设置的城市，一般均划出城市郊区范围，其中大多数城市郊区的划分，基本上反映了城乡的界线。例如根据1986年全国城镇人口统计，划出郊区的中心城市约有170座，其中130座城市商品粮人口占总人口在60%以上，另全国42座工矿城市中，有21座城市商品粮人口占总人口也在60%以上，可见大多数已划出郊区的城市，基本上符合城镇统计区的含义，对于这些城市可利用现有行政区基础，不必重新划区。只需根据城镇统计区的要求，作适当调整即可。

（3）由市、镇统计部门负责人口统计资料汇总。年度人口统计资料由市、镇统计区内各行政单位的统计部门向市、镇统计部门报送人口统计资料，然后由市、镇统计部门汇总，即为城镇统计区人口。

三、统一城镇地域名称

为了统一城镇人口统计，有必要统一城镇地域名称，其中最主要有以下两类名称：

市（镇）域。指市（镇）行政管辖的全部地域范围，如北京市市域指包括10个市辖区和8个县的地域范围。

市（镇）区。指市（镇）建成区和郊区的地域范围，如北京市市区是指10个市辖区范围，它既是城镇行政区，也是城镇统计区。

北京城市贫困人口特征、成因及其解困对策*

随着城市化进程加速和城市人口急剧增长，城市贫困问题已成为当前世界性的突出问题。1990 年全世界城市生活在贫困线以下的人口为 4 亿人，占城市人口 16.7%，到 2000 年预计将达到 10 亿人，约占城市人口 31.2%①。改革开放以来，北京城市社会经济发展很快，居民生活水平有大幅度的提高。但自 20 世纪 90 年代以来，北京城市经济结构调整，下岗再就业不足，居民收入两极分化，因此城市贫困现象已引起社会的关注。

一、城市贫困人口基本特征

目前有关贫困人口的基本资料比较缺乏，为了了解贫困人口经济和生活状况，我们于 1998 年 7—8 月间在城区和近郊区选择具有一定代表性的 4 个街道办事处，对按月领取最低生活保障金人员进行分户调研，为分析贫困人口提供第一手的基础资料。

（一）贫富差距拉大，贫困人口日益增多

什么是城市贫困人口，目前尚无明确的定义和划分标准，一般认为，其家庭收入难以维持温饱生活的居民可视为贫困人口。

在计划经济时期，城市劳动就业由国家统包统分，实行广就业低工资的政策，显性失业少，城市贫困问题不突出，贫困人口主要是社会上“三无”人员，即无劳动能力、无法定赡养人或抚养人和社会无业人员。近年来由于经济结构调整，大量职工下岗失业，部分困难企业拖欠职工工资和离退休金，加上

---

* 本文刊于《地理研究》1999 年第 4 期，第 400—406 页，合作者陈田、牛亚菲、钱志鸿，由马清裕执笔。

① 于春梅：“世界贫困人口的增长”，《人口与经济》，1988 年第 3 期。

物价等因素，城市居民贫富差距在拉大，贫困人口迅速增多。

北京目前贫困人口有多少尚无完整的统计。根据该市民政部门数字，到1998年9月月底，全市领取最低生活保障金的人数为2.27万人①。这些人包括原有“三无”人员；与企业脱离劳动合同的下岗失业职工；离退休的困难职工和部分低收入人员。至于大量下岗失业、尚未与企业解除劳动关系的职工，则由企业发给最低生活费，其中相当一部分人就业条件较差、就业较难安排，生活困难，也可视为贫困人口。到1998年9月全市下岗未再就业的职工共6.05万人②，如按全市职工平均抚养系数1.43计，则贫困人口为8.65万人，加上上述领取保障金人数，全市贫困人口约为11万人。与其他许多省市相比，北京贫困人口相对较少，这是本市大力开展再就业工程的结果。但应指出，随经济结构调整和体制改革的深化，下岗职工将继续增加，再就业的难度加大，解困的任务仍十分繁重。

（二）经济收入低微，生活条件差

按1998年市政府规定，北京家庭人均月收入低于200元者给予补差救济。据4个办事处调查，家庭没有任何收入，全靠救济的贫困户主要是身体残疾，完全丧失劳动能力的人员和社会失业人员。其余多数贫困户多少有些低微的收入，如尚有一定劳动能力的残疾人，个体劳动者或临时工等。下岗职工在单位领取最低生活费后，收入仍低于最低保障线的人员，也给补差（表1）③。

表1　北京城近郊区贫困户家庭经济收入抽样调查

人均月收入（元）	崇文门外办事处		和平街办事处		呼家楼办事处		大红门办事处		总计	
	户数	%	户数	%	户数	%	户数	%	户数	%
没有收入	55	54.0	12	28.0	11	18.3	18	21.7	96	33.3
<50	2	1.9	1	2.3	28	46.7	1	1.2	32	11.1
50—<100	12	11.8	4	9.3	18	30.0	18	21.7	52	18.1
100—<150	30	29.4	13	30.2	1	1.7	23	27.7	67	23.3
150—<200	3	2.9	13	30.2	2	3.3	23	27.7	41	14.2
总计	102	100.0	43	100.0	60	100.0	83	100.0	288	100.0

资料来源：根据本课题组问卷调查资料整理。

① 北京市民政局：《北京市1998年第三季度领取最低生活保障金人数统计》，1998年。

② 北京市民政局：《北京市下岗职工再就业简况》，1998年。

③ 表中户数为有效户数，其他各表同。

目前最低生活保障金只解决居民最低生活费，保证贫困居民不受冻挨饿，如发生意外支出，则不堪负担，其中最突出的是医疗问题。在贫困户中残疾人和孤寡老幼者多，体弱多病，医疗费又十分昂贵，就医极难。据4个办事处调查，自费医疗占64.9%，这些人就医难自不必说，即便公费医疗，除个人应交部分医药费外，许多困难企业不能及时报销。

住房也是贫困户较突出的问题。据4个办事处的调查，有36.8%的贫困户人均居住面积在9平方米以下，低于本市平均居住水平（9.49平方米）。有49.4%的贫困户居住平房，城区平房大多陈旧，设施简陋，基本上没有独立的卫生间设施、供暖设施和上下水设施，生活很不方便。

（二）贫困人口群体多元化

近年来城市贫困人口不但数量增加，并出现贫困人口群体多元化特征（表2）。

表2　北京城近郊区贫困人口群体抽样调查*

合计	崇文门外办事处		和平街办事处		呼家楼办事处		大红门办事处		总计	
	户数	%	户数	%	户数	%	户数	%	户数	%
孤寡老幼人群	18	17.6	6	13.0	9	14.8	19	23.2	52	17.9
丧失劳动能力的残疾人	41	40.3	17	37.0	23	37.7	14	17.1	95	32.6
社会无业人群	1	0.9	1	2.2	3	4.9	6	7.3	11	3.8
职业不稳定人群	22	21.6	7	15.2	21	34.4	16	19.5	66	22.7
下岗职工	14	13.7	7	15.2	4	6.6	24	29.2	49	16.8
离退休职工	6	5.9	8	17.4	1	1.6	3	3.7	18	6.2
合计	102	100.0	46	100.0	61	100.0	82	100.0	291	100.0

注：该表未包括外来人口贫困户。农转非人口没单独分开，分别归属其他各项。表中下岗职工是指在企业领取最低生活费后，其收入仍低于最低生活保障线，在办事处领取保障金者。

资料来源：根据本课题组问卷调查资料整理。

（1）原有社会“三无”人群，包括身体残疾人、孤寡老幼、社会无业人员及刑满释放人员。这类人全靠政府救济，是城市中最贫困居民。

（2）职业不固定人群，主要是个体小商贩和临时工。该人群文化程度低，无技术专长，收入低微且不稳定，生活较困难。

（3）下岗职工，生活较困难的是下岗未再就业职工。至1998年9月月底，全市下岗职工中未再就业有6.05万人，这部分人就业条件较差，就业较难。这些下岗职工目前大多由企业再就业服务中心发给最低生活费（每月210元）。

在领取最低生活费后仍低于最低保障线者，街道办事处再给予补差，因此领取最低生活保障金的下岗职工数量不大。

（4）离退休职工。随着物价指数不断上涨和困难企业拖欠离退休金，部分离退休职工生活较困难。据4个办事处调查，离退休职工在办事处领取保障金人数占领取保障金总人数6.1%。

（5）农转非人群。这部分人文化程度低，年龄偏大，主要从事低收入工作，加上家庭抚养人口多，原来生活水平就较低。在市场经济大潮中，不少人因自身素质低，就业困难。

（6）外来人口。外来常住人口也是城市人口的组成部分，它是一个庞大的特殊人群。由于外来人口素质低，收入不高且不稳定，而家庭负担较重，相当一部分人生活仍较困难①。

（四）贫困人口空间分布差异明显

受历史、社会、经济和城市建设等诸因素的影响，城近郊区贫困人口的空间分布存在一定的差异。据市民政局对各区领取最低生活保障金人数的统计，以贫困人口与常住城镇人口之比值来衡量，可分为四级：海淀和朝阳两区贫困人口相对较少；西城和东城其次；石景山区第三；宣武、丰台、崇文三区贫困人口相对较多（表3）。

表3　北京城近郊区贫困人口分布

区名称	领保障金人口与非农业人口之比（人/万人）	1997年职工年平均工资（元）	1997年人口密度（人/平方千米）
海　淀	8.29	12530	3505
朝　阳	14.47	10512	3032
西　城	18.26	11006	26803
东　城	24.18	10099	26000
石景山	29.13	10106	3770
宣　武	32.58	9492	32994
丰　台	33.41	9303	2556
崇　文	35.38	8592	27071

资料来源：北京市民政局："北京市1998年第三季度领取最低生活保障金人数统计"，《北京统计年鉴1998》，中国统计出版社1998年版。

① 张茂林："90年代中后期我国城镇贫困与反贫困问题探讨"，《人口与经济》，1997年第2期。

历史上，北京城市空间形态具有明显的社会分工。北京老城历史上分为内城和外城，清初清政府在城南建筑外城（即今前门以南地区），为排斥异族，将内城中汉族居民逐出到外城。到晚清时期，外城实际上成为拥挤的商业区和贫民居住区①。

新中国成立后，北京大中型工业企业主要建于东南郊、南郊一带，中心城南部便成为工人居住较集中的区域。改革开放以来，城南一带由于人口稠密，旧城改造难度极大，以及城市环境较差等因素，旧城改造较少，建筑物绝大部分仍是陈旧的平房。居住在这一带的居民，不少人从事工业及个体劳动，收入较低，职工平均工资在城近郊各区中最低。

石景山区是本市重要的冶金、电力、机械、建材为主的重工业基地，工人居住较集中，但改革开放以来商业、服务业和城市建设有很大发展，全区综合经济实力较强，职工平均工资水平较高。

东城区和西城区是老北京的内城所在，建筑物质量相对较高，新中国成立后是中央和北京市政治文化中心，改革开放以来正发展为大型购物中心和旅游中心。朝阳和海淀两区主要是新中国成立后发展起来的新区。朝阳区是工业区和使馆区所在。改革开放以来国际商务、国际金融业、三资企业及高级住宅建设有了很大发展。海淀是高等教育、科研和高新技术产业的主要基地。以上四区职工平均工资均较高。

二、贫困人口成因分析

城市贫困是社会经济发展过程中长期存在的问题，国内外概莫能外，但我国近年来城市贫困人口骤增，则与经济结构调整等原因密切相关，因此我国城市贫困问题具有阶段性特征。

（一）宏观社会经济因素

1. 城市经济结构调整和体制改革，大量职工下岗失业

北京是我国重要的老工业基地之一。新中国成立以来，钢铁、化工、机械和纺织等工业部门都有很大的发展，为我国经济发展作出重要的贡献。但在市场经济下，许多企业已不适应客观发展的要求，陷于困境，只有进行结构调整

① 顾朝林：《北京人口、经济集聚与扩散对社会空间结构影响研究》，（打印稿），1997年。

和体制改革才有出路。实行下岗分流、减员增效，必然出现大批职工下岗。据市劳动局调查统计，1995—1997 年全市累计下岗职工共 32.7 万人。据 1997 年下半年对全市 6532 户企业调查，有 3286 户企业存在下岗职工，占被调查企业 50.3%。下岗职工 14.5 万人，占被调查职工数 146 万人的 9.94%，其中工业下岗职工 96773 人，占下岗职工总数 66.7%，以机械、纺织等部门居多①。在今后数年内，随着改革的深入发展，下岗职工将继续增加，据有关部门测算，到 2000 年本市新增下岗职工将达到 30 万人，这是导致城市贫困人口增加的重要原因之一。

2. 农转非人口的增加及城市新劳动力的增长，导致劳动力供求矛盾十分尖锐

改革开放以来，城市迅速发展，大批占用土地，农转非人口大量增加。北京市城近郊 1980—1997 年非农业人口由 408 万人增加到 595.8 万人，增长了 46%，同期建成区面积由 340 平方千米扩大到 488.13 平方千米，17 年间扩大了 184.13 平方千米，仅 1991—1996 年累计征用土地 56.1 万亩，大批失去土地的农民转为非农业人口，给城市就业增添了不小的压力。此外，近期本市仍处于劳动年龄人口增长较快的时期，根据北京市劳动部门测算，到 20 世纪末，北京每年将新增劳动力 20 万人。1998 年北京城市劳动力供求比例为 1.4:1，预计 1999 年劳动力供求比例将为 1.5:1，供求矛盾十分突出。

3. 科技进步，对劳动力素质的要求越来越高

随着科教兴国战略的实施和经济增长方式的转变，科学技术对社会经济发展的作用将越来越大，对劳动者素质的要求将越来越高。至 1998 年年底本市已建成 7 个高新技术产业开发区，企业总数已占全市企业总数约 20%，其产值占全市工业总产值 15.98%。此外，大批传统产业正进行设备更新改造，产品技术含量不断提高。因此需要大量具有掌握现代科技的人才，这与劳动者素质普遍低下形成尖锐矛盾，一方面现代化企业人才不足，岗位空缺；另一方面大量无技术专长的劳动者不能胜任新岗位而失业。

4. 物价指数上涨，对低收入居民生活的影响

20 世纪 90 年代以来，随着我国宏观调控力度加强，物价涨幅明显回落，但仍有一定涨幅。如本市居民消费价格指数 1997 年比上年上涨 5.3%。商品零售价格指数上涨 3.8%，其中与居民生活密切相关的某些项目上涨的幅度较大，

① 北京市劳动局：《北京市就业的总体形势》，1998 年。

如水、电、房租、医药等。这对于下岗职工及困难企业的低收入职工和离退休职工的生活仍有一定影响。

5. 社会保障体系和劳动力市场体系不完善，影响了劳动力的就业

在计划经济体制下，劳动者的医疗、养老、就业和住房等社会保障是与所有制联系在一起的，国有单位享有上述各方面的社会保障，而非国有单位一般不实行社会保障。改革开放以来，我国在社会保障制度方面已经作了一些改革，但统一的社会保障制度尚未建立起来，就业的身份界限，所有制界限、用工形式不同的界限实际上还没有完全被打破。目前非公有制单位虽然已成为吸纳劳动力的重要渠道，但许多非公有制用工单位还没有实行必要的劳动保障措施，使劳动者存在后顾之忧①。

劳动力市场体系也影响了劳动力就业。市场分割，缺乏宏观上的统一协调，再就业培训与市场中介服务脱节，培训目标不明确；条块不协调，劳动力的供给源（各部门的下岗职工）和劳动力接纳源（各区政府）缺乏沟通；职介机构之间的不协调，未能从总体上及时指导就业。少数职介机构成立未经批准，存在收费过高现象。所有这些与社会主义市场经济与现代企业制度极不适应，是大批劳动者不能尽快就业的重要原因。

（二）人口自身因素

人口自身因素是形成贫困的内在因素，在一定的外部环境下，人口自身因素往往是形成贫困的最直接因素。

1. 身体残疾，丧失劳动能力

新中国成立以来，我国对残疾人事业极为重视，尤其是近10年来，随着国家财力增强，大力开展了残疾人康复治疗和文化教育，全国残疾人就业率已达73%。北京残疾人有41万，残疾人事业也开展得较好，就业率较高，但对于严重残疾、完全丧失劳动力、没有任何其他经济来源的残疾人，生活仍十分艰难。

2. 文化素养普遍偏低，难以适应经济发展的要求

如前所述，在现代科学技术迅速发展的时代，企业加快了技术和设备更新换代的步伐，对劳动力文化技术素养的要求越来越高，文化素养低下是形成失业或低收入的重要原因。根据3个办事处资料，在街道领取保障金的人数中，

---

① 张辉：城镇贫困居民的“安全网”，《新华月报》，1998年第8期，第78页。

不识字或少识字者达 42.7%，小学和初中文化程度占 43.1%，这两项合计占 85.8%。在本市下岗职工中，初中以下文化程度占 55%。

3. 年龄偏大，女性比例较高，给职业技能培训和再就业带来困难

根据 4 个办事处资料，领取保障金人数中 35 岁以上占 86.0%，其中 60 岁以上占领取保障金总人数的 27.8%。在下岗职工中，35 岁以上占 71.1%。在性别构成方面，根据 4 个办事处资料，性别差异不大，但在下岗职工中，女性占 54.8%，高于男性。在劳动力供大于求以及市场就业竞争激烈的形势下，劳动者的年龄和性别是就业竞争的重要条件。大龄失业人员和部分妇女在就业竞争中处于明显劣势，其中一部分人将长期难以就业，没有收入来源，成为新的贫困人口。

4. 择业观念陈旧，与市场经济的就业要求不相适应

北京在长时期里曾是劳动力供不应求的城市，由此养成北京人较高的择业要求。早在 20 世纪 70 年代中期煤矿工已无人干，70 年代末到 80 年代初建筑业中除电工、管工、机械等技术工种外，体力活没人干；到 80 年代中后期，纺织、化工、机械行业中的车、钳、铣、刨等工种也没人干。20 世纪 90 年代以来，随着市场经济的发展，以往劳动就业由政府统包统分的政策已行不通，但不少人依赖政府安排就业的观念没有转变，不愿到非公有制单位就业；不愿干艰苦的体力工作和社区服务工作。所有这些择业观念都极大地妨碍了就业和再就业。

三、解困对策

上述的分析表明，城市新贫困与大量职工下岗失业密切相关，下岗职工与原有救济对象不同，下岗职工仍具有劳动能力，因此解困问题主要是下岗职工再就业问题。

（一）加大宏观调控力度，职工下岗应与经济结构调整和社会承受能力相适应

首先应明确经济调整的方向和重点，分清轻重缓急，做到职工下岗有序化，首先要保证重点企业的调整与改革顺利进行，尽快实现职工下岗分流，减员增效。对于非重点企业职工下岗应分期分批进行，对于上岗与下岗两可的，则暂不下岗为宜，对于可晚些下岗的则不宜早下岗，以避免下岗职工在时间上过分集中，下岗职工总量过大，给再就业和社会负担带来过大的压力。为了避

免盲目性和任意性，应规范职工下岗程序。各级政府要加强全面规划和领导，全市和各区县都要按照中央的总体部署，做好经济结构调整和职工下岗及再就业计划，并尽快落实到基层单位，以促进调整和改革健康发展。

（二）大力开展再就业工程，实行开拓性解困

首都经济发展以“三、二、一”为序，大力发展第三产业和高新技术产业，改造传统产业。本市第三产业发展具有巨大潜力，据有关部门调研，仅社区服务这一项，就可容纳大量劳动力。如接送儿童、兴办小饭桌、修理、老年服务等工作，全市至少需 4 万人，相当于 1998 年中下岗失业人员的 66.0%。为实现下岗职工再就业，市政府及有关部门需要采取多方面措施，除完善社会保障体系外，要进一步制订鼓励到非公有制单位就业和自谋职业的政策；要加强职业技能培训和就业信息咨询等工作；下岗职工则要改变择业观念，以适应客观发展的需要。

（三）逐步完善社会保障体系

逐步完善社会保障体系，这是建立市场经济体制的要求。要扩大社会保障的覆盖面，在非公有制单位和外商企业中实行养老、医疗、失业等社会保障制度，以解除下岗职工到非公有制单位工作的后顾之忧，有利于劳动力资源的合理配置和正常流动。对下岗失业职工要落实基本生活费和养老金正常发放。对原有“三无”人员，应根据他们实际的经济状况，确定不同等级的救济标准，在国家财力许可下，对某些特困户可适当提高救济金标准。

辽宁省中部地区城市人口机械变动初探*

辽宁省中部地区，包括沈阳、抚顺、鞍山、本溪和辽阳五市，是我国城市密集区之一。全区面积3.7万平方千米，总人口1188万人。其中，非农业人口572.7万人，占总人口的53.5%。各市之间相距很近，如以沈阳为中心，最近的抚顺市为48千米，最远的鞍山市也只有89千米。沈阳市是辽宁省的政治、经济、文化和交通中心，1978年建成区人口223万。抚顺市是以燃料、动力为主的重工业城市，人口86万。鞍山市是我国闻名的钢都，人口73万人。本溪市是煤铁之城，人口56万人。辽阳市是新兴的轻纺工业城市，人口27.7万人。

新中国成立以来，城市人口发展较快。1949年，除了沈阳市是个刚过百万人的大城市之外，其余的都是中、小城市。现在，除了辽阳市仍属中等城市外，其余的都已发展成为大城市或特大城市。新中国成立以来，1949年至1977年，全国城镇人口递增率为2.4%，辽宁省中部五市人口年递增率为3.8%，高于全国增长速度。其中本溪市达到7.8%、鞍山市达到7.4%，人口发展速度相当快。各个时期的变化很大，1949年至1960年，是城市人口发展的特快阶段，五市年递增率达到11.1%，其中，本溪市达20.1%、鞍山市达19%。1960年，除辽阳市之外，其余各市的人口，都达到历史上的最高峰。1961—1977年，为人口发展缓慢或下降的阶段，平均年递减0.86%。这一期间，人口的下降、停滞或缓慢回升，相间出现。1978年城市人口开始上升，年递增率达到7.0%。

城市人口的发展变化，是人口自然增长和机械变动两个因素共同作用的结果，以下仅就机械变动因素，对城市人口的影响，进行初步地分析。

---

* 本文刊于《人口学刊》，1981年第3期。

一、城市人口机械变动的因素

1950—1978年的29年间，五市机械净增人数为120.7万人，平均每年增长4.2万人，年平均机械增长率为10.3‰①。但各阶段的波动性很大，20世纪50年代为高机械增长阶段，从1950年至1960年，五市年平均机械增长率为56.0‰，其中，本溪达86.5‰，鞍山66.3‰，各市尤以“一五”期间为最高，多数年份在100‰以上。

1961年以后，机械变动呈下降趋势，1961年至1978年间，五市平均年递减10.8%，其间，1978年又开始回升（见表1）。

表1　五市年平均机械增长率（‰）

城市名称	1950—1960年	1961—1978年	1950—1978年
沈阳市	42.5	-16.7	3.7
抚顺市	65.2	-18.7	5.03
鞍山市	66.3	-10.8	11.7
本溪市	86.5	-14.2	12.1
辽阳市	45.1	+1.87	14.4
五市年平均	56.0	-10.8	10.3

资料来源：根据各市统计资料整理计算。

从表1可以看出，各市之间机械增长率差别较大，以沈阳、抚顺较低，辽阳、本溪、鞍山较高。

上述人口机械变动，在各阶段和各城市之间的差别是多种因素作用的结果，既有正常因素，也有非正常因素，就正常因素而言，主要有：

（一）城市国民经济的发展变化

城市的主要经济部门是工业、基建、交通运输、商业和服务行业等，其中，以工业起关键作用。就辽中地区来说，工业职工在总职工中所占比例很大，如本溪、抚顺分别占63%，鞍山占60%，沈阳占54%。

辽中地区是我国重要的老工业基地，在“一五”期间，是我国重点建设的

① 五市的人口机械增长人数，沈阳市和本溪市为实际统计数字，其余各市因缺资料，系根据每年新增人口数减去自然增长人数而得。

地区之一，当时，全国有许多重点项目在此建设。例如，在沈阳市建设的就有6项属于全国重点建设项目和29项限额以上的项目。其他各市的如鞍钢、本钢、抚顺煤矿、本溪煤矿等，都是国家的重点建设项目。工矿业的发展，需要大量的劳力，这是“一五”期间机械增长率高的主要原因。从工业基本建设投资可看出，“一五”期间的基建投资最多，其次是“二五”期间，“三五”期间较少，“四五”期间又开始上升，这与机械变动的特点是类似的（表2）。

表2　　1949—1975年各市年平均工业基建投资　　单位：亿元

各时期	沈阳	抚顺	鞍山	本溪	辽阳
1949—1975年平均	1.22	1.15	1.96	1.02	0.34
三年恢复	0.48	0.43	0.62	0.21	0.04
“一五”	2.21	1.33	3.92	0.94	0.20
“二五”	1.65	2.52	2.45	1.03	0.18
三年调整	0.71	1.22	0.94	0.32	0.06
“三五”	0.52	0.34	0.66	0.63	0.09
“四五”	1.24	0.79	2.60	2.37	1.23

资料来源：根据各市统计资料整理。

这里需要说明的是：三年恢复时期工业基建投资较少，但人口机械增长却很高，因为这一阶段的工业，主要是恢复生产，而工业基建投资较少，但解放前外流人员大批重返家园，因此三年恢复时期人口机械增长率较高。“一五”以后辽中各市作为老的工业基地，担负支援外地技术人才的任务，在“一五”和“二五”初期，外调的数量是很大的，如沈阳市1950—1958年援外的各种技术人员就达7万余人，鞍山市6.3万人，抚顺市近2万人。此外，从疏散城市的工业出发，1958—1959年还迁出部分工业，因此，在五十年代的个别年份人口机械增长下降。

（二）城市工业的性质

不同工业部门对劳动力的数量要求不同，冶金、煤炭、机械，纺织等部门需要劳力多，而电力，炼油、石油化工等部门需要劳力较少。如抚顺市石油化工和电力两个部门，产值占全市工业总产值55.7%，职工仅占全市职工15.4%，而煤炭工业产值占全市9．4%，职工却占28%。

不同工业部门对劳动力的素质要求不同，技术性强的工业部门，往往需要从市外调入技术人员，如辽阳化纤厂，就从市外调入不少技术人员。

（三）城市内部劳动力资源的状况

劳动力资源丰富的城市，可减少从市外调入劳力，老城市一般劳动资源都比较丰富，因而机械增长率较低，如沈阳市1949—1959年十年间城市就业人数达30万人。新兴城市劳力较缺，一般都从市外调入大量劳力，如鞍山、本溪、辽阳等，机械增长率都比较高。

二、机械变动对城市人口规模的影响

（一）机械变动对城市人口规模的直接影响

新中国成立以来，辽中地区，各市人口机械增长数量比自然增长的数量小（见表3）。五市平均机械增长数，占城市人口增长数的22%，其中，沈阳市较低，占14.4%；本溪、鞍山较高，分别占33%和31.5%；辽阳市高达38%，这是因为该市新中国成立以来有两次大的迁入：一次是抗美援朝时，从丹东等市迁来一些工业企业；另一次是1975年，开始兴建大型化纤厂（表3）。

表3　　1950—1978年间自然、机械增长数的比例

城市名称	以自然、机械增长总数为100	自然增长数%	机械增长数%
沈阳市	100	85.6	14.4
抚顺市	100	82.5	17.5
鞍山市	100	68.5	31.5
本溪市	100	67.0	33.0
辽阳市	100	62.0	38.0
五市平均	100	78.0	22.0

资料来源：根据各市统计资料整理计算。

仅从新中国成立以来的人口机械增长总数量，还不能完全说明它对城市人口规模的影响程度，因而需要划分阶段进行分析。

1950—1960年间，机械增长数超过自然增长数，五市机械增长数占城市人口总增长数的58.8%，其中，抚顺、鞍山、本溪都在60%以上（见表4）。

表 4　1950—1960 年自然、机械增长的比例

城市名称	以自然、机械增长总数为 100	自然增长数%	机械增长数%
沈阳	100	45.4	54.6
抚顺	100	38.6	61.4
鞍山	100	39.3	60.7
本溪	100	38.7	61.3
辽阳	100	45.1	54.9
五市平均	100	41.2	58.8

资料来源：根据各市统计资料整理计算。

20 世纪 60 年代以来，人口机械变动多数年份以负数出现，这对城市人口的影响是十分深刻的。1961—1978 年间，五市机械减少的人数约达 90 万人，平均每年减少 5.3 万人，使 20 世纪 60 年代以来城市人口处于下降或缓慢增长的状态。可以设想，如果 60 年代以后的机械增长也像 50 年代那样高，那么一来，城市人口将会发展到多大规模！因此，分析机械变动对城市人口的作用，不仅要看它机械增长的一面，也要分析它机械减少的一面。

（二）机械变动对自然增长的影响

人口机械变动，除了直接影响城市人口规模之外，还影响自然增长。辽中地区吸收进来的大多是年青劳动力，因此，在机械增长高的城市中，劳动年龄组的比例就高，例如，鞍山市在三年恢复和“一五”期间，机械增长率都很高，1950 年机械增长率达到 435‰，1953 年为 356‰，因而劳动年龄组在整个年龄构成中比例较高，1953 年达到 60%，1961 年以后大批人员下放回乡，劳动年龄组比例下降到 42.5%，这种状况一直延续到 20 世纪 70 年代初（1972 年为 43.3%）。近几年，随着机械增长率的上升，劳动年龄组比例也逐步提高，1978 年达到 55.6%。

由于吸收了大量年青劳动力，使育龄人口增加，因而，自然增长率也必然要增高。辽中地区各市，20 世纪 50 年代和 60 年代初，自然增长率普遍很高，1950—1960 年间，自然增长率高达 38‰，其中，鞍山市达到 42‰，这与同时期的高机械增长率是密切相关的。20 世纪 60 年代后期，自然增长率逐步下降。与大量人员的迁出有关。20 世纪 70 年代，辽中各市的人口自然增长率有所上升，从 1974—1977 年的 6‰—7‰上升到 1978 年 12.2‰，这主要是由于 50 年代出生的大量人口，正逐步转为育龄人口。因此，为了降低自然增长率，及时

抓紧计划生育工作极为重要。

从各市自然增长与机械增长的对比，可以看出二者的关系。机械增长率高的城市，自然增长率也高，如50年代鞍山、本溪机械增长率高于沈阳、辽阳，因而前者的自然增长率高于后者（见表5）。

表5　　1950—1960年辽中五市机械、自然增长率对比（‰）

城市名称	沈阳市	抚顺市	鞍山市	本溪市	辽阳市
机械增长率	42.5	65.2	66.3	86.5	45.1
自然增长率	35.3	40.8	42.1	39.8	36.9

资料来源：根据各市统计资料整理计算。

但是，机械增长所带来的自然增长的上升，在时间上并不一致。一般是迟于机械增长3—5年。例如，辽中地区五市机械增长的高峰，是在三年恢复时期和“一五”前期，而自然增长率的高峰则是在1954—1957年，自然增长率普遍在50‰—60‰左右。20世纪60年代以后，虽然机械变动已经下降，但50年代高机械增长所带来的自然增长的高峰，一直延续到60年代中期。

（三）职工来源地区的远近对城市人口规模的影响

辽中地区各市人口机械增长的来源当中，干部和技术人员的大多数来自区外，工人则多来自农村。“一五”期间调进的工人，来自本省农村的占大部分，主要是城市郊区和人口密集、劳力充足的辽南地区。1958—1960年，各市招收不少外省流动人员，主要是山东，其次是河北、河南等省。1961年以后，城市所需劳力主要来自市内和下乡知识青年。

职工来源的远近，对城市人口规模有一定影响，来自城市附近农村的职工，多数家居农村，家属为农业户口（称工农户），这种职工越多，带眷人口越少，有利于控制城市人口规模。工农户的多少与城市地区内的劳动力资源有关。在地区人口密集的工矿城市，工农户的比例要高些，例如，安徽省淮北市的相城煤矿，黑龙江省的鸡西、鹤岗等煤矿城市，工农户的数量微乎其微。辽中各市这方面的资料不足，据对鞍山市的调查，在建成区的职工中，工农户约有4万余人，占职工总数10%，郊区矿山职工中，工农户的比例却高于此数。

来源于远处农村的职工与其家属分居两地。是否也有利于控制城市人口的规模呢？其实不然。根据对几个煤矿的调查材料，来源远处农村的职工多数已带家属，不带家属的职工有的通过各种途径已调回原籍，有的家属随职工进城，成了无户口的“黑户”，而五市范围以外，两地分居职工所占的比例并不大，如抚顺矿务局占职工总数2.46%，本溪矿务局为3.6%，今后终归还要解决这部分职工的两地分居问题。因此，在今后的劳动力调配中，根据地区内劳力资源的可能性，尽量就近招工，以有利于控制城市人口规模。

三、对今后城市人口机械变动的建议

（一）充分利用城镇内部劳力

充分利用城镇内部劳力，尽量减少从市外调入劳力，有利于控制城市人口规模。“一五”期间，一方面许多城镇内部存在失业问题，如沈阳市1956年失业人数为4.6万人，抚顺1955年失业人数1万多，另一方面，又从市外调入大批劳力，致使城市人口急剧增长。20世纪60年代以来，城市所需劳力，主要从城市内部解决。因此，职工人数虽有很大增长，但并不引起城市人口的增加。例如，1965—1975年的10年间，辽中五市工业总产值增长1.8倍，工业职工增长1.45倍，而城市人口却比1965年减少7%（见表6），这固然与知青下乡和自然增长率的下降有关，但与充分利用城镇劳力也有密切的关系。

表6　1965—1975年各市工业职工与人口增长对比（以1965年为100）

城市名称	工业总产值	工业职工	城市人口
沈阳市	214	145	-113
抚顺市	167	132	-108
鞍山市	134	145	+102
本溪市	198	174	+105
辽阳市	208	131	+115
五市平均	180	145	-107

资料来源：根据各市统计资料整理。

各市大批知青回城以及干部家属进城，1978年各市待业人数达22万人。另一方面各市的某些部门，又从农村招进劳力，如本溪市1978年已有待业人员3万人，却又从农村招进7000人，这是不尽合理的。

从今后的发展看，各市的劳力资源是十分丰富的（见表7）。

表 7　　辽中各市近期劳动力资源状况　　单位：万人

城市名称	1978 年年底待业人数	1978 年年底在农村知青	1979—1982 年新增劳力	平均每年
沈阳市	11.9	17.7	53.43	13.60
抚顺市	4.6	0.11	13.10	3.27
鞍山市		5.0	27.75	6.95
本溪市	3.0	9.7	9.33	2.34
辽阳市	2.3	3.1	3.77	0.94
五市总和	21.8	35.61	107.38	27.10

资料来源：根据各市统计资料整理。

据统计，1978 年年底，五市在农村的知识青年近 30 万人，另外，今后每年新成长的劳力可达 27 万人（包括上学、参军在内）。因此，在今后若干年内，城市所需劳力，主要应从城市内部来解决。

（二）搞好小城镇建设，控制大城市人口增长

目前，辽中各市存在着“工作在镇、户口在市”的问题，而且十分突出。新中国成立以来，各市郊区城镇有一定程度的发展，建设了一些工矿业，但这些企业的许多职工是工作在厂矿，户口在城市，职工往返通勤。例如，本溪市北台工业点职工 7100 人，户口在市的 2550 人，占职工总数的 35.8%；火连寨职工 2584 人，户口在市的 1018 人，占职工总数的 39. 4%；石桥子职工 3260 人，户口在市的 1006 人，占 34.7%。沈阳市陈相屯工业点距市 25 千米。有一半职工的户口在市，每天往返通勤。另外，抚顺矿务局调往铁法的 3000 多矿工，以及本溪调往红阳矿的 900 多名职工，职工和家属的户口都在市里。职工长距离通勤，给交通增加压力，也影响职工休息，不利于生产。

由于辽中地区许多市郊矿藏丰富，今后，郊区的工矿业还要发展，另外，市区的一些老煤矿将逐渐报废。因此，今后将仍有许多职工要外迁，问题还将更加突出。要解决这个问题，关键在于搞好小城镇的建设。目前，郊区小城镇建设存在很多问题，主要是布点太多，规模小，生活服务设施太差，因此，职工住房、家属就业，子女上学等问题，很难解决。今后，各市对郊区小城镇的发展，都应作出规划，选择一些建设条件较好的小城镇进行建设，规模要大些，服务设施要好些。这样，不仅职工通勤问题可以逐步解决，同时，也是控制大城市人口规模的有效途径。

通过以上对城市人口机械变动的初步分析表明，人口机械增长从许多方面

造成城市总人口的增长。我国城市人口自20世纪60年代以来，所以比较平稳地发展，严格控制城市人口的机械增长是个重要原因。因此，今后需要加强领导，全面安排，对待人口的机械增长，要像当前计划生育工作那样，抓得紧而又紧。这样，才能使城市人口得到合理地发展。

由于影响人口机械变动的因素十分复杂，它既受城市生产的发展和生产的性质的影响，又受城市内部和城市地区劳力资源等因素的影响，因此，不同类型的城市，它的人口机械变动，便具有不同的特点，只有对每个城市进行具体地调查研究，才能使人口调配更趋于合理。

京津唐地区人口发展、构成、分布特征及其变化趋势*

京、津、唐地区是全国政治、经济、文化的中心，为我国三个最大的工业和城市集聚地区之一，其社会经济特点对人口的发展、结构与分布产生深刻的影响，而这些特征又在一定程度上影响到本区社会经济的发展。

一、人口发展的回顾与展望

（一）人口增长简史

京、津、唐地区开发历史久远，是人类文明发源地之一，周口店龙骨山的"北京猿人"距今已有40万—50万年的历史。由于地理环境的影响，在距今7000—2500年前，渤海湾海岸向西一直伸到今天的文安、天津、宝坻附近。虽然自春秋战国以来海平面略有下降，但海退后新淤的平原仍经常受洪涝碱灾害威胁，洼地广布，农业生产难以开发利用。因此，在很长历史时期内，本区开发地带主要在沿太行山和燕山山麓平原。这里不仅自然条件优越，而且是从中原通往关外东北和蒙古高原的交通要冲，开发最早，居民点首先在这一带出现。但因本区是历史上汉族与北方游牧民族居住区的接壤地带，社会长期动荡不安，人口比较稀少且不稳定。例如两汉时的渔阳、右北平、广阳、渤海、上谷、涿等郡，所辖范围虽比现今大得多，但人口合计只有340多万人。汉以后历经长期动乱，到唐代上述地区范围大致相当平、幽、檀、沧诸州，总人口急剧下降为20万人。直至元代，这里的人口总数也只有60万人左右，当时经济

---

* 本文载于中国科学院地理研究所经济地理部编著：《京津唐地区经济地理》，天津人民出版社1988年版。

开发主要仍在山前平原地带。明代为了加强北京附近地区的政治、军事、经济实力，从外地向京畿大量移民，人口迅速增加，万历年间（1573—1620）的“北京畿”（包括今京津及河北大部分）人口达到420余万，京城人口已达70万人。到了清代，人口增长十分迅速，清末辖有24个州县的顺天府（北京所在）和辖有7个州县的天津府，人口已分别增加到340多万人和190余万人，两府人口合计540余万人①。

近代帝国主义侵入中国后，外国资本相继在本区开办一些经济事业，掠夺我国的财富、榨取廉价劳动力，与此同时，民族资本也有一定发展。在19世纪末至20世纪初，以京津二市为中心，先后修筑京奉（今京沈）、京汉、京张、津浦等铁路，形成了我国最早的铁路网。开发了开滦煤矿，建设了秦皇岛港，天津自1860年辟为商埠后，工商业也有了较大的发展。经济的发展促进了城镇人口的增长，出现了唐山、秦皇岛等新城镇，天津则由17世纪时20多万人发展成为100多万人口的大城市，使本区城乡人口结构和地区人口分布发生了明显的变化。

（二）新中国成立以来人口发展的特点

1. 人口增长速度快

新中国的诞生，社会经济迅速恢复和发展，促进了人口的增长。1949年全区总人口为1427.1万人，1982年增至2745.7万人，33年间纯增人口1318.6万人，增长92.4%，年均递增2.0%。同期全国增长86.1%，年均递增1.9%，本区人口增长速度略快于全国。其主要原因是：北京作为全国的首都，是促使人口较快增长的政治因素；京津唐地区一直是全国重点建设地区之一，经济发展速度高于全国的平均值。

2. 人口增长波动大

本区人口增长过程受全国政治、经济形势变化和本区经济发展变化的影响，波动较大。按人口增长速度大致可分以下三个时期：

（1）迅速增长时期（1949—1960年）。1949—1960年11年间纯增人口600万人，1960年比1949增长43.2%，年递增3.3%，是新中国成立以来人口增长最快的时期，比同期全国人口年递增1.84%快得多。原因是无计划生育，人口自然增长率高；同时，20世纪50年代，本区经济有了很大发展，至第二个

---

① 邢嘉明等：《京津唐地区自然环境演变及区域开发过程》，油印本，1983年。

五年计划结束，全区工业总产值比 1949 年增长 8.4 倍，随着经济的发展，劳动力需要量大，城市人口未加控制，人口机械增长速度很快，仅京津两市统计，1950—1960 年由市外净调入的人口共达 172.6 万人，平均每年净调入 17 万人，其中不少从区外迁入。

（2）缓慢增长时期（1961—1977 年）。60 年代至 70 年代中期，17 年共增长 22%，年递增 1.2%，同期全国增长 42.8%，年递增 2.1%。与全国相比，本区人口增长比较缓慢，这主要与本区城镇人口比重高有关：其一，从 60 年代中期宣传计划生育以来，城市人口自然增长比农村低；其二，在 60 年代初国民经济调整时期精简机构和“文革”中，有大批城市人口下到农村，仅京津两市统计，从 1961—1970 年间，净迁出人口达到 510 万人，平均每年迁出 17 万人，对人口增长有重要影响。

（3）增长回升时期（1978—1982 年）。这一时期人口增长速度仅次于 50 年代，5 年间共增长 9.25%，年递增 1.78%，比全国增长速度 1.3% 快。这主要是大批知青和干部从区外回城，以及为解决两地分居职工家属的迁入等，从 1978—1982 年仅京津两市净迁入人口达 72.2 万人，平均每年迁入 18 万人；50 年代大量出生的人口在 70—80 年代已陆续进入结婚、生育期，人口自然增长率高，如 1982 年北京市自然增长率达到 15.15‰，天津市 14.36‰，唐山市 19.13‰，秦皇岛市 18.01‰（1983 年调整后的行政区划），多数高于全国自然增长率（14.49‰）。由于人口和劳动力迅速增长，给城乡劳动力就业以及文化教育、服务设施、住宅建设等带来许多困难。

3. 人口增长地区差异大

城市与农村人口增长速度差别较大，1949—1982 年各地市人口年均增长速度，唐山市 3.20%，北京市 2.45%，天津市 2.03%，而廊坊地区和唐山地区分别为 1.55% 和 1.46%，城市人口增长比农村快得多（详见表 1）。这是因为城市除了人口自然增长外，还有机械增长影响。据京津二市统计，北京市从 1950—1982 年人口增加总量中，自然增长占 76.9%，机械增长占 23.1%。同期天津市人口增长总量中，自然增长占 86%，机械增长占 14%。农村人口的增长基本上是自然增长。

京、津、唐三大城市由于经济结构等方面的差异，人口增长速度也有差别。唐山市人口增长最快，该市虽然在 1976 年地震中减少人口 20 多万人，但震后人口补偿性增长很快。从新中国成立以来整个时期看，增长速度也快于京津两市。唐山市是以重工业为主的工矿城市，采掘工业劳动力需要量多，劳动

表 1　京津唐地区总人口增长速度（%）

地、市名称	1949—1960 年	1961—1977 年	1978—1982 年	1949—1982 年
全国	1.84	2.10	1.35	1.91
京津唐地区	3.20	1.22	1.84	2.02
北京市	5.32	0.78	1.86	2.45
天津市	3.40	1.20	1.90	2.03
唐山市	6.30	0.37	6.40	3.20
唐山地区	1.30	1.75	1.17	1.46
廊坊地区	1.05	1.94	1.31	1.55

资料来源：公安部分县市人口历史统计。

强度大，需经常招收大量农民工以适应生产的需要，人口机械增长快。矿区人口的自然增长率也比京、津两市高。

（三）人口发展趋势

影响本区今后人口增长的基本因素是人口的自然增长和机械增长。由于20世纪50年代和60年代中期大量出生人口在70—80年代陆续进入结婚生育期，自70年代末以来人口处于生育高峰，但在大力贯彻计划生育政策下，人口自然增长在渡过近期高峰之后，将在90年代明显下降，京、津两大城市在20世纪末人口自然增长可能接近或达到“零”，其他城镇和广大农村地区自然增长率可能降到5‰以下，自然增长对人口增长的影响将大为减弱。在机械增长方面，随着本区社会经济的发展，在80年代将解决城镇劳动力待业问题，在90年代城镇劳动力有可能出现不足，但京津两市人口已过分集中，人口规模需严加控制，除部分科技人才需要从区外调配外，一般劳动力可从区内农村调配。因此，今后本区人口增长速度将比过去慢得多。

二、人口构成特征及其变化趋势

人口构成包含着许多内容，归结起来分自然构成（性别、年龄）和社会构成（城乡、职业、文化等）两方面，以下仅就与社会经济发展密切相关的若干人口构成特征作简要阐述。

（一）性别比例低于全国，但基本平衡

人口的性别构成是人口最基本的特征之一，它与人口再生产密切相关，是

预测人口自然增长的基本依据；人口性别构成对劳动力、婚姻、家庭等均有重要影响，是制定社会经济发展规划的依据之一。

根据第三次人口普查资料，京津唐地区人口的性别比例为103.7，低于全国（106.3），其中北京市102，天津市103，唐山地区104.8，廊坊地区103.3，均低于全国；唐山市111，高于全国。从全区看性比例基本平衡。由于不同地区存在不同的社会经济特点，性别比例具有地区差异，大致可分为以下三种类型：

1. 性别比例基本平衡类型

这是本区最基本的类型，包括京、津两个综合性的特大城市和唐山、廊坊两个地区。唐山和廊坊地区农村人口比重大，人口增长基本属于自然增长，性比例保持自然平衡状态。京、津等大城市受人口迁移影响，性别比例变化较大。如北京市新中国成立以来性别比例经历了由高到低的变化。北京市1951年性别比例高达137.3，在20世纪50年代大致保持在110以上，这与解放前城市性别比例高延续下来有关，又加上20世纪50年代经济大发展时期大量调入男性职工。自60年代以来，北京市性别比例明显下降，1960年为113.13，1965年下降到106.54，1970年为104.44，1980年进一步下降到102.52，近年来性别比例略有上升，1982年为102.91。上述性别比例的变化与60年代中期北京支援三线建设和“文革”中知青、干部上山下乡，男性迁出多而回城少有关。

上述性别比例是指总人口而言，分年龄组的性别比例也基本平衡。但个别年龄组性别比例偏低，如北京市在35—44岁年龄组中性别比例较低，其中35—39岁组95.03，40—44岁组94.62，女性明显多于男性，这对于当时的婚姻问题有一定影响。

2. 性别比例高的类型

主要出现在以下几类地区：（1）矿业城市，唐山煤矿城市性别比例111，煤矿男职工比例高，矿工多来自农村，带眷比例低，两地分居多。（2）上升期城镇，城镇人口处于迅速增长时期，迁入人口多属单身男性，性别比例较高。如天津市大港114，塘沽112，这二区自20世纪60年代中期以来人口增长较快，职工多来自天津市中心区，其中不少职工家属仍在中心区，往返通勤。从有利生产方便生活出发，应大力提高滨海城镇的服务设施水平，鼓励更多的职工家属迁来滨海城镇落户。（3）农村城镇性别比例也比较高。据45个镇人口的统计，性别比例为119.6，其中唐山地区镇人口性别比例为117.6，廊坊地区

120.0，北京市远郊城镇116.0，天津市远郊城镇126.2。农村城镇职工男多女少，多数来自农村，家属在农村。

3. 性别比例低的类型

这一类为数较少，一是大城市中心的某些社区，如天津市和平区性别比例98.78，这与男性外迁较多有关。其次是大城市近郊农村，由于招收男工较多，性别比例较低。如北京市海淀区农村人口性别比例96.5，朝阳96.3，丰台97.1。大城市郊区女多于男，尤其是劳动年龄组更为明显，劳动力较弱，但劳动力资源丰富，对生产影响不大。

（二）成年人口比重大，但年龄结构较轻

一个地区人口年龄构成的特点既反映了该地区人口变动的历史，又是预测未来人口变化的基本依据，也是国家制定重大社会经济政策的依据。劳动就业、文化教育、服务设施的规划和建设，都离不开年龄构成特点。

1. 成年人口比重大，劳动资源丰富

为了分析年龄构成特点及其变化趋势，通常把人口年龄划分为少年儿童（0—14岁），成年人（15—64岁）和老年人（65岁以上）。本区人口年龄构成最显著的特点是成年人比重大。根据第三次人口普查资料，京津唐地区成年人口比重达到68.82%，比全国（61.49%）高，其中最高是北京市71.69%，唐山市71.62%，天津市70.27%，唐山、廊坊地区较低，也达到64.22%和64.59%（详见表2）根据我国劳动年龄的规定（男16—59岁）（女16—54岁），1982年京津唐地区劳动适龄人口达到1720.7万人，占总人口62.67%，高于全国（54.9%）。其中北京市66.06%，唐山市65.68%，天津市63.88%，廊坊、唐山地区分别为57.88%和57.71%，均高于全国比例。本区人口年龄构成这个特点与其自然增长、机械增长有密切关系。由于我国在20世纪50年代至60年代自然增长高峰时期出生人口已全部进入劳动年龄，因此，成年人口和劳动人口比重高是全国年龄构成的基本特点，但由于50年代城市人口自然增长高于农村，本区人口自然增长率高于全国，这是本区成年人口和劳动适龄人口比重高的基本原因。自70年代以来人口自然增长显著下降，尤以城市下降幅度最大，少年儿童比重日益减少，使成年人口比重相对上升。如以北京市1982年与1964年相比较，0—5岁儿童由18%下降到8%，6—17岁中小学生人口由28%下降到11.0%，劳动适龄人口由49.0%上升到66.0%，可见各年龄组升降的幅度是很大的。另外，机械增长对年龄结构变化也有很大的影响。如

前所述，新中国成立以来，本区迁入人口数量相当大，其中大部分属劳动人口，例如根据对北京市迁入人口的年龄分析，30岁以下的移民占移民总数的73%，其中0—14岁占23%，15—29岁占50%[①]。

表2　　京津唐地区总人口年龄构成（%）

地市名称	0—14岁	15—54岁	65岁以上	16-59岁（男） 16-54岁（女）
全国	33.59	61.49	4.90	54.90
京津唐地区	25.14	68.82	6.04	62.67
北京市	22.85	71.69	5.46	66.06
天津市	24.15	70.27	5.57	63.88
唐山市	20.16	71.62	8.22	65.61
唐山地区	29.18	64.22	6.59	57.71
廊坊地区	28.80	64.59	6.59	57.88

注：北京市为1979年资料，其余为1982年人口普查资料。由京、津、唐地区各地、市统计局提供。

丰富的劳动资源为本区社会经济的发展提供了有利的条件，但在我国经济水平不高的情况下，也给劳动就业带来一定的困难。近年来由于经济的发展和贯彻正确的劳动就业政策，从1979年以来全区城镇共安置132万人就业，使城镇待业问题得到了缓和。农村地区由于人口增长和耕地减少，劳动力过剩问题也相当突出。近几年来由于农村多种经营和工副业的发展，为农村劳动力出路开辟重要途径。成年人口比重高，育龄人口多，使人口自然增长率明显上升。如北京市15—49岁妇女人口比重1964年为21%，1982年上升至29.8%，其中20—29岁妇女占全部育龄妇女比例由34.4%上升到37.8%，使近几年来人口自然增长显著回升。在大力贯彻计划生育政策下，近期自然增长将逐步下降。

2. 人口由年轻型向成年型过渡，年龄结构仍较年轻

国际上根据老年人的比重，将人口划分为年轻型、成年型和老年型三个年龄结构类型。我国人口学家根据我国人口年龄构成特点，提出老年人口小于或等于5%为年轻型，5%—10%为成年型，大于10%为老年型。京津唐地区1982年老年人口占6.04%，应属于成年型人口，但从年龄中位数分析，1982年全区年龄中位数为26岁，也就是说，26岁以前的人口占总人口一半，其中北京远郊县、唐山地区和廊坊地区年龄中位数只有25岁，年龄结构仍然比较

① 吉平："北京市迁入移民的来源、类型和年龄构成"，《人口与经济》，1983年第5期。

年轻。尤其是在某些发展快的地区，年龄结构还相当年轻。例如天津郊区老年人口只占 4.38%，天津塘沽、汉沽和大港三区 3.49%，其中大港区只有 2.87%。上述年龄构成较轻的特点，将影响本区近期人口自然增长。由于大力贯彻计划生育政策，今后少年儿童人口将继续下降，老年人口继续上升，如按目前一胎化的计划生育政策，至 20 世纪末，本区老年人口比重超过 10%，由成年型变为老年型。

（三）文化科技人才多，人口素质较高

本区文化水平较高，据第三次全国人口普查资料，全区平均每千人拥有大学毕业生为 17.9 人（全国 4.4 人），大学肄业或在校人员每千人拥有 6.6 人（全国 1.6 人），高中毕业生每千人拥有 126.7 人（全国 66.18 人），初中生每千人拥有 259.3 人（全国 177.4 人），小学生每千人拥有 319.9 人。（全国 353.9 人）（详见表 3）。其中尤以北京市文化程度最高，其次是天津市。唐山地区和廊坊地区大学生（包括肄业和在校）比全国平均水平低，而高中、初中生比全国水平高。

本区是全国科研机构和高等院校最集中的地区，全区有 200 多个科研机构和 76 所高等院校（另有分校 46 所）。京津两市全民所有制单位的科技人员总数达 48.6 万人，占二市总人口的 3%，为全国平均比重的 5 倍，其中北京市 33.6 万人，占总人口的 3.7% 和职工总数的 10.2%。

丰富的智力资源是本区一大优势，在社会经济的发展中应充分发挥它的作用，应大力发展智力密集型工业和为科技、文教服务的行业，发展情报信息系统，充分发挥它在全国科技、文化和社会经济发展中的作用。

表 3　　京津唐地区每千人拥有文化程度人口数

市、地名称	大学毕业	大学肄业及在校	高中	初中	小学
京津唐地区	17.9	6.6	126.7	259.3	319.9
北京市	35.8	12.9	176.4	290.9	261.9
天津市	15.8	6.9	133.1	285.2	307.9
唐山市	10.8	3.1	111.2	323.5	306.4
唐山地区	2.4	0.3	75.7	198.9	399.9
廊坊地区	3.44	0.8	68.6	188.6	370.5
全　国	4.4	1.59	66.2	177.4	353.9

注：根据 1982 年全国人口普查资料。

（四）三大产业从业人员构成在发生变化

目前世界上一般把国民经济划分为三大产业。第一产业包括农业、林业、畜牧业、渔业，第二产业包括矿业、木材采运、电力、制造业、地质勘探和建筑业，第三产业包括交通运输业、商业和其他服务业。三大产业构成特点反映一个国家或地区经济发展阶段和水平。经济发展水平高的，第一产业比重低，第二产业比重在下降，第三产业比重高；经济发展水平低的，第一产业比重高，第二、三产业比重低。根据1980年统计资料，本区第一产业从业人员占40.3%，第二产业占38.8%，第三产业占10.28%。本区第一产业从业人员比重较低，第二、三产业比重较高，说明经济发展水平高于全国。本区三大产业从业人员构成变化过程及趋势大致如下：

1. 第一产业比重下降

自党的十一届三中全会以来，农村实行联产承包责任制，农业劳动生产率显著提高。过剩的农业劳动力正逐步向第二产业和第三产业转移。工副业有较大的发展。1981年全区乡镇企业已发展到3.8万个，从事工副业的劳动力达到115万人，占全区农村劳动力17.6%。长期以来那种传统的单一经营、自给自足的农村经济，正在发生深刻的变化。今后随着本区农业劳动生产率的提高，从事第一产业的劳动力比重将继续下降，农业劳动力占农村总劳力的比例，从1980年82.6%，降至2000年的65.3%，即有34.7%的农村劳动力转移到非农业生产部门。

2. 第二产业比重将继续上升

新中国成立以来，从事工矿业职工在总职工中的比重不断提高。1980年全区工业职工达到315万人，占总职工的45.73%。在各工业部门中，机械工业部门职工人数最多，达到100余万人，占全区工业职工三分之一，主要集中在京津二市。轻工业部门也是本区职工人数较多的部门，1980年职工人数达到61万人，占全区工业职工的18.0%，也主要集中在京津二市。由于本区自然资源丰富，交通方便，工业基础好，技术人才多，工业发展具有许多优越条件。今后随着铁煤资源和石油资源进一步的开发，本区钢铁工业、石油化工和海洋化工等原材料将有更大的发展。此外，技术密集型工业、食品工业和工艺美术生产等都具有很大的发展前景。与此同时，乡镇企业也将有较大的发展。因此，本区第二产业从业人员比重将继续上升。

3. 第三产业将有大的发展

近几十年来，世界发达国家第三产业有了很大的发展。但我国自新中国成立以来服务业的发展十分缓慢。北京市1949年有商业、饮食、服装网点7.3万个，1977年减到1.05万个。1957年平均每万户城市人口有59个网点，平均每个网点服务的人口为169人，而1977年平均每万户城市人口服务网点减少到13个，每个网点服务的人口为723人，服务网点由原来的小、密、多，变成大、稀、少，造成群众生活不便。近年来，本区服务业有较快的发展，尤其是集体和个体商业户发展更快，如北京市从1977年至1981年期间，集体所有制的商、饮、服、修理网点已发展到2500多个，安置待业青年3.8万人。此外，1980—1982年个体商业户发展到5844户，从业人员6938人。据统计，在1980年至1981年间，京、津、唐地区先后设立的劳动服务公司和服务站共有200多个，从事各种服务业的人员共有10多万人，使服务业的紧张状况有了缓和。今后随着我国与世界各国的交往日益频繁和旅游事业的大发展，随着城乡人民生活水平的不断提高，对服务业的要求越来越高，服务业的内容也越来越广泛，因此，本区的服务业将有较大的发展。

（五）城镇人口比重较高

城镇人口比重的高低反映了一个国家或地区社会经济的发展水平。京津唐地区1980年城镇人口比重为37.7%，如包括未设镇建制的县城在内，城镇人口达到1010万人，占全区总人口38.7%，远远高于全国水平（13.65%），也高于上海长江三角洲经济区（24.6%），但低于辽宁中南部地区（47.3%），与世界城镇化水平相当（39.0%）。

本区城镇规模结构不太协调，大城市人口比例过高，中小城镇发展较慢，人口比例低。京津唐三大城市人口占全区城镇人口90.6%，秦皇岛和廊坊二市人口仅占3.0%，建制镇和未设镇建制的县城的人口只占6.4%。镇人口在城镇总人口的比重与辽宁中部地区差不多，但远低于苏南地区（16.5%）。中小城镇不发达，是导致大城市规模过分膨胀的重要原因。

随着本区工矿业、交通运输业、商业、服务业、旅游业等的发展，将需要大量的劳动力。从劳动力的供求关系看，在20世纪80年代可由城镇待业人员补充。从80年代后期至20世纪末，由于新成长的劳动力逐渐减少，而退休职工逐渐增多，与此同时，国民经济又将有更大规模的发展，城镇劳动力供应将出现不足，这个因素将促使本区今后城镇人口的继续增长。但另一方面，由于大力贯彻计划生育政策，人口自然增长在渡过近期的高峰期后，在20世纪90年代明显趋缓。京、津二大城市的人口已过分集中，各种矛盾相当尖锐，严格控制人口规模将会收到一定的效果。因此，今后本区城镇人口的增长速度不会像过去那样快。若设想以1.7%的速度增长，至2000年城镇人口的比重达到45.6%，市镇总人口（包括郊区农业人口）的增长速度可能快于城镇人口，这是因为郊区农业人口自然增长相对较快，大量从事乡镇企业和商业、服务业等非农业生产的农业人口将有相当部分在各类城镇集聚；如今后以2.0%的速度增长，至2000年全区市镇总人口的比重将由1982年的49.0%增至61.0%。

三、人口分布

（一）人口分布特点

人口分布与历史、自然、社会经济因素关系十分密切。本区开发历史悠久，自然条件和社会经济条件复杂多样，使本区人口分布有以下特点。

1. 人口密度较高，但地区差异大

京津唐地区是我国人口较密集的地区之一，1982年全区平均人口密度532人/平方千米，比全国（106人/平方千米）高得多，也高于辽宁中部地区（321人/平方千米），但比苏南地区低（苏州地区为810人/平方千米）。本区人口分布受自然和经济因素的深刻影响，各地区人口密度差异很大。本区地形特点是由西北向东南倾斜，西部和北部属中山和低山，由此向东南依次是丘陵、平原、滨海低地，各种地形略呈东西向的带状分布。不同的地形影响经济的发展和人口的分布。北部山区山高水寒，人口稀少，每平方千米100—200人。丘陵地带人口稍多，每平方千米200—400人。中部平原地带人口密集，每平方千米400—800人，尤其是沿京秦铁路和京山铁路东段人口最为密集。由此往南，除了海河沿岸和滦河下游灌区属人口密集地区外，其他地区人口密度逐渐降低，在南部低地人口密度每平方千米大致在200—400人，滨海地带人口比较稀少，每平方千米100—200人。从上述可看出，全区人口密度呈带状分布特点。以下以乡为单位，按人口密度差异大略可分五种人口密度类型：

（1）人口稀少地区。每平方千米在100人以下的乡，占乡总数5.9%，这类地区为数较少，主要是北部、西北部山区和滨海地带。

（2）人口较稀少地区。每平方千米100—300人的乡，占乡总数23.7%，主要在低山区、南部洼地及滨海地带。

（3）人口中等密度地区。每平方千米300—500人的乡，占乡总数43.6%，是本区主要的类型地区，多数平原地区和丘陵地区属此类。

（4）人口较密地区。每平方千米500—800人的乡，占乡总数23.1%，主要在中部平原地区，滦河下游灌区，以及遵化、迁安盆地。

（5）人口密集地区。每平方千米800人以上的乡，占乡总数3.7%。主要在城镇近郊和海河沿岸。

2. 城市人口分布集中，中小城镇不发达

本区城市人口主要集中在京、津、唐三大城市，尤其是京、津两个特大城市。1982年北京市总人口（不含县）597万，每平方千米人口密度2181人，天津市总人口（不含县）533万人，每平方千米人口密度为1247人。而两市的城市人口又主要集中在中心区。例如，北京市在346平方千米建城区范围内，集中了全市83%的城市人口，人口密度达到1.36万人/平方千米，超过了莫斯科（0.95万人/平方千米）、伦敦（0.9万人/平方千米）、巴黎（0.8万人/平方千米）、华盛顿（0.4万人/平方千米）等世界主要国家首都的人口密度。在面积为62.5平方千米的旧城区范围内，人口密度高达每平方千米2.9万人，其中宣武区高达3.4万人。天津市中心区人口密度高达2.0万人，人口稠密程度仅次于上海和广州市区，居全国第三位。尤其是面积只有10平方千米的和平区，人口密度高达5.1万人，比香港市区人口还要密集。

城市人口过分集中主要是工业布局过分集中所致。京、津、唐地区有90%的工业集中于京、津两市，有约74%集中于二市的市区。由于工业和人口过分集中，郊区耕地越来越少，水源和交通运输越来越紧张，环境质量下降。因此，严格地控制大城市市区人口的增长，并逐步加以疏导，已成为本区城镇合理发展的重要问题。

3. 农村居民点分布形态多样，以大型集团式分布为主

居民点的分布形态受自然、经济因素的制约，本区复杂的地形类型和经济类型导致本区居民点分布形态多种多样，归纳起来有以下几种：

（1）大型集团式分布。主要在中部平原地区，这里土地平坦、肥沃，水源充足，交通方便，经济发展水平较高，人口稠密，居民点规模较大，分布比较均匀，一般相距三五里，村庄彼此有道路相连，宛若网状。这是本区居民点主要分布形态，也是华北平原农村居民点的主要类型。

（2）连珠状分布。这种分布形式主要在山区。在本区北部山区，山高坡

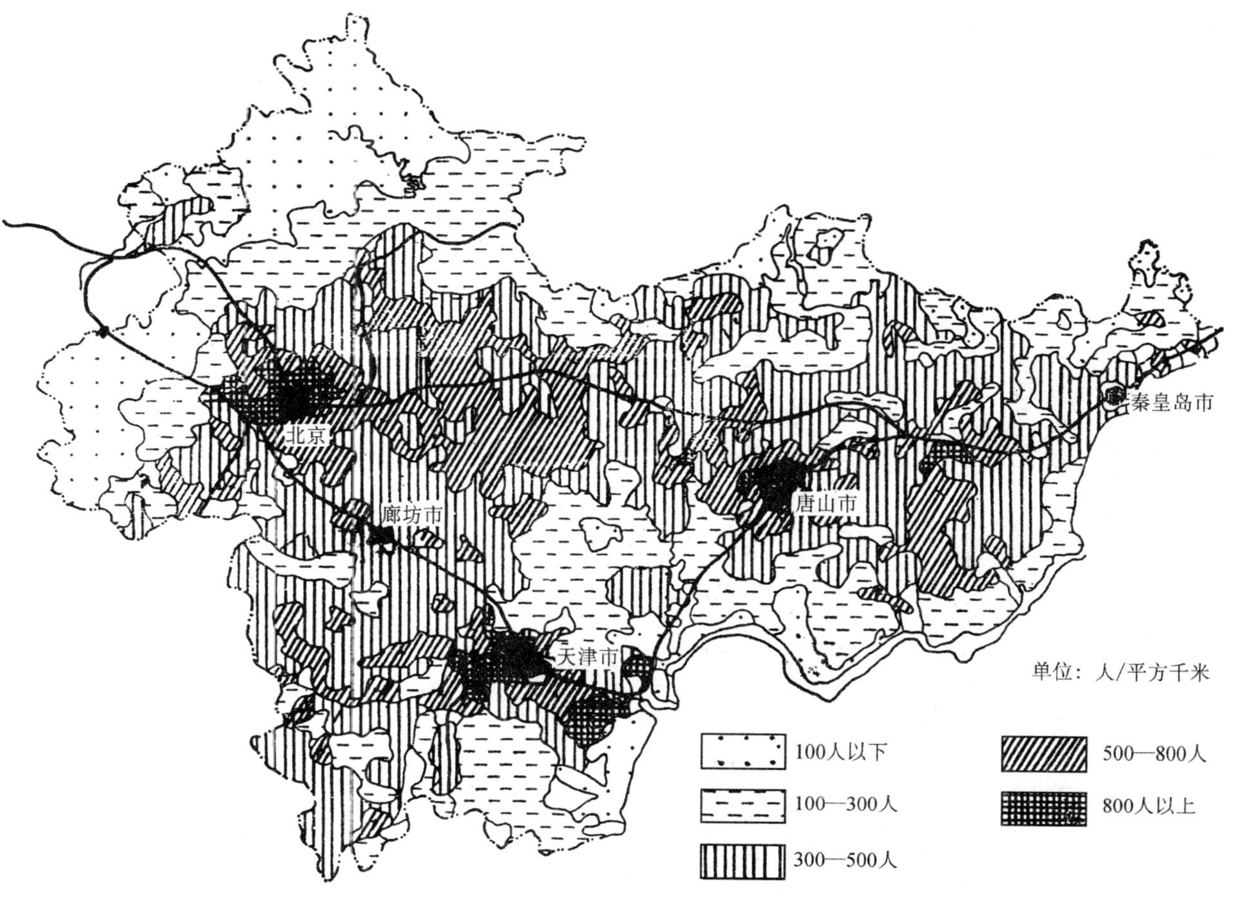

附图　京、津、唐地区人口密度图（1982年）

陡，水热条件差，交通不便，大部分山地尚未得到充分开发利用，人们的经济活动主要局限于河谷狭小地带，居民点规模小且沿河谷的道路呈连珠状分布形态。其次是低洼地区，由于主干道路大多位于地势较高的地段，居民点也往往沿主干道路分布。如宝坻南部洼地居民点的分布。此外，在洼淀地区，居民点沿洼淀边缘分布，山区山间盆地，居民点也往往沿盆地边缘的山麓地带分布，呈环状—连珠状的分布形式。

（3）星状分布。这主要是在大城市近郊，居民点规模小且密集，显得杂乱无规则，犹如天上繁星，以北京市近郊居民点最为突出。现在，这类居民点已逐步合并。

（4）有规划的条带分布。主要是在滨海新开垦地区，居民点和道路建设经过规划，排列笔直整齐，由于地势低洼，居民点规模小且沿道路分布。

（5）稀疏点状分布，主要在滨海地带，往往在地势较高有灌溉条件的地方发展农业生产，建立居民点，而周围未开发的地方则荒无人烟，形成孤岛式的点状分布形态。

（二）人口分区

根据人口分布特征，大致可将本区分为北部山区、中部平原和南部滨海低地三部分，以下将各区人口分布分别加以阐述。

1. 北部山区

包括北京市的房山西部、门头沟、延庆县、昌平县西北部、怀柔县西北部、密云县东北部、平谷县北部、天津市蓟县、唐山地区遵化县北部、迁西、迁安县北部、卢龙县、抚宁县北部。主要地形为中山、低山和丘陵地，土地面积占全区总面积35.35%。由于经济水平较低，经济结构以种植业、牧业、林业为主。这种经济状况决定其人口具有以下特点：

（1）人口密度低、分布不均。山区面积占全区土地面积35.35%，而人口只占全区20.6%，其中中山和低山山区人口更少，其面积占全区23.0%，人口只占9.0%，人口密度大多在200人/平方千米以下，不少山区在100人/平方千米以下，人口主要分布在狭窄的河谷地带。丘陵地区垦殖指数较高（34.4%），丘陵缓坡适于发展林果，人口密度高于深山区。本区丘陵地面积占全区土地面积12.9%，人口占全区11.6%，人口密度多在200—300人/平方千米，在一些山间盆地和河谷地带，人口密度达到400—500人/平方千米。

（2）深山区人口外流，增长缓慢。由于劳动条件差，生活艰苦，人们普遍不安心于山区，人口外流较多，人口增长缓慢甚至是下降的。例如平谷县熊尔寨乡位于海拔250—1000米的山区，虽然解放后修了盘山公路，生产条件和生活条件都有一定改善，但仍有不少人千方百计迁往浅山区或平原，女青年纷纷嫁到平原地区，而平原地区女青年又不愿嫁到山区来。该乡25—30岁人口中光棍汉达274人。由于婚姻问题解决不了，这些人也不安心于山区，外流人口较多，以致人口逐年下降。该乡1975年有6707人，至1982年只有5995人，7年间减少712人，平均每年减少100人。在平谷县其他山区乡也同样存在人口下降的问题。而平原地区各乡人口都有不同程度的增长，尤其是城近郊乡人口增长比较快。这显然与人口迁移密切相关。

山区人口不稳定的因素，对开发山区极为不利。扭转这种不合理的人口外流问题，关键在于发展山区经济。山区具有丰富多样的自然资源和自然条件，发展潜力很大，主要应明确山区发展方向，调整农业结构，开展多种经营。同时大抓水土保持，综合治理，并落实开发山区的各项政策。山区经济发展了，人口也就会逐步稳定下来。

2. 中部平原地区

处于北部山区丘陵与滨海地带之间广阔的平原地带，土地面积占全区面积59.19%，自然条件优越，工农业、城镇发达。因此，在人口增长结构与分布等方面都具有不同于山区和滨海地区的特点。

（1）人口密度高。主要在京秦线和京山线东段两侧，海河沿岸。这一地带地形平坦，土壤肥沃，水热条件好，开发历史悠久，土地垦殖指数达到70%，是京津唐地区重要的粮油生产基地，也是工矿业、城镇、交通最发达、人口最密集的地带。其中大城市人口最稠密，北京市朝阳、海淀、丰台、石景山四个区人口密度达到1000—2000人/平方千米，天津市东西南北四郊区达到600 800人/平方千米，其他地区大多在400—600人/平方千米。由于人多地少，农村劳动力过剩的问题比较突出。根据对京津两市郊区和中部平原地区耕地、劳动力数量、农作物用工量及农村工副业发展状况的分析，目前京、津两市近郊农村劳动力富余约分别为22.0%和18.0%，中部平原地区约20%—30%。继续大力开展农业多种经营和工副业，充分利用丰富的劳动力资源是十分重要的问题。

（2）南部洼地人口增长较快。在中部平原与滨海地带之间分布着许多洼地，如文安洼、东淀、贾口洼、黄庄洼、团泊洼等，历史上人烟稀少。新中国成立后由于各河系上游陆续建设许多水库，来水量逐渐减少，洼地面积日益缩小。在单一经营，片面强调发展粮食生产的思想指导下，不少洼地被围垦为农田，建设了许多农场，人口增长较快。例如文安县历史上由于大片洼地（文安洼）未被利用，人口稀少，据1932年资料，文安县人口密度只有79人/平方千米。解放后由于大量开垦，人口增长较快，1949年全县总人口19.86万人，1982年增至34.8万人，33年增长75%，比同期人口增长54%的廊坊地区快得多。1982年人口密度339.4人/平方千米，比1932年人口密度提高3.3倍。霸县、静海，宁河等地势低洼的县，由于新中国成立后大量开垦，人口都有较大的增长，宁河和静海县的人口密度分别由1932年的111.9人/平方千米和122.5人/平方千米，至1982年已提高到262人/平方千米和296人/平方千米。

3. 滨海地区

系指海岸线以内10千米宽度的范围，包括天津的大港区、塘沽区、汉沽区以及唐山地区的丰南县南部、乐亭县南部、昌黎县东部、抚宁县东南部等，面积占京津唐地区总土地面积的5.46%。滨海地区主要经济部门有工业、油田开采、晒盐、渔业、运输业（港口）。耕作业主要在有水源灌溉的地方发展，现有耕地约40万亩，垦殖指数为9.3%，与北部深山区差不多。

新中国成立以来，滨海地区丰富的资源得到了开发，经济发展较快。如20世纪50年代唐山地区在乐亭、滦南、柏各庄开辟了引滦灌区，使这一带由荒滩变成高产水稻田，随着农业的发展，人口增长较快。如柏各庄垦区1949年只有4万人，1982年达到11.7万人，年递增速度3.26%。本区滨海地带盐业生产和塘沽、汉沽的工业以及塘沽、秦皇岛的港口建设都有很大的发展。自20世纪60年代中期开发大港油田以来，大港区的城市人口也增长很快，由原来人烟稀少的荒滩迅速发展成为十几万人口的工矿城市。今后，滨海地带将成为京津唐地区工业、交通的重点建设地区，随着经济的发展，在滨海地区将出现一批新的中小城镇，人口密度将进一步提高。

环渤海地区人口发展趋势与调整对策*

环渤海地区包括北京、天津两市和辽宁、河北、山东三省，是我国经济发达，城镇密集、人口众多的地区之一。根据对该区域的人口发展预测，经济和人口将继续向城镇密集地带集聚；在广大乡村地区因生育管理等方面原因，人口增长也将较快；与此同时，在乡村地区劳动力有大量富余；在大城市地区则面临老龄化问题等，因而未来本区人口与经济、资源及环境之间将面临着突出的问题，需要采取相应对策，以解决面临的问题。

一、人口发展的基本特征

（一）总人口增长变化

新中国成立以来，本区人口出现持续增长的态势，如图1所示，总人口已由1949年的10282万人增加到1991年的20609万人，42年间总人口翻了一番。

本区不同时期的人口增长率波动较大，其中20世纪50年代和60年代增长最快，增长率达2.0%以上，80年代增长率则降为1.1%左右，从地域上看，北京人口增长最快，年均增长率为2.22%，山东最慢为1.51%。

由于本区人口年均增长率为1.67%，低于全国1.83%的水平，因此人口占全国总人口的比重呈下降趋势。1949年比重为18.98%，1991年下降至17.79%，其历年变动曲线如图2所示。

（二）人口自然增长变化

本区人口出生率变化趋势与全国基本一致，但其平均出生率一直低于全国

---

* 原文为中国科学院区域开发前期研究项目的部分成果，刊于陆大道主持的《中国环渤海地区持续发展战略研究》，科学出版社1995年版，合作者蔡建明。

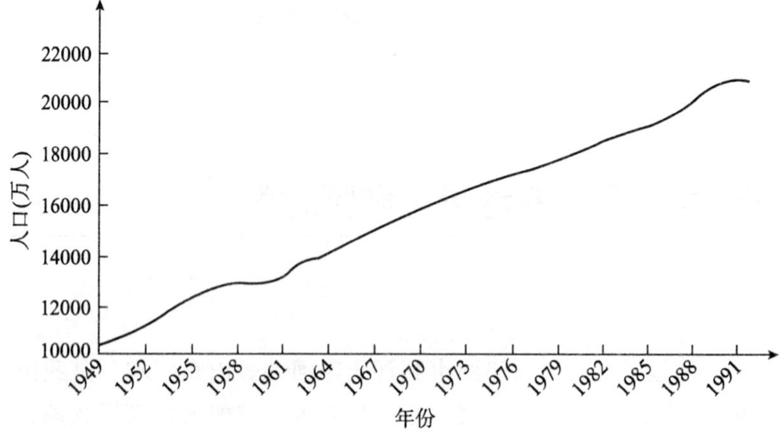

图 1 环渤海地区总人口变动曲线（1949—1991 年）

图 2 环渤海地区人口占全国人口比重变化

平均水平，且差距呈增大之势。表明本区人口控制工作已卓有成效，这将对其社会经济发展产生有利影响。

本区死亡率自新中国成立以来有了大幅度下降，平均死亡率由 20 世纪 50 年代的 11. 71‰下降到 80 年代的 5. 77‰。除 1976 年唐山大地震等个别年份外，人口死亡率均低于全国平均水平，且区内各省市的死亡率差异呈逐渐缩小之势。

受出生率和死亡率共同作用，本区人口自然增长率也已由 20 世纪 50 年代 20. 22‰的高水平下降到 80 年代的 10. 86‰，人口发展已由高出生、较低死亡、高增长类型转变为低出生、低死亡、低自然增长类型。

本区内各省市人口自然增长模式目前尚存在一定差异，如图 3 所示。1990 年京、津、辽总和生育率分别为 1. 33、1. 66 和 1. 51，均已在人口再生产更替水平以下，进一步下降的潜力不大，应该考虑由于生育率急剧下降而带来的人口老化问题。河北和山东两省的总和生育率分别为2.33和2.12，高于和基本处于更替水平，是本区今后控制生育的重点地区。

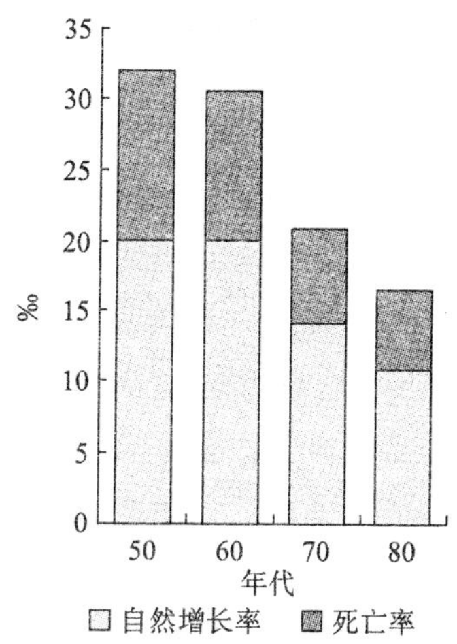

图3　环渤海地区人口自然增长模式差异

（三）人口迁移变化

迁移是人口变动中最活跃和最敏感的因素。新中国成立以来，随着我国政治经济形势的变迁，本区人口迁移也出现频繁波动，且各省变动呈现不同特点。从全区来看，20世纪50年代是人口净迁入，迁移增长占总人口增长的1.94%。60年代和70年代由于知青下乡、干部下放和支援“三线”建设等，人口迁出人于迁入。80年代重又成为人口净迁入地区，迁移增长占总人口增长的8.84%。同时区内各省市间及城乡间的迁移也非常活跃。各省市不同时段的人口净迁移量见表1。

表1　　各省市不同时段年平均人口净迁移量　　单位：人

地　区	1954—1959年	1960—1969年	1970—1979年	1980—1984年	1982—1987年*
北京	122283	-63317	40374	50782	44500
天津	4468	-20521	32243	27097	17000
河北	22356	65003	79816	95959	46160
辽宁	78323	-65207	-51787	66275	16400
山东	-217844	-213989	-88483	78395	41260

注：* 该栏资料为1987年1%抽样调查资料，其余为“人口统计资料汇编1954—1985年”。

20世纪80年代以来，随着城乡经济的搞活和市场经济的确立，本区人口迁移出现了一系列新特点和新变化，主要表现在：①由计划经济体制下的统一组织迁移变为越来越多地由经济规律支配的自发自由移动；②城乡及省际间迁移异常活跃，迁移量平稳增长；③因经济活动和学习等原因迁移的人口越来越多，因政治原因而迁移的人口越来越少；④历来为人口净迁出省的山东省，由于经济发展较快，80年代变为人口净迁入省；⑤流动人口增长迅猛，主要成分是农民，主要流向是城市，主要目的是经济活动。

（四）人口城镇化特点

通过本区非农业人口占总人口比重的变化分析，可以看出（图4），自新中国成立以来区内各省市的变化趋势基本一致。20世纪50年代，城市化速度较快，尤以京、津、辽最显著。60年代发生逆转，由于经济萎缩、政局不稳和政策失误，非农业人口比重反而降低了。70年代，非农业人口比重变化不大，直到80年代改革开放以来，随着社会经济的迅速发展，非农业人口比重才开始持续稳定上升。至1990年，京、津、辽市镇人口比重分别为73.1%、68.6%、50.86%，远高于全国26.23%的水平。山东为27.34%，也高于全国水平，唯河北省低于全国水平，为19.08%。

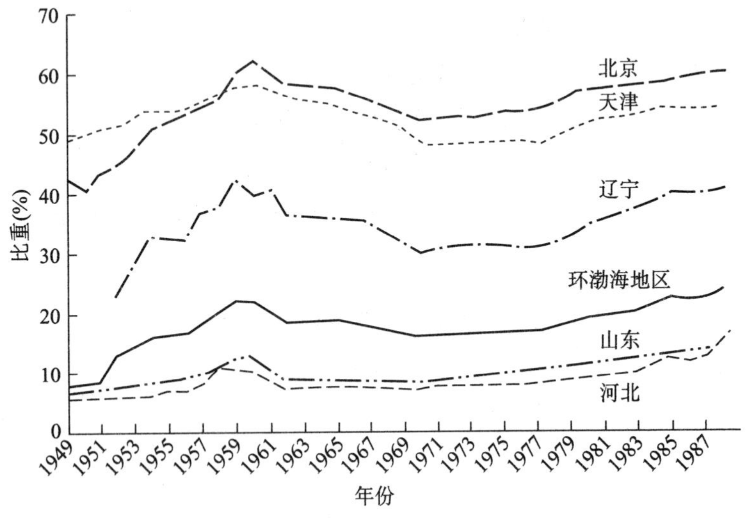

图4　环渤海地区非农业人口比重变化（1949—1991年）

（五）人口分布特征

1949 年本区人口密度为每平方千米 198 人，相当于全国平均人口密度的 3.5 倍。1990 年本区人口密度提高到每平方千米 391 人，仍 3 倍于全国平均水平。区内五省市中，天津人口密度最高，为 777 人/平方千米，辽宁最低，为 270 人/平方千米。

本区人口分布具有如下特点：①人口呈地带性分布，平原人口最稠密，丘陵次之，山区人口最稀；②国家重点工业基地、工矿区人口密度高，本区富含煤、铁和石油等矿产资源，依此建立了一系列工矿业城市和工业基地，成为本区人口聚集区；③城市化水平高的地区人口密度提高快。人口由落后地区向发达地区流入是不可逆转之潮流，今后随城市化水平的提高及各地经济发展的不平衡，本区人口分布格局也将会出现新的变化（图 5）。

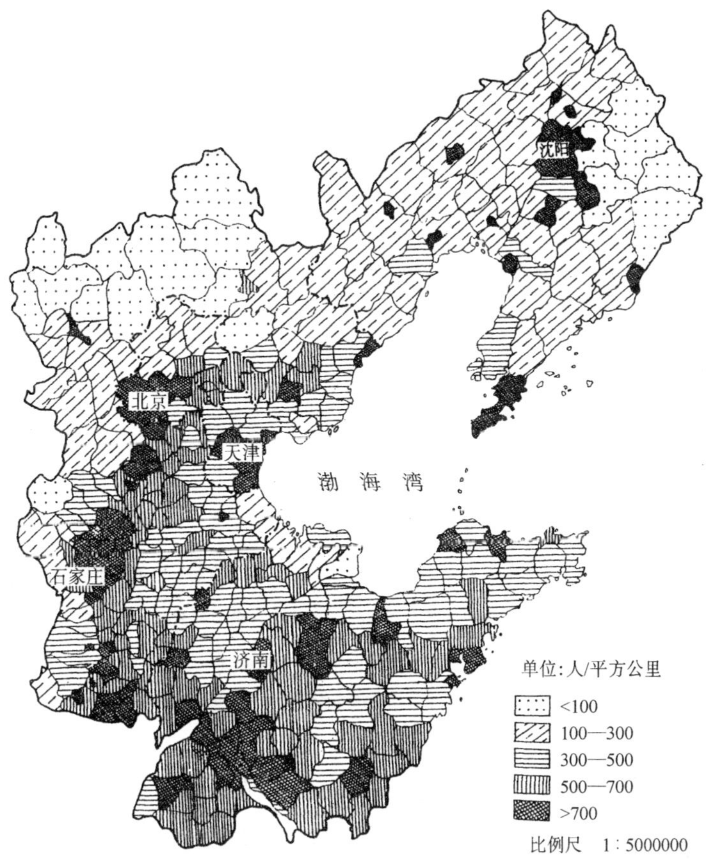

图 5 环渤海地区现状人口密度分布图

（六）劳动力人口及人口文化素质

本区目前劳动力年龄人口所占比重为67.61%，高于全国平均水平。从人力资源方面看，这对本区经济发展十分有利，但由于经济发展的承受力有限，至少在20世纪内，本区应着力解决其劳动力年龄人口的合理充分就业问题。

本区人口文化素质较高，尤以京、津、辽最突出，1990年文盲、半文盲人口所占比重分别为8.70%、8.92%和3.81%，远低于全国15.88%的水平。河北和山东分别为15.21%和16.87%，是本区今后扫盲工作的重点地区。

本区科研院所集中，人才荟萃。1990年每10万人中拥有大学文化程度人口，北京为9301人，天津为4668人，辽宁为2596人，均远高于全国1422人的平均水平。因此发挥本区科技和人才优势，适时调整本区产业结构，是本区经济腾飞的关键所在。

二、人口发展预测

（一）预测模型及参数

在众多的描述人口发展的一般模型中，选用离散模型对环渤海地区的人口进行预测，离散模型包括对三个过程的描述，即生育过程、死亡过程和迁移过程，其综合滚动方程为：

$$P_r(i,t) = P(i,t-1) \cdot [1 - D(i)] + P_m M(i)$$

其中，t年代0岁人口用下式求得：

$$P_r(0,t) = TF(t)\sum_{i=15}^{49} K(i,t) \cdot P_r(i,t) \cdot F_m(i,t) + P_m M(i)$$

式中 $P_r(i,t)$ 为t年代分年龄人口数；D(i)为分年龄死亡概率；P_m 为每年迁移人口量；m(i)为i岁迁移人口概率；TF(t)为t年代总和生育率；K(i,t)为t年代分年龄女性人口比重；$F_m(i,t)$为t年代生育模式，

$$\sum_{i=15}^{49} F_m(i,t) \equiv 1$$

从以上方程可以看出，K，P_r 值分别为实际值，易于取得，F_m，D(i)和M(i)值相对稳定，可通过现状值来近似得出，因此环渤海地区人口发展过程实际上就取决于总和生育率TF(t)和迁移人口量 P_m 的高低。

1. 总和生育率 TF

总和生育率受许多因素影响，其中以经济文化发展水平、医疗卫生条件和人口政策为最主要影响因素。以下从这几个方面对环渤海地区各省市的总和生育率水平进行预测。

（1）北京市。北京具有政治、文化等方面的诸多优势，在经济建设方面亦取得了巨大成就。1990 年人均国民生产总值已达到 4628 元，仅次于上海市而遥遥领先于本区其他省市。1989 年居民消费水平 1284 元，高于全国水平一倍。文盲人口比重 8.70%，比全国 15.88% 的水平低许多医疗卫生条件相对优越，万人拥有病床数 55.36 张、拥有医务人员数 144.19 人，位居全国各省市之首。自 20 世纪 70 年代严格实行计划生育以来，总和生育率已呈直线下降状，到 1990 年第四次人口普查时，总和生育率已由 50 年代的 5.1、60 年代的 3.9、70 年代的 1.9 下降到了 90 年代的 1.33，远低于人口再生产的更替水平。今后随社会经济的进一步发展和国际交往的日益增多，未来北京人口的初婚年龄将趋于提高，妇女生育观念将发生根本改变，少生和优生有可能成为不可逆转的新潮流，生育水平不会增加太多。减缓人口老化过程的途径将主要取决于外来人口的迁入。

（2）天津市。天津素为北方的经济重镇和北京的门户。作为直辖市，经济发展水平很高，1990 年人均国民生产总值 3418 元，居民消费水平 1258 元，均位于全国各省市第三位。文盲率 8.92%，万人拥有医务人员数 99.03 人。妇女总和生育率自 70 年代实行计划生育工作以来下降迅速，70 年代为 3.31，到 1990 年下降至 1.66。未来受北京及国际大都市的扩散影响，天津总和生育率将不会发生显著变化。

（3）河北省。它是本区社会经济文化发展水平相对落后的一个省。1990 年，城镇化程度只达到 19.08%，远低于全国 26% 的水平。人均国民生产总值 1342 元，不及北京市的 1/3。文盲人口比重达 15.21%，女性人口文盲率达 31.02%，基本等同于全国平均水平。医疗卫生条件较差，万人拥有的医疗机构及人员均低于全国相应的平均值。计划生育工作自 70 年代以来有较大进展，总和生育率已由 70 年代的 5.50 降至 1982 年的 2.40，但由于乡村人口比重大，3 胎及以上的生育婴儿数比重仍高达 17%，因此至 1990 年，总和生育率仍为 2.33，高于再生产更替水平。鉴于河北省经济发展基础差，农村人口比重大，人们的生育观念不可能在短期内有太大改变，因此其未来总和生育率的变幅亦不会太大。

(4) 辽宁省。它是全国最重要的工业基地之一，城市经济发达，城镇化程度1990年已达50.9%，已步入城市化地区行列。人均各项经济指标以及人口文化程度等均已大大超过全国平均水平，位居全国各省市的前列。1胎率为74%，高于北京和天津。1990年总和生育率达1.51，远低于人口再生产更替水平，总人口呈缓慢增长之势。

(5) 山东省。山东省是本区人口最多的省份。1990年人口城镇化水平为27.34%，与全国平均水平相当。人口的各项经济指标近年来虽大幅度提高，但人均指标仍远低于京、津、辽宁省。1990年，女性人口的文盲率达32.92%，高于全国平均水平，3胎以上的多胎率为17%，与河北省相同。自20世纪70年代后期以来，特别是近几年来，总和生育率下降幅度较大，至1990年达2.12，接近人口再生产更替水平。未来通过严格的计划生育政策，总和生育率有望有较大下降。

通过上述分析，将各省市分阶段的总和生育率预测值列于表2。

表2　不同阶段各省市的总和生育率

地区		1990—1995年	1996—2000年	2001—2010年
北京	高	1.45	1.80	2.00
	中	1.39	1.60	1.80
	低	1.33	1.30	1.60
天津	高	1.70	1.90	2.10
	中	1.66	1.66	1.90
	低	1.62	1.50	1.70
河北	高	2.33	2.33	2.33
	中	2.18	2.00	2.00
	低	2.00	1.80	1.60
辽宁	高	1.55	1.90	2.10
	中	1.51	1.70	1.80
	低	1.50	1.50	1.70
山东	高	2.12	2.12	2.12
	中	2.00	1.80	1.30
	低	1.90	1.60	1.50

2. 迁移数量 P_m

历史经验表明，迁移人口的变化与社会经济发展的变化相一致。环渤海地区几十年来的人口迁移亦说明这一点。经过20世纪50年代的大迁入，60年代和70年代的大波动，80年代又出现了人口大迁入的局面。而且由于过去迁出人口的回迁，山东省也一改以往的迁移格局，成为人口净迁入省，且迁入绝对量大。值得指出的是，80年代以来，环渤海地区各省市的人口净迁入量已越来越趋于平稳。未来随着社会经济发展的更加平稳化，各省市的人口净迁入量也将在较小幅度内波动。据此参照80年代以来各省市的人口迁移情况，再考虑未来不同时段各省市社会经济发展对人口发展的需求，兹把各省市未来不同时段的人口净迁移量确定如表3。

表3　各省市不同时段人口年平均净迁移量　单位：万人

地　区	1990—1995年	1996—2000年	2001—2010年
北　京	4.5	5.0	6.0
天　津	2.2	2.5	3.0
河　北	5.0	5.3	5.5
辽　宁	4.5	6.0	8.0
山　东	6.0	5.0	5.0

（二）人口总量

目前环渤海地区的人口生育水平已降至较低水平，未来人口发展将趋于缓慢，但由于河北、山东两省的人口总量已经很大，又处于第三次人口生育高峰，因此按现有生育水平发展，两省未来人口总量仍相对会有一个较快增长，因此控制人口增长任务仍相当艰巨。同时为了防止北京、天津和辽宁三省市的人口过速老化，从2000年以后，应将其生育水平提高，并加大其人口迁入总量。综合各个省市的未来发展动向，采取高、中、低三种方案来预测，预测结果见表4。其中中方案较为切合实际，是一种经过一定努力即可实现的较现实方案。到2000年，环渤海地区的人口数量为2.3亿人左右。至2010年，人口增至2.43亿人左右。

（三）劳动力数量

按中方案预测，本区1995年、2000年和2010年的劳动力数量分别为1.49亿人、1.54亿人和1.64亿人，劳动力占总人口比重将分别为68.0%，67.3%和67.5%。各省市劳动力数量及比重见表5。

表4　　不同方案的人口总量　　单位：万人

方　案	地区	1990年	1995年	2000年	2010年
高方案	北京	1085.9	1184.6	1258.1	1375.7
	天津	878.3	944.8	977.7	1019.5
	河北	6110.7	6655.4	7201.1	8073.9
	辽宁	3945.4	4210.8	4465.9	4877.5
	山东	8429.7	9058.0	9434.4	9788.9
	环渤海	20450.0	22053.7	23336.6	25135.8
中方案	北京	1085.9	1177.9	1242.3	1347.8
	天津	878.3	941.8	965.5	998.9
	河北	6110.7	6611.7	7056.9	7746.1
	辽宁	3945.4	4196.2	4413.3	4739.3
	山东	8429.7	9010.5	9257.0	9422.0
	环渤海	20450.0	21938.3	22934.9	24254.2
低方案	北京	1085.9	1171.3	1221.7	1315.7
	天津	878.3	938.4	956.4	980.2
	河北	6110.7	6559.2	6943.5	7410.2
	辽宁	3945.4	4194.2	4372.7	4672.0
	山东	8429.7	8970.9	9136.8	9118.8
	环渤海	20450.0	21834.1	22631.1	23496.9

表注：1990年为现状人口。

表5　　劳动力数量及占总人口比重

地　区	1995年		2000年		2010年	
	数量（万人）	比重（%）	数量（万人）	比重（%）	数量（万人）	比重（%）
北　京	838.9	71.22	856.8	68.97	893.3	66.28
天　津	659.5	70.03	657.9	68.14	661.2	66.20
河　北	4350.3	65.80	4684.9	70.86	5419.7	81.97
辽　宁	3980.1	71.02	3092.1	70.06	3191.5	66.96
山　东	6085.5	67.54	6135.8	66.28	6217.0	65.98
环渤海	14914.4	67.98	15427.5	67.27	16364.7	67.47

从表5中可以看出，到2010年，本区的劳动力数量一直都十分充沛。从这个意义上说，近20年是本区经济发展的黄金时期。2010年以后，随着人口的快速老龄化，劳动力的负担将加重，经济发展将受到影响。因此从现在起，除了一方面要加快产业结构的调整外，还要注意人口老龄化问题。实际上按照目前联合国关于人口形态的划分法，本区人口老化趋势已见端倪。因此为确保经济发展的顺利进行和减缓人口老化速度，适度迁入一定规模的外来人口对本区来说至关重要。

（四）省际人口迁移时空分布

人口一般向高收入地区流入，因此经济快速增长常带来人口的大量迁入。未来环渤海地区仍将成为人口净迁入地区。根据第四次人口普查资料，1985—1990年五年间，从其他省区迁入环渤海地区的人口为185.39万人，而从该区迁往其他省区的人口为94.72万人，即五年间净迁入人口为90.67万人，年平均净迁入人口为18.13万人。其中京、津、冀、辽和鲁的年净迁入人口分别为5.56万人、2.46万人、1.86万人、4.62万人和3.64万人。为模拟由于省际人口迁移对省际人口分布的动态影响，采用马尔柯夫过程加以描述，通过运算，得到各省市的人口分布格局。从中可以看出，在人口迁移影响下，北京、天津、山东等省市的人口数量要较静态人口预测时为多，而河北和辽宁则少，各省市占本区人口的比重也将随之变化（表6）。京、津两市的人口数量趋于增大，其人口密集程度将会进一步提高，人口与经济、环境间的矛盾也将进一步加剧。为此要适当控制河北省迁入京、津两市的人口数量，以避免城区人口的过分密集，同时可以考虑适当加大辽宁省的人口迁入量，以减少本区省际人口分布的不平衡状态，加快本区总体经济发展速度。鉴于山东省人口总量已经相当大，因此要适当和逐步减少东北人口的返迁量。

表6　人口迁移影响下的人口比重变化比较　单位:%

地　区	1995年		2000年		2010年	
	静态	动态	静态	动态	静态	动态
北　京	5.4	5.5	5.4	5.8	5.7	6.2
天　津	4.3	4.4	4.2	4.5	4.1	4.6
河　北	30.1	29.7	30.8	29.6	31.9	29.3
辽　宁	19.1	19.3	19.2	19.3	19.5	19.3
山　东	41.1	41.1	40.4	40.9	38.8	40.5

（五）重点地区人口发展

为说明不同人口经济区的人口发展状况，拟将本区按沿海、铁路沿线和内地重新分区，其中沿海 51 个县，无铁路通过的内地县 167 个，铁路沿线 95 个县。从 1964 年至 1982 年和 1982 年至 1991 年的密度变化看，沿海县份人口密度的增长速度要快于内地县份，80 年代以来，这种增长差异更为明显。表明自改革开放以来，沿海县份的经济发展活力明显增强，对人口的吸引力也明显增大。考虑到沿海较内地县份人口出生率相对较低的情况，可以看出，20 世纪 80 年代以来，各省省内人口的迁移量确实相当大，且具有明显的地域导向性。从各铁路沿线的对比分析中可以看出，各时期人口密度的增长量差异较大。就各省市而言，情况亦如此。京津地区人口密度增长迅速，尤以北京 80 年代以来为甚，每平方千米年平均增加人口达到 26 人之多。河北沿海县份人口密度虽较大，但年均增长速度却相对缓慢，表明河北省的当前经济重心仍集中在铁路沿线，并未向沿海倾斜，同时也表明河北沿海县份的开发潜力较大。受经济规模效应和三次产业发展强大引力的影响，可以预见在最近的将来，河北省人口密度的增长仍将主要集中在京广、京哈和石德三条铁路沿线。辽宁沿海县份的人口密度无论从绝对量上和增长速度上看均快于内地，且差别之大为环渤海地区之冠。目前除沈大线外，沈丹线、京哈线的密度增长速度均呈下降之势。总体而论，辽宁人口密度相对较低，可成为本区未来重要的人口迁入区。山东省内地县份的人口增长速度稍快于沿海县份，目前人口密度增长除新石线呈上扬之外，胶济和津浦线均趋于缓慢，究其原因，主要是人口自然增长间的差异所致。从人口密度的绝对量上看，山东各地带人口大量增加的可能性相当小，未来人口发展可向滨海地带推进，尤其应注重黄河三角洲地区的开发，以加快这一地区的经济腾飞。

据总人口预测，至 2000 年和 2010 年，环渤海地区的人口密度将分别为 440 人/平方千米和 476 人/平方千米。考虑到本区自然和经济特点以及优势区位重点开发、带动相邻地区发展的原则，本区将重点开发滨海带、京津地区、沈大沿线和胶济沿线，这些重点地带的人口密度可望有一个较快发展，表 7 为各地带未来的人口密度预测。

（六）人口城市化预测

根据第四次人口普查资料，1990 年环渤海地区的人口城市化程度为

33.61%，比全国26.01%的平均值高7.60个百分点，其中京、津、冀、辽和鲁各省市的市镇人口比重分别为73.01%、68.65%、19.08%、50.90%和27.34%。

表7　　重点地带人口密度预测　　单位：人/平方千米

地　区	土地面积（千米^2）	1990年密度	2000年密度	2010年密度
北　京	16800	618.77	739.46	802.26
天　津	11312	774.79	853.52	882.98
河　北	185794	329.04	379.82	416.92
内　地	135447	252.99	291.76	308.82
沿　海	9141	358.28	413.79	581.32
京包线	6721	233.60	269.84	292.74
京广线	16136	679.66	784.59	887.61
京哈线	4392	716.07	825.88	904.77
津浦线	4420	469.23	541.27	601.11
石德线	9537	611.83	705.91	774.85
辽　宁	144266	263.86	305.91	328.51
内　地	70837	156.98	181.98	187.33
沿　海	29574	354.91	411.42	446.78
沈丹线	10158	179.76	208.54	293.93
京哈线	18444	281.55	326.38	353.06
沈大线	15253	618.30	716.98	776.16
山　东	155004	550.66	597.21	607.86
内　地	70688	521.21	565.21	566.48
沿　海	43798	481.67	522.47	537.38
胶济线	11143	724.49	785.89	850.63
津浦线	16000	654.88	710.47	721.96
新石线	13375	662.80	719.10	732.63
环渤海	513176	391.00	449.00	476.00

注：此栏土地面积值为各县土地面积值之和，与各省统计年鉴值略有差异。

考虑到资料的可信度和采用单一预测方法可能造成的偏差，进行城市化预测时，选用非农业人口这一指标作为预测的基础数据，并采用了S型曲线预测、灰色系统预测和相关预测三种预测方法。所求各省市非农业人口比重见表8。

由于非农业人口尚未包括城区内的其他人口，因此需用系数加以调整。根据第四次人口普查资料和对若干地区所进行的典型调查，这一系数在1.30左右。据此给定环渤海地区各省市的系数如下：京、津均为1.15，冀、辽、鲁分别为1.30、1.25、1.35，整个地区为1.30。这样环渤海地区及各省市的城市化程度即可最终求得（表9）。

表8　各省市不同年份非农业人口比重　单位:%

地　区	1991年	2000年	2010年
北　京	62.38	67.74	73.03
天　津	56.19	60.47	65.79
河　北	14.53	18.76	23.14
辽　宁	42.29	50.79	59.24
山　东	19.33	25.92	39.00

表9　环渤海地区不同年份城市化程度　单位:%

地　区	1991年	2000年	2010年
北　京	71.74	77.90	83.98
天　津	64.62	69.54	75.66
河　北	18.89	24.39	30.08
辽　宁	52.86	63.49	74.05
山　东	26.10	24.99	52.65
环渤海	26.30	40.99	52.31

根据预测，到2010年，除河北省外，其他省市的城市化程度均超过50%，跨入中等城市化水平行列，届时城市人口的数量将超过乡村人口。

三、人口发展面临的基本问题

（一）人口自然增长地区不平衡，乡村地区人口无计划增长问题严重

我国自20世纪70年代中期实行计划生育政策以来，控制人口取得了很大成绩。本区域京、津、辽、鲁、冀等是我国计划生育工作搞得较好的省市。但在新形势下，计划生育工作仍十分艰巨。目前我国仍处于第三次生育高峰，本区域也不例外。如河北省20—29岁生育旺盛期妇女占育龄妇女总数的37.84%，1992年达到609万人，比上年增加4万多人，今后数年还将有增无减，给计划生育造成极大的威胁。其次，农村经济体制的变革和市场经济的推

行，使计划生育工作难度更大，计划外生育问题比较突出，其中尤以冀、鲁两省为甚。1991 年河北省一孩率只有 54.3%，二孩率为 34.1%，多孩率达 11.5%。山东省一孩率为 59.92%，多孩率为 10.24%，政策外生育数量大，在全年 131.4 万出生人口中，政策外生育达 59.6 万人，占出生人数 45.4%。由此可见，在广大农村地区自然增长仍是影响人口增长的最主要因素，搞好计划生育是控制人口的最主要工作。

（二）广大农村地区存在大量剩余劳动力，合理利用劳动力资源是农村发展的首要问题

环渤海地区是我国人口最密集的地区之一，全区除了河北西北部、辽宁东部山地人口相对较稀外，其余大部分地区人口相当密集，劳动力资源十分丰富。20 世纪 80 年代以来，随着乡镇企业的发展，已有部分农业劳力转向从事非农业劳动，但不同地区农村劳力转移率差别很大。从全区来说，京、津两市和胶东半岛是我国乡镇企业最发达的区域之一，如北京市 1991 年农村劳力转移率已达 57.4%，天津为 50.6%，胶东地区的烟台市为 33.9%。实际上在乡镇企业较发达的地区，由于劳力结构性短缺，还聘用不少外来劳力。而多数农村地区劳力转移率不高，如山东的德州、惠民、菏泽、临沂等地区；河北的张家口、衡水地区，辽宁东部山区和朝阳地区等，这些地区农村剩余劳力问题十分突出。据测算，一般剩余量在 30% 以上。未来随着劳动生产率的提高、新劳动力的成长和耕地的减少，劳动力剩余量还将增加。例如据对山东聊城地区农业劳力需求分析，2000 年农业劳力需要量占总劳力的 52.0%，也即有 48.0% 的农村劳力需要转移，而目前的转移率只有 10.6%。因此，解决农村剩余劳力问题相当艰巨。

（三）城市人口分布过分集中，资源、生态环境压力加大

本区域是我国城市化水平最高的区域之一，全国五大城市密集区本区域有三个，即京津唐地区、辽中南地区和胶东半岛，此外，冀中南地区从保定至邯郸一带城镇也很密集。这些地带人口密度很高，尤其是大城市市区人口密度大都超过合理标准。如北京市城区 87 平方千米范围内，人口密度已达 2.77 万人/平方千米（1991 年），其中人口最密的天坛及椿树街道办事处范围内超过 5 万人/平方千米，崇文、前门等办事处所属地区超过 4 万人/平方千米。天津市内六区人口密度已达 2.36 万人/平方千米，其中和平区近 5 万人/平方千米。其他特大城市人口密度分别为：沈阳市区 1.96 万人/平方千米，大连市区 1.27 万人/平方千米，济南市区 1.44 万人/平方千米，青岛市区 1.54 万人/平方千米。人口密度是衡量生态环境优劣的重要标志之一。国际上一般认为，城市人口密度以不超过 1 万人/平方千米为宜，按此，上述各城市已超过合理标准。从发展趋势看，本区各大城市市区近年来人口在加速增长。如 1986—1991 年京津唐地区北京、天津、唐山、秦皇岛、廊坊等五市市区总人口年均递增 2.29%。辽中南沈阳、鞍山、本溪、抚顺、辽阳、营口、大连七市为 2.54%，胶东半岛济南、淄博、潍坊、青岛、烟台、威海六市为 2.27%，均快于环渤海地区总人口的增长率（1.68%）。此外，各大城市流动人口在激增。这说明本区域城市化进程在加速，这种发展趋势有其客观基础，但同时应看到，现有各大城市市区各项企事业已相当集中，由此造成市区用水、用地和环境问题十分突出。

1. 地下水过量开采，导致城市生态环境恶化

本区域是我国北方严重缺水的地区，由于各大城市大量超采地下水，已引起大面积地下水漏斗和地面沉降。如北京市地面总沉降面积约 600 平方千米。山东胶济铁路沿线是该省地下水超采最严重的区域。全省 9000 平方千米地下水漏斗主要在这一地带，其中以淄博、潍坊两市问题最为突出，淄博市中心区地下水水位下降已达 42 米，潍坊市城区地下水位已比海平面低 15 米，漏斗面积为 2165 平方千米。冀中南地区地下水超采也十分严重，石家庄市漏斗面积达 300 平方千米，漏斗深度 35.5 米。辽宁中部水源相对较丰，但因用水量过大，地下水超采也十分严重。仅沈阳、鞍山和辽阳三市，日超采达 60 万立方米，漏斗面积为 500 平方千米。上述问题固然与用水管理有关，但主要是经济与人口过分集中，水源供给不平衡所造成的。

2. 生活空间越来越小

由于各项经济事业不断向各大城市市区集聚，人口密度继续提高，生活空间越来越拥挤。北京市人口密度 1982 年为 2.73 万人/平方千米，1991 年增加到 2.77 万人/平方千米。目前规划区内可供建设的用地已十分有限，规划的绿地不断被挤占。天津市的人口密度也由 1982 年 2.05 万人/平方千米，增加至 1991 年 2.36 万人/平方千米，现人均绿地只有 2.3 平方米。辽中南地区沈、抚、鞍、大（连）四个特大城市 80 年代以来城市建设虽然有了很大的发展，但因人口增长，人均用地水平并没有明显提高，1985 年人均为 66.60 平方米，1991 年为 66.63 平方米。

3. 在重工业集中地区，环境污染严重

本区域经多年来的环境整治，环境质量有显著改善。但在重工业集中地区，污染问题仍比较严重，如辽宁中部沈、鞍、本、抚等市和山东淄博市等均是空气污染较严重的地区。此外，由于广大地区地下水超采，水的硬度普遍增加，水质日益恶化。

（四）人口老龄化早于全国，经济社会负担加重

人口老龄化是人口出生率下降和预期寿命延长的结果，因而是人口发展的必然趋势。本区由于城市化水平高，计划生育开展早，计划生育率高，人口老龄化要比其他地区来得早（除上海外），尤其是京、津、沈、大等特大城市，目前已接近老龄化阶段。其他广大地区也于21世纪先后进入老龄化社会。解决好老龄化所带来的问题，是社会发展的一个重大问题。

国际上规定人口老龄化的标准，少儿人口系数在30%以下，65岁以上的老年人口系数在10%以上，老少比在30%以上，年龄中位数在30岁以上。按此标准，北京除了老年人口系数外，其他指标均已超过，天津、大连、沈阳等市也与北京相似，除了老年人口系数外，其他指标均已接近或超过。

人口老龄化的出现，说明人口再生产类型的转变和健康水平的提高，是社会进步的表现。但老龄化也给社会增加许多困难。目前人口老龄化主要出现在经济发达的国家，我国则是在经济实力不强的情况下迅速出现。老龄化带来的主要问题：一是大量富有经验和技术素养的劳动力退出劳动岗位，带来劳动力的供给问题；二是国家要付出大量的养老金，在农村则面临着老人的赡养问题，此外还有老年人生活服务设施等问题。解决这些问题可通过人口规划，科学地调节老龄化的速度和水平，同时加强老年人服务设施的建设。

（五）城乡人口文化素质差异悬殊

“控制人口数量，提高人口质量”是解决我国人口问题的基本方针。人口质量也即人口素质，包括文化素质、思想素质和身体素质。这里主要分析人口文化素质。提高人口文化素质，对于振兴经济、转变生育观念、提高计划生育自觉性，对于农村剩余劳动力顺利转移，实现人口合理分布是一项根本性的措施。

本区人口文化素质地区差异较大，对人口增长与分布影响的差异十分显著。北京市是全国政治、经济、文化的中心，人才荟萃，是全国文化水平最

高、科技力量最雄厚的地方，全市每10万人有大学文化程度9301人，居全国第一，上海居第二，天津和辽宁居全国第三和第四位。山东和河北文化程度则低于全国平均水平。教育普及率也同样存在显著的地区差异，以京、津、辽三省市为最高，文盲和半文盲占总人口的比重分别为8.70%、8.92%、8.81%，比全国平均水平低得多（15.88%）。河北和山东则大致与全国持平（15.21%和16.87%）。

省内各地区间文化程度的差别更为显著，如山东省文化水平较高的地区主要在胶济沿线和胶东半岛，如济南、淄博、潍坊、青岛，烟台和威海等市，其文盲和半文盲率低于全省平均水平。而菏泽、聊城及临沂等地区文化水平较低，其中菏泽地区文盲、半文盲率高达25.92%。辽宁省教育普及率以辽宁中南部较高，丹东、朝阳和锦西等地区较低。

四、协调人口与经济、资源及环境的关系

（一）加强综合治理，控制人口自然增长

1. 大力提高广大农村的经济文化水平，从根本上提高计划生育的自觉性

世界各国及我国人口自然增长的历史表明，当经济发展到一定水平时，经济增长与人口增长是反向的，即经济增长将导致人口自然增长下降。本区域人口自然增长过程也呈现这个特点，首先是城乡经济水平的差异，导致城乡人口自然增长率的高低。京、津、辽三省市城市化水平高，自然增长率低，冀、鲁两省城市化水平相对较低，自然增长率较高。在农村地区，由于经济水平的差异，自然增长率也同样差别很大。如山东省临沂和菏泽地区经济水平相对较低，故自然增长率较高。由此说明，经济因素是影响人口自然增长的根本因素，它决定人们的生育观念。广大农村在目前的经济水平下，增加人口（劳动力）是提高收入和养老的保证。只有大力提高经济水平，人们有丰厚的收入和积蓄，逐步消除后顾之忧，人们的生育观就会逐渐起变化，使计划生育成为人们的自觉行动。

2. 加强计划生育综合措施

为了实现人口计划目标，需要制定一套措施，包括宣传教育措施、行政组织措施、法律措施、经济措施和技术措施。与此同时，应在农村逐步建立起社会保障制度，建立由个人、集体和社会等多渠道共同负担的养老制度，逐步消

除“养儿防老”的旧观念。实践证明，这项工作不论在城市或广大农村都是可以开展的。本区广大农村经济水平普遍较高，更有条件开展此项工作。

（二）因地制宜发展乡镇企业、“三高”农业和劳务输出，解决本区农村剩余劳动力

由于各地社会、经济条件千差万别，农村剩余劳力的出路应因地制宜，采取下述多种途径。

1. 发展乡镇企业

本区域城镇密集，交通方便，农产品和矿产资源丰富，科技文化发达，发展乡镇企业具有许多有利条件。各地应立足本地条件，发挥优势，发展各具特色的乡镇企业。例如，在大城市郊区主要发展与城市工业协作配套产品和为城市生活服务的产品；在矿区主要发展为工矿业配套服务和矿产资源综合利用工业；在农区和渔区主要发展农副产品和水产品加工及为农业服务的工业等等。

乡镇企业发展应适当集中于小城镇（除适宜分散的家庭手工业外），以利于集中建设基础设施和环境治理，也有利于小城镇建设。目前小城镇规模普遍太小，全国建制镇平均人口规模（非农业人口）只有7166人，本区京、津和辽三省市建制镇人口规模大于全国平均值，分别为8086人、10417人和7540人，而冀、鲁两省只有4163人和6263人，这显然太小。因此，只有逐步有计划地将乡镇企业适当向小城镇集中，使小城镇达到一定规模（如3万—5万人），才能把小城镇建成为农村地方中心，为乡镇企业发展创造良好环境。

2. 发展高产、高效和高质农业

本区域农、林、牧、渔等可供开发的后备资源较丰富，但受水资源和资金的制约，在一定时期内尚不可能大规模开发，而应立足于现有农业挖潜改造、提高单产。本区有大量的中低产田需要改造，需要大量的劳力投入。

本区域城镇密集，并且是对外开放的重要区域。应大力发展为城镇服务和出口创汇农业，如蔬菜、副食品及花卉生产，并组织外运直销服务，及发展食品加工工业，通过产、供、销服务，可容纳大量劳动力。

3. 发展劳务输出

对经济比较落后、交通不便、资源欠缺、技术力量不足、乡镇企业发展条件较差的地方，或农业生产条件恶劣，发展“三高”农业有困难的地方，发展劳务输出是解决劳力过剩、摆脱贫困、学习先进技术、沟通信息、转变观念的有效途径。

本区域大城市多，工矿业发达，需要大量从事繁重劳动（采矿、铸造、建筑、搬运）和城市服务行业的劳力。目前京津唐地区、胶东地区以及辽宁中南部地区均有大批农村劳力从事这些部门的劳动。为了减少劳务输出的盲目性，地方政府应为劳务输出提供劳务信息、疏通输出渠道，或有计划地承担一些建设工程，组织集体劳务。

以工代赈是利用当地劳力资源的另一种形式，如组织建设道路、兴修水利等，这既可改善本地建设条件，也可增加经济收入。

（三）城市密集地区要防止人口过分集中，逐步改善生态环境条件

1. 在大城市地区发展高新技术产业，限制发展一般企业，改造现有企业，防止大城市中心区人口无限制地膨胀

随着世界技术革命的兴起和发展，现阶段一些发达国家正纷纷进行产业结构调整，向高新技术产业发展。高新技术产业布局区位要求智力密集、发达的人才网络和信息网络、基础设施良好。本区域城市密集地区科技发达，人才荟萃，经济基础雄厚，协作条件好，基础设施比较完善，发展高新技术产业具有良好的条件。发展高新技术产业不但是本区产业结构调整的需要，并且由于这类企业一般用地、用水、用劳动力较少、运量少、污染轻，发展这类企业有利于改善本地带资源和环境条件，控制市区人口。

2. 发展大城市远郊新城，是控制大城市市区人口规模的有效途径

新中国成立后我国许多大城市都在郊区建设卫星城镇。但长期以来不少城市卫星城镇建设全面开花，点多分散，卫星城规模小，城镇设施差，缺乏吸引力，起不到减轻大城市压力的作用。但也有不少城市卫星城镇重点突出，集中建设若干发展条件较好的卫星城，使之形成一定的城市规模和较好的城市设施水平，对控制大城市起到了明显的作用。如北京的燕山、昌平和黄村，天津的大港、塘沽和汉沽，对分流和截流市区的人口都起到一定的作用。如北京的昌平20世纪80年代以来，旅游业、市政建设、电讯、商业、文化教育、大型体育设施、住宅等都有很大的发展，通往市区的交通条件也有很大的改善，分流了流向市区的一些企事业单位，从而对市区人口迁移起到疏导和截流的作用。如1990年迁入昌平的人口3846人，迁出人口2729人，迁入大于迁出。在迁入人口中有50.8%的人口是由城区和近郊区迁来的。在迁出人口中中只有38.0%迁到城区及近郊区，这说明市区人口正不断地流向新城，新城的作用已日益明显。

3. 发展滨海地带的城镇

本区滨海地带赋有多种丰富的自然资源，石油资源、土地资源、港口资源、旅游资源和海洋资源均十分丰富。目前不少地段开发程度不高，如冀东滨海地带、黄河三角洲、沧州滨海地带、辽河三角洲等，天津滨海地带现已得到开发，尚有较大开发潜力。今后随着滨海地带基础设施条件逐步得到改善，各种自然资源将得到开发利用，未来滨海地带将是城市密集地区经济和人口分流的场所。今后凡属原材料生产工业、电力工业等原则上都应摆到滨海地带去，在那里工业“三废”较好处理，地价便宜，可利用海水，以弥补淡水资源之不足，并可充分利用水运条件。国家有关部门在税收、职工待遇等方面应采取优惠政策，鼓励到滨海地带去建设。天津滨海地带开发的成就说明此项对策是可行的。天津滨海地带经过近几年的开发已有较大的发展，1992 年固定资产原值和净值分别占全市近 1/3，国民生产总值占 18%，从发展趋势看，该地带在全市的经济地位将越来越重要。随着滨海地带经济的发展，将相应出现一批新城镇。国家民政部和建设部在新城市设置和城市建设等方面应给予积极的扶持。

（四）适时调整人口政策，解决即将来临的人口老龄化所带来的问题

1. 正确处理好调整年龄结构与计划生育的关系，避免过度老龄化

过度老龄化不仅给社会增加重大的负担，并且导致全社会缺乏朝气。因此，应根据人口老龄化的趋势，及时调整计划生育政策，保持适度老龄化。目前京、津、辽三省市计划生育率已分别达 97.97%、88.71%、97.8%，1989 年总和生育率分别为 1.332、1.661、1.505，低于生育率更替水平。今后如按此生育水平，京、津、辽三省市将会加速老龄化的进程。虽然如此，在 20 世纪内仍不宜改变现行计划生育政策，因为 90 年代我国仍处于第三次人口生育高峰，处于生育旺盛期的妇女比例很高，如计划生育政策稍有放松，将意味着出现新的人口增长高峰，加重人口压力。因此，我们认为，在 20 世纪内仍应坚持现行的计划生育政策。到 21 世纪可依各地年龄老化程度，有区别地放宽计划生育政策，允许一对夫妇生育两个孩子，使总和生育率保持在 2.2 的更替水平上，这样可适当减缓人口老龄化的进程。

2. 建立老年社会保障和服务体系，使老年人老有所养

在我国全民、集体和部分合资企业的职工及合同工虽有退休养老待遇，但因物价上涨，还须与物价挂钩。个体户和私营企业则需要解决社会保险问题。广大农村的老年人绝大多数没有养老金，应建立由集体和个人共同负担的养老

金制度。随着老年人的增加，还应加强老年医疗保健设施、文化娱乐设施、生活服务设施的建设。

3. 发挥余热，老有所为

20世纪90年代本区大量职工退休，各条战线将出现熟练工、技术工和管理人才不足。另一方面，在大批退休人员中，有一技之长、身体尚可、愿意再工作的也为数不少。有关部门应为这些退休人员创造再工作的机会。可根据退休人员的特点和客观需要，灵活安排工作，充分发挥老年人的作用。这对国家和个人都有好处。

（五）提高人口素质，是实现人口规划目标的根本保证

文化水平的高低与人口自然增长关系十分密切。文化水平高，执行计划生育政策的自觉性也较高，自然增长率较低；相反，文化水平低的，自然增长率高。本区自然增长的状况基本反映了这一特点。

农村剩余劳动力的转移与文化技术水平的高低关系也十分密切。文化水平高的地区，乡镇企业比较发达，农村劳动力的转移率较高，如京津两市郊区、胶东半岛、辽中南地区等。而农村劳动力转移率较低的地方，除了别的限制因素外，文化落后也是重要因素。如山东的鲁西南地区、辽宁的辽东和辽西地区、河北的冀北地区等。

由此可见，提高人口文化素质，不仅是振兴经济，实现国民经济现代化的基础，也是实现人口长远规划目标的根本保证。要把提高全民族的文化水平，作为社会发展的基本方针，增加教育投资，发动全社会来关心教育，采取有力措施，尽快改变广大农村文化落后的面貌。

（1）大力普及农村教育，重点应放在老、少、边、穷地区。除了增加国家的教育投资外，要发动全社会办教育，包括资金、人才的支援。要使全部的少年儿童都有学习机会，在20世纪内实现初中义务教育制。

（2）技术培养与扫盲相结合。本区域经济较落后地区目前仍有1/5左右的人口属文盲和半文盲，这对于发展乡镇企业和农业是不利的因素。要根据本地农业和乡镇企业发展的需要，举办各种技术培训班，并与扫盲教育结合，逐步减少成年人的文盲率。

（3）文化娱乐活动与扫盲相结合。在广大农村应普遍设立文化活动站，国家与集体应给予一定资助，把文化站作为宣传国家方针、时事、科技信息和开展娱乐、体育活动的中心，并与扫盲教育结合。

难忘岁月

——作者经历回顾

我出生在位于大南山北麓山口处的广东普宁市汤坑村。大革命时期大南山是农民运动蓬勃发展的地区之一，解放战争时期是我军的游击根据地，小时常听父亲讲述我党革命斗争的感人故事。家乡土地贫瘠，水源不足，人多地少，仅靠种地难以维持生计，村里人大多经营山林或外出谋生。父亲曾远渡南洋找出路，后回来在本村集市上开饭馆。历史上我村是本县与滨海惠来县往来最近便的通道之一，惠来的海货（鱼、盐）和大南山的山货，用人力肩挑翻越数百米高的山岭（盐岭）到本村集散，每月农历逢初三、六、九集期非常热闹，我家饭馆也很红火。父亲还要抽空种地，十分繁忙，我和大哥、三哥（二哥小时夭亡）、大姐都力所能及地帮干农活和家务。我5岁丧母，由大姐和继母照料，从小生活自理能力较强，8—9岁时帮家放牛，10岁才上小学。

我1946年春上小学，学习自觉性较高，学习成绩名列前茅。1949年家乡解放时念完四年级，因年龄较大，1950年连跳两级，上了六年级，年底毕业后便面临继续上学还是在家务农问题。当时三哥马清爱在读初中，如我再上学，经济已不许可。新中国成立后，由于家乡的路网变化，沿海货物已不再在本村集散，集市衰落，我家饭馆也关闭，家庭经济较困难。为了减轻家庭经济负担，三哥只好不再上学，报考税务培训后就业。父亲没上过学，但他非常重视教育，主张我继续上学。我终于在1951年春考上普宁五中（兴文中学）。学校距家10多里地，大多数学生食宿在校，我为了节省费用，与同学在校外合租民房居住，同学轮流做饭，每星期日回家取食品，一直坚持到1953年底初中毕业。

初中毕业后又面临人生命运与前途的艰难抉择，是继续上学还是在家待业，当时父亲仍支持我上学，三哥也表示经济上可供给。因为如果不上学，这辈子只能在家务农。1952 年土改时，我家被划为富农（后改为中农），想通过参军、招聘等途径谋求出路根本不可能，通过上学是唯一出路。春季初中毕业后，在家复习功课，夏季应考。1954 年高中招生紧缩，我压力很大，经过努力，终于考上了广东潮安高级中学，这是一所新创办的省立高中，她位于潮州市西湖之滨，靠山面水，风景秀丽。学校师资配备很强，努力创办一所德、智、体全面发展的新型学校。除了学习，还组织地理、生物等课外活动，每学期还开展运动会和文艺汇演，我从小喜欢打篮球和音乐，学校组织的活动我都积极参加。学校免收学费，生活费由三哥承担。为了节省回家路费，有几次寒暑假徒步回家，学校距家 100 多千米，晚饭后带上干粮和同学结伴出发，次日早晨可达揭阳县城，稍作休息后渡船过江继续开行，晚上便可到家。

1957 年我高中毕业，又遇高考招生紧缩，但我终于考上广州中山大学地理系经济地理专业，成为我村第一代大学生，这是我人生征途上的重大转折。学校免收学费，伙食费也由学校供给，经济上已没有压力。为了节省费用，在校四年没回过家，平时也很少到广州市里游玩。我怀着对党和国家感恩之心，学习很努力，社会工作也肯干，从二年级起我当上班长。1958 年大跃进时和全班同学参加广州郊区芳村建筑铁路，日夜奋战，终因过度劳累病倒，住医院一月余。当年学校召开表彰大会，我被评为学校社会主义建设积极分子。1960 年学校决定从高年级学生中选拔提前毕业，参加学校科研和教学，我有幸被选上，并参加闽南地区橡胶作物宜林地考察工作。后因国家经济困难，精简人员，我重回班里学习。

1961 年 9 月我大学毕业，当时中国科学院地理研究所曾到学校挑选毕业生，我荣幸被挑上，于当年 9 月怀着兴奋的心情来地理所报到，从此到退休一直在地理所工作。50 多年来与同志们朝夕相处，同享欢乐，也经历了艰难险阻。1976 年和胡序威先生等出差唐山时遭遇大地震，幸免于难。震后参加唐山城市重建规划，住帐篷，夜里经常被余震震醒，至今难忘。1986 年和郭来喜等出差黔西南州，该地崇山峻岭、地形复杂，出行时经常遇到险情。有一次出行，在我们车前的一辆车翻下几十米深沟，伤亡惨重，我们不得不停下车去抬遇难者，此事我们曾受到黔西南州州政府的表彰。

多年来我深深地体会到，人文—经济地理和地理所是一个团结战斗的集体。科研工作以国家的需要为己任，坚持面向社会经济建设的主战场；重视实地考察，实事求是；团结协作，助人为乐；领导以身作则，处事公正、学术民主等等，这些优良的传统和作风，使我们的事业长盛不衰，我工作在这个大家庭里也感到无比的幸运。

我1969年结婚，老伴李淑宜，是北京生物化学工程学院图书馆馆员。过去我长年出差在外，是她承担了许多家务。儿子马庚，从小喜欢游玩和运动，中学时与同学结伴几乎游遍了北京郊区山山水水，对自然和人文景观均感兴趣。高中时曾跟我出差帮忙，我曾希望他学地理，后考上北京大学分校生物系，现在一家公司工作。

马清裕

2011年1月

主要参考文献

1. 朱铁臻：《城市发展研究》，中国统计出版社 1996 年版。

2. 吴友仁：“关于我国社会主义城镇化问题”，《人口与经济》，1980 年第 1—2 期。

3. 胡序威：“中国城镇化问题浅议”，《区域与城市研究》，科学出版社 2008 年版。

4. 王嗣均、韩常先：“中国近期城市化速度和市镇人口的分配问题”，《经济地理》，1986 年第 1 期。

5. 崔功豪：“新中国城市发展过程、特点和趋势——中国城市化思考之二”，《南京大学学报（地理版）》，1988 年。

6. 许学强、叶嘉安：“我国城市化的省际差异”，《地理学报》，1986 年第 1 期。

7. 孟晓晨：“论城乡劳动力转移与城市化”，《地理学报》，1995 年第 5 期。

8. 严重敏、宁越敏：“我国城镇人口发展变化特点初探”，《人口研究论文集》，华东师范大学出版社 1980 年版。

9. 郭振淮：“世界城市化发展趋势及我国城市发展中的若干问题”，《人口与经济》，1980 年第 2 期。

10. 李玲：“世界各国城市化水平对比问题”，《地理研究》，1981 年第 2 期。

11. 顾朝林等：《经济全球化与中国城市发展》，商务印书馆 1999 年版。

12. 胡序威：《城镇与工业布局的区域研究》，科学出版社 1986 年版。

13. 李文彦主编：《中国工业地理》，科学出版社 1990 年版。

14. 陆大道等：《中国工业布局的理论与实践》，科学出版社 1990 年版。

15. 李文彦：“煤矿城市的工业发展与城市规划问题”，《地理学报》，1978 年第 1 期。

16. 中国社会科学院：《中国工业发展报告》，2006 年。

17. 樊杰："自然资源结构在地区产业结构演进中的宏观作用"，《地理学报》，1981 年第 4 期。

18. 李文彦：《地区开发与工业布局》，科学出版社 1999 年版。

19. 毛汉英、方创琳："兖滕两淮地区采煤塌陷地的类型与综合开发生态模式"，《生态学报》，1988 年第 5 期。

20. 毛汉英："焦作市工业结构调整与优化布局"，载于毛汉英《区域发展与区域规划》，商务印书馆 2008 年版。

21. 胡序威、赵令勋："辽宁中部地区的资源开发与工业布局"，《城镇与工业布局的区域研究》，科学出版社 1986 年版。

22. 胡序威、杨冠雄：《中国沿海港口城市》，科学出版社 1990 年版。

23. 郭来喜、赵令勋等：《福建湄州湾区域综合开发与城镇布局》，中科院地理所编，1985 年。

24. 叶舜赞等：《城市化与城市体系》，科学出版社 1994 年版。

25. 胡序威：《区域与城市研究》，科学出版社 2008 年版（增补本）。

26. 陈田："我国城市经济影响区域系统的初步分析"，《地理学报》，1987 年第 4 期。

27. 孙盘寿："五十年代以来国外大城市及其郊区空间结构的演变"，《工业布局与城市规划》，科学出版社 1978 年版。

28. 顾朝林等：《中国大城市边缘区研究》，科学出版社 1995 年版。

29. 黄亚平：《城市空间理论与空间分析》，东南大学出版社 1999 年版。

30. 冯健：《转型期中国城市内部空间重构》，科学出版社 2004 年版。

31. 胡序威等：《中国沿海城镇密集地区空间集聚与扩散研究》，科学出版社 2000 年版。

32. 柯焕章：《北京城市空间布局发展的回顾与构想》，北京设计规划研究院网站，2005 年。

33. 段进：《城市空间发展论》，江苏科学技术出版社 1999 年版。

34. 姚士谋：《中国大都市的空间扩展》，中国科学技术大学出版社 1998 年版。

35. 唐子来、栾峰："1990 年代的上海城市开发与城市结构重组"，《城市规划汇刊》，2000 年第 4 期。

36. 周一星："关于明确我国城镇概念和城镇人口统计口径的建议"，《城市规划》，1986 年第 3 期。

37. 孙盘寿："我国城市人口规模的变化"，《地理学报》，1984 年第 4 期。

38. 胡焕庸、张善余：《中国人口地理》（上、下册），华东师范大学出版社 1986 年版。

39. 蔡建明："省际人口迁移对城市化的影响"，《地理研究》，1990 年第 2 期。

40. 马清裕："辽宁中部地区人口劳动构成的初步研究"，《经济地理》，1981 年第 2 期。

41. 陈汉欣：《生产布局理论与冶金、高新产业发展研究》，中国科学技术出版社 2006 年版。